増補改訂版

「裏モノJAPAN」ベストセレクション
欲望追究の24年史 1998▼2022
Best Selection!!!

「裏モノJAPAN」編集部［編］

まだ出会い系のでの字もなかった24年前の1998年、どこかにオイシイ話はないものか、というコンセプトの下、裏モノJAPANは創刊されました。誌面の大半を構成したのは、電話タダがけやサラ金パクリ、特殊なナンパ方法といったノウハウ満載の特集と読&ライター、編集部による体験ルポす。思いも及ばぬ数奇な体験をし

くの読者。ただ女とヤリたいがために策を弄し、この世の真実をくマヌケな検証に奔走し、悪を追い犯人逮捕に挑んだ、ライター部員。裏モノJAPANの歩みは知識欲、金銭欲、性欲などなど人な欲望を追究しつづけた歴史と言えるでしょう。総数200イトルから厳選した渾身の体験ルポ27本をぜひご堪能くださ年の日本の裏面史（の一部）が見えてくるはずです。

第1章 信じられない実体験

第2章 犯人は誰だ？

第5章 パクられちまった！

※文中に登場する人物は一部を除き仮名です。また年齢は掲載当時のものです。

※本書の情報は掲載当時のものです。

第1章

信じられない実体験

17才の少女、決死の脱出リポート

売春島から逃げ出すには この海を泳ぐしかなかった

向こうに見えるのが渡鹿野島。
彼女はこの海を泳いだ

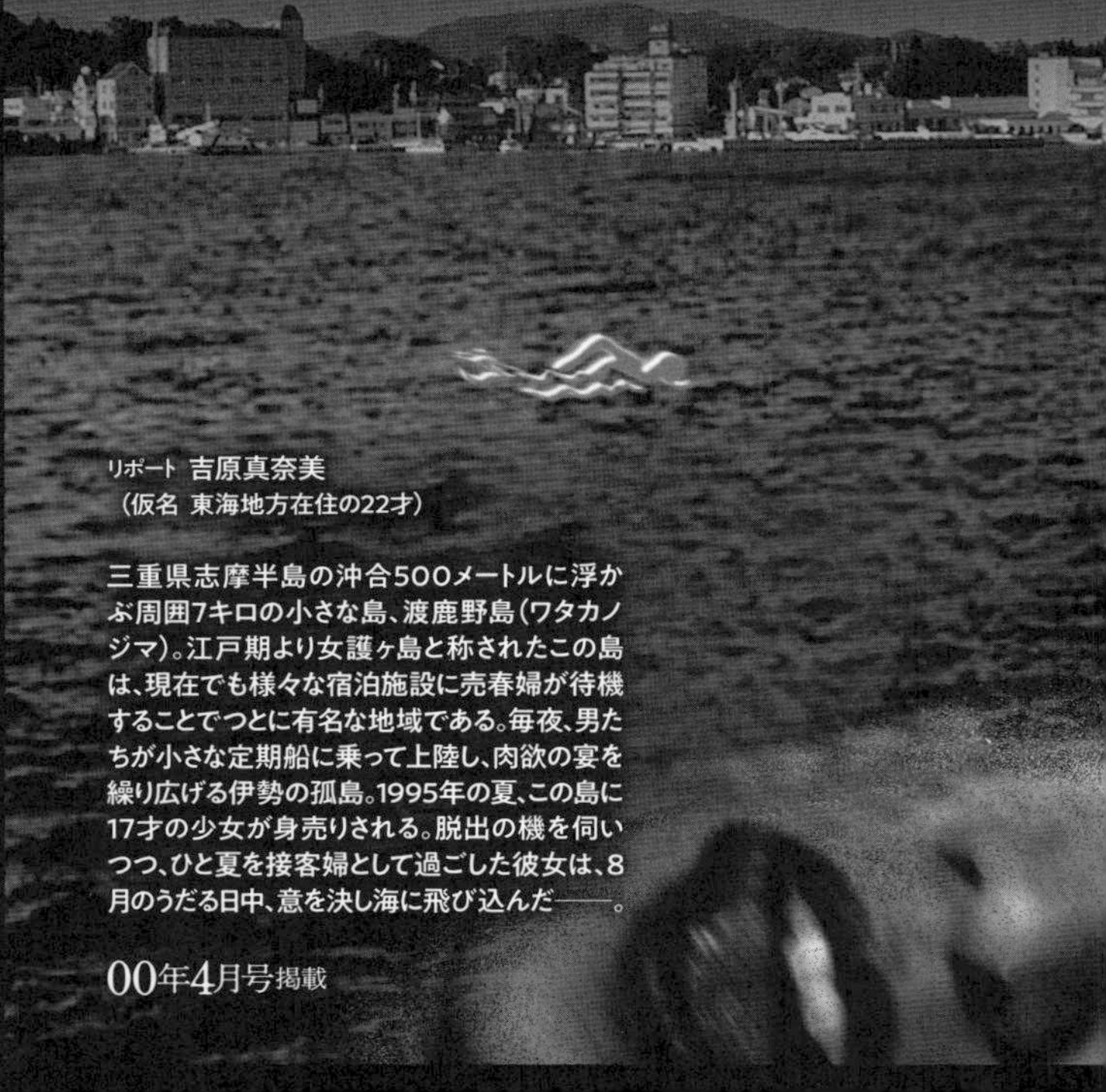

リポート 吉原真奈美
（仮名 東海地方在住の22才）

三重県志摩半島の沖合500メートルに浮かぶ周囲7キロの小さな島、渡鹿野島（ワタカノジマ）。江戸期より女護ヶ島と称されたこの島は、現在でも様々な宿泊施設に売春婦が待機することでつとに有名な地域である。毎夜、男たちが小さな定期船に乗って上陸し、肉欲の宴を繰り広げる伊勢の孤島。1995年の夏、この島に17才の少女が身売りされる。脱出の機を伺いつつ、ひと夏を接客婦として過ごした彼女は、8月のうだる日中、意を決し海に飛び込んだ――。

00年4月号掲載

真夏のくせに水が冷たい。波は高くないから油断していたけど、こうして泳いでみると海はプールと明らかに感覚が違う。前に進んでいる気がしない。そうか、潮の流れってのがあったんだっけ。でも何だ、潮って？

もう引き返せない。何が何でも陸にたどり着かなきゃ。もうこんな島にはいちゃいけないんだ。私は平泳ぎからクロールに泳法を変えた。そのときまた少し水を飲んだ。苦しい。

17才の春、居酒屋で出会った男

グレ始めたのはいつごろからだろう。父親が家を出て行き、母親が新しい男を連れ込み、そしてその男が私にまで手を出してきた、そんな出来事が立て続けに起きたのは、私が何才のときだったろう。

中学時代にはすでに暴走族とも付き合いがあって、テレクラ売春でお金を作ったりもしたから、マトモじゃなかった。ただ、まだ人生に嫌気が差してはいなかったと思う。

何をしようと親は心配なんてしてくれなかった。娘のことより自分たちのことに精一杯で、2週間ぐらい勝手に家を空けたときもまったく何も言われなかった。一緒に暮らしているという意識すら私にも親にもなかったのだろう。

愛情のなんたるかもよくわからないまま、私はいろんな男と寝て、クスリの味を覚え、警察のお世話になった。

そうだ、思い出した。あれは定時制高校2年のときだ。母親の作った新しい男が、私を犯したのは。怖くて仕方がなかった。誰にも打ち明けられなかった。

そして私は高校をやめた。無目的に毎日を過ごし、生きている意味すらよくわからないで、ときどき売春や窃盗を繰り返した。群れる仲間もいなかったから、いつも孤独だった。

そんな折、17才の春。飲めないくせに喧騒を楽しむためだけにいつも行っている地元（愛知県犬山市）の居酒屋で、私は1人の男と出会う。

「ねえ、一緒に飲もうか」

声をかけてきたのは、サザンの桑田によく似たヤサ男。タイプだ。ただ格好がマズかった。ボロボロのジーンズをはき、シャツにも穴が空いている。

「ねえ、名前は？」

「真奈美」

男は武井と名乗った。口の上手い男だった。どうでもいいようなことをペラペラしゃべりながらも、「お前の気持ちよくわかるわ」と、ときどき優しい言葉を口にする。27才という年齢も、すでに不良化していた私に抵抗はない。

慣れないお酒を飲み、誘われるままラブホテルへ。武井の上手なセックスに、私はトロけた。

温泉より島のほうがオモロイやろ

心の底から好きだったのかと問われると答えに困ってしまう。でも、貧乏臭い格好をした彼の姿は、17才の娘をして「私がどうにかしてあげなきゃいけない」と思わせるものがあった。母性本能をくすぐられるというやつか。思い返せばいつも私はこの手のタイプに弱い。

仕事もせず、今どき珍しく車も持っていない彼とのデートは、いつも散歩ばかりだった。モンキーパークで猿を見たり、ゲーセンで時間をつぶしたり。それでも、自分を理解してくれる人と一緒にいるだけで私はやすらぎを覚えた。

出会ってから3カ月ほどたった7月上旬のある日、彼が電話をかけてきた。

「真奈美、今から旅行に行かへんか」

いきなり誘ってくるのはいつものこと。ただ、旅行というのがちょっと新鮮だった。

「いいけど、どこ行くん?」

「長島温泉なんかどうや」

「そうやなあ…」

2人は電車に乗って三重に向かった。考えてみれば、男と一緒に旅行をするのは生まれて初めてだ。温泉旅館の静かな夜。悪くない。

ところが旅の途中、彼が行き先を変えようと提案してきた。

「島にでも行かへんか」

鳥羽のほうに小さな島があるから、そこで泊まりたいと言う。

「温泉より島のほうがオモロイよ」

「そうやなあ」

別に私としては温泉でも島でもどちらでもよかった。遠出しているだけでなんとなく気分は良かったから。

そのまま電車に乗り続け、小さな駅で降り、そこからはタクシーに乗った。

「運転手さん、渡鹿野島行きたいんやけど」

ワタカノジマ。初めて聞く名前だった。

女将が入ってきて「あんた、売られたから」

30分近く走ったろうか。タクシーは人気のない小さな船着き場で停まった。すでに辺りは暗く、涼しい風が吹いている。海の向こうに見えるのがワタカノジマらしい。薄灯りがぼんやりと見える。

私たちは100円を払って小さな小舟に乗り込んだ。トントンと音を立てて、ゆっくりと島へ向かう。乗客は私たち2人と、おじさん数人だけだった。

「こんな島、おもしろいかなあ」

「ええやん、こういうのも」

行き当たりばったりの性格にはあきれてしまうけど、振り回されるのはそんなにキライじゃない。夜の海を走る船に乗っていると、なんだかロマンチックな気分すら覚えた。

彼は船が着くやいなや真っ直ぐに歩き出した。観光しようという気すらないようだった。たぶん疲れているんだろう。私はそう思った。

「N」という名前の旅館に入り、女将さんに率いられて10畳はあろうかという広い部屋に落ち着く。

「ちょっと待ってて」

ゆっくりする間もなく、彼が部屋を出て行った。宿代の相談だろうか。

ここは温泉ないのかな。おいしいもの食べられるんかな。そんなことを考えるうちに10分20分と過ぎていく。彼は帰ってこない。遅いな。何やってるんやろ。

しびれを切らしたころ、さっきの女将さんが部屋に入ってきた。

「あんた、今、売られたから」

宴会に出る前に生年月日を叩き込まれる

取り乱す暇すらなかった。武井が私をこの島に売った。売った？

「あ、あの彼は？」

「もう1人で帰ったって」

わけもわからず女将の前でへたり込んでいると、部屋にドカドカと着物姿のおばちゃん連中が入ってきた。いや、おばあちゃんと言ったほうがいいかもしれない。60は優に超えている。

バアさんたちは口々に問いかけてきた。

「アンタはいくらなん？」

女将さんが答える。

「このコはまだまだ使えるから200万や」

「ほう、そうか。やっぱり若いコはそれぐらいか」

私は黙ってそのやり取りを聞いていた。何が200万なのか、薄々気づいてはいたけれど、聞き出すのは怖かった。ぼんやりする間もなく、女将さんが着物を手渡してくる。

「今日から宴会行くよ」

「はあ…」

「あんた、17やったね。何年生まれ？」

「52年です」

「50年にしなさい。聞かれたら19才って言いなさいよ。わかった？」

「はい…」

「あなた、誕生日は？」

「え、50年8月7日です…」

「そう。あとショート2万、ロング4万。ロングは泊まりで朝の7時まで。お客さんに値段聞かれたらそう言いなさい」

ショートにロング。薄々気づいていたことは、現実のものとなった。私はここで男に買われるのだ。

「半分あなたのものだから。全部返済に回したかったらそうしてもいいし、貸してほしかったらそれでもいいし。あ、それから名前はどうしよ。メグミにでもしとくか」

200万で売られた私はここで体を売って200万稼がないといけないらしい。他のバアさんたちはみんな100万で売られたんだそうだ。少しプライドが傷ついた。私はバアさんと100万の差しかないのか。

若いのに、なんでこんなとこおんの？

1階の宴会場には、10人ぐらいのおっさんが浴衣姿で集まっていた。女のコ（バアさん含む）は15人ぐらいだろうか。私が最年少なのは一目でわかる。

お酒を注いで回る彼女らを尻目に、私は部屋の隅のほうでボケーッとしていた。それでも男は寄ってくる。

「おネエちゃん、名前は？」

「メグミ」

「いくつ?」

「あ、19」

「へえ、若いのになんでおるの」

「うん、まあ旅行で来てから色々と…」

「ふーん」

彼氏に売られたなんて、カッコ悪くて言えたもんじゃない。ゴマかしゴマかし、私は場をしのいだ。

宴会も終わりに近付いたとき、しょっちゅうちょっかいを出しにきていた1人の男が、ベロンベロンに酔っぱらいながら私の肩を抱いて、女将さんに声をかけた。

「おばちゃーん、このコ」

「はいはーい」

男は、ほかの女のコたちからマスターと呼ばれている1人のおっさんに4万円を渡した。ロングだ。こんな酔っぱらいと朝の7時まで付き合わされるのか。

黙って3階にある男の客室に連れて行かれる。時間がたっぷりあるので余裕をかましたか、部屋に着くと男はゴロンと横になった。そしてすぐに聞こえてくる寝息。これは助かった。私はこっそり部屋を抜け出した。

廊下ではバアさんたちが忙しそうに歩き回っている。

「あの、お腹すいたんですけど」

家を出てからまだ何も食べていない。バアさんの1人にそう伝えると、あっちで食べなさいと食事部屋を案内された。

デッカイおひつにご飯と味噌汁。筍の煮つけや焼き魚などのおかずも並んでいる。好きなだけ食べていいらしい。

味気ない夕食を口にする間も、廊下から慌ただしい音が聞こえてくる。これから毎日、私はここで働くのか。200万返すには、ロング2万円×100日。冗談じゃない。

寝転がったり外を眺めてボンヤリしながら、私は朝になるのを待った。夜が明けたら船に乗って帰ろう。別に私が200万借りたわけじゃないんだから。それにしても許せないのは武井だ。あんなに優しかったくせに私を売るなんて。

ウトウトしていると、夜中になって1人の女のコが食事部屋にやってきた。内田有紀によく似たショートカットの可愛いコ。15人ぐらいいる女のコの中でも、唯一かなわんなと思っていたコだ。

畳に座って彼女は話しかけてきた。

「あんた、なんでここ来たん？」

「彼氏に売られて」

「ふーん、そうなんや」

彼女も最初は200万で売られてきたけれど、今は貯金をするために大阪から出稼ぎに来ているんだそうだ。こんなキレイな人が可哀想に。

「すぐ返せるから大丈夫よ。外にも出れるようになるし」

彼女はお姉さんのように優しくいろんなことを教えてくれた。

「メグミちゃんやったっけ。ここ物売りが来るけど買ったらアカンよ」

聞けば、どこから持ってくるのか、行商人みたいなおばちゃんがロレックスの時計やグッチのバッグなどを売りに来るらしく、それを買うと借金が膨らんでなかなか帰れなくなるんだそうだ。

その後、客室に戻った有紀さんと別れて、私は女のコ6人ぐらいが雑魚寝する寝室で眠った。とても疲れていた。

ロング終了時間の朝7時、昨日のおっさんを起こしに行くと、いきなり怒鳴られた。

「1回もやってないっちゅうのはどういうこっちゃ！」

怒りたくなるのもよくわかるけど、勝手に眠ったのはそっちのほう。私の責任じゃない。

「うるさいわ。なんかあるんやったら女将さんに言うて」

一晩で私は気丈な女になっていた。ダテに中学からグレてたわけじゃない。

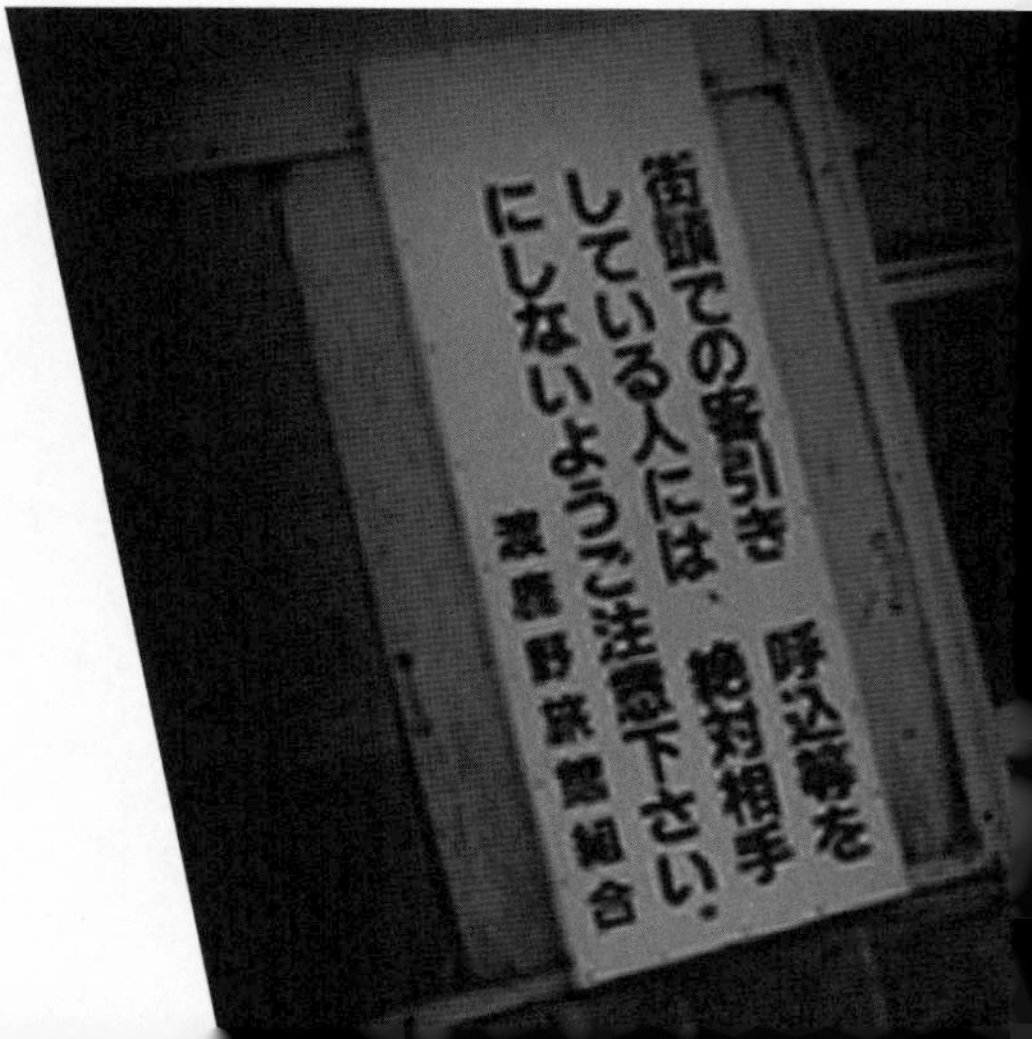

船着き場に見張りの男が

その日の昼過ぎ、私は旅館の外に出て、島から逃げられるかどうか確認するため、海に向かって小道を歩いた。ジリジリと日差しが照りつける。昨日は暗くてわからなかったけど、この島は本当に何もない。時間が止まっている。

10分ほど歩いて、少し離れたところから船着き場の様子を見てみると、そこにはいかにもヤクザ風の男が2人立っていた。こらアカン、見張られてる。やっぱり私はここにいなければならないのか。

私はトボトボと雑魚寝部屋に戻った。新入りを珍しがって、バアさんたちが話しかけてくる。

「あんた、若いからすぐ帰れるやろう」

「ここは女を買いに来る島なんや。昔からそうや」

バアさん連中が言うには、渡鹿野島は売春で成り立っているような島で、観光や釣りに来る客はわずか。他はみんな女のためだけにやってくるんだそうだ。

武井はそれを知っていて私を旅行に誘い、200万の金を受け取って逃げ去った。この状況では、そう理解するしかない。なんて野郎なんだ。

夕方になると、有紀さんが言ってたとおり物売りのおばちゃんが、トレーナーや香水、洋服などをボストンバッグに詰め込んで部屋の中に入ってきた。

女将さんが横について、色々と勧めてくる。

「メグミちゃん。このバッグ、いい物だから買っておきなさい」

30万円もするシャネルのバッグ。こんなの持って島のどこに行けというんだろう。

「私、お金持ってないから…」

「買ったほうがいいわよ。お金は後でいいから」

もうどうにでもなれという感じだった。この旅館で暮らす以上、女将さんの機嫌を損ねさせるワケにもいかないだろう。

「じゃあ、買います」

「あ、そう。それじゃこれ書いて」

答えた瞬間、女将さんは1枚の紙を取りだした。30万円の借用書だった。

ショートの客を1日に8人

2、3日すると、私の中にも開き直りの気持ちが出てきた。逃げられないとわかった以上、ここで200万円分働くしかないんじゃないか。
助けを呼ぶにも、島の中には公衆電話も見当たらないし、携帯なんて持ってない。あの親が捜索願いを出さない以上、私はここで体を売らざるをえないのだ。

こうして私は物事を前向きに考えるように、いや、人生を達観するようになっていった。

宴会は毎日のように行われた。

相変わらずつれない態度で出続けた私だけれど、いちばん若くそしてかわいい（自称）ものだから、必ず誰かに買われた。

が、のんびり客に付き合う私じゃない。2時間拘束のショートでも、私は部屋に入るやいなや着物を脱いで客の上にまたがり、15分ぐらいでイカせてしまい、すぐに宴会場に舞い戻って次の客を取る。どうせ男なんて1回イケば疲れてしまうんだから、誰も怒ったりはしない。

ときどき宴会のない日にも、よその旅館からお呼びがかかり、男の部屋へ出向いた。やることはいつも一緒。またがって腰を振るだけだ。

1日に8人の客を相手したこともある。15分で終われば、また次の15分。そしてまた。さすがにアソコがヒリヒリしたけど、早く島を出るにはペースアップしないとしょうがない。

そのせいで他のバアさん連中の妬みがヒドかった。サッサと済ませて部屋を出てきたところを「あんたはなんで15分で出てくるの」と背中を蹴飛ばされるなんてことはしょっちゅうだった。

「なによー」

「あんた、ショートは2時間の決まりでしょ」

「そんなんお前に関係ないやろ。だいたいババアのくせに100万なんて生意気なんや」

口なら年寄りに負けるはずがない。それに、女のコ同士の喧嘩には女将さんが仲裁に入って、いつも若い私をかばってくれるから安心だった。ときどき高い物を買わせることを除けば優しい人だった。

借金を計算した紙が無くなっていた

こうして寝るヒマを惜しんで稼ぐ私も、昼間は何もすることがなかった。有紀さんのように自発的に働きに来ているコは、借金がないから自由に島の外に出れるけど、私はここにいるしかない。しょうがなく部屋で寝ているか、本棚にあった「ハロウィン」という恐怖マンガを読んで時間をつぶす毎日。テレビは、幸せそうな奴らが出てくるとムカツクからいっさい見なかった。ときどき散歩にも出るけど、やっぱり島内には何もなく、立ちんぼのように立っているおっさんやおばさんがなれなれしく話しかけてくるぐらい。ヒマを持て余したヨソ者は1人だけじゃなく、私の後にも、ダマされて売られた「外出不許可」のコが何人かやってきた。

7月の終わりぐらいに新しくやってきた女のコは、私と同じ手口でホストに連れてこられたのに、「私はダマされてない。すぐ迎えに来てくれる」と、ずっと泣いていた。泣いたってしょうがないのに。この島で泣いたって誰も助けてはくれないのに。

いつになれば島の外に出られるのか。最初の200万円に着物やバッグの借金が加わればいくらになり、そしてそれは1日に何人の客を取れば追いつく額なのか。私は紙に書いて計算していた。ズルズルと居続けるより、目標を持って働いた方がいいと思ったからだ。

しかし何度計算しても、紙はいつの間にか無くなってしまう。ミステリー。じゃなくて誰かが見つけて捨ててしまっているのだ。いつまでも居させようというハラなんだろうか。

ミステリーといえば、旅館の中には1つの謎があった。宴会部屋、雑魚寝部屋、食堂、客室以外に、入ってはいけない部屋というのがあったのだ。

女将さんがサイコロを持ってうろうろしているのを見たことがあったから、たぶん博打をしていたんだと思うけど、ついにその正体はわからなかった。

泳いで逃げるなら夏の今しかない

島に来てひと月ほど経った8月7日、私は18才になった。自分でもすっかり忘れかけていたのに、女将さんがどこからかショートケーキ2つを買ってきて、ささやかに祝ってくれた。

「メグミちゃん、誕生日やろ」

プレゼントとして小さな指輪をくれる女将さん。思わず涙ぐみそうになった。

「残り50万だから、もう少しで外にも出れるわよ」

島内より海を臨む。
脱出するには泳ぐしかなかった

こんな場所で誕生日を迎えるなんて思ってもみなかったけど、誰かに祝ってもらったことなど久しくなかった私は素直にうれしかった。

幼いころから親との軋轢に悩まされていた私にとって、女将さんは本当のお母さんのような存在になりつつあった。ここにいるのも悪くないなと、このときばかりは真面目に考えた。

けれど同時に、この誕生日が島からの脱出を本気で思い立たせた日でもあった。18才の私がどうしてこんなところにいるのか。このままだといつかあのバアさんたちのようになるんじゃないか。将来が急に怖くなった。そして私は、自分でもビックリするようなことを思いつく。

——船に乗れないなら泳いで逃げよう。それなら夏の今しかない——

本気だった。プールでしか泳いだことはないけれど、クロールでもバタフライでもとりあえずはできる。必死でもがけばなんとかなるはずだ。

昼の間、外を散歩するフリをしながら、飛び込むべき場所を探した。船着き場からマトモに岸を目指したのではバレバレだし、断崖絶壁からジャンプする勇気はない。まずは手ごろなポイントを見つけなければ。

めぼしい場所はすぐに見つかった。人影はなく、沖を船が通る様子もない。ここからまっすぐ岸を目指すのだ。ただ地図上では対岸まで500メートルぐらいしかないことになっているけど、見た感じその倍はあるような気がする。大丈夫だろうか。

何度も何度もそのポイントを下調べに行き、人のいないことを確認した。泳げる、絶対泳げる。いつもそう思いながらも、青黒い海の色を眺めるうちに飛び込む勇気は萎んでいった。

誰もいない場所から下着姿で飛び込んだ

決行の日は8月15日だった。計画の上ではない。旅館の2階廊下の隠れたところに、1台だけピンク電話があるのを見つけたことが引き金となった。

私は思わず暴走族をやってる男友達に電話した。機動力のあるのはアイツらしかいない。

「真奈美やけど、覚えてる？」

「あ、どうしたん？」

「今、私、渡鹿野島におるの」

「どこや、それ」

「三重。地図で調べて」

いきなりかかってきた電話に友達はびっくりした様子だったけど、説明するうちに私の置かれた状況を理解してくれた。

「逃げるって泳いでか」

「うん泳ぐわ。だから迎えに来てほしいんやけど。地図で探して3時ぐらいに来て」

すでに決心はついていた。

無理矢理買わされたバッグも着物も、旅行に持ってきた荷物も財布も全部放ったらかして、私は旅館を抜け出した。

まだ日は高い。島はいつものように静まりかえっている。立ちんぼのおっさんの前はわざと平静を装って歩いた。小道を通って、例のポイントへ。

やっぱり誰もいない。よし、今だ。今しかない。

服を着たままだと、水を吸った重みで体が動かなくなる。確かそう聞いたことがある。私はトレーナーとズボンを脱ぎ捨てた。もう恥ずかしさなんてなかった。

ブラジャーとパンティ姿になった私は、１メートルほど下の海に飛び込んだ。冷たい水が体を包む。慌てて手足を動かす。

見つかったらまた連れ戻されてしまう。最初はそれだけを恐れて泳いだ。

クロールに疲れたら平泳ぎに。体力が回復すればまたクロール。幸い誰も追いかけてくる気配はなかった。漁船も通らない。

ただ途中で、岸にたどりつけずに溺れるんじゃないかと考え始めてからは、体が強ばって言うことを聞かなくなってきた。

死にたくない。死にたくない。あれだけ人生に諦めの入っていた私なのに、やっぱり死ぬのは怖くてならなかった。

途中、いろんなことを思い浮かべた。私が死んだら誰が悲しむだろう。そんなことも考えた。誰の顔も浮かんでこないのが悲しかった。

どれぐらいの時間泳いだかわからない。足が地面に着いたときは、もう全身クタクタで、腕には感覚がなかった。

下着姿で歩き回るわけにもいかず、私は首まで海に浸かりながら、友達の迎えを待った。バイクと車の爆音が聞こえてきたのは、到着後15分ほどしてからだった。

本人。本記事掲載後、テレビ取材を受けたときのもの

あれからもう5年になる。つい最近、懐かしくなって「N」の女将さんに電話をかけてみた。お金にはうるさかったけど、お母さんのような人だったと私は今でも思っている。

「メグミちゃん、元気？　最近不景気で困ってんのよ」

近くにスペイン村（志摩市のテーマパーク）ができてから、渡鹿野島にも家族客が多くなり、だんだん島内が健全化しているらしい。夜もそれほど活気がないそうだ。

「いつでも戻ってきていいから」

女将さんは言った。その優しい言葉に、私はまたあの海を渡ってしまうかもしれない。

（構成・編集部）

ある近親相姦スワップ家族の

狂った絆

取材&文 佐藤正喜（裏モノJAPAN編集部）

母はよその息子と、長女はよその父親と……

過去「裏モノJAPAN」には様々な奇人が登場した。農家のバアさんに欲情する男、大便を食す男、露出を生き甲斐とする女。みな常人ではない。しかし、ここで紹介する家族の異常は、おそらく誰をも凌ぐ。老若男女どの立場から読んでも、到底その心情は理解できないだろう。夫42才。妻41才。長女17才。長男14才。この、ありがちな構成の4人家族は、それぞれに近親相姦を繰り返している。父が娘を抱き、母が息子を誘い、子供同士もまた関係を持つ。さらに彼ら一家は、他の家族とスワッピングまで行っている。家族同士が一所に集い、全員で肉体を貪りあう“家族スワップ”である。

06年7月号掲載

写真はイメージです

今回の取材にあたり、私は家族の代表者である父親に、1本のビデオテープを見せてもらっている。

冒頭は、とあるコテージに3組の家族が集まってのバーベキュー大会だ。メンバーは11人、うれしそうにトウモロコシを頬張っている男の子は、まだ小学生だろうか。

歓談シーンの後、突如テープは、室内の光景になった。カメラに向かって投げキッスをする女性、ピースマークでポーズをとる子供。和やかな笑顔が並ぶが、なぜかほぼ全員が半裸だ。

テープは引き続き、おぞましい映像を再生し始めた。彼らが家族スワップをしている証拠シーンである。

「これが娘です。で、ずっと飛ばして（早送り）、これが家内です」

娘、家内、そう呼ばれる女性たちは画面内でどこかの男性と交わり続けている。それを見ながら平然とリモコンを操る父親。

「これが私ですね。今より少しやせてますね」

本稿はそんな家族の、今なお継続中の実話である。

本当は全員に会ってほしかった

中部地方の某県某市。新幹線の駅からタクシーで30分ほど走った場所に、家族の家はあった。

新興住宅街の2階建て一軒家。面した道路幅は広く、祝日のせいか、近所には軒先に日の丸を掲げる家もある。のどかな町だ。

家の中に招いてくれたのは、一家の主人である男性、金子キヨシ氏（仮名・42才）。奥さんと子供2人は外出中らしい。

「本当は全員に会ってほしかったんですけど。その方がわかりやすいでしょう」

彼がわかってほしかったこととは何か。家族の絆である。

事前の電話の段階でも、彼は念を押すように言った。私たちは無理矢理セックスするような暗い家庭ではなく、お互いに守り合っている。だからよその家庭よりも心が通じ合っているし、仲もすごくいいんです。

「4人揃えば、そういうところも見せられたんでしょうけど」

絆うんぬんではなく、肉体関係にある者同士ならではの、ぬめっとした距離感を感じ取りたかったがしょうがない。取材は父親のみに絞ろう。

居間に座ると、まず彼は、証拠としてのビデオを見せてくれた。無言で見つめるしかない私と、流暢に解説するキヨシ氏。やや日当たりの悪い居間が、どんよりした空気に包まれる。いったんテープを止め、話を伺うことにした。

家族相姦。その発端を何から説明していいのかわからないが、まずは一家の中心人物、キヨシ氏に触れてみる。

キヨシ氏は自営業の両親に育てられた一人っ子だが、高校卒業後も後は継がず、地元の企業に

就職。23才のときに、現在の奥さんのナオミさん（仮名・当時22才）とお見合い結婚をしている。

職業を秘すため詳細は書けないが、見合い話を持ってきた彼の上司は、以前からある農家と仕事上の付き合いがあり、そこの1人娘がナオミさんだった。2人は1年ほどの交際期間を経て結婚。ちなみにキヨシ氏もナオミさんも、セックス経験は過去にあった。世間知らずの2人ではなく、ごく普通の男女が結ばれたと理解していい。

2年後、長女しほ（仮名）が誕生。その3年後、長男ゆうた（仮名）を授かる。一姫二太郎。絵に描いたような核家族である。

両親共に2人を溺愛した。まだ異常な関係は現れていない。

夫婦仲を改善するため、年2回スワッピングに

一家にとある変化が生じたのは、長男誕生から3年、キヨシ氏31才のときである。

「私が浮気をしましてね。それでちょっと夫婦仲がギクシャクしてきたんです」

まだ30才とはいえ、子供2人を産んだ妻の体に、キヨシ氏はさほど興味を覚えなくなっていた。さらに浮気までバレてしまい、関係は最悪である。

そこで彼は妙な手に打って出る。

「ホームトークに妻の裸の写真を載せたんですよ、勝手に」

ホームトーク、言わずと知れたスワッピング雑誌である。夫婦・カップルが写真とメッセージ

を掲載し、交際相手を募るページは本誌の目玉コーナーだ。

夫婦2人で上手くいかなくても、他のカップルと協力しあえばなんとかなるのでは。お互いを大事にしたくなるのでは。

一般の人間はたとえ倦怠期でもそこまで飛躍はしない。パートナー交換など、変態行為と見なすものだ。なぜ、キヨシ氏はスワッピングを選んだのか。

「こう、何ていうか、愛情の輪を広げてみたいっていうんですか」

彼の、このズレた価値観がすべての始まりだった。

さて、目線の入ったナオミさんの上半身ヌード写真は無事に掲載され、全国から交際申し込みの手紙が届く。キヨシ氏はそこで初めてナオミさんに事情を告げた。

「どうだ興味ないか？って。特に反対はされなかったですね」

ここで、提案に反対しなかったナオミさんという女性にも少しだけ触れておきたい。

彼女は15のころに父親を失って以来、農家の母親の女手一つで育て上げられ、キヨシ氏によれば性格はおとなしいほうだという。そもそも結婚が成立したのも、「私が強引に押し進めたところもあった（キヨシ氏）」からだそうだ。

2人の子供が生まれてからも控えめな性格は変わらず、母親同士の付き合いも「あまり見たことがない（同）」。見た目は、キヨシ氏の採点で50点、ビデオで昨夏の姿（40才）を見た私の採点

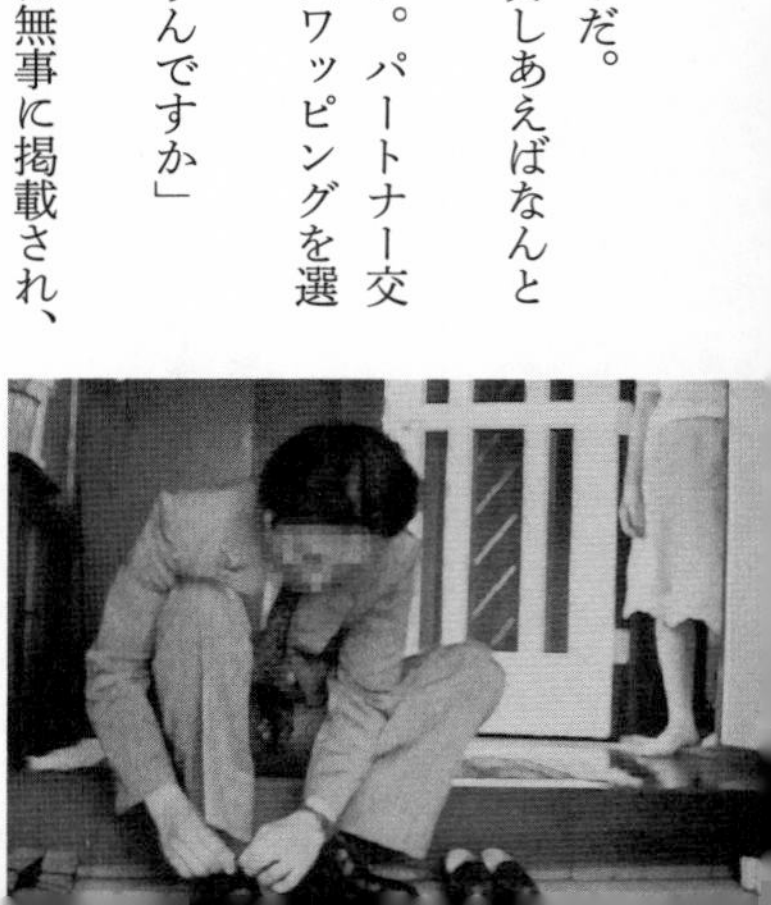

で60点とする。確かに一見控えめそうな印象ではある。スワップの誘いも、その性格からして断れなかったのだろうか。

ともかく、金子夫婦は小さな子供を互いの実家に預けては、年に2回ほどの頻度でスワッピングに出向くようになる。

妻が他の男に抱かれ、自分が他人の妻を抱く。よく言われるように、確かにこの体験は夫婦間の愛情を再確認させる効果があるらしい。壊れかけた仲は、自然と元に戻った。

長女は中1のとき父親が女にした

スワッピングカップルは、大勢の相手とセックスしたがる一派と、できるだけ範囲を広げず特定の相手と親密になろうとする一派に分かれるという。

金子夫婦は後者だった。中でも最も親密になったのが、愛知県在住40代後半の中年夫婦である。年は離れていたが、どこか波長があったのだ。

近親相姦の話題を持ってきたのは、その2人だった。

「奥さんが中学生の息子さんとセックスしてるっていうんですよ。撮影したビデオまで見せてもらいました」

男の子は思春期になると否が応でもセックスに興味を覚える。放っておくと性犯罪や非行に走る恐れがあるから、それならいっそのこと家庭内で欲望を解決してあげたい――中年夫婦は雄弁に理屈を語った。

キヨシ氏は感化された。スワッピングという、他人には言えない性癖を共有しあっているからなのか、先輩夫婦の意見がすっと心に落ちた。

事実、家庭に招かれたときに出会った息子さんは実に素直で、ひねくれたところがまったくない。これは正しい性教育のおかげじゃないのか。ウチもそうしよう。子供を自分たちの手で守ってやって何が悪いのだ。

屈折した愛情と言わざるをえないが、確かに以前から彼には子供に対する過剰なまでの庇護意識があった。友達の家に遊びに行くのを嫌い、他の親と親しくしゃべるだけで会話の内容を逐一問い質す。子供はあくまで自分の物だった。

中年夫婦の教育方針を現実にマネしたのは、娘が中学生になってからである。

長女、しほ。当時、公立小学校から地元の公立中学に進んだばかりの、どこにでもいる田舎の子供である。「贔屓目に見ても、顔はかわいくはない」と父親が言うように、ビデオで私が見た現在の姿も、地味な印象だった。

成績はさほど優秀でもなく、かといって問題児でもない。中学ではブラスバンド部に入部した。

その彼女に、ある日、親の過保護が迫る。

「スワッピングのときってビデオをよく撮影するんですよ。それをまず見せてやりましてね」

中1の娘に、自分たちのセックス、しかも他人とのセックスシーンを見せる。この異常な行動を、長女は受け入れた。

ありえない。どこか発達が遅れているならまだしも、思春期の女の子が親のセックスを平然と見られるはずがない。

しかし幼いころから彼女は、親は絶対、との思想を叩き込まれていた。親は間違ったことをしないと信じ込んでいた。

「問題なかったですよ、どちらかというと興味を持って見てましたから」

ビデオによる洗脳を終えれば、次は実践。ある夜、夫婦は寝室に長女を呼んだ。

「最初は、2人がジャレ合ってるところを見せるだけです。おちんちん触ると気持ちいいんだよ、とか教えながらですね」

彼らは教育を与え、そして受けた。以後も毎日のように。

「2カ月ほどで私が女にしました。当然コンドームはつけましたよ」

誇らしげにキヨシ氏は言う。

100歩譲って、父と娘の倒錯関係は理解できたとしよう。それだけなら実はよくあることかもしれない。

どうしてもわからないのは、2人の関係を許した、そして現在も許している母親、ナオミさんの気持ちである。本人がこの場にいれば、質問もできようが…。

娘を取られる嫉妬は妻よりも大きい

その年のお盆休み、金子夫婦は4年生の長男を祖父母に預け、長女を連れて県内のコテージへ出向いた。

現地で合流したのは、例の先輩夫婦とその子供2人である。長男は高3、長女は中3。もはや言うまでもなかろうが、すでに先輩夫婦は、長男に続き長女も近親相姦の輪に加えていた。

コテージ集合の目的は、家族スワップである。先輩夫婦からの提案だった。

「その先輩夫婦は前にもそういうことをしたことがあるらしくて、お嬢さんも一緒にどうですか？　って誘われたんです」

なぜ提案を承諾したのか。あれほど大事な娘が他人に触れられる、そんな状況をなぜキヨシ氏は許したのか。

そう、血こそつながっていないが、いまや中年夫婦も彼の家族だったからである。娘を任せるに値する一員だったからである。

コテージの7人。夫婦間の交換はもう何度も経験済み、となれば、主役は子供たちしかいない。

「乱交ではないです。部屋が2つありまして、別室に1組ずつ消えていく感じで」

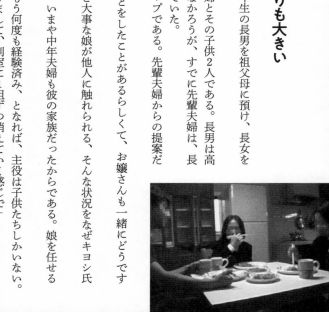

その日、初めての組み合わせを計算すれば以下の4通りとなる。
キヨシ氏×相手の娘
ナオミ×相手の息子
しほ×相手の父
しほ×相手の息子
すべてが順次、行われた。誰の心理も想像しにくいが、特にしほの立場は陰惨に思える。
「そうでもないですよ。最初は恥ずかしがってましたけどね。それより私が大変でした。嫉妬するんですよ。家内を取られるよりも嫉妬します」
本人の言葉によれば、「アットホームな雰囲気のまま」家族相姦は終了。帰りの車中でも、しほは「○○君のおじちゃん面白かったね」と、ケロリとしていたらしい。

あのオバチャンとヤリたい！

もうたくさんかもしれないが、現実を説明するには、新たにもう1人の男を加えなければならない。

長男、ゆうた。時は流れ、彼もまた中学生になっていた。

母親に似たのか、おとなしい性格に育ったゆうたは、勉強にもスポーツにも特に関心のない少年だった。体の線も細く、声も小さい。

「中学生になってすぐ、部屋に呼んで家内が相手しましてね。息子はその日のうちにできました。正常位です。男の子はやっぱりそういう盛りなんでしょうね、毎日やり始めまして、『よく頑張ってくれてるな』と思いましたよ」

「もしかして、その後、姉と弟というパターンも出てきたわけですか？」

「ええ、はっきり見たわけではないですけど、ときどき声が聞こえますからね」

ゆうたは、こと性に関しては積極的に育った。先述の昨夏撮影のビデオにも、「あのオバチャンとヤリたい！」と意思表示する様子が映っている。

ちなみにこのときコテージに集った家族の構成は、

金子家４人

一組の夫婦と息子１人

一組の夫婦と娘１人息子１人

組み合わせを計算するのも困難な中、ゆうただけはちゃっかり３人の女性と交わり、自分の役割を果たしている。

夕方になっても家族は誰一人帰ってこない。部活動なのか買い物なのか、あの人たちがそれぞれ人並みの休日を送っているというのも不思議な感じだ。

「いたって普通ですよ。学校の話なんかもしてますし。長女は国立大に入れるぐらいの成績だって先生も言ってます」

ここ2年ほどキヨシ氏の束縛はさほど強くなく、長女しほには、性交渉こそないが（本人の口から聞いたそうだ）、同級生の彼氏がいた時期もあるという。こんな家庭に育ちながら、一人前に恋愛もできるだなんて。その精神、あっぱれとでも言うべきか。

妻ナオミ、長男ゆうたにも、キヨシ氏の見る限り、おかしなところは何もないそうだ。長年の刷り込み作業は、一般の倫理観など簡単に吹き飛ばすものなのか。インセストタブーは人間の本能ではなかったのか。常識が揺らぐ。

家族スワップは今も月に1度ほど、親しい一家との間で行われ、息子はさておき、徐々にテクニックをマスターしていく娘の姿を見るのを、キヨシ氏は楽しみにしているという。

別れ際、「これだけは書いてほしいんですが」と強調して、彼は持論を述べた。

「今の世の中、バラバラな家族が増えてるじゃないですか。うちはそうじゃないですからね。そういう面では間違ってないと思うんですよ」

約束どおり書いた。一応、書いた。彼らが間違っているのかいないのか、その判断は保留しておく。

現役高校生60人の筆を下ろしちゃいました

奥さまは童貞キラー

リポート 有原一葉（仮名 28才 歯科開業医を夫に持つコマダム）

おどおどして下手クソで早漏。童貞ボーイといえばマイナス面しか思いつかないが、なぜかその不器用さに興奮してしまう人妻さんの物語。皆さんの周りに、こんな素敵な女性は…いませんよね。

01年9月号掲載

昼間に流れるメロドラマ。ドロドロの不倫劇を目にするたび、私はひとつの疑問を抱く。

ドラマとはいえ、そんな簡単に浮気がバレるのはウソっぽくないだろうか。現実の既婚者たちは、もっと要領よく遊んでいるんじゃなかろうか。

離婚する意志がない限り、浮気は絶対にバレてはならない。そのためには私のように、安全かつ後腐れのない相手を選べばいいのだ。

ただ、あまり大きな声じゃ言えない。私の浮気相手はすべて高校生で、それも筆下ろし専門。そう私は《童貞キラー》なのだ。

《カップル喫茶で潮を吹いちゃいました》

4年間勤めた会社を辞め、私が主婦の座におさまったのは平成10年6月。両親に薦められた歯科開業医のボンボンが相手だった。

家は都内の一等地。誰もが羨むコマダム生活だ。が、意外な落とし穴が待ちうけていた。

「今日は疲れたから」

こんな台詞を何度聞かされただろう。旦那は極端に淡泊な男だった。Hは月に1〜2回。20代半ばの女盛りにこれはイジメに等しい。

かといって外で発散するわけにはいかない。もし遊びがバレ、離婚にでもなったらそれこそ最悪。結局、1人Hで火照りを鎮めるしかなかった。

そんな生活が丸2年過ぎたころ、私は、夫に1台のパソコンを買ってもらった。単なるヒマ潰しのため。というのは真っ赤なウソだ。欲求不満は頂点に達し、雑誌で見かけた人妻専用の不倫掲示板でウサを晴らそうと思ったのだ。

世の中の主婦がどれだけ不倫を楽しんでいるのか。あわよくば私も…なんて。

さっそくサイトにアクセス。と、いきなり次のような書き込みに遭遇した。

〈インターネットで知り合った男性と待ち合わせたら、ベンツで迎えに来てくれ、フランス料理で乾杯し、素敵な夜を過ごしました。29才キョウコ〉

いくら何でもウソだろ。そう思ったが、人妻たちの過激な書き込みは遠慮なく続く。

〈この前、彼氏とカップル喫茶に行ったら興奮して初めて潮を吹いちゃいました〉

〈旦那のいない間に寝室でヤルのが気持ちいいかも〉

気が付くと、右手がアソコへ伸びていた。濡れている。私も遊んでみようかな…。

いやいや。それだけは絶対ダメ。ネットの世界はあくまで仮想。実際に会ってみたらチンピラでしたなんて、冗談じゃ済まされない。

ちょっと冷静になったところで、次の書き込みへ。

〈都内の16才の高校1年生です。メール待ってます〉

ん!?　イタズラでしょコレ。ガキんちょが、こんな不倫サイトに出入りするハズないもんな。

〈きみ、マザコンなの？　私が相手してあげようかしら〉

冗談半分でメールを出してみたが、やっぱり返事は来ない。あ〜あ。つまんないな。

本物の高校生に間違いない！

その後まもなく、人妻チャットなるサイトを知った。チャットなら掲示板と違ってダイレクトに反応があるから、ヒマ潰しに最適。とりあえずメッセージを出してみよう。

〈28才、都内在住の人妻です。楽しいお話がしたいな〉

〈こんにちは〉

うわっ。1分もしないうちに合図の信号が点滅した。

〈お話してもよろしいですか〉

〈ええ。おいくつの方ですか〉

〈32才です。一葉さんは、今、何をしてるんですか〉

30分ほど趣味の演劇の話をしているうちに、会話はそれとなくHな方向へ。憎いばかりに自然な流れで、いつしか私はオナニーをさせられていた。

〈ドコが感じるか触りながら言ってみてごらん〉

〈えっ。恥ずかしい〉

〈じゃあ、やめちゃうよ〉

〈…アソコが〉

〈アソコって？〉

アン、アンと悶えながら、指先はクリトリスとキーボード間を往復。ものの5分でイカされた。

いやー、これはヒマ潰しどころの騒ぎじゃないゾ。

翌日もドキドキしながらメッセージを載せる。

〈はじめまして〉

2〜3分で、ナオキと名乗る人物に話しかけられた。

〈はじめまして。ナオキさんは今ドコからですか？〉

〈学校からです〉

〈ふ〜ん。ドコの大学なの〉

〈えっ？〉

〈だって学校でしょ〉

〈○○高校ですけど〉

高校生!? ったく、またイタズラだな、いい加減にしろ。ここはひとつからかってみるか。

〈じゃあ今、制服着ているの？〉

〈うん〉

〈どんな〉

〈ブレザーだよ。ネクタイ締めるのが面倒なんだ〉

〈そう。でも高校生だったら、今授業中だよね〉

〈受験だから〉

〈受験だとなんで授業がないの〉

〈自由勉強なんです〉

……ヤケにリアルな答えだ。もしかして本物の高校生なの?

〈大学はドコを狙ってるの?〉

〈慶應の経済〉

〈えっ、慶應!?〉

〈うん〉

〈じゃあ遊んでたらダメじゃない。彼女とかはいないの?〉

〈うん〉

〈ずっと?〉

〈はい〉

コチラの質問にボソボソ答えるナオキ。気の利いた台詞は1つもない。

こりゃ本物かも。俄然、興味が湧いた私は、矢継ぎ早に質問を送った。

〈誰に似ているの?〉

〈キスの経験は?〉

〈ひょっとしたら童貞?〉

ナオキから返ってきたプロフィールは以下のとおりだ。

18才で彼女いない歴が1年。キスの経験はある。身長は180で体重65。見た目は色白で、友

だちにはジャニーズ系だと言われるそうだ。

信じられないほどの好条件。これだけ整っていて、童貞なんてウソじゃないの。

が、彼の言うことには、男子高のため出会いがなく、性格がオクテなのも災いしているらしい。

〈会ってみる？〉

自分でも驚くほど自然にキーボードを叩いた。

〈会ってくれるんですか〉

〈ええ。嫌じゃなければ〉

〈お願いします〉

〈じゃあ、待ち合わせは渋谷のモヤイ像にする？〉

〈はい〉

〈じゃあ2時にこれる？〉

〈はい〉

こうして私は初めてネットで知り合った男性と会うことになった。しかも相手は現役の高校生。

歳が離れた私なんか相手にしてくれるだろうか。

2時間で3度の射精はさすが18才の童貞クン

約束の時刻にナオキは現れた。茶髪に華奢な身体は、申告どおりのジャニーズ系である。バリバリ私の好みだ。

「ナオキ君ですよね？」

「あっ、はい」

「はじめまして、一葉です」

間近で見ると、ヒゲのない肌が超キレイ。さて。これからどうしよう。お茶か食事かカラオケか。いや、若い子と一緒に歌う曲なんてないぞ。

「どうする？」

「……」

立ち尽くすナオキに目をやる。と、あっ！ ジーンズの股間部分が、膨らんでいる。

「ナオキ君、本当に童貞なの？」

「はい」

「だったら最初の相手が私なんかでいいの？」

「うん」

どうやらハナからヤル気まんまんのようだ。ま、学校を休んでまで会いにきたのだから当然かもな。

もう迷うことはない。私は彼の手をつかみ、道玄坂のラブホへ直行、緊張でガチガチのナオキをベッドに座らせた。

さて、焼いて喰おうか煮て喰うか。うふふ。処女とHする男の人もこんな感じなんだろな。

「どうしたい？」

「えっ、どうって、あの…」

手をつかみ、直接胸を触らせてみる。

「どう？」

「気持ちいいです」

お次は、はち切れんばかりの股間にタッチ。

「あっ」

「気持ちいいの？」

「…はい」

ジッパーを下ろしペニスに唇をかぶせる。と、ものの1～2分で大量の精液が流れ込んできた。

「んぐ」

私はベッドから立ち上がり、冷蔵庫へ向かった。口の中をビールですすぎたい。

それにしても、他の女を知らない男ってのは実に気が楽だ。体型や振る舞いを比べられるプレッシャーがない。

「ジュース飲む？　えっ!?」

ポカリ片手に振り向いた私は、我が目を疑った。オチンチンが勃ったままなのだ。

「…したいの？」

「うん」

私が服を脱ぎ、ベッドに横になるや、すぐにのしかかってくるナオキ。さっきまでのしおらしい態度がウソのようだ。

「あれっ、あれ？」

初めてだからウマク挿入できないらしい。大丈夫。私がペニスを導いてあげる。そう、そう、ソコよ。そのままゆっくり動いて。

ナオキはガムシャラに腰を振った。女を気持ちよくさせようとか、そんな気遣いは一切ない。でも、たまらなく心地いい。このコは私の身体がそんなに欲しかったんだ。そう思うと何とも言えぬ悦びがこみ上げてくる。

5分もしないうちに、ナオキは私の中で果てた。事前にピルを飲んでおいて正解正解。

「もう1回いい？」

「えっ？」

なんと2回目が終わって20分もたたない内にまた求めてきた。今度はバックに騎乗位、シックスナイン。ナオキはアダルトビデオみたいだと、無邪気に喜んでいた。

好みのタイプを限定したら

〈都内在住、28才の主婦です。経験の少ない10代のコと楽しくお話したいな〉

味をしめた私は、３日後、再び例のチャットへ伝言を載せる。最初にアクセスしてきたのは19才の大学生・ヨシオ。童貞だという。

う〜ん、大学生で童貞ってのはどうだろう。コンパやサークル、アルバイト。Hをする機会なんていくらでもある。とんでもないブ男か。

まぁいい。顔ぐらい拝んどけ。待ち合わせは渋谷の東急本店ヴィトン前にした。合格だったらホテルへ直行すればいい。

「こんにちは」

「あっ、一葉さんですか」

「そうよ」

ココリコの田中似で少し病的だが、Hだけならまあストライクゾーンだ。ただ、ヨシオのトークの寒いことといったら。

「ぼく、貧乏でさ、食費は月２万円なんだ」

「あっ、そうなんだ」

「もやしっていいんだよね」

「はぁ？」

「安くて料理しやすいから」

「……」

部屋に入るまで延々10分間、もやし談義が続く。場を盛り上げようっていう気遣いだろうけど、ハッキリ言って逆効果。気分は萎え、Hは自然とおざなりになった。

いちおう挿入はさせてあげたものの、最後は口でフィニッシュ。これって、童貞を捨てたことになるんだろうか。

翌日、私はメッセージに若干の修正を加えた。

〈都内在住、28才の人妻です。体験の少ないウブな高校生のコとお話したいな〉

今度も返事はすぐに来た。が、フタを開けてみれば54才のオヤジからである。

〈アナタには私が大人のよさを教えてあげましょう〉

キモイなぁ。アンタに用はないよ！　さ、次の男。

しかし、この一件で貧乏神でも憑いたのか、次に会ったケンジ君はラグビー部員のムキムキマン。その翌日はケイン・コスギタイプの筋肉男。ことごとく私の好みと正反対がやってくる。

あまりに効率が悪いので、メッセージにさらに次の一文を付け加えた。

〈色白で細い男のコが好みです〉

アクセスが減るのは覚悟の上だけど、タイプの異なる男と会うのはもうゴメンだ。

果たして、狙いは大正解だった。予想どおり反応は鈍くなったものの、実際に会う高校生がみな、そこそこのレベルなのだ。いやー、満足、満足。

こうして私は、2年間の欲求不満を晴らすように、ほとんど毎日Hをし、3月だけで16人の筆下ろしに成功する。

断られたこと？　そんなことは一度もない。ホテル街で待ち合わせて、そのまま帰る童貞クンなんているワケないでしょ。

そこの椅子に座って1人Hしてみて

その後、チャットのコツを覚えた私は、ときには同時に3〜4人を天秤にかけ、一番好みに近そうな高校生を渋谷に呼び出した。

淫行条例に反しているのは薄々感づいていた。が、どうしても止められない。いつのまにか私は、ガムシャラに腰を振ってくる童貞クンに快感を覚える身体になってしまったのだ。

それに一度きりの関係だから、バレる心配もない。相手は入れ食い状態。これで遊ぶなという方がムリな話だろう。

5月〈滝沢よりイケてるよ〉と豪語するダイ君と出会った。

彼の通う私立高校は、変わったデザインの制服で有名な学校。そこで〈持ってきて〉と頼んだところ、マジで紙袋に持参してくれた。

「本当に持ってきてくれたんだ」

「だってそう言ったじゃん」

「ねぇ。着てよ」

渋々着替えるダイ君を見ながら缶ビールを飲む私。彼はまもなく学帽をかぶった凛々しい高校生に変身した。

制服……
持ってきてくれた？
HOTEL

「うわぁカッコイイ」

「そうかな」

「ねぇねぇ。お願いがあるんだけど聞いてくれる?」

「なに」

「そこの椅子に座って1人Hしてみて」

「マジで!?」

「早くぅ」

チャックを下ろし、勃起したオチンチンを取りだすダイ君。かなりデカイ。詰め襟に届きそうなイキオイで反り返っている。

シコシコシコ。右手を上下に動かし始めた。シコシコシコ～。

ひゃあ～。なんてイヤラシイんだ。思わずゴクリと唾を飲み込む。

「うぅぅ」

彼の手がだんだん速くなってきた。ちょっと。イッちゃだめだって。イクときは私の中で。すばやくパンティを剥ぎ取り、彼のペニスに腰を沈める。

うわっ。このフィット感はなんなの!?　大きいとは思ってたけど、こんなにピタリとハマるなんて。身体中が支配されているような快感。ヤバイ……。

私は初めて高校生にイカされた。しかも合計3回。制服プレイで気持ちが高揚していたせいだろうか。それにしても気持ちよすぎる。

この後、私は自ら課したルールを破りダイ君と4回会う。回数をこなすうちに彼は要領を覚え、Hは格段にうまくなった。

しかし、長続きしなかった。家庭教師になったみたいで嬉しい。彼がしつこくケータイ番号を聞いてきたからだ。本当は教えてあげたかった。が、このままズルズル行くのは超危険。私は泣く泣く身を引いた。


現在も私は、〈制服を持参できる〉高校生に的を絞り、筆を下ろし続けている。

その数、半年で63人。毎月10人以上はHしている計算だ。順調なら夏休みを超えた時点で100人を突破するだろう。

これを読んでる童貞クン。チャットで私に会ったら恥ずかしがらずに告白してね。優しく筆下ろししてあげるから。


（構成・編集部）

ひとりフェラチオ計画

自分で自分のチンコをしゃぶってみたい!!

リポート 藤沢みきお（仮名 27才）
イラスト／中野 豪

彼女もいない。フーゾクに行く金もない。でも、普通のオナニーはもう飽きた。ならばヤルことは……。ヒマに飽かして“男の願望”に挑んだ、涙ぐましき体験記。

01年10月号掲載

「ボク、昔はひとりフェラチオができたんですよ」

コピーライターの糸井重里が、某深夜番組でそう言い放った。目から鱗が落ちた。

ひとりフェラチオ。お察しのとおり、自分のチンコを自分で舐めるという、とてつもなくアホな行為である。男性なら一度くらい想像した経験がおありかもしれないが、よほどのヒマ人でない限り、まず実行しようとは思わないだろう。

21才、当時大学3年だった私は、そのよほどのヒマ人だった。上京してすでに2年半たつものの、彼女はおろか友人すら満足にできず、レンタルビデオ屋と一人暮らしのアパートを往復する毎日。早い話が、引きこもりだ。それでも、湧きあがる性欲だけは一人前で、自分の息子をくわえてもらうシーンを想像してはオナニーに明け暮れていた。

そこに突如、登場したひとりフェラチオ。自分でチロチロ舐め舐めできたらどんなに気持ちいいだろう。自分のツボは自分がいちばんよくわかってる。さぞや、病みつきになるに違いない。もう女が欲しいとも思わなくなるに違いない。

私は、この壮大で夢のある計画に挑む決意を固めた。

近くて遠い口とチンコの17センチ

体をいかに柔らかくするか。それがひとりフェラ計画を成功させるポイントであろうことは容易に想像がついた。

しかし、それは私にとって大きな問題である。大学で測った立位体前屈ではF評価、「柔軟性は30代後半並み」と診断されたばかりだ。試しにズボンを脱いで体を前に倒してみると、口からチンコまでは気が滅入るほど遠い。

実際の距離は17センチ程度だからそれほどでもないだろう。しかし、当事者にとっては、やまびこが返ってきそうなほど遠く感じられた。まったく絶望的な気分である。糸井のヤツめ、笑いが欲しくてホラでも吹いたんじゃないか。

ただ、このままあきらめてしまえば元の暗い学生生活に逆戻りである。自分自身に喝を入れるためにも、ここで挫折するわけにはいかない。ならばどうするか。

一人フェラのできないヨガなんて意味ないじゃないかインド人は何考えてんだ
ったく
ソコマデ考エテナカッタコトハ確カデス
ヨガでハッピー
GO!

私はまず柔軟体操から試してみた。座った状態で足をのばし、つま先に手をさしのべて前屈するだけの、いたってノーマルなものである。

しかしこれは1日で見切りをつけた。ふくらはぎに走る痛みを我慢しながら、自分の意志で体を曲げ続けるには、相当の信念が必要とされる。

さらに、人間の体は足をのばしたまま倒していくと、口はフトモモの辺りに到達することに初めて気づいた。チンコをくわえるためには、腰と背骨を同時に曲げ、ダンゴムシのように丸まらなければいけない。これまた難問だ。

そこで私が目をつけたのがヨガである。3千年も昔から存在する呼吸、整体テクニックだ。ひとりフェラチオに応用できる方法論ぐらい確立されずして、どうしてその歴史を誇示できようか。

私は、座ったまま右足を肩まで持ち上げ、首に回してみた。本来は両足を使うのが正しいのだが、体が硬いのでどうしようもない。ま、片足だけでも、足の重みに押されて背骨は曲がるだろう。さあ、待っていろ。我がチンコよ。

が、あっけなく失敗した。確かに背骨は曲がるものの、そうすると今度は腰が折れない。首だけが異様に傾き、自分の乳首に吸い付きそうな勢いだ。

それはそれで気持ちいいだろう。ただ、「ひとり授乳」は今回の趣旨に反する。私がやりたいのはひとりフェラなのだ。

己の意志とは無関係に体を曲げる方法

とにかくこれで2連敗。それでも私は悲観していなかった。足の重みで体を曲げるという、ヨガの考え方自体は間違っていない。そこで思いついたアイデアがあったのだ。

これまで私は「頭をチンコに倒す」ことに全力を注いできた。しかし、その方法にこだわる必要はどこにもない。チンコを頭のほうに倒したっていいではないか。

仰向けの姿勢で両足を天井に持ち上げ、そのまま顔に向かって倒す。チンコは自動的に降りてくるだろう。ただし、それだけでは重量が足りないおそれがある。

しばらく考えたあげく、コンビニのビニール袋に辞書や漫画を詰め、両足にひっかける作戦を採用することにした。これで、自分の意志とは無関係に体が曲がるはずだ。今度こそイケる！

意気込みも新たに、私はさっそく実行に移した。思ったとおり、チンコがジワジワと顔に近づいていく。10センチ、9センチ、…6センチ。そして次の瞬間、私は思わず叫んでいた。

「惜しい！」

すんでのところで重りがスッポ抜けた。バランスの悪い仰向けの状態でぶら下げていれば、少し体を動かしただけで、激しく揺れてしまう。結果、ビニール袋が外れるか、全身が横倒しになってしまうのだ。

それでも何度か再挑戦を試みると、以降はバランスを取ることばかりに集中してしまい、チンコどころじゃなくなった。チクショー。

唯一の救いは、度重なる失敗がまるっきり無駄に終わらなかったことだ。私はひとりフェラチオを達成するには、以下2つの条件が必要だと結論づけた。
①本人の意志とは無関係に体を曲げられる

②背骨の曲がり具合をしっかり固定できる

しかし、そんな夢のような方法など見つからず、なんら打開策のないまま私は半月ほど空虚な時間を過ごしたのだった。

箱の中に体を押し込んだらどうだ

体の硬い人間にひとりフェラチオなど無謀なのか。半ばあきらめかけた矢先、私はまたしてもテレビに救われることに。ヒントは中国雑技団のドキュメンタリー番組に隠されていた。

中国雑技団とは、ご存じのように世界中でショーを開催する芸能集団である。彼らが持つ大量のレパートリーの中に、7歳ぐらいの少女が直径30センチ程度の小箱に折り畳まれる演目があった。それが画面に流れたとき、私の目は釘付けになった。

「箱か!」

体を箱に押し込んでしまえば、自分の意志など関係なく曲がる。四方は頑丈な板だから、背骨を曲げたまま固めることも可能だ。

さすが中国。ヨガより1千年長い歴史はダテじゃない。これでダメならキッパリあきらめよう。「スゴーイ!」と、テレビの中で興奮している芸能人を尻目に、私は別の意味で高揚していた。

作戦は非常に単純なものである。

まず、長方形の箱を木で作り、尻から体を押し込む。それに慣れたら一回り小さな箱を作り、再び中へ。あとはそれを繰り返し、気がついたときには口がチンコに届くという寸法だ。どうだ、完璧だろう。

　翌日、私は材料を仕入れるため、東急ハンズへ向かった。体を固定するにはどれだけの強度が必要なのかわからない。手頃な値段のベニヤ板を数種類購入し、帰宅後、さっそく箱の製作にとりかかった。

　天性の引きこもり人間が、日曜大工に精を出すなんて異様な光景である。しかも、作っているのは「ひとりフェラチオ養成箱」。無心にクギを打つ自分の姿に何とも言えぬ悲壮感を感じる。

　箱の寸法は、前屈したときの肩からフトモモ下までの距離を目安にした。とりあえず高さは50センチ。奥行きは、尻がスッポリと収まる45センチ。材料には、5ミリ厚のベニヤを使用する。

　慣れない作業にてこずりながらもようやく第1号を完成させたのは1時間後のことだ。

　やけにドキドキする。こんな怪しい高揚感を味わったのは、初オナニー以来である。さっそく私はズボンを脱ぎ、パンツ姿で尻から箱に入った。

　……なんというフィット感。ヤドカリのような姿を想像してもらえばわかりやすいか。体はチンコの方向へ折り畳まれ、ゆるやかに曲がった背骨もベニヤ板がガッチリとサポートしている。

「これまでの方法とは格が違う」

　私はこの木箱にすべてを懸けてみることにした。

もう少しで舌が亀頭に届く

第1号の完成以降、私は毎日約2時間を箱の中で過ごした。それ以上入っていると、さすがに腰と背中がギスギス痛み出す。当初はこれに耐えきれず、スポンジを敷き詰めるなどの工夫を施したが、3週間もするうちに苦痛はなくなった。

そこで再びハンズへ出向き、前回より2センチ低い、高さ48センチの箱をこしらえた。体を収めると少し窮屈である。くくくっ。いい感じだ。

箱に入ってる間はカンフー映画やB級ホラー映画でヒマをつぶした。もちろん、ときおりAVでチンコを勃起させ、口との正確な距離を計測するのも忘れない。

オカズにはエロ本も使ったが、これには問題があった。体が柔らかくなるにつれ、本を置く位置が難しくなってきたのだ。フトモモの上に置けば近すぎて見えないし、脚の横に並べればクビが回らない。言い換えればそれほどまで私の体は柔らかくなっていたのだ。

気が付けば半年が過ぎていた。この時点での木箱は第4号。高さは44センチだから、依然として口とチンコの間にはまだかなりの距離がある。

ひとりフェラチオまで、あとどれくらいの時間が必要なんだろう。気の遠くなる苦行に不安を覚える反面、この頃から箱は生活の一部と化し、さらに半年間、私は何の疑問も感じないまま第8号まで続けた。

そんなある日、ふと1年前の第1号を見比べてみた。と、これが異常に大きく感じられるではないか。ついにここまで来たのだ。

そして運命の日がやってきた。

いつものように箱へ入った私は試しにチンコへ舌を伸ばしてみた。と、これが何だか届いてしまいそうなのだ。気合いを入れ、アゴの筋肉をつっぱりながら、極限まで絞り出す。あと少し。もうちょい。

「えいっ！」

あっ。わずかだが、亀頭にザラッとした感触を感じた。

ある程度の予感があったので、驚きは少なかったものの、やはり口元が緩む。ぱっと見、目標まで残り2センチ。一回り小さな箱を作れば、いよいよくわえられるに違いない。

「勝てる」

確信を持った私は明日の大一番に備え、眠りについた。

なぜだ？　なぜイケないんだ？

翌日は朝から箱作りに余念がなかった。前回より3センチ縮めたものを組み立てれば、まず間違いないだろう。これが最後の箱作りかと思うと、クギを打つ手にも自然に力が入る。

高さ33センチの第9号が完成したのはお昼時だった。私は逸る気持ちを抑えてわざわざファミレスへ出かけ、ゆっくり食事を摂りながら自分をじらした。

「ではいくか」

討ち入り前のような心境で自宅に帰った。そして、ゆっくりと、慎重に第9号へ身を沈める。腰はそれほど辛くない。あとは覚悟を決めて一気に体を倒すだけだ。

勢いをつけて、私はパクッとチンコをくわえこんだ。さらに、そのまま舌を使ってみる。

「…………ん？」

なにかが違う。妙な違和感があるのだ。チンコの感度が100分の1以下に下がったというのか、舌の感触は感じられるものの、目の細かいサンドペーパーのようで滑らかさのカケラもない。どういうことだろう。私は焦りに焦った。ヘタをすれば、この1年がすべて無かったことにされてしまう。それだけはカンベンしてほしい。

が、願いむなしく、吸えど舐めれども一向に気持ちよくならない。パニック状態のまま、私は一時箱から抜け出した。親のセックスを目撃したとき以来のショックだ。

冷静になって考えてみると、ある現象が頭に浮かんできた。「足の裏」だ。他人がやるとくすぐったいのに、自分でくすぐるとなんでもないというあの状態。この法則は首筋や脇腹などにも適用可能だが、まさかフェラチオまでそうだとは想像もつかなかった。

もちろん、視覚的な影響も大きいだろう。フェラチオは、女性が自分のモノをくわえている状況に興奮する技術である。ところがひとりフェラチオでは、目に映るのは自分の陰毛のみ。これで興奮できる男は、いろんな意味で問題があるだろう。

しかし、あーだこーだ説明をつけたところで、とても納得はできない。

「1回ぐらいはヌキたい」

そう思うのが人情ではないか。こちとら丸一年をかけた大プロジェクトなのだ。

私は「せめて1回」と念仏のように唱えながら、再度フェラチオ箱へ入った。今度はエロビデオを流し、音声だけでも雰囲気を作ることを心がけた。これならイケるかもしれない。

果たして、相変わらずチンコは感度が悪いが、初回より気分は盛り上がった。ブスしかいないボッ

やった!!
長くつらい道のりの
果てのゴールだ
でもこの感動は
大切な人には決して
伝えられないっ
No.3
No.2
No.1
No.9
Go!

タクリヘルスでも、イクときはイってしまう男の悲しい性ってやつか。自分のチンコを執念深く攻め続けていると、ようやく射精感が近づいてきた。

が、そこから先が進まない。チンコ自体は爆発寸前なのに、新たな違和感に邪魔されてしまう。例えるなら、小便を耐える状態がひたすら続く感じだ。イクときの、あの痺れる大波はやってこない。

私は再びパニックに陥った。理由は定かではないが、もはや対処しようがなかった。しかたなく箱から出て座り直し、エロビデオを見ながら手でシコシコ…。って、これじゃ単なるオナニーじゃん！

不幸の原因は後日判明した。そもそも射精というものは、フトモモの裏、肛門周辺、背中などの各筋肉を総動員して、精液を絞り上げる現象らしい。

体を折り曲げた姿勢では、それらの筋肉がすべて伸ばされるので、力を入れることが不可能となる。これではとても射精などできない。まったく人体の神秘に翻弄されっぱなしだ。

こうして、私の1年間に及ぶ挑戦は終わった。「自分のチンコを自分の口でくわえる」という目的は達成したので、ある意味成功と言えるかもしれない。

しかし、この寂しさはなんだろう。明らかに敗者の感情だ。試合に勝って勝負に負けたというやつか。最後に残ったのは、第1号から9号までの木箱だけである。

翌日、私は粗大ゴミ置き場に木箱を投げ捨てた。それをひとりフェラチオのために作られたとも知らず、回収していく清掃作業員。その姿を見て、ちょっとだけ泣いた。

痴漢から恋

そして彼女はオレに処女を捧げた

リポート 島田敏郎（仮名 36才）

恋の始まりはいつも唐突なもの
性誌などにはロマンチックな文言
並んでいるが、よもやここまで突
ここまでふしだらな出会いは、女
ちも想像だにしていないだろう。

03年8月号

写真はイメージ

キャリア12年。オレは数々の女性の尻を触り続けてきた、痴漢フリークだ。

その破廉恥男が痴漢相手の女の子を口説き落とし、ついにはその処女をも奪ってしまった。と言えば、皆さんはどう思われるだろう。世間一般の常識からすれば、やはり鬼畜な所業ということになるのか。

しかし、誰に何と言われようとオレは思うのだ。あのときの2人は間違いなく愛し合っていたのだと。

おかっぱメガネの大人しそうな娘

午前7時35分。すでにすし詰め状態の快速電車が、地元駅のホームに到着した。扉が開くと、並んでいた人間たちがグイグイ乗り込んでいく。どうしてこんなに人が入るのだろう。みんな気が滅入らないのか。

その日、オレは列車を待つ1人の女子高生の背後にピタリ付いていた。

メガネをかけ、おかっぱのような髪にはかすかな寝癖。正直ブスだが、いかにも純朴で大人しい優等生といった雰囲気だ。色白のぽっちゃり体型でお尻がでかいところもオレの好みだ。

彼女の背中に張り付くように、体を列車の中にねじ込んでいった。痴漢はターゲット選びとポジション取りが何よりも重要だ。いつものタイミング、いつもの動き。ぬかりはない。

扉がしまると、満員電車は静かに出発した。すでに、オレの右手の甲は彼女の大きなお尻に触れている。大丈夫、この子なら抵抗しないはずだ。

手の甲をゆっくりと離し、裏返す。次に手のひらでその大きな尻肉を慎重に覆っていく。彼女の肩がビクリと動いた。手の動きを止める。が、離さない。柔らかく温かい肉の感触を手のひら全体で感じ取る。相手はうつむき黙ったまま。よし…まだいける。

指先に意識を集中させ、尻の上をゆっくりと撫でるように手のひらを動かす。大きく弾力ある肉の感触が伝わってきた。何という心地よさなんだ。股間がどんどん膨らんでいく。

彼女は終始うつむいていた。ただ行為が終わることを待っているのかもしれない。

もはや完全に勃起した股間を彼女の尻肉に押し付ける。抵抗はない。よーし、いい娘だ。右手で尻肉をかき分けながら奥へ進み、クリトリスの手前で止める。指の先に、割れ目を形づくる2つの柔肉の感触。優しくソフトに、オレは堪能する。

下車駅が近づいてきた。彼女に降りる気配はない。くそ、オレの方が先か。素早く右手を引き抜き、多くの降車客に押し出されるように電車を降りた。

達成感。そして満足感。成功の喜びを噛みしめながら、降り際に彼女の横顔を盗み見た。表情からは何の感情も読み取れなかった。

ひょっとして触られたがってる?

翌朝。同じ時間に駅へ向かうと、昨日の女子高生が同じ場所で電車を待っていた。まだオレが来たことに気づいていない。

1回目の痴漢で、抵抗されなければ、翌日もその子を探しだし、また触る。経験上、新規開拓するより、安全に痴漢できることがわかっていた。

ただし、長くて3日が限界だ。それ以上だと、時間や乗車位置を変えられたり友人を連れてこられるのがオチ。深追いはしない。学校の先生にチクられ、警察に捕まったら身の破滅だ。

オレは彼女に気づかれないよう少し離れた場所に立ち、電車が到着した瞬間、ピタリと背中についた。さぁ始まりだ。

オレは、昨日と同じように手の甲から手のひらへと、尻の上に指を走らせた。ピクン。彼女の体が反応する。そう、オレだ。また触りに来たんだ。抵抗するなよ。

しかし、彼女は振り向いた。ヤバイ、と思ったが目が合った。逃げられない。怯えているのか困っているのかよくわからない目で彼女はオレを見ていた。怒ってはいない。何を考えている?

やがて彼女が目を逸らす。オレは心臓を高く鳴らしながら、スカートの奥へと右手をしのばせていった。

その女子高生は、3日目、4日目の朝にも、ホームの同じ場所に立っていた。3日目。オレの存在に気づいていないわけがない。なのに、彼女に逃げる素振りはなかった。

なぜだ？　ひょっとしてオレのことを待っているのか？

確かに、垢抜けない不細工な面である。おそらく鉄板処女だろう。だからといって、男なら誰でもいいというわけでもあるまい。ましてやオレは痴漢なのだ。触られることを待ち望む女などいるわけがない。

しかし、彼女は逃げなかった。少なくとも嫌がってない。それは間違いない。何を考えてる…。

悩んだ末、携帯のメールアドレスを書いたメモを渡すことを思いついた。返事が来るとは考えにくい。どころか、メルアドがきっかけで警察に捕まる危険性だってある。

が、たった1通でも返信してくれたら、オレの行為に合意したと考えられないか。それをきっかけに、彼女と肉体関係を結ぶことも可能ではないか。

都合のよい好奇心が、リスクに勝った。

男と縁がないまま一生を終わる気が

『一度、事実を話したい。よかったらメールをくれないか。〇〇〇@docomo.ne.jp』

翌日の朝、上着のポケットにメモを入れ、家を出る。

彼女は、昨日と同じ時間、同じ場所に立っていた。今日で5日目。未知の領域だ。

彼女に変化はなかった。ホームの上でオレの姿を確認しても逃げず、車内に入ってもされるがまま。それならばと股間に指を押し込み、クリトリスの手前で指をくねらせても、抵抗はない。なんて、いい娘なんだ。

降り際、彼女の左手にメモを握らせた。柔らかい小さな手だった。

その日の夜10時過ぎ、自宅アパートで携帯にメールが届いた。見覚えのないアドレス。彼女だ！

『なんですか？』

たった一言だけだったが、価値は高い。すぐに返信を出した。

『メールありがとう。実は、朝の行為には訳がある。キミに好意があるから仕方なくやってしまったんだ。34才のオレが満員電車の中で高校生のキミと話せないだろ？ 許してほしい。誰にも言わないでくれないか』

デタラメづくしのメッセージにも、彼女は返事を寄越した。

『わかりました』

またもや一言だけ。では、ここらで調子に乗らせてもらおう。

『もしよければ、メル友として関係を続けてほしい。名前を教えてくれるかい？ また電車の中で触っちゃうかもしれないけど、それでもいいかな？』

無茶苦茶なお願いだ。痴漢を認めろと言ってるのだ。怒り出すかもしれない。しかし、

『いいですよ。ユカ』

さすがに驚いた。なぜイエスなんだ。ありえない。

『私、見た目もかわいくないし、太ってるでしょ。コンプレックスの塊なんだ。だから、このま

まだと男の人と縁がないまま一生終わってしまう気がしていたんです。本当はちょっとうれしかったの。ああいうこと、よくしてるんですか？』

やはりそうだったのか。まさかとは思ったが、彼女は痴漢されることを待ち望んでいたのだ。

『ユカが初めてに決まってるだろう？　キミも男に慣れてないのかもしれないけど、オレだって同じように不器用なんだ』

有頂天だった。

まさか、本当に好きになるなんて

翌日、ホームの同じ場所に立つユカと視線が合った。特に表情は変わらない。すべてわかっている。そう言いたげだ。

いつものように2人だけの儀式が始まった。彼女の同意が得られたせいでスリルは薄れたが、誰にも言えない秘密を共有することで、今までにない興奮を覚えたのも確か。オレたちの関係は新たな局面を迎えていた。

メールも毎晩やり取りした。趣味や学校の話に始まり、自分の持つコンプレックス、家が母子家庭であることまで、彼女は打ち明けてくれた。何でも、将来は獣医になりたいらしく、すでに受験する大学も決めているという。賢い女の子だった。

ユカのことを知れば知るほど、痴漢だけでは物足りなくなった。なんとかセックスまで持ち込みたい。だが、あれだけ真面目な処女を相手にどう戦えばいいものか。

出した結論は単純だ。メールの最後に『好きだよ』と一言入れる。これを毎日のように繰り返していけば、彼女もオレのことを好きになってくれるんじゃないか。そう考えた。

『ユカの将来のことだから、ゆっくり考えればいいよ。好きだよ、また明日ね』

『そんなに悩むことはないよ。十分かわいいとオレは思ってる。好きだよ。また明日ね』

これを毎日毎晩飽きることなく送り続けた。言うまでもないが、『また明日ね』は朝の痴漢プレイのことを指している。

彼女の体を抱きたい。処女を奪いたい。その一心だった。が、1週間も『好きだよ』を繰り返すうち、自分でも予想もしない感情が湧き起こってきた。

今、彼女は授業中だろうか。今頃は食事の時間だろうか。誰か他に好きな相手ができたりしないだろうか。とにかく1日中、ユカのことが気になって仕方ない。これって…惚れたのか⁉

やがて『好きだよ』は、単にセックスに持ち込むだけの方便ではなく、本気の愛情を示すことばに変わっていった。

それが伝わったのだろうか、ユカもまもなくオレに書いて寄越す。

『私もそう言ってくれる、敏郎さんが大好きです』

涙が出るほどうれしかった。すぐにもユカにキスしたい。抱きしめたい。柔らかそうな乳房を口に含みたい。衝動は抑えきれないと

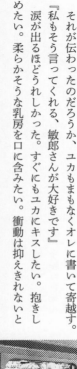

ころまできていた。

しかし、女子高生だけに親の管理が厳しく、簡単には手を出せない。いや、手を出すなんて軽い気持ちじゃない。愛し合ってる者同士、心の底から結ばれたかった。

毎朝の痴漢行為は止めなかった。自分でも矛盾していることはわかっていたが、彼女と2人で会う時間は電車しかない。しかも、スーツ姿の34才と制服の高校生が会話を交わせば、あまりに目立つ。結局、痴漢することでしかコミュニケーションを取る方法がないのだ。

夜のメールは、限りなくプラトニックな内容なのに、朝には無言で相手の股間を触り合う。奇妙な関係がしばらく続いた。

オレのペニスが処女膜を突き破る

『ユカは、オナニーとかエッチに興味あるかい？』

『キスもしたことないし…。でも、敏郎さんとのメールが終わってから、パンツの上からいじってるよ』

3週間が過ぎたころから、ユカが大胆なメールを送ってくるようになった。

『敏郎さんのメールを読んでると変になっちゃう。濡れてきちゃうよ』

朝の電車の中でも、彼女の手を取り、勃起した股間に押し付けると、それに応えて撫で返してくる。これでは、どちらが痴漢かわからない。

『今日はユカに触ってもらって、すごく興奮したよ』

『敏郎さんの大きかったね。フェラってどうすればいいのかな。敏郎さんの精液って、どんな味がするのかな』

『今度試しに飲んでみるかい？』

『敏郎さんのなら飲めそう。フェラが下手でも、キライにならないでね』

そして1ヵ月。ついにそのメールは届いた。

『私の処女は敏郎さんにあげたいな』

帰りの電車の中でそれを受け取ったオレは、乗客の目も忘れてニヤついた。やっとだ。やっと、ユカと結ばれるときが来たのだ。

『でも、家になんて言う？ できたら一緒に泊まりたいな』

『わかった。言い訳考えてみる』

本人がその気になれば、なんとでもウソをつける。結局、ユカは友達の家に泊まりに行くと言い訳をし、母親の了解を取り付けた。

デート当日。ワンピース姿の彼女をレンタカーの助手席に乗せ、約束していた動物園へ向かった。まともに面と向かって会話するのは今日が初めてだ。が、すでに何でも知ってる仲。笑い声が絶えることがなかった。

動物園ではしゃいだ後は、レストランで食事。夜8時にはシティホテルにチェックインした。部屋は、この日のために予約した最上階のスイートだ。

「大好きだよ」

　夜景を見ながら、ユカを抱きしめキス。シャワーを挟んで、いよいよベッドインのときが訪れた。

　恥ずかしそうに横たわる彼女のバスタオルをはぎ取ると、肉付きのいい体が目の前に現れた。

「がっかりしたでしょ？」

「きれいだよ。気にする必要はないよ」

「あんな形で知り合って、こうなるなんて、私たちって変わってるよね」

「出会いにはいろんな形があるよ。好きな気持ちは変わらないんだからそれは問題じゃないだろ」

「う、うん…」

　30分後、オレのペニスが彼女の処女膜を突き破った。その後は朝まで4回。人生最大の幸福な時間だった。

そして、彼女は姿を消した

　翌週月曜日の朝。オレたちはホームの上で再会した。たとえ恋人同士の関係になっても、痴漢だけは外せない。大胆に触り合い、目線でことばを交わした。今週の土曜にもまたデートを楽しむ約束になっていた。

ユカが公衆電話から、泣きながら電話をかけてきたのは、その日の夜のことだった。

「もしもし…、ユカだけど…」

「どうした？ 何かあった？」

「お母さんに見つかって、携帯止められちゃったよ…」

何でもメールの料金が高すぎるからと、解約されたらしい。

「仕方ないよ。週に1回でいいから電話かけてきな。それぐらいのことで、俺たちの仲は終わらないだろ？」

「うん、わかったよ」

実はこれが、オレと彼女が最後に交わした会話だ。翌日から、ユカは一切、姿を消してしまったのだ。いつもの電車に乗っていない。1本遅らせても2本遅らせても、逆に30分早くホームに着いても、現れない。

心底、悩んだ。もしかしてオレのこと嫌いになってしまったのか。いや、あれだけ愛を確かめ合った仲なのだ。嫌いになるわけがない。だとしたら、メールを親に見つかったのか。こっぴどく叱られたのだろうか。でも、それならそれで電話の1本ぐらいかけてくれてもいいじゃないか…。

それから2年の月日が流れた。ユカは結局、見つからず仕舞いだ。もし願いが叶うなら、もう一度会いたい。今でもオレは彼女のことを心から愛している。


（構成・編集部）

取材&文 横濱龍之介（フリーライター）

もし宝クジに当たったら。3億、いや1億でもいい、使い切れぬほどの大金を手にしたらどうするか。高級ソープ、海外旅行、マンション購入。ウハウハな生活がそこには待っているはずだが……。

05年5月号掲載

当選者の悲劇

サマージャンボ、ドリームジャンボ、年末ジャンボ、ロト6――。夢を買って、それを正夢にできた人はどれくらいいるのだろうか。

何でも、宝くじの1千万円以上の高額当選は年間約3千本にも上るらしい。単純計算、1日約8名もの幸福者が大金を手にしていることになる。

まるでピンとこない話だ。宝くじなんて、10万円の当選者が親戚に1人いるぐらいがせいぜいではなかろうか。

だからこそ、ネタ元のヤミ金業者にソノ話を聞かされたとき、オレは耳を疑うしかなかった。

「ウチとこの債務者に、年末ジ

離婚、失職、詐欺、誘拐…。あらゆる不幸がやってきた 宝くじ1億円

ヤンボで1億当てたオッサンがおるんよ。今はもう、自殺寸前のピーピーやけどな」

1億もの超大金を当てといて、ヤミ金で自殺寸前？ ありえない。仮に住宅ローンを返しても、数千万の金は残るはず。小出しに暮らせば、悠々自適の生活ではないか。

「ヤミ金に世話になるやつは、み〜んな頭のネジが1本イカれとるんや。……会うてみるか？ ソイツに」

04年師走。大阪ミナミの居酒屋。オレは生まれて初めて、宝くじ高額当選者と対面することとなった。

平凡を絵に描いたような男

「私ねぇ、私、あんなもんに当たらんかったらよかったと、お、思っとるんです…」

西田春夫（仮名・56才）は灰皿に視線を落としながら口を開いた。毛玉のセーターに汗臭いブルゾン。ボロボロの左手薬指に光る《マリッジリング》が、妙な違和感を醸し出している。

「かなりツライ経験をされたと伺ってます」

「えぇまぁ…、人生ですから…」

5年ぶりに口にするという久保田千寿を味わいながら、西田は、宝くじ当選後の、呪われた半生を語り始めた。

平成4年の元旦のことですわ。当時、私は大阪の事務用品問屋で営業課長をしてましてね。一応、年収が800万近くあって、妻と子供2人。35年の住宅ローンを払っても、普通に暮らしていけました。

酒もタバコもようしませんので、趣味いうたら、やっぱり宝くじになるんかな。年末ジャンボとサマージャンボで年に2万円ぐらい。ま、平凡を絵に描いたような男ですわ。

そのころは、妻と冗談ばかり言うてました。

「1億円当たったら、ダイヤ買うたるわ〜。この家もホンマにオレのもんになるで〜」

「そんなん、絶対当たらんのに。また9千円も無駄遣いして」

今となれば、こういう獲らぬ狸が一番よかったんですわ…。

その日は、朝からダラダラおせちを頬張り、TVで漫才を眺めとったんですけど、新聞をチラッと見たら、数字が目に入りましてな。

いつもは窓口の機械にかけてもうてるんです。それが、そんときはなんやムズムズして、慌てて財布から紙袋を取りだしまして。

第296回全国自治宝くじ 年末ジャンボ当せん番号
▼1等（6000万円）38組512〇〇〇番
▼1等前後賞（2000万円）

信じられないことに当たってました。しかも前後賞併せて1億円ですわ。もう声なんか出ーしまへん。下半身はクラゲやし、心臓バクバクですわ。たぶん、1時間以上座り込んだままと違いますか。

「おとーさん、どないしたん？」

子供が背中に飛び乗ってきて、ようやく我に返りました。で、震えるように叫んだんです。

「オレ、当選したで！」

カミさん呼んで、その肩必死につかんで、もう一度大声で叫んだ。

「宝くじに当たったんや！」

「はぁ？　また冗談言うて」

「ほんまやって。これ見てみぃ」

何べんも番号見直しましてね。2人して涙ながらに抱きおうたなぁ。

「よかったなぁ〜！　私ら苦労したもんなぁ〜！　神様は見ててくれたんやなぁ〜！」

それから払い戻しが始まる6日間は、寝ずの番でくじを見とりました。正直、生きた心地のしない正月でした。

警備員の足元に、1千万の束が10コ

年明けの仕事始めは、もちろん休みました。いの一番に第一勧業銀行（現・みずほ銀行）の大阪支店へ向かったんです。

周りに聞こえたらアカンから、窓口にヒソヒソと伝え、そのまま応接室に案内されて。ソファに座っていると、宝くじ部の担当者と副支店長が挨拶にやってきた。

「確かに当選されてますね、おめでとうございます。では、当選券と売り場の照合をいたしますので、預り証をお渡しします。2週間お待ちください」

その場でもらえる思ってたんけど、薄っぺらな紙切れ1枚を渡されただけですわ。しかも、必

要なもんと言えば、免許と印鑑だけでしょ。コイツらネコババする気ちゃうか、本気で疑うてました。

そしたら、担当者が面白いことを言いよる。

「受け渡しの当日は、当選金1億円をご覧になられますか？　預金される場合でも記念に見ることができます」

「ほな、お願いします」って、2週間後にまた大阪支店に出向きました。当日は、担当者、支店長、警備員の足元に、ビニール袋の1千万束が10コ積まれとった。そら、震えましたで。カミさんなんか、記念にってカメラを持ってきたけど、シャッター押すこともできひんかった。

1億円のうち5千万をその場で勧銀に預け、残りの2千万がローンの返済、3千万は地元の地銀に振り替えです。あとは福袋3つを粗品としてもらって、最後に《高額当選証明書》いうのを渡されました。当選後に高級車や家を買うと、税務署が来るらしいんですわ。宝くじは非課税やから、その証明書です。

金は捨ててしまうのが一番なんです

当分は、目立たんように暮らそうと思うてました。お金に余裕が出ると、人間変わります。上司や得意先に怒られても、全然平気になった。

もちろん、伝える人間にはスジ通さなアカン。で、75才の母と4人の兄弟家族と一緒に出かけた旅行で発表したんです。

「え〜、実はこの間の年末ジャンボで1億円当たりました」

一同口がポカーンでした。心臓の悪い母親は、ほんまに死にそうになってね。けど、私が冗談言えるような人間やないことは、みんなよう知ってます。

「春夫、やったなぁ！　ほんまにおめでとう！」

兄弟連中はすぐビール注ぎに来ました。いやぁ、嬉しかった。今からしたら、アホとしか言いようがないんですけど、そんときはみんな単純に祝福してくれてんねやと思うてたんです。

生活がおかしなってきたんは、旅行が終わって1カ月もたたんうちですわ。信頼しとった兄弟が揃って金を無心しに来るようになったんです。

中でもヒドかったのは一番上の兄です。建築屋でバブルの夢ばかり見てたから、金がなんぼあっても足らへん。100、200万と無心されて、

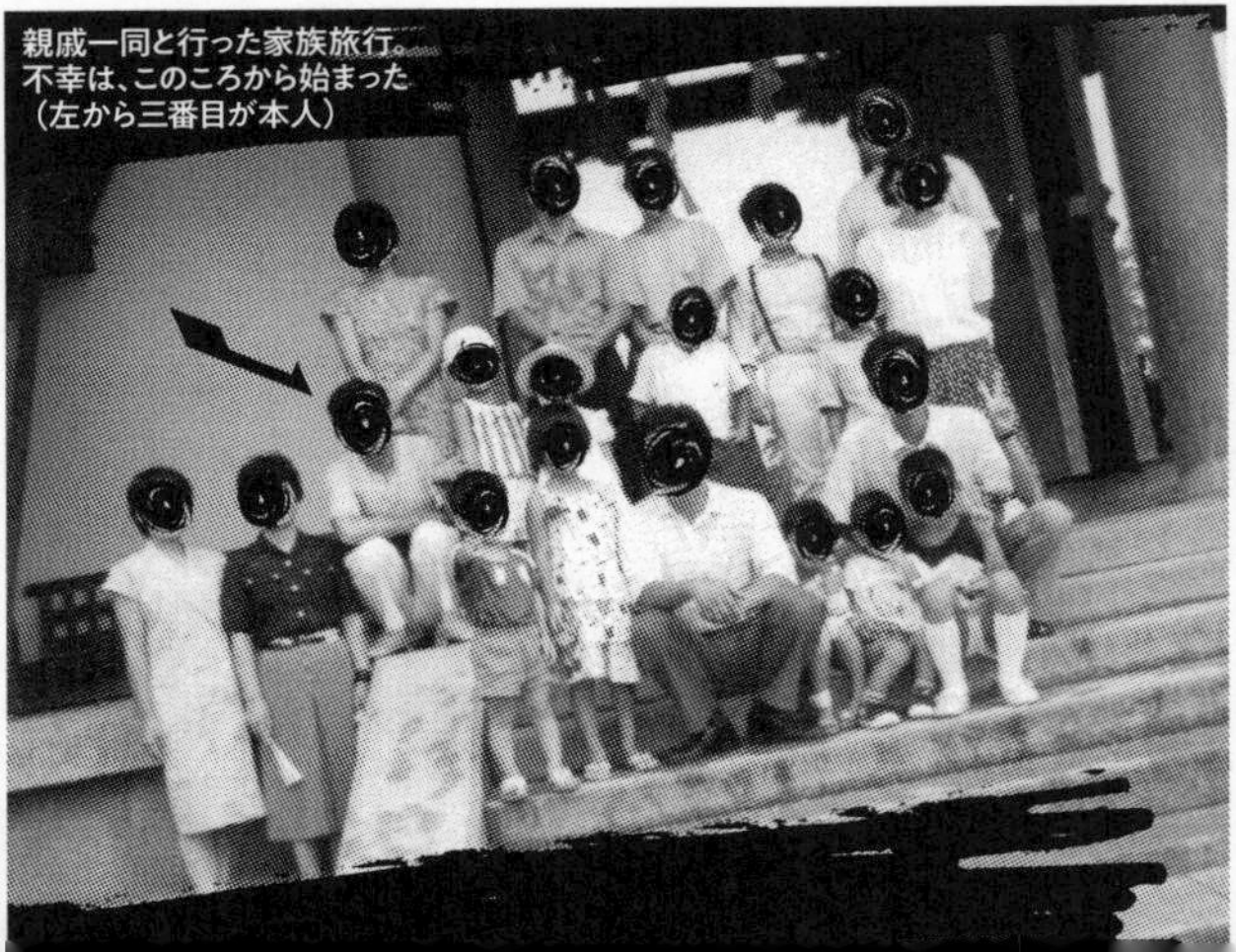

親戚一同と行った家族旅行。不幸は、このころから始まった（左から三番目が本人）

それが1千万ぐらいになったときさすがに断りました。そしたら、言うんですわ。

「1億もあって、何ヌカす！　ウチはババァンの面倒看とんのやど！　それぐらい兄弟にして当たり前やろ！」

もう、ほんまに泣きたい思いでした。他の兄弟にもなんやかんやで500万ぐらい持ってかれたし。

追い討ちをかけたのが、妻方の親類ですわ。特に『創価学会』一族の勧誘がハンパやない。

「ほら、この本の31ページ見て。お金というものはいらないのよね。捨ててしまうのが一番よ。『人間革命』のビデオ置いていくから、必ず見て」

他にも生命保険の外交員や、顔も知らない親類が、熊本から来よりましてね。誰や尋ねたら、嫁さんの妹のダンナの弟の妻やって。なんでも、息子さんが『ハンチントン舞踏病』いう難病にかかったから、少し援助してもらえんか、と。いやもう冗談やない。

自宅の車は毎晩のように傷つけられるし、児童養護施設とか災害義援金の寄付団体も頻繁に自宅へ来るようになった。たぶん近所の住人か親戚の誰かが、噂を流したんでしょう。

気付くのが遅すぎました。これは家族にも子供にも言うたらアカンことやったんや、て。

でも、どうしても引っ越す気だけにはなれんかった。まだ6千万の金が残っとったし、違う土地でなんぼでもヤリ直せたのに、サラリーマンの悲しき習性とでも言うんやろか。

せっかく手に入れたマイホームを手放せない。そう思ったら意地でも家を守りたくなってもうて。

誰がオマエのトコに投資するか！

当選から半年後ぐらいのことですわ。地銀の支店長が自宅にやってきたんです。高級スーツのインテリ風で、仕事のできそうな男でね。それが菓子折り片手に「ウチの投資信託に預けてくれ」といきなりの土下座ですわ。こっちの3千万は手付かずでしたから。

でも、当時の私は、誰も信じられへんし、本物のお金持ちやったら、他に仰山おるやないですか。で、即座に断ったんやけど、これがしつこいしつこい。銀行で金を下ろすたびに係員がスッ飛んできて、応接室まで連れてかれるんやわ。

さすがに、コッチもキレてもうてね。あるときフロアで思いっきり支店長に怒鳴ったんです。

「人の米びつ覗くような真似しやがって、いい加減にせい！　誰がオマエのところなんかで、投資なんかするか！」

それからですわ。信託会社や資産運用会社を名乗る、怪しげな電話が1日10本以上かかってきたんは。たぶん、アイツの仕業やないか思うとります。

でもね、やっぱり私も舞い上がっとった思いますわ。投資なんかこれっぽっちも興味なかったのに、毎日電話が鳴るようになって、少しずつ意識し始めた。で、ついに出してはいけないモノに手を出してもーた。先物ですわ。

いや、最初は断るつもりやったんです。あんまりしつこう勧誘してくるもんやから、これは直接喫茶店なりで会って、話した方がええかなと。

まったく甘かったです。その営業の男、私がその気のないこと伝えた途端、烈火のごとく怒り出してねぇ。

「フザけないでください！　資産運用に興味があると聞いたから、色々と資料を揃えてきたのに。西田さん、何考えてんですか。このまま契約もせんと会社に戻ったら、私、解雇でっせ」

大声出されて、ワケわからんようになりました。

「この資料を用意するのに、うちの調査部がどれだけ経費をかけたか考えたことがありますか？　こうなったら顧問弁護士を立て、損害賠償請求の裁判を起こします」

「そ、そんなぁ…」

「狙い目はシカゴ市場のコーンです、とうもろこしね。30万円から始められる投資です。必ず儲かりますよ！」

気づいたら、銀行に走って預り証と引き換えに金を渡してました。

まぁ、捨てたと思ってあきらめましたよ。いい勉強になった。世の中には悪いやつもおるってね。

それがね、1カ月後には45万になったんです。で、次は粗糖に1100万突っ込んで、これまた1180万ぐらいになった。アホ

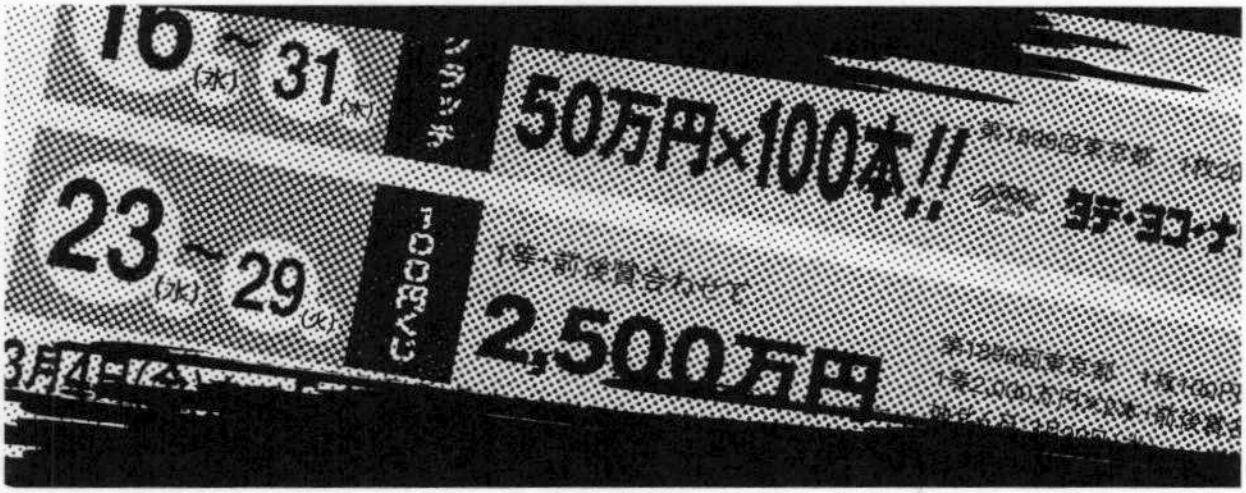

らしゅうて、会社を辞めました。

フィリピーナに400万

突然1億もの大金を手にした人間に、浮かれるな、という方が無理な話なのかもしれない。が、ここまで話を聞いてると、西田氏の元来の人の良さや脇の甘さが、周囲に付け込ませる大きな要因となってるとしか思えない。結局、氏が先物に注ぎ込んだ額はトータル2千万にも及んだ。

ところで、こうした夫の暴走を妻はどう見ていたのか。家族として制止しなかったのか。

不幸なことに、妻もまた金の魔力に狂わされていた。なんと口座から1千万を勝手に引き出し、実の父へ渡していたのだ。

株の穴埋めに使っとったんです。さすがの私も、この裏切り行為には腹が立ちましてね。

「素人が株なんかに手ぇ出して、ただで済むわけないやろが！」

「ええやないの！　アンタの兄弟も助けてやったんやろ？」

「うっさいわ、ぼけ！」

で、まぁ、色々すったもんだで離婚ですわ。子供と一緒に出ていってもうた。

その分、私は事業に打ち込もうと考えましてね。先物のほかに『ニッソーネット（仮名）』いうポケットベルの会社に投資したんです。

スーツ姿のええ女に、説明会へ誘われて、「ポケベルが時代の主力になる」とか言われてソノ気になったんです。結局、そこでも200万イカれてもうたんですけど。

もうこうなるとやることなすこと、すべてが裏目でしてね。例の先物の正体も、豊田商事の残党やった。気づいたころには、全国に被害者組織の会までできましたわ。泣きたくなるぐらいマヌケです。

女房に泣きついて謝ろうか。子供と一緒なら、またイチからやり直せる。そうも考えました。けど、タイミング悪く嫁さんの親父さんが、財産を毟りにきたんです。家を売って養育費よこせ、って。

こうなったら、財産もクソもありません。結局、私の手元に残ったんは600万だけですわ。

それでも真っ当な社会生活に戻ればよかったんやけど、ストレスから苦手な酒に逃げてもうて。で、行き着いた天国がフィリピンパブでした。

ほら、向こうの娘って尽くしてくれるし、優しいやないですか。あっという間に400万ぐらい使ったんかなぁ。借金生活に突入したのはその直後からで、大手から街金、ヤミ金へとたらい回しです。

けど、後悔はしてません。RISAいう娘とはホンマに愛し合うて、結婚の約束もした。ほら、この指輪ええでしょ。指が細なってゴソゴソやけど、彼女がマニラから大阪に帰ってきたら、一緒に暮らすつもりです。

オマエの息子に拉致されたんや！

すっからかんになって、もうこれ以上、下にいくこともないやろと思うてたところに、またドエライことが起きましてね。誘拐に遭うたんです。

夜中の1時頃、飲み屋から帰ってきたら、突然、誰ぞに軽のバンにひきずりこまれて。頭に黒いビニールを2枚被され、目の前真っ暗ですわ。いうても途中から気絶してもうて、どこに連れられてたんかもようわからん。

恐いし、小便はしたいし、腹は減るし。鼻水と涙垂れ流しでいたら、犯人が言いよる。

「オッサン、金、出さんかい！　ようけゼニ持っとるやろが！　自分の女房に電話せい！」

「もう、とっくに別れてておらへん！　金も1銭もないわ！　殺すんやったら殺せ！」

失うもんも何もない。ここで死んでも、誰も悲しまへん。半分、本気で叫びました。そしたら、遠くから話し声が聞こえてくるんです。

「オマエ、オッサン金持ってへんやないか。何も知らんのか」

「いや、聞いてなかったわ」

「なんや、ソレ！」

咄嗟にピンと来ました。一番上の兄貴の息子ですわ。親父が建築屋やからヤンチャ坊でね。そこら中ほっついとって、私が離婚したこともたぶん知らん。

で、その後、解放された足で怒鳴り込んだんです。

「兄貴んとこの放蕩息子はどこ行った！ 最近見てないけど、ロクでもないことしとるんちゃうか！」

「オマエ、突然、何言うてるんや。アイツは今、全国の小学校の校門前で手品のオモチャ売り歩いとるで」

「そりゃ、どんな仕事じゃ！ オレはな、オマエの息子に拉致されたんやで！」

「春夫、オマエ金なくなったってホンマか？ それで頭おかしうなったんちゃうか？」

なんぼ問いつめてもしらばっくれとるから、警察に行きました。けど、「民事には介入できひん」と。もしかしたら、犯人は違ったんかもしれません。


西田氏が抱える街金、ヤミ金への負債は総額７００万。利息だけでも月々15万に上る。

――宝くじに当たらなかったらどうなっていたか――

彼は、億を夢見る庶民とは、まったく逆の妄想を思い巡らせている。

「子供には会いたいですね」それだけ言い残して西田氏は去っていった

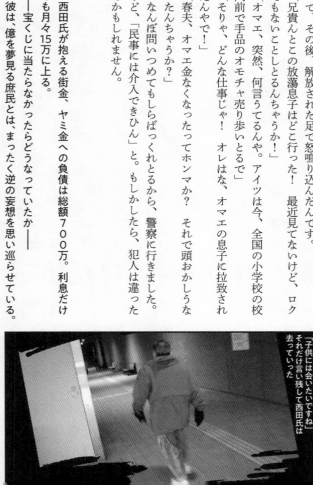

私、舐め犬です。お望みならばいつまでもクンニーいたします

リポート　国田（くにた　会社員　関東在住　30代）

何時間も延々と舐めつづける彼、そして舐めさせつづける一般女性たち。さらには、巫女やキャビンアテンダントまでもが彼にペロペロされたがっているという事実。そう、美人だってクンニ不足に悩んでいるんです！

10年3月号掲載

最長18時間!!! 驚異の舌を持つ男

クンニは私の趣味、いや生き甲斐と言ってもいい。女性のアソコには誰だって興味がある。舐めるのが好きな男性だって多いだろう。しかし私ほどの愛好家は他に例がないはずだ。

顔面騎乗してもらって初めて勃起した

まず最初に、市井のクンニ好き男性と私との間の、決定的な違いについてお話しいたしましょう。

私は、クンニを「する」のではなく「させられる」ことでしか興奮できない体質です。大半の男性が、イカせよう、濡らしてやろうと前向きな姿勢で舐めるのに対し、私はただ望まれるがまま何時間でもひたすら舌を動かすだけ。この違いは大きいと言えるでしょう。

特殊な性癖に気づいたのは中学時代でした。兄の隠し持っていたAVを、どこが興奮するのかと早送りしていたところ、あるシーンが始まった瞬間「あれっ?」と思ったのです。このドキドキは何だろう?

急いでテープを巻戻してもう一度同じシーンを観てみると、女優が男優の顔に股間を押し付けてクンニを強要していました。いつしか私の股間はカチコチです。

なるほど私は、女性器を舐めたい願望を持ってるのか。いや、それも正確には違いました。同じクンニでも、男性が女性の脚をこじ開く一般的なものではさっぱり興奮しないのですから。

強引に「舐めろ」と命じられるクンニ、その妄想だけが当時のオナニーのオカズでした。

大学生になっていざ生身の女性を前にしても性癖は変わりません。なにせ初めての相手とも、顔面騎乗してもらって初めて勃起したぐらいです。勃った状態を維持してなんとか正常位で挿入しましたが、そのうち萎えてきてセックスは完遂できませんでした。

後に恋人ができてからも、自ら行っているクンニを「これは今、舐めさせられてるんだ」と脳内変換し、なんとか勃起に持ち込むしかありませんでした。挿入しようとしてもすぐしぼむので、もちろん関係は長続きしません。

「能動のM」だからすべての女性が興味を

ネットの「SM掲示板」を見つけたのは大学卒業後のことです。当時の私は自らのM気質をどうにか充たしたいと悩んでいました。

集う人たちの書き込みを見て、私は知りました。それまでは、Sが攻めるほうでMが受け身、ぐらいにしか思ってなかったのですが、実はそれぞれは受動と能動に分かれているのです。

●能動のS………自分から攻めるのが好き
●受動のS………奉仕させるのが好き
●能動のM………相手に奉仕したい
●受動のM………相手に弄ばれたい

私の場合はクンニ奉仕をしたいわけですから「能動のM」。パートナーとしてぴったり合うのは「受動のS」となります。

そしてこの掲示板には、普段の生活では絶対に見つからないような「受動のS」の書き込みが大量に投稿されているのです。

『何時間でも私の好きな場所を舐めてくれるワンちゃん募集します』
『舐め舐めしてくれる人を募集してます☆やめてってお願いするまでずっと舐めててほしいです』

私は片っ端からメールを送り、舐めさせてほしい、奉仕させてほしいと訴えました。

〝国田と申します。よろしければ、私を舐め犬としてお使いいただけませんか？〟

メールのやり取りで、私が挿入を望まない純粋な舐め奉仕希望の人物だと伝えると、ほぼすべての女性が興味を示してくれました。

反応が良かった理由は、おそらく彼女らにアクセスする他の男性の多くが、いくら舐め好きとはいえ所詮は「能動のS」、前戯としてのクンニとしかとらえていなかったからでしょう。彼女らの希望とは微妙に、でも明らかにズレているのです。

小説に没頭しながらもヌルヌルの液体が

初めて私の奉仕相手となってくれたのは、外資系企業に勤める25才のＯＬ様でした。

掲示板で彼女は、格下の男を見つけて奉仕させたい願望を訴えていました。

『私の言うことを聞いてくれる、奴隷くんを探しています』

メールを送ると、彼女は願ったりの返事をくれました。

〝ワタシ、彼氏がいるからセックスできませんが、それでも大丈夫？　お口でずっとご奉仕してくれるのかな？〟

〝私はセックスで興奮できないので、その方が好都合です。なるべく長い時間、舐めさせてください〟

〝わかったわ。いっぱい舐めるのよ。いい？〟

待ち合わせの某ターミナル駅にやってきたのは、スーツ姿の綺麗な顔立ちの女性でした。といっても私は容姿にはまったく興味がありません。外資系ＯＬという属性も正直どうでもいい

テレビを見ながらのパターンは多い

後ろ向きもよし

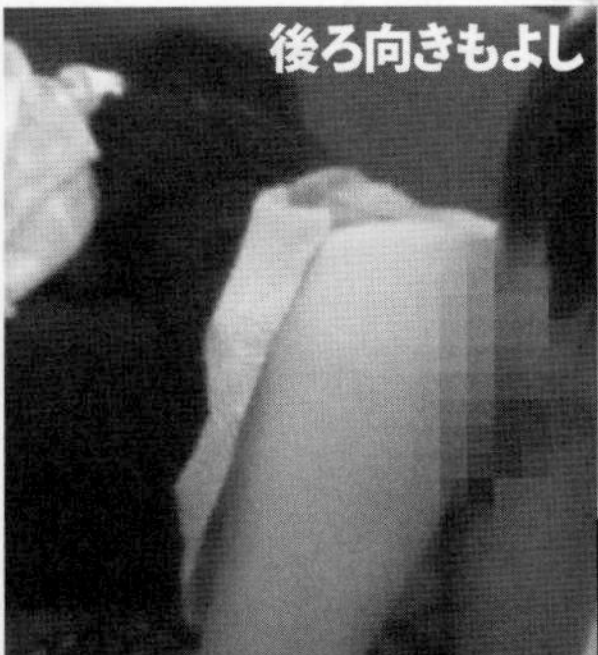

部分です。ただ、この人に思う存分『舐めさせられる』と想像すると身震いしてきました。

「こんにちは、国田です」

「初めまして。じゃ、行きましょうか」

簡単な挨拶だけで食事も何もなくすぐホテルに入ると、ＯＬ様はスーツの上着を脱ぎ、下半身だけ裸になってベッドに腰掛けました。文庫本と飲み物をベッドサイドに置いて。

「いつでも始めていいよ」

私は興奮を抑えながら正座をし、ゆっくりと両脚の間に顔を近づけ、舌で優しく舐め始めました。

左右のビラビラ。その周りの毛の生えた部分。膣とお尻の穴との境目。もちろんクリトリスも、膣の中も。とにかく丁寧に丁寧に。ＯＬ様は言葉を発しません。文庫本を読みつづけるのみです。

30分が過ぎたころ、ＯＬ様は小説に没頭し始めたのか、微動だにしなくなりました。それでも股間からはしっかりとヌルヌルの液体が滲み、ときおり腰がブルブルッと震えます。

「やばいね。超気持ちいぃ」

自分は脱がないのが奴隷としての矜持です

寝転ぶもよし
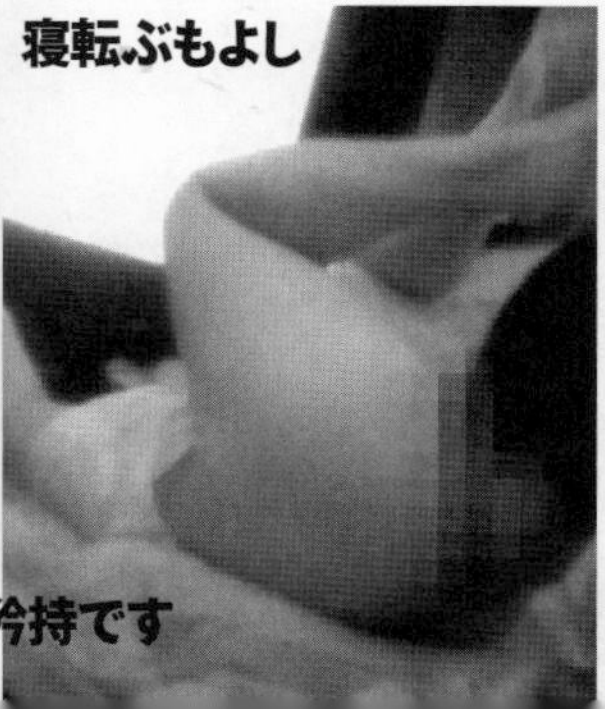

お言葉をちょうだいしました。身に余る光栄です。

1時間、2時間。ときおり体勢を変えながら、でも休憩はいっさい挟まず、無心で舐め回します。

私自身の股間はというと、ずっと勃起しているわけではなく、無心のときはフニャリと、煩悩が頭をよぎりだすとカチカチに、といった具合でした。

クンニは都合4時間、OL様が終電で帰宅したいとおっしゃるまで続きました。

「国田、気持ちよかったよ。舐めるの上手だね」

「お気に召していただけたようで大変嬉しく思います」

それで終わりなのかって？　もちろんです。彼女も私もセックスなんてこれっぽっちも望んでいないのですから。

「長いご奉仕になりそうだ」と密かに興奮

その後も、積極的に掲示板でお相手を探してはメールを送り続けるうち、私の手帳は予約ですぐに埋まっていきました。

京都出身のキャリアウーマンはこんな体勢で

この格好からおしっこを漏らす女性も多いそうだ

そして実際に数々の女性の局部を舐めさせていただきました。クンニ時間は先方の予定にもよりますが、短くても1時間、平均4～5時間ほどでしょうか。

最長18時間を記録したのは、化粧品メーカーで営業職をされている23才のコスメ好き女性でした。

『舐めるのが好きな人っていますか？』

ごく短いメッセージに、メールを出したところ、

〝あんまりクンニされたことってないけど楽しみにしてます♪〟

待ち合わせ場所に現れたのは、黒髪の似合うナチュラルメイクの美人さんでした。

挨拶もそこそこにコンビニで食料を買い込み、近くのラブホテルへ向かいます。事前のメールで〝明日もお休みだから、何時間でも大丈夫〟と書かれて

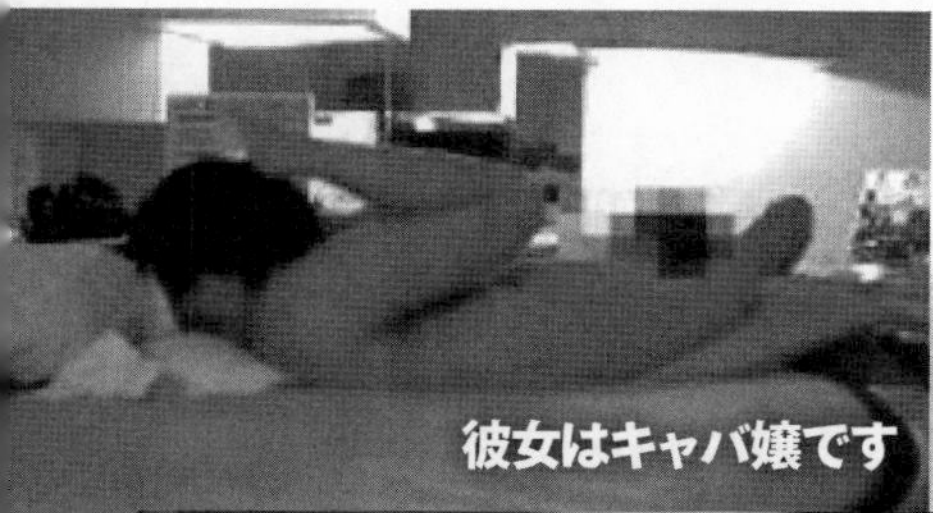
彼女はキャバ嬢です

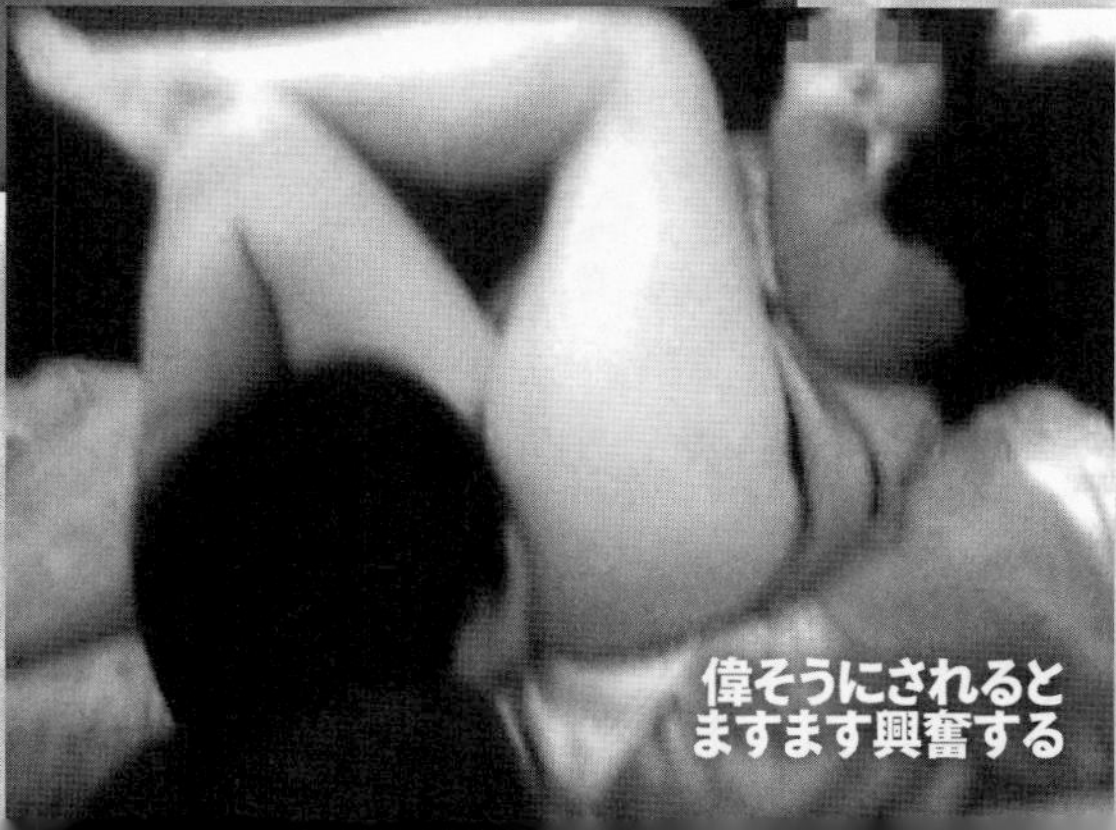
偉そうにされると
ますます興奮する

いたとおり、コスメ様は、翌日の朝ごはんまで買っています。長いご奉仕になりそうだとわかり、私は密かに興奮しました。

ホテルの部屋に入ると、コスメ様は下半身だけ裸になってソファに腰掛けました。テレビを見ながらソファでくつろぐ彼女の前にひざまずき、ご奉仕の始まりです。

ペロペロ、ペロペロペロ…。

時間は静かに流れていきます。

「すごく気持ちいい。本当に犬みたい。もっと舐めて」

最初は遠慮がちだったコスメ様も、2時間、3時間と舐め続けていくうちに慣れてきたようで、脚を私の頭に乗せてみたり、首に絡ませてみたり、メールを打ちながらお菓子を食べてみたりと、ごく自然に振る舞いはじめました。

クンニハイの状態が永遠であればいいのに…

およそ6時間後、コスメ様の「お腹空いた」の一言で一旦ブレイク。コンビニ弁当を食べて、すぐに奉仕の再開です。

コスメ様はテレビのリモコンを持ちながら、ウトウトと軽い眠りに入ったようです。私は彼女を起こしてはいけないと、よりいっそうの優しいクンニを心がけます。

ペロペロ、ペロペロ…。

「あぁ、気持ちいい…」

目を覚ましたコスメ様は、心地よさそうにまどろんでいます。

「国田は眠くないの？」

「はい、大丈夫です」

「私ちょっと眠いかも。ずっと舐めててくれるの？」

「もちろんです」

どんなに長くても飽きることはなく、むしろ長ければ長いほど感覚が高まり興奮も増していく。いわば、クンニハイのような状態。この時が永遠《とわ》であればいいのに…。

はっと気づくと、時間は朝の4時。愚かな私はコスメ様の股間に顔をうずめたまま2時間ほど眠ってしまったようです。

「もう終わりなの？」

私が動いたせいでコスメ様も目を覚ましてしまいました。

「いえ、まだ舐めた方がよろしいですか？」

「うん、舐めてほしい」

「わかりました」

すぐさま股間に戻ります。

ペロペロ…ペロペロ。

朝日が上るころにはコスメ様も完全に目を覚ましたようで、テレビを鑑賞しながら、ごく当たりまえのように脚を開いています。

「国田、朝ごはん食べようよ」

ここで再びブレイクです。2人でサンドイッチを頬張りました。

「なんか、これクセになるね。もうずっと舐めててほしい」

「はい」

「まだ舐めてくれる？」

「もちろんです」

正直、眠気で意識は朦朧としていましたが、私の奉仕を喜んでもらっていると思うと、やめるわけにはいきません。コスメ様は目をつぶりながら、再び私の舐め奉仕を堪能してくれました。

終了したのはお昼の2時でした。

エステティシャンやキャビンアテンダントも

およそ1年で、クンニ奉仕した女性の数は70人を超え、私はその記録をミクシィ、後にブログに記すことにしました。

するとなんと女性からの問い合わせが来るようになったのです。

〝日記楽しく読んでます。私にもクンニしてもらえますか？〟

これは予期せぬご褒美でした。掲示板で探さなくても、女性からオーダーが入るなんて。

以来、私は望まれるまま、彼女たちのもとを訪れ、股間を舐めまくりました。印象的な女性について触れておきましょう。

☀巫女様

東北地方の大学に通いながら、巫女のバイトをしている彼女は、会社説明会で東京に来るたびにクンニを所望し、褒美としていつも聖なるおしっこを出してくれました。口を添えてすべて飲み干したことは言うまでもありません。

☀エステティシャン様

都内でエステティシャンをしている彼女のクンニ初体験は、なんと小学3年生。しかもお相手は同級生の女の子だったそうです。時間さえあれば一方的に舐めさせていたのだとか。

専用のイスを使って大学生巫女様は顔面騎乗してくれた

年季の入った舐めさせっぷりは堂に入っていて、いつも汚れたままのアソコやお尻の穴をぐいぐいと押しつけてくれました。

☀JAL様

大手航空会社にお勤めの彼女は、3カ月に一回の頻度で呼び出してくれ、クンニが始まると必ず持参したマンガ本を読み始めました。

多忙な仕事なので、深夜1時に呼び出され、朝の4時にまたお仕事へ、なんてこともザラ。寝る間も惜しんで駆けつけたものです。

☀47才主婦様

股間の匂いが非常にきつい方でしたが、それをいっさい気にすることなくシャワーも浴びずに堂々としてくれたことで私はますます興奮しました。こういう奴隷的あつかいのクンニこそが私の求めるスタイルなのです。

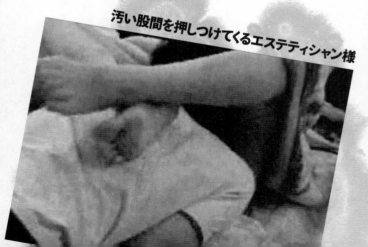

汚い股間を押しつけてくるエステティシャン様

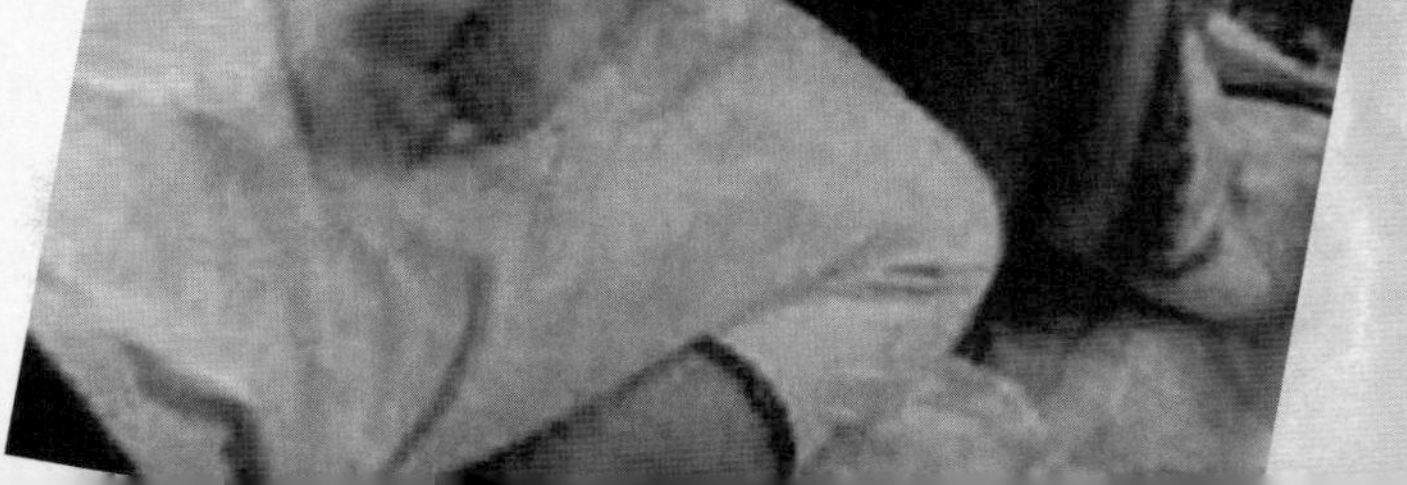

頭に足を乗せてくれる JAL様の仕打ちがうれしい

そしていま、私はひとりの女性に夢中になっています。

彼女は資産家の奥さんです。自宅は5階建てのビルで、自家用ヘリやクルーザーも持っているほどです。

とはいえ私はお金で飼われているわけではありません。彼女は資産家なだけに、人に奉仕させる仕草が身に染み付いている、人を使うという行為が極めて自然なのです。

格下の人間でありたい、格下の動物やモノとしてあつかわれたいという願望をごく自然に叶えてくれる彼女こそが、運命の相手なのではと私は思うのです。

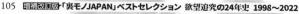

第2章

犯人は誰だ？

名古屋の栄一帯にバラまかれた嫌がらせ援交ビラの犯人を追え!

名古屋の繁華街一帯に貼られた嫌がらせの援交ビラ。いったい誰が何のために？7カ月にも及ぶ取材活動で犯人を逮捕した、ライター響波速人の執念の追跡ルポ!

99年4月号&9月号掲載

リポート 響波速人
（名古屋在住のフリーライター 69年生まれ）

あらゆる電話ボックスに500枚以上のシールが

「栄のM銀行の前の電話ボックスに援助交際の個人営業のシールが貼ってあるの知っとるか。連絡先はスナックになってて、藤井真奈美（仮名）24才って書いてあるわ」

知人を通じて、私が初めてそのことを知ったのは1998年12月上旬のことである。

素人がテレクラで日常的に援助交際する昨今、それ自体は珍しくも何ともないが、スナックが窓口になった援助交際なんて、これまで聞いたことがない。

半信半疑で問題の電話ボックスを訪れると、確かに、ワープロで書かれた手製シールが4枚も貼ってあった。どれも電話機を支える柱の裏側に貼られ、手を伸ばしても剥がせない。

「今、困ってます、大至急、援助求む！」

この内容がマジなら相当な裏モノだが、すぐにイタズラと気づいた。M銀行の前だけではなく、周囲の電話ボックスのほとんどに同様のシールが多いところで10枚以上もベタベタ貼ってあるのだ。本人がこんなバカなことするわけがない。

よく見ると、シールは大中小さまざまで、微妙に記載事項が異なるものもある。が、そのいずれにもスナック『R』の連絡先と藤井真奈美の名前、そして彼女の自宅として愛知県T市と記されていた。

念のため『R』に電話をかけてみると、案の定、店長の金切り声が返ってきた。

「ウチはそんなことやってない。関係ないから（ガチャン）」

やはりイタズラなのだ。話し振りからして、かなりの問い合わせが入っているようだ。

が、それも栄周辺を見て回り納得した。電話ボックスの9割以上、そればかりか電柱や歩道橋などにもシールが貼ってある。その数ざっと500枚。剥がされた古いシールの上に新しいシールを貼るなど、イタズラが継続的であることを物語っている。

最近、インターネットなどで女性の個人情報を流したり、レイプを依頼するなどといった悪質な電脳犯罪が増えているが、これもその類か。手法は原始的だが、明らかに藤井真奈美なる女性を陥れるために犯人が仕組んだ嫌がらせだろう。

ワープロ印刷された嫌がらせのシール。
公衆電話のいたるところに貼られていた

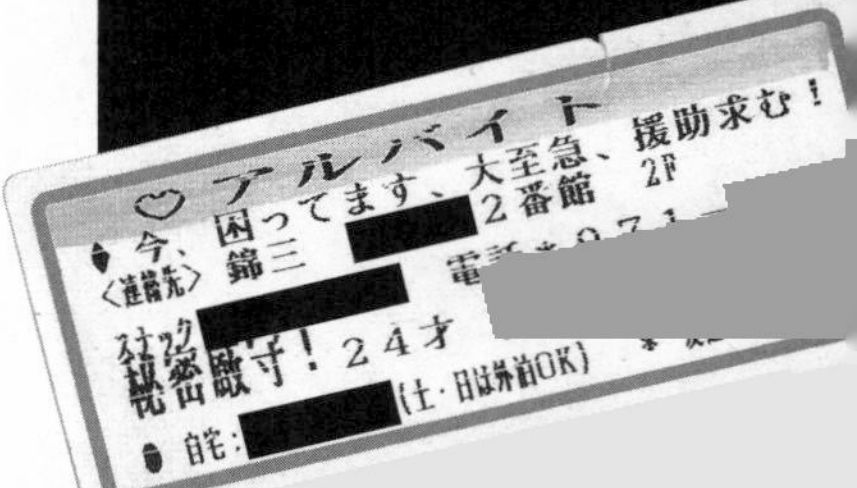

それにしても、彼女はなぜここまで大規模な嫌がらせを受けているのだろうか。誰かに相当な恨みを買っているのか。

だとしたら、なぜ連絡先がスナックになっているのだろう。これでは実質打撃を受けるのはスナック『R』じゃないか。犯人の標的が藤井真奈美なのかスナック『R』なのかはっきりしない。いや、それ以前に藤井真奈美なる女性が実在しているかどうかも疑わしい。

考えれば考えるほど謎めいている。もちろん、一介のフリーライターである私個人には何の関係もないが、いったん覚えた好奇心は抑えようもない。事件の実態に迫るべく、私は調査を開始した。

元婚約者が警察に呼ばれた

12月中旬、まずはスナック『R』を訪問。店はシールに表記されていた錦三丁目（通称キンサン）のビル内に実在した。スナックというよりラウンジ形態で、女性の質も高く落ち着いた雰囲気だ。

店長にシールのことを切り出すと、弱り切った顔でポツリポツリと話し始めた。

「もう1年半にもなるんだよ。真奈美ちゃんはそのころ、4カ月ほどウチにいた子で今は在籍していない。それなのに延々とあのシールを貼り続けられているんだ」

藤井真奈美さんは実在の人物らしい。年齢は現在27才とのことだが、自宅として表記された愛知県T市も当たっているという。ロングヘアの快活な女性だったそうだ。

「真奈美ちゃんはウチにくる前に『S』って店にいたんだけど、そこでも同じ目に遭ってたらしいんだ。結局ウチも『お店に迷惑をかけてしまいますので』って辞めてったけどね」

その後、彼女は実家のある愛知県T市に戻ったものの、間もなくそこも離れ、縁もゆかりもない山梨に転居。現在は地元の内装会社で事務員をしているという。

「ウチはもちろんこんな商売（援助交際）やってないし、嫌がらせを受ける覚えもないんだよ。で、気がつくたびに剥がしているんだけど、今でも新しくシールを貼ってるみたいなんだ。まったく物凄いパワーだよ。1日に3～4回は問い合わせの電話がかかってくるからな」

『R』に原因がないとするなら、真奈美さんに何か因縁があったのだろうか。

「…うーん。実は彼女には結婚寸前にドタキャンで別れた元婚約者がいたんだよね。彼女もその男の仕業だと思って問いつめたらしいんだけど、本人は否定したみたいだな」

未練タラタラの男が逆恨み。考えられるケースだ。というか、それしかないじゃないか。いったい、彼女と元婚約者の間にどんなトラブルがあったのだろうか。

その辺りの事情を知るべく、方々に足を運んでいるうち、藤井真奈美が『S』を辞めた後『R』に紹介したという、キンサンの別のスナックの幹部・Mさんにたどり着いた。この人なら

錦三丁目。通称キンサン周辺

何か知ってるかもしれない。

「元婚約者？　あぁ知ってるよ。歳は26、27才ぐらいじゃなかったかな。何でも付き合っているうちに男の変な性格がわかってきて、真奈美ちゃんの方から婚約破棄したらしいな。シールが大量に出始めたのは、そのころじゃないの」

Mさんによれば、彼女は状況的にその男が犯人に違いないと判断、地元警察署に届け出たらしい。それを受けて警察は元婚約者の男を呼び、事情聴取をしたそうだが、結局は「無関係」と釈放してしまったという。

「気の毒なのは真奈美ちゃんだよ。例のシールだけじゃなくて、自宅に頼んでもいない通信販売の商品や通信講座のパンフレットなどを送り付けられたらしいからね。まったく、どんなヤツが犯人なのか顔を見てみたいよ」

店の同僚の女性が嫌がらせ!?

さらに詳しい情報を求めて、今度は彼女が『R』の前に勤めていたスナック『S』を訪問。事情を話すと、人の良さそうな40才ぐらいの店長が真摯に対応してくれた。

「真奈美ちゃんの婚約者だった男は建築関係の××って会社に勤めてて、愛知県I市に住んでるOさんという人ですよ。何でもOさんの会社で彼女が一時期アルバイトしたことがあって、そのときに知り合ったみたいですね。彼女がウチの店に来てからも、Oさんはちょくちょく飲みに来てましたよ。で、2年ほど前に『結婚することになったから』って辞めてったんですけど」

え!?　スナック『R』の店長の話だと、彼女が『S』を辞めたのは例のシールが原因とのことだった。話が食い違ってる。

「確かにそのシールは、真奈美ちゃんがウチに勤めてたころから貼られてました。ただ、そのときはこのビルのエレベーターや踊り場の灰皿なんかに貼られていた程度だったんですよ」

念のため、持参したシールを店長に見せてみる。

「あぁ、これは全然違いますね。そのときに書かれた番号は彼女の携帯電話でした。手書きで、女の子っぽい字だったなぁ」

「ってことは店の女の子がやった可能性も？」

「うん。真奈美ちゃんもそう思ってたみたいですよ。で、私も女の子たちにさりげなく聞いて回ったんですがはっきりしなくて」

結局、犯人はわからずじまいだったが、彼女が辞めた後、『S』の番号を書いた別バージョンの嫌がらせビラが周囲の公衆電話に大量に貼られるようになったという。そして、それは今も続いているらしい。

「犯人の狙いがよくわからんのですよ。とっくに店を辞めている真奈美ちゃんの名前を使って、なぜウチの電話番号を表記するのか。もちろんウチは人に恨みを買われる覚えはない。ただ警察に言わせると、シール自体に卑猥な言葉が書いてあるわけでもないし、1日に数件程度じゃたいした罪にならないとかで、本気で動いてくれないんですよ」

数日間、張り込むも犯人は現れない

話がややこしくなってきた。これまで、てっきり元婚約者Oがフラれた腹いせにシールを貼ったものと思っていたが、『S』の店長の話だと、シールが出現しだしたのは彼女がまだOと蜜月だったころだ。ということは、Oが犯人である可能性は低い。

いや、それならなぜ真奈美さんはOが怪しいと警察に届け出たのか。『S』の店長が話していたように、彼女も『S』の同僚の女性を疑っていたではないか。

どうもワケがわからなくなってきたが、その後、改めて関係者に話を聞いた結果、次のようなストーリーが浮かび上がってきた。

シールが貼られ始めたのは、真奈美さんが『S』に勤めていた2年前。ただ、そのときは範囲も狭く、しかも女の子っぽい字で手書きだったため、彼女は店の子のイタズラだと思っていた。

その後、Oと結婚するために店を辞めるが、その直後に結婚が破談。と、時期を符合するように、『S』の番号を記したビラが大量に貼られるようになる。

そこで彼女は考える。最初にビラを貼ったのは、『S』の同僚の女性だったのかもしれない。が、その後で始まった大がかりな嫌がらせは、自分がフッたOの仕業ではないか。

婚約者だったOには、当然彼女は手書きのビラが貼られ迷惑していることを話していただろうし、そのことを聞いたOが、婚約破棄の後、その手口をマネして彼女に復讐しようと考えたとしても不思議じゃない。おそらくや彼女もそう考え、警察にOが怪しいと届け出たのだろう。と、なんとなくスジ書きは読めてきたものの、だからどうなるわけではない。事件周辺の関係者にはすべて当たったし、そこからこれ以上入手できる情報もないだろう。となれば、残るは藤井真奈美本人と元婚約者のO。この2人に会い、直接話を聞いてみるべきか。

いや、もし仮に会えたところで、彼らが正直に話すとは考えにくい。被害者である真奈美さんはまだしも、Oには迷惑がられるのがオチだろう。彼を調べた警察でさえ、落とせなかったのだ。一フリーライターに過ぎない私に何ができるというのか。

できるとすれば、ただ一つ。犯人がシールを貼っている現場を押さえることだ。しつこい犯人のこと、シールが剥がされたころを見計らい、また新たに貼りに来るに違いない。

というわけで、私は年末から年始にかけ、深夜の栄を数日間張り込んでみた。が、そんな雲をつかむような取材で真相が明らかになるはずもなく、風邪をひいただけの徒労に終わった。

それにしても、名古屋でもっとも人通りが多く深夜でも人が絶えない栄で、これだけのシールを貼り付けることができるとは、神業に近い芸当である。しかもそれは2年以上も捕まることなく、延々と続いているのだ。

新たなビラを発見！　本人に話を聞く

やるべきことはすべてやった。もうこれ以上、私の力ではどうにもならない。悔しいが、この辺りで取材を断念するしかないだろう。

そう思っていた99年1月上旬のことだ。別の用件で出かけた新栄の路地裏で、私は藤井真奈美のシールとは別の次のようなビラを発見する。

「大至急、援助求む!! 今月、ピンチです。短期間の援助交際をお願いします」

書き出しはソックリだが、今度は写真付き。そして勤務先の居酒屋『T』の電話番号と、23才里香（仮名）と名前が書かれている。

第二の被害者か!? さっそくビラに書かれていた居酒屋『T』を探すと、店はまたもキンサンに実在した。

店の女将に取材意図を告げ問題のビラを見せると、女将はスナックのマスターらと同様、すぐ憤慨した。

「まだこんなものがまかれているんですか。もう1年以上になるんですよ」

居酒屋『T』の女将によると、里香は実在の女性で今も勤務しているらしい。が、実際の彼女は27才で、里香の字も一文字だけ本名とは違うという。また、ビラに載った写真の女

里香さんが働く居酒屋『T』。一見さんお断りの高級な店だ

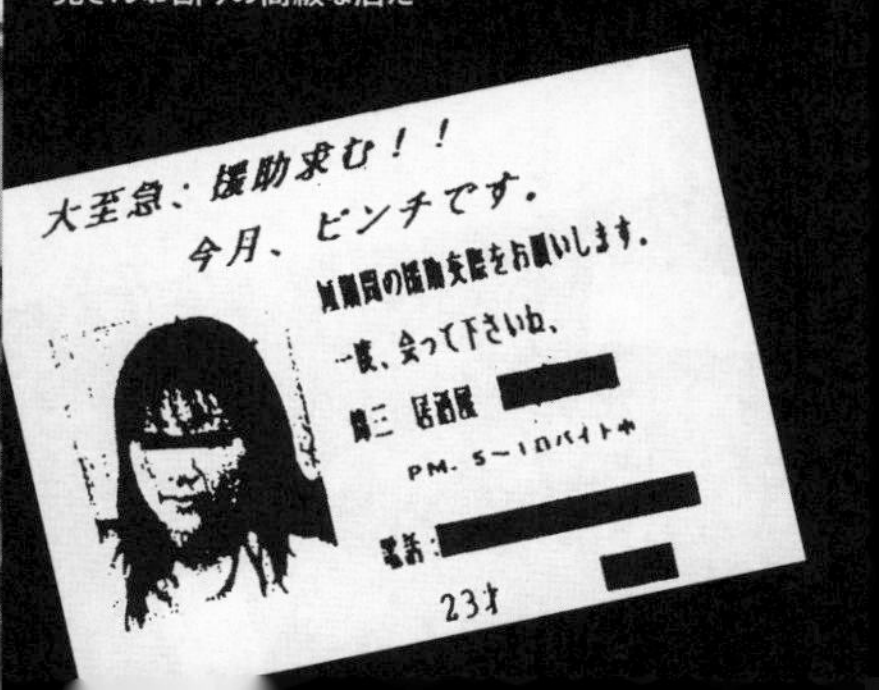

性は、本人とはまったく別人らしい。

「以前にまかれたビラは、この写真とも違う女の子の写真でしたよ。まったく、なんでこんなことするんですかね」

「何か心当たりはありますか」

「全然。本人にも聞いてみたけど、まったくわからないって。でも今も1日に何件か『里香さんいますか』って電話がかかってくるし、女子高生から『私にもお客を紹介してください』とかかってきたこともありました。彼女の家にも、頼んでいない通信販売の商品がしょっちゅう来るっていうし」

真奈美さんのケースとまったく同じだ。本人の住所を知っているにもかかわらず、ビラにはそれを明記せず、勤務先の店の電話番号を表記する。本人にも店にもまったく心当たりがない。

「警察に相談することも考えたんです。ウチのお客様に愛知県警の幹部の方もみえますから、『紹介状を書く』というところまで話が進んでいたんですが……」

2つの事件は同一人物の犯行!?

数日後、女将の計らいで里香さん本人に会った。和服に身を包んだ芳本美代子タイプの美人。誤解を恐れずに言えば、フェロモンを発散させて男に媚び甘えるような女性では決してない。

「心当たりなんてまったくないんですけど、1年ほど前という時期から考えると、ちょうどそのころに交際を求められて断った男性がいたんですよ」

聞けば、その男とは、彼女が居酒屋『T』とは別でアルバイトしているスナックで知り合ったらしい。客として来ていた男と意気投合、後に男の友人2人と彼女の友人1人の計5人を交えてコンパをしたことがあったという。

「実は私、その男性に『オレのことどう思う』って聞かれて、うやむやに生返事してしまったんです。別にフッたとかじゃありません。コンパもそれ一度きりだったし…。で、1週間ほど後にご馳走になったお礼を言おうと携帯にかけたら『現在使われておりません』になってて」

真奈美さんのケースに比べると、ずいぶん事情が違う。友人を交え1回コンパしただけの男が、明確にフラれたわけでもないのに、それを恨みに1年以上もイタズラでビラをまくとは考えにくい。

「その人と連絡が付かなくなってしばらくしてから、自宅にCDセットとか、短大の入試案内とか頼んでもいない物が届けられるようになったんで、もしかしたらって」

彼女に、とりあえず藤井真奈美の件を詳しく話してみる。嫌がらせの手口が似ていることから、2つの事件の犯人が同一人物である可能性は十分考えられるのだ。

「I市に住んでるOって男性に心当たりありませんか。××って建築会社に勤めてるらしいんですが」

「I市のOさん……。知りませんね。私がお話しした男の人も確か建築関係の会社の人でしたけど、会社名も違いますから」

やはり、2つの援助交際ビラに接点はないのだろうか。と、そのとき、突然彼女が何かを思い出したように「そういえば、半年ぐらい前に」と声をあげた。何だ。半年前に何があったんだ。

「ある日、通信販売の会社から、ウチに同じ文面で住所と名前だけ違うハガキが2枚届いているけど、何か心当たりはないかって電話がかかってきたんですよ」

1枚は里香さんの名前と住所が書かれたものだったが、もう1枚にはまったく別の女性の名前と住所が書かれていたらしい。通販会社としても、何か怪しいと確認の電話を入れてきたというわけだ。

「そんなの私は頼んでないから、イタズラだって会社の人に説明したんですけど、何か気になってもう1人の方の名前と住所がどうなっているのか聞いたんですよ」

「そしたら？」

「消印は名古屋になってるけど、住所は山梨の方だって」

山梨!?　山梨といえば真奈美さんが現在住んでいるところじゃないか。

「あの、その人の名前、藤井真奈美って名前じゃなかったですか」

「いや…。もう名前までは忘れちゃったんですけど、そのとき私、もう1人の女性もイタズラされてるに違いないって通販会社に強く言って、その方の連絡先を教えてもらったんです。で、電話をかけたら女性が出て『今は山梨に住んでるけど、以前は名古屋にいてキンサンで働いてた』って」

間違いない。そのとき彼女が電話をかけて話した相手は藤井真奈美だ。やはり、2つの事件は根がつながっていたのだ。

ただ、里香さんによれば、そのとき彼女と互いに心当たりのある人物の名前を出し合ったものの、結局、共通の知人は出てこなかったという。

「それでどうしようもなくなったんですよ。私はもう『T』に勤めて5年になりますけど、1年前から突然なんです。去年の暮れなんか店の近くで60枚以上もまかれたし……。本当、犯人を捕まえたい」

ガードレールにスプレーで名前を

里香さんのことばを聞きながら、私は藤井真奈美さんの家族を取材してみようと考えた。家族なら、別の情報を持っているかもしれない。

彼女のキンサン時代の知人から愛知県T市の実家の番号を入手。緊張しつつ電話をかけると、お父さんが出た。さっそくこれまでの経緯を丁寧に説明し、取材に協力してくれるよう頼んでみる。

「なるほど、よくわかりました。あのシールが貼られるようになったとき、まず娘が警察に逆に呼び出されたんです。それで事情を説明して警察に理解してもらったんですが、娘だって犯人がわからないし、警察だって探しようがないということで、今もそのままです」

問題の元婚約者、Oについてはこんな答えが返ってきた。

「そりゃあ、結婚する約束で付き合っていた男ですからウチにも来たことがあるし、私も会ったことがあります。若いサラリーマンといった感じで、普通の青年です」

「お父さんは、Oさんが怪しいとは思われませんか」

「ビラが貼られるようになった後、娘がOの親元に文句を言いに行ったことがあるんです。その後、イタズラがより激しくなったから、私も一時はOの仕業じゃないかと疑ってみたこともある。でも、それにしては期間が長すぎるでしょ。会社勤めしている20代の男にそんなにヒマなんかないですよ」

　お父さんによれば、彼女は山梨に移って以後も、身に覚えのない通販の商品を送りつけられるイタズラに遭い続けているらしいが、その犯人がOとは考えにくいという。なぜなら、山梨の住所は家族と知人など、ほんのひと握りの人間しか知らないからだ。

「だからって誰が犯人かわからないんですが、それにしても酷いやり方だよね。去年の秋ごろからは近所の駐車場やガードレールに娘の名前がスプレーで書かれたりもしてるんですよ。その度に私ら家族が消しに走っている状態でね」

　さらに、通販のイタズラは彼女の妹の嫁ぎ先にも届いているという。想像していた以上に、被害は深刻なようだ。

「娘にも言ったんです。親しく付き合っているつもりでも、知らぬ間に恨みを買われている友達はいないのかって。けど、娘は『そんな子なんていない』の一点張りでね」

「けど、犯人は真奈美さんに近いところにいる人物であることは間違いないでしょう」

「それは私もそう思います。娘はまだこっちにいたころ、友達の結婚式に出席して、その会場で車のナンバープレートを外されるっていうイタズラにも遭ってるんです。その日にそこへ行くことまで知ってるなんて、よっぽど親しい子しかいないでしょう」

すでに店にも家にもいないにもかかわらず、執拗に攻撃を仕掛けてくる犯人。しかも、それはごく近い立場の人間である可能性が高いという恐怖。話を聞いてるだけでも、背筋が寒くなる話だ。

ハガキに書かれた住所を尋ねると…

1月中旬、今度は里香さんから新たな情報が寄せられた。なんとまた、通販会社から同じ文面のハガキが2枚届いたという連絡が入ったというのだ。さっそくそれを送り返してもらったところ、手書きの文面で、名古屋郵便集中局（現・名古屋神宮郵便局）1月12日午前8時－12時の消印が押されていたらしい。

「で、もう1枚のハガキは、また山梨の人だったたって言うんですよ。そっちの人は宛先が会社になってたんで、送る前に確認して気づいたって言ってましたけど」

ハガキの文字はやや男性っぽい筆跡に思える。前に届いたハガキの文面はワープロ書きだったというから、これは犯人が直筆で残した唯一の物証といえよう。

「この筆跡に見覚えは？」

「さァ…」

「住所や名前は正しいんですか」

「そう、そこなんですよ。名前や電話番号は合ってます。でも今回は住所が間違ってるんですよ」

ハガキには名古屋市瑞穂区の某所の地番が書かれている。が、里香さんが住むのは名古屋市内の別の区。以前に瑞穂区に住んでいたこともあるが、ハガキの住所とは違うという。

「でも、前はちゃんと私の家の住所が書かれていたんですよ。通販の会社の人にも正しい住所を言って送り返してもらったんです」

じゃあ、なんだこの住所は。単なる思いつきで書いたのか。いや、そうじゃないだろう。自分に何の関係もない町名や地番など、そう書けるもんじゃない。犯人がうっかり自分の住所を書いた、とまでは考えにくいが、何かしら関連のある場所に違いない。

翌日、ハガキに書かれた住所を直接訪ねてみた。ハガキで問題の地番を特定し、表札を覗く。と、途端に私は愕然としてしまう。表札に書かれた『田村（仮名）』は、里香さんと同じ苗字なのだ。

どういうことなんだ。キツネに摘まれたような思いで扉を開ける。

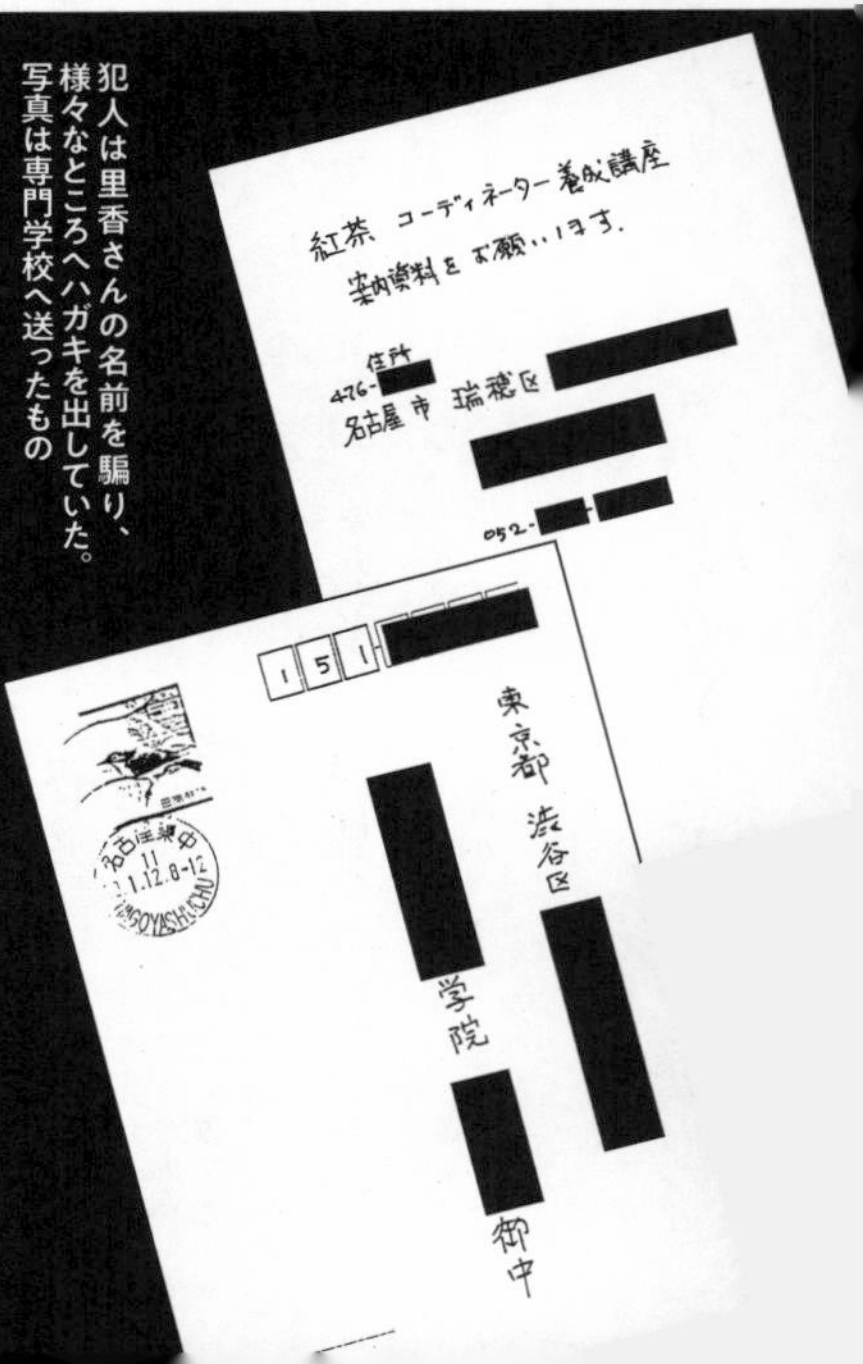

犯人は里香さんの名前を騙り、様々なところへハガキを出していた。写真は専門学校へ送ったもの

「ごめんください」

「はーい、どちらさん？」

出てきたのは50代後半と思しき、老男性。自宅で鉄工所を営んでいるらしく、作業着姿だ。

男性に訪問理由を告げ、同じ苗字の里香さんを知らないかと尋ねると、男性はすぐさま私を中に引き入れ、逆に質問攻めしてきた。

「里香って誰なんだ。ウチには女房と私しかいない。そんなことより、1週間ほど前から毎日宅配便や資料案内の郵便が届くんだ。気味が悪くて仕方ない。何かその里香って女と関係あるのか」

男性は犯人ではなかった。あくまで推測だが、里香さんの住所をド忘れした犯人が、住宅地図などを見て同じような場所に住む同姓の田村さんの住所を勝手に書いたのであろう。おかげで、この田村さんに身に覚えのない災難がふりかかったというわけだ。

「そりゃとんでもない犯人がいるね。許せんわ。こっちはもう大丈夫だから。それにしても何ちゅうヒマな奴がおるんだ」

事情がわかり田村さんは、その手口の卑劣さに改めて怒りを覚えた様子だ。

そう犯人は極めて卑劣なのだ。つい先日も、真奈美さんの実家近くの駐車場に彼女の名前が大きく書かれる事件が発生している。悪質にもほどがあるだろう。

進展のないまま1カ月が過ぎた2月下旬、また新たな嫌がらせビラが出現した。

「短期間にお金が欲しい彼女。秘密厳守。たかし（仮名）」

今度は男性名である。念のためビラに表記されていた携帯番号に電話をかけてみたところ、東京在住の44才サラリーマン氏につながった。話を聞いた限りでは、まったく事件と関係なさそうだ。いったいどうなっているのか。

犯人が複数とは考えられないか

3月上旬のある日、真奈美さんのお父さんと実家近くの居酒屋で会っていただいた。少しでも手がかりになるようなことが聞けないかとの思いからだ。

お父さんは1月に私の取材を受けた後、急に真奈美さんのことが心配になり、山梨まで会いに行ってきたという。

「真奈美さんは元気でしたか」

「うん、一度顔を見たらホッとしてね。すぐ帰ってきたよ」

しかし、真奈美さんは今も身に覚えのない通販商品を送り付けられ、頭を悩ましているらしい。しかも、それは実家にも届けられているという。お父さんは「何も気にしていない」と言うが、娘がこんな目に遭って平気なはずがない。

「元婚約者Oの住所を教えてもらえませんか。ぜひ、Oから話を聞きたいんですよ」

「…それは娘から聞いてくれんかな。本人同士の問題だからな」

「私はやっぱり、O以外に考えられないと思ってるんですよ」

「さァ、それはどうかな」

お父さんは、Oには漏れるはずのない情報が漏れているのが、どうも腑に落ちないという。

真奈美さんは山梨へ行った後、すぐ清里のペンションに勤めた。そのことはOも知っている。が、そこにもイタズラの通販商品が届くようになり、彼女は人知れずもう一度転居し、勤務先も変える。ところがそこにも3日後には通販商品が届くようになった。お父さんは、そこまでOが知っているとは思えない、だから犯人とは考えにくいと言うのだ。

「彼女と親しい女の子がOに情報を漏らしているってことは考えられませんか」

「そのことは、娘にも会ったとき言ったよ。けど娘は『そんなことする子なんていない。いいかげんにしてよ』って」

「真奈美さんは連絡先を教えた友人を信じ切っているわけですか」

「そうなんだ。それにOは真奈美と婚約していたころ、よくウチにも来たけど、仕事の都合で8時過ぎにならないと絶対来なかった。そんなヤツがスプレーで書いたり、ビラを貼ったりする時間があると思うかい」

「絶対無理でもないでしょう」

「そりゃそうだけど、期間が長すぎるよ。金だって相当かかってるだろうし。20代のサラリーマンにできることじゃないよ」

ということは、複数犯か。元婚約者Oと真奈美さんの女友達がグルで嫌がらせをしているとか。が、そんな連係プレイが2年半も続くだろうか。

いずれにせよ、事情を知れば知るほどOの犯行説が薄れていくのは確か。ここは、やはり真奈美さんに直接会って話を聞きたいところだ。

4月に入り、真奈美さんの新しい嫌がらせビラが登場した。これまでワープロで印字されていたのが大胆にも手書きとなり、さらに写真まで添付されるようになった。里香さんのビラ同様、本人とはまったく別人である。

「援助交際ＯＫ。指名してネ！」

スナック『Ｒ』や『Ｓ』の電話番号はお約束のように書かれている。

改めてビラを見て回ると、北は久屋大通公園から南は丸田町、東は東新町から西は伏見まで、栄の周辺2キロ以内で、ざっと3千枚以上はあるだろう。

名古屋でもっとも人通りが多く、深夜でも人が絶えない栄でどうしてこれだけのビラを貼り付けることができるのか。何やら薄ら寒いものを感じる。

5月になると、ビラの余白に書かれる電話番号のレパートリーが増えた。真奈美さんの昔の携帯番号から、以前にバイトしていた喫茶店の番号に実家近くの無関係な住民の電話番号、さらには真奈美さんの本物の実家の電話番号までが書かれるようになった。

まさにやり放題。一方、私がやれることといえば、新たに貼られた

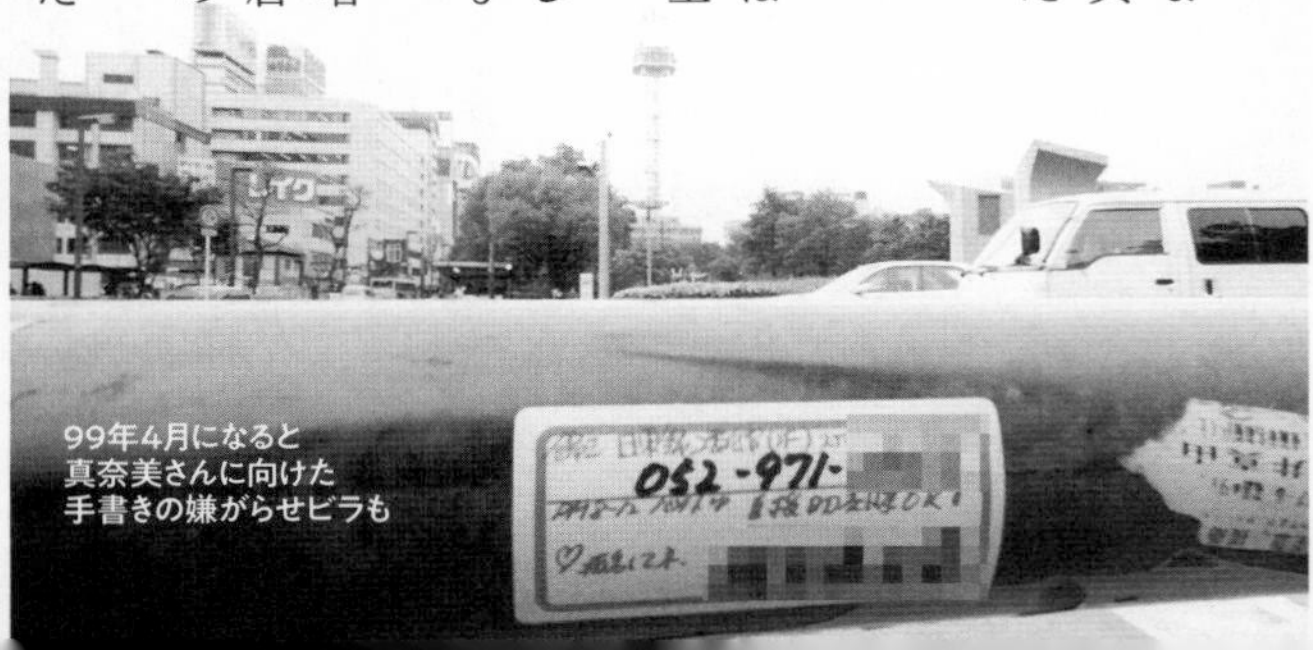

99年4月になると
真奈美さんに向けた
手書きの嫌がらせビラも

ビラの内容をチェックし、電話番号の確認をしては空振りに終わるだけ。何をやってるんだ…。

元婚約者の手紙を探偵に渡した!?

すべてが徒労に終わろうとしていた5月下旬、私はもう一度真奈美さんのお父さんに電話をかけてみた。

「最近、スプレーのイタズラ書きはありませんか」

「いや、それはないよ。もう気にしてないから」

どうもいつになく歯切れが悪い。何かあったのか。

「…娘が帰ってきたんですよ」

「ええーっ」

「また山梨に戻るんだけどね。10日ほどは実家にいると思うよ」

私は必死に頼んだ。

「真奈美さんに会わせてください」

もう残された突破口は真奈美さんしかいない。

「う〜ん。…わかった。娘に頼んでみるよ」

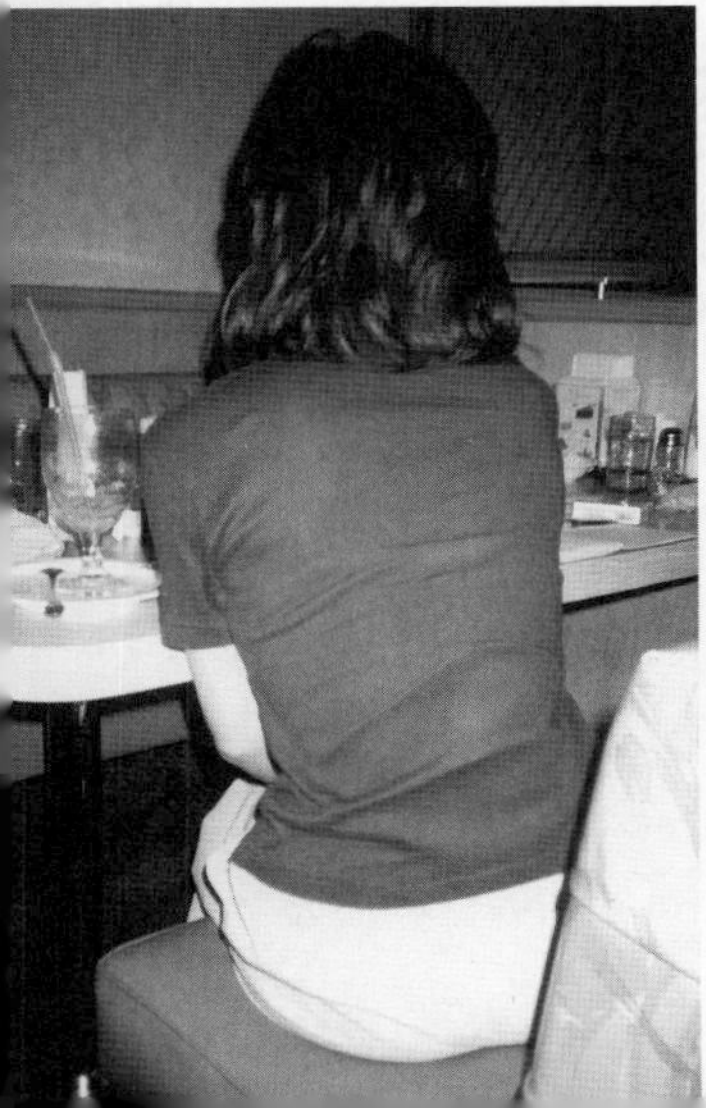

ファミレスで会った際の藤井真奈美さん

翌日、お父さんの取り計らいで真奈美さんに会えることになった。

「はじめまして」

安達祐実に似た小柄な女性である。ハキハキしているが、他人に恨みを買うタイプには見えない。

「最初にお聞きしたいんですが、誰にこのことを聞いたんですか」

私より先に真奈美さんが質問してきた。私を見据える目がまだ信用していないことを物語っている。

「知り合いにビラのことを教えてもらったんですよ。それで…」

私はこれまでの取材の経緯をできるだけ詳しく話した。もう1人被害者がいること、今のキンサンの状況、犯人として考えられるのはやはりO以外にいない等々。

「わかりました。私も一緒です。O以外に考えられないんですよ」

やっぱり…。

「Oの家に文句を言いに行った、とお父さんに聞きましたが」

「はい。けど、そのときはOが家にいなかったんで両親に話をしたんです。だから、せめてOの筆跡と、私のところに来た嫌がらせのハガキや手紙の文字を見比べようと思って、何かOの書いたものはないかって聞いたんですけど、そんなものはないって」

「真奈美さんは交際しているころ、Oに手紙をもらったことはないんですか」

「あるんですけど、探偵さんに渡しちゃったんですよ」

「探偵？」

「お店のお客さんだった人にこのことを相談したら、だったら知り合いに探偵がいるから調べるように頼んであげるよって言われて、渡したんですけど」

初耳だ。それで結果はどうなったのだ。その探偵は筆跡鑑定でもしたのか。

「いえ…。尾行してくれたそうですが、知多ナンバーのワゴンRに乗っているスナックの女の子が怪しいって」

「誰です、その女性は？」

「その子のいる店にOが出入りしてるって」

「どこの店ですか」

「わかりません。ナンバーを調べてくれるように頼んだんですが、それっきりになってしまって…」

なんて無責任な探偵なんだ。しかし、そうなるとやはり協力者の女性を使ったOの仕業なのか。

「立ち入ったことを伺いますが、Oとはどうして別れたんですか」

「いろいろありますけど…。最終的には私に好きな人ができて」

やはりそうか。婚約まで進みながら無惨に捨てられた男。動機は十分ある。

「実は真奈美さん、里香さんの他に『たかし』という男性名が書かれたビラも貼られてるんですよ」

「たかしですか」

「2本の連絡番号のうち、1本は真奈美さんの昔の携帯番号だったんですが、心当たりないですか」

「それ、私がOと別れるきっかけになった男性の名前です」

何だって!? じゃあ、あのビラはやはり犯人から真奈美さんに向けられたメッセージだったのか。

「でも、そのことはOは知らないはずなんです。何でそんなことまで知ってるんでしょうか」

真奈美さんの勤務先を知っているのは…

Oを疑う真奈美さんはこっそり夜中にOの自宅まで出向き、自宅に車が停められているかどうか確認したこともあったという。が、不審な外出の形跡は見受けられなかったらしい。

女友達を疑ったこともある。特に彼女が以前働いていたスナック『S』の同僚で、昼間Oの会社で事務員をしていた女性は本ボシとしてマークしていた。何でも以前、真奈美さんとその女性がある男友達をめぐってトラブルになったことがあり、その時期がシールの出現時期と合致していたらしい。

真奈美さんが探偵を雇う話をしたとき、その女性は狼狽した気配を見せていたともいう。

「その子じゃないんですか。知多ナンバーのワゴンRに乗っている女ってのは」

「それは違います。彼女は名古屋市内に住んでますから」

「Oのことを知ってる女友達は他にいないんですか」

「あとは親友2人だけですが、その子たちがそんなことするとは思えません」

なにせ犯人は絶対に漏れるはずない、真奈美さんの現在の勤務先をつかんでいるのだ。家族以外でこれを知っているのは数人の知人しかいない。少なくともその中に情報を漏らす人間がいるはずなのだが。

「この男に見覚えないですか」

私は以前、里香さんに会った際に借りていた、彼女が唯一心当たりがあると言った建築会社の男の写真を真奈美さんに見せた。

「見たことあるようなないような。でも、Oの友達じゃありません」

「そうですか…」

2つの事件は間違いなくつながっている。でなければ、同じ時期に同じ通販会社に同じ文面のハガキが2枚届くなんて、別々の人間が相談もなしにできるはずがない。が、現実には2人に共通の知人はいない。どうなっているんだ。

「一度、田村里香さんと会ってみませんか」

もうそれしかないだろう。お互いに心当たりのある人物をもう一度出し合ってもらうのだ。

「そうしましょう」

真奈美さんに快い返事をもらい、その後すぐに里香さんに連絡すると、彼女も「ぜひ会いたい」と二つ返事で乗ってきた。よし、これでもう一度2人に話し合ってもらおう。徹底的に洗い出せば、必ず共通の知人が見つかるはずだ。

「今回の件で、一番相談してる相手ですよ」

6月4日午後11時30分、名古屋市内のファミレス。両方と面識がある私が先に着いて待っていると、真奈美さんが時間通りにやってきた。里香さんは15分ほど遅れると携帯に連絡があった。

「資料を持ってきたんですけど、見ますか」

そう言って真奈美さんが紙袋から取り出したのは、おびただしい数の嫌がらせのハガキである。ヘルスの求人広告から裏ビデオの広告まで、ざっと300枚あるだろうか。ビラのほかにこんな嫌がらせまで受けていたのか。

「これは最近、届いたものばかりです。前のはもう捨てちゃいましたから」

あきれて、その一つ一つを見ていると、そこへ里香さんがやってきた。挨拶もそこそこに、テーブルに広げられたハガキを見て驚いたように言う。

「これはヒドすぎますよ。私はこんなに多くはないです。ホントにヒドすぎる！」

消印を見ると、名古屋郵便集中局の午前8時−12時で押されたものが多い。これは里香さんと同じ状況だ。

「じゃあ、さっそくですけど、2人で少しでも思い当たる人の名前、

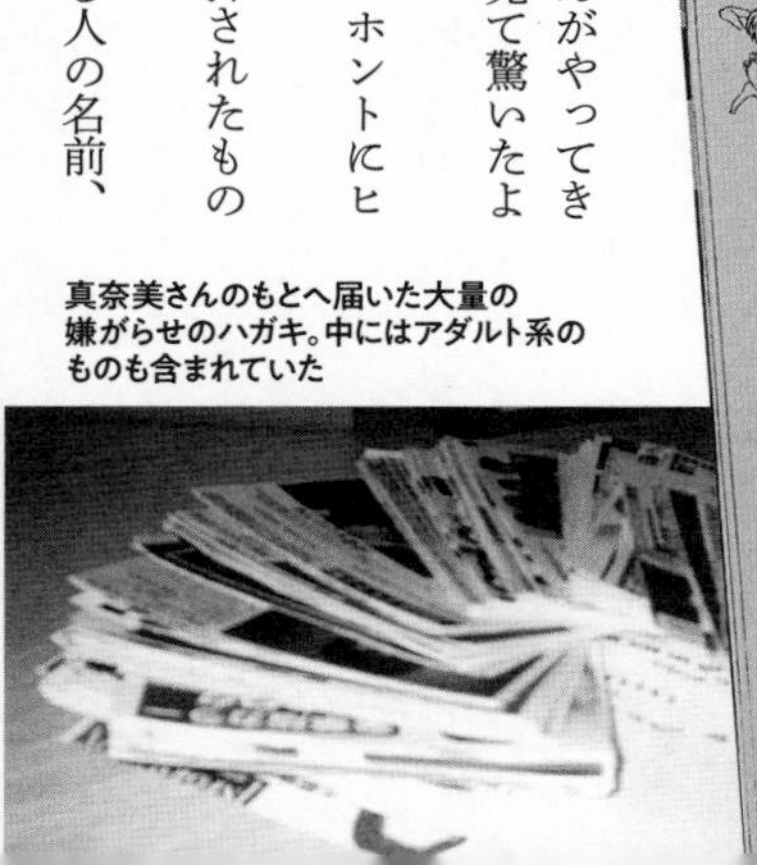
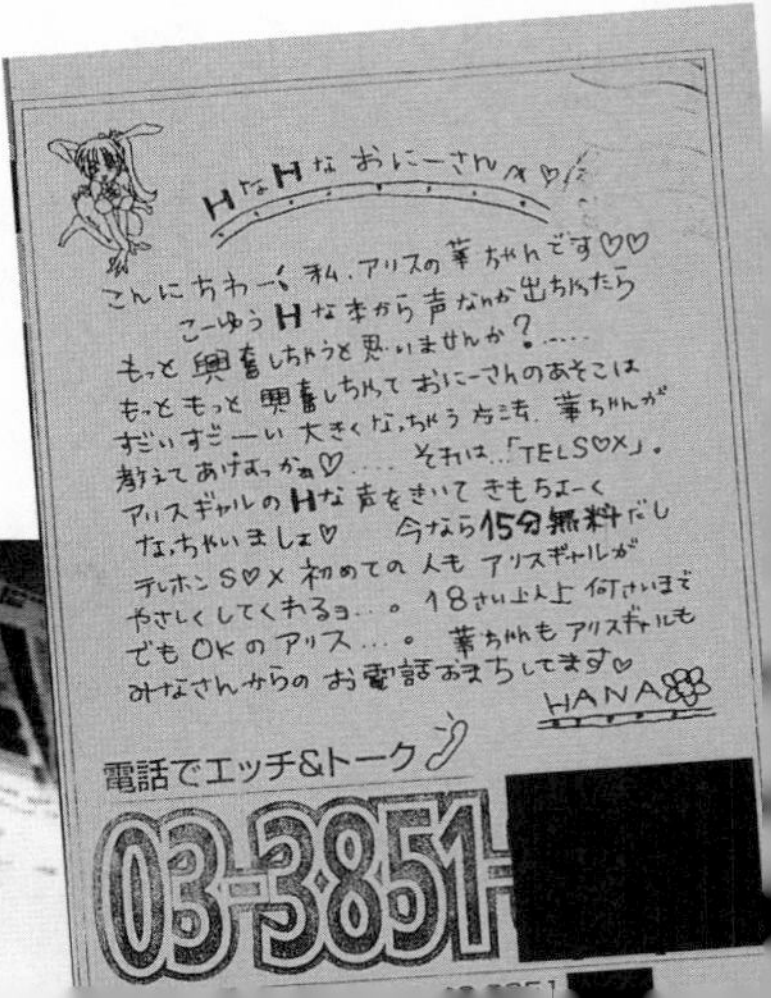

真奈美さんのもとへ届いた大量の嫌がらせのハガキ。中にはアダルト系のものも含まれていた

言ってもらえますか。実家の住所を知っている人間なら誰でも構いませんから」

疑わしくなくてもいい。男でも女でもいい。とにかく互いが知っている名前が出るまで話し合うのだ。もし、それでもダメなら、あきらめるしかない。

「じゃあ、私から。まず稲田史郎（仮名）さん」

真奈美さんが男性の名前を上げる。と、途端に「えーっ！」と里香さんが目を見開いた。

なんだ、なんだ。いるのか、共通の知り合いが。

「知り合いも何も…。今回の件でいろいろ相談に乗ってもらっている相手ですよ」

2人が口を揃えて言うには、稲田史郎という男は、安城市に住む46才の会社社長。真奈美さんは4年ほど前にスナック『S』で、里香さんは2年前にバイト先のスナックで、それぞれ客として知り合ったという。

2人とも稲田に会った直後から口説かれ、頻繁に食事やコンサートに誘われ、真奈美さんは北海道や九州へ出張のお供で付いていったこともあるらしい。一方、里香さんは今乗っているスターレットをその男から格安で譲ってもらったそうだ。

「でも、私たちから金品をねだったことは一度もないんですよ」

稲田は2人にプレゼント攻勢し、頻繁にベッドへ誘ったが、いつも体よくかわされてきたらしい。

「前からおかしいと思ってたんですよ。私のビラなんか滅多に見つからないのに、いつも一番に見つけて報告してくるのが稲田さんだったんですよ」

そう里香さんが言えば、真奈美さんも稲田が犯人ならすべてのつじつまが合うと話す。

「今の勤務先も知ってるし、実家の住所も、妹の嫁ぎ先も、稲田さんには全部話しましたから」

ちょっと待ってくれ。そんなに身近な男がいるなら、なぜ以前に2人が電話で話し合ったとき、稲田の名前が出てこなかったんだ。一番に出てきていいはずだろう。

「そういえば、私があのとき『シロウって知ってる？』って聞いたら、里香さんは知らないって言いましたよね」

「そう。私、彼のこと稲田って苗字しか知らなかったんですよ」

なんてこった。それで名前が漏れてたんだ、この男。

探偵など最初から存在していなかった

「前に稲田さんと栄で待ち合わせしたとき、変な姿を見たことあったんですよ。パーキングメーターの後ろに回って、何かペタペタ貼ってて」

里香さんが言う。が、そのときは気にも留めなかったらしい。

「だって、相談に乗ってもらってるぐらいの人だし。まさかねェ」

相談相手が自分なのだから、被害者の動きは手に取るようにわかる。真奈美さんが元婚約者Oに苦情を言いに行った後、爆発的にビラが増えたのも、相談相手の稲田ならではの演出だったのだろう。

「私たちは稲田さんに、もう1人被害者がいることを何度も話してるんですよ。なのに、稲田さんからは一度も聞いたことがない。そこもおかしいですよね」

そのとおりだ。が、ここで思い出すのは、以前真奈美さんが調査を頼んだという探偵である。なぜ彼は、稲田の存在に気づかなかったのか。

「実はあのとき、知り合いに探偵がいるって言ったの、稲田さんなんですよ」

「え!? じゃあもしかして0の手紙も稲田に渡したんですか」

「はい。私は直接、探偵には会ってませんから」

そうか、わかったぞ。探偵なんて最初からいないのだ。すべて稲田の自作自演だったのだ。

「で、私、今日、響波さんに会ったらそれを渡そうって、ここに来る前、稲田さんと会ったんですよ」

「手紙を返してもらおうって?」

「そう。あと写真も渡してたから、それも。けど、探偵と連絡が付かなかったからって返してもらえなかったんです」

そりゃそうだろう。彼女が渡した0の写真と手紙は今も稲田の手元にあるはずだ。…ん、待てよ。真奈美さんは、稲田にどんな理由で写真と手紙を返してほしいと言ったんだ。まさか、

稲田史郎。写真は真奈美さんが稲田の出張に同行した際に彼女が撮影したもの

取材記者と会うからって言ったんじゃ。

「言いましたよ。今日、取材の人と里香さんに会うって」

「そうですか…」

「マズかった、ですよね」

マズイに決まっている。が、彼女に罪はない。稲田が怪しいなんて、真奈美さんは今の今までこれっぽっちも思っていなかった。私だって稲田の名前を聞いたのは今日が初めてなのだ。

それより問題は、稲田が、自分が疑われ始めたことに気づくかどうかだ。気づけば、途端に行動を止め証拠隠滅を図るだろう。うーん、実に困った状況だ。

「絶対、許せない！　捕まえてほしい」

「じゃあ、その後だ、私のとこに稲田さんが来たの」

里香さんが言う。

「え、どういうこと？」

「ここに来るんで店を出ようと思ったら、ちょうど稲田さんが来て。だから少し遅れたんですよ」

「里香さんも稲田に言った？　今日、私や真奈美さんに会うこと」

「言っちゃいました」

「で、稲田の反応は？」

「あわてて帰っていきましたけど、表情は別に普通だったかな」

よくわかった。稲田が本ボシだ。今日のヤツの行動、彼女らの話を聞いただけでも十分だ。さて、これからどうするか。もし私が取材をかけ、稲田がすべて認めてもう二度とやらない、それなりの謝罪金も出すと言えば、あなたたちは許せるのか。

「そういう問題じゃないですよ。絶対許せない。警察に捕まえてもらわないと」

2人はきっぱり、そう答えた。よっしゃ、ならば稲田を刑事被告人として立件させる方法を考えようじゃないか。

と、そのとき、里香さんの携帯が鳴った。番号を見た彼女が一瞬絶句して真奈美さんに見せる。

「どうしました?」

「稲田さんからです」

「放っときなさいよ。寝てたことにしとけばいいですよ」

稲田からの電話は留守番電話に切り替わるとすぐ切れた。時計は深夜2時を回っている。

「こんな時間に電話してきたことはありますか」

「ありません。初めてです」

気にしているのだ、今日の結果を。自分の名前が出てくることを恐れて電話してきたに違いない。

「いいですか、稲田が割れたことは絶対、気づかれちゃいけない。話し合っても、結局わからなかった。これが今日の答えです。2人とも稲田とはこれまでどおり付き合っていてください。いいですね」

「わかりました」

警察を介入させるにせよ、稲田はしばらく泳がせておいた方がいい。取材も捜査も内偵が鉄則なのだ。稲田にはおそらく名誉毀損罪（3年以下の懲役もしくは50万円以下の罰金）が成立するだろうが、そのためには現行犯逮捕が必要だ。

解散するころ、再び里香さんの携帯が鳴った。また稲田らしい。よっぽど知りたいか今日の結果を。待ってろ、もうすぐ教えてやる。

名誉毀損事件は警察には美味しくない

翌日、親しい愛知県警の幹部に電話をかけ、簡単に事情を話してみた。どう動くのがいいか判断に困ったからだ。

すると、その幹部は現時点で即座に稲田を引っ張ることは難しいと言う。被害者に申告してもらい、救済措置を考え、それからじゃないと令状は取れないらしい。

まず罪状区分を分析する県警本部の住民コーナーに行くべきだとアドバイスを受け、真奈美さんにそのことを伝える。

「わかりました。行きますよ」

「ところで、稲田から連絡はありましたか」

「私から電話をかけました。打ち合わせどおり何もわからなかったって言ったら、ウンウンって安心して聞いてましたよ」

そうか、そりゃよかった。里香さんにも確認してみると、すでに彼女のところへも稲田から電話があり、心配するどころかデートに誘ってきたという。真奈美さんの返事を聞いて安心したのだろう。本当にメデタイ野郎だ。

ところが、ここで問題が発生した。里香さんが住民コーナーに行く決心が固まらないと言うのだ。

「まだ、半信半疑で」

「だって、前会ったとき、絶対許せないって言ったじゃないですか」

「あんな優しい人が犯人だなんて信じられなくて」

しっかりしろよ。アンタだって1年半も苦しんできたんだろ。が、まぁいい。ここは仲間割れしている場合じゃない。とりあえず、住民コーナーには真奈美さん1人で行ってもらおう。私の取材より、今は事件の解決の方が優先なのだ。

翌日、真奈美さんから電話がかかってきた。

「私、頭来ちゃって。これはアンタの被害じゃないって言われたんですよ」

彼女の話によれば、対応した県警本部の人間はこの事件の被害者は真奈美さんではなく、スナック『R』や『S』と主張。いくら説明してもラチが明かず、結局本部を飛び出して、管轄の中署刑事課に乗り込んだという。

「そこでは指紋を取ってあげるからって言われて、一応連絡先を書いて帰ってきました」

「稲田が割れたことは言ったんですか」

「言いましたよ。参考人の欄にも書いてきました。なのに、いかにも面倒臭そうで…」

どういうことか。犯人がまったくわからなかった前回なら話はまだわかる。しかし、こんなものは稲田を泳がせておけば尾行一発でアシがつくだろう。何ゆえ警察はそこまで渋るのか。

どうにも納得できず、私は別に親しくしている刑事に聞いてみた。と、その刑事曰く、名誉毀損罪というのは検挙してもあまり評価につながらず、しかも個人間の話し合いで終わることが多いため、できればやりたくない事案なのだと言う。

「やっぱり現行犯で突き出してくれるのが一番なんだよ。そうなればどうしても動くがな」

まったく警察って組織はどうなってんだ。もうわかった。稲田の尻尾は私が押さえよう。そうするしかないだろう。

午後10時30分過ぎに出かけ、深夜2時30分に戻る意味

稲田史郎。まずはこの男の素性を知らなければならない。私は極秘に身元調査を開始した。

稲田は、愛知県安城市の土地成金の一族で、現在は父親が始めたふとん屋の跡取り。複数のマンションのオーナーでコンビニも経営。早い話が、うだるほど金とヒマがある典型的な二代目ボンボンであることがわかった。

家族は妻に中学生の息子と小学生の娘の3人。ちなみに夫人とは不仲が続いているらしい。念のため、客を装って稲田のふとん屋にも入ってみた。と、中には60才前後の男性、女性従業

員が2人いるだけ。稲田の姿はない。店内は2階建てで広いが、昔ながらの町のふとん屋という感じだ。

ここまでわかったところで、次に稲田の1日の行動を調査することにした。

朝7時30分、稲田の自宅が見える場所に車を停め、ヤツが出てくるのを待つ。

8時45分、夫人が駐車場から車で出ていく。2階の窓のカーテンが少し開き、それを見ているらしい人影が映る。稲田だ。不仲の噂は本当のようだ。

それから30分後の9時15分、稲田がラフな格好で外に出てきた。そのまま駐車場に向かい、ふとん屋のロゴが入ったワゴン車に乗って店に出勤。一応、仕事はしているらしい。

真奈美さんや里香さんの話によると、稲田はいつもグレーのアコードに乗って錦にやってくる

稲田が経営するふとん店

稲田の自宅と、近所の駐車場に停められた愛車アコード

らしい。ということは、ビラ貼りなどの犯行もその車を使って行っているに違いない。が、アコードは駐車場に置かれたままだ。夕方、稲田がワゴン車で戻ってきても、しばらくその車は動かなかった。

午後10時35分、張り込みを続けて15時間。ついに稲田がアコードの前にやってきて、そのまま車に乗り込んだ。

車は西の方へ向かう。尾行するか。いや、今日のところはいい。ここに何時に戻ってくるのか、まずはそのデータを取ろう。

私は稲田の駐車場の前でひたすら待った。が、深夜2時になっても戻らない。やっぱり今日も錦へ行き、嫌がらせのハガキを投函してビラを貼り、ここに戻ってくるのだろうか。

深夜2時30分、ようやく稲田が帰宅。紺のブレザーを車内に脱ぎ捨て、家の中に入っていく。

稲田は次の日も同じような行動を取った。午後10時30分過ぎにアコードに乗り込み、深夜2時30分過ぎに帰宅するのだ。どう考えても、この時間帯にビラを貼ったりハガキを投函しているとしか思えない。

ハガキといえば、稲田が真奈美さんや里香さんに出したものの大半は「名古屋郵便集中局午前8時‐12時」という消印が押されていた。この消印が押されるのは、どの時間帯に投函した郵便物なのだろう。もし、それが午後11時～深夜2時ぐらいなら、稲田がその時間帯に嫌がらせハガキを投函している可能性は高い。

さっそく錦の郵便ポストで実験したところ、次のような結果が出た。最初が投函した時間で、カッコ内が消印である。

▽午前10時↓「午後12時－18時」
▽午後6時↓「午後18時－24時」
▽午後11時↓「午前8時－12時」

稲田が午後10時30分過ぎにアコードに乗り、錦へ行ってポストに投函するとすれば、時間にして11時ごろ。すべてつじつまが合う。

念のため、名古屋郵便集中局に確認すると、この押され方をする消印は、前日の最終集荷が済んで翌日の第一集荷が始まるまでの間に投函されたハガキだけらしい。

よし、それなら今度はその現場を見てやろうじゃないか。

夜の名古屋高速を車で追尾！

6月24日。これまでのデータから午後9時より稲田の自宅近くに車を停め待つこと1時間半。やはり稲田は時間どおり午後10時30分にアコードに乗り、西に向かい動き出した。

国道1号線に出て、名古屋方面に疾走するグレーのアコード。スピードは約１００キロ。私は全神経を集中して車を追った。

国道23号線に乗り、名古屋市南区の星崎インターから名古屋高速へ。高速を降りたのは案の定、栄近くの東別院インターだ。

稲田は信号待ちの間に紺のブレザーを着込んだ。これがヤツの錦へ出勤するときの制服らしい。

稲田のアコードはそのまま栄の松坂屋前まで出て、栄4丁目にある有料駐車場に入った。ここは真奈美さんと里香さんから聞いていた稲田がよく停める4つの駐車場の中の一つだ。

入り口近くで待っていると、茶色の小さなポーチを持った稲田が出てきた。私も車から降り、気付かれないよう跡をつける。これからどこに向かうのか。

稲田は栄4丁目内をこまごま歩き回った後、ローソン女子大小路店の向かいにある郵便ポストの前で立ち止まった。ポーチの中をゴソゴソしている。出すのか、ハガキを。

果たして、稲田は私の見ている前でハガキをポストの中に投函した。やっぱりこいつだったのだ。

稲田はこの後、何事もなかったかのようにその場を去り、栄4丁目にある『L』というパブの中に入っていった。2時間待っても出てこない。よほどご執心なのだろう。

そのうち店の界隈でうろつく私が今度は呼び込みの連中に不審に思われ始めた。仕方ない、今日はこの辺で退散することにしよう。

帰り道、栄から安城までの所要時間を計ってみた。名古屋高速を使い、国道23号線を抜けるのが稲田の自宅まで帰る最短コース。ガラガラの深夜なら、きっかり30分だ。稲田は深夜2時ごろ

6月24日。高速を錦に向かって走る稲田のアコード

まで錦にいて、それから帰ってくるのだろう。よし、今度はビラを貼る現場を見てやるぞ。

バス停前の手すりにビラを貼り付けた！

4日後の6月28日。別件の取材で栄へ行った後、稲田を探して夜の繁華街を歩き回ってみた。時間は午後11時30分過ぎ。通常なら稲田が錦に足を運び、出歩いている時間である。が、やはりそう簡単には見つからない。それならばと前回、稲田が駐車した近くまで行ってみたところ、なんと稲田のアコードがその近くのエンゼルブリッジの下に路駐されている。やっぱり今日も来ていたのだ。

いずれ稲田はここに戻ってくる。私は深夜12時過ぎからアコードの前で待った。が、この日の稲田はよほどご機嫌だったのか、深夜2時30分になっても戻ってこない。

エンゼルブリッジの上から通り行く人々を注意深く見る。紺のブレザーにベージュのズボン。それが稲田のトレードマークだ。

2時50分ごろ、その特徴どおりの男が栄4丁目から出てきた。稲田だ。間違いない。そのまま車の方へ戻ってくるのだろう。と思いきや、まったく逆方向のバスターミナルの方へ向かって歩き出した。どこへ行くんだ。

跡を追ってみると、稲田はバスターミナルの手前でいったん立ち止まった。そして、ゴソゴソと茶色のポーチをあさるとやや腰をかがめ、バス停前の手すりに何かを貼り付けた。

ビラだ！　ついに見たぞ。興奮しながら、稲田が去った後すぐにその場所を確認してみる。

「援助交際ＯＫ。指名してネ！」

真奈美さんの写真付きビラである（下写真）。やっぱり、この男が犯人だったのだ。

稲田は、その後も私に尾けられているとも知らず、道路標識、公園の壁と、手当たり次第にシールを貼っていった。

ホームレスが寝ていてもお構いなし。公園を抜け、道路に戻り、支柱と支柱の間をすり抜けながらそのいずれにも貼るというワザを見せつけ、最後は公園の入り口の壁に５〜６枚のシールを貼り付け帰っていった。

さて、どうやって引導を渡してやろうか。念には念を入れ、親しい愛知県警幹部にレクチャーを求めると、被害者が現場にいて、その場で被害申告してくれるのが最も理想的だという。私が取り押さえて警察に突き出すと、万が一、被害者が申

6月28日。ハガキをポストに投函し平然とその場を立ち去る稲田。左は稲田が貼った直後に撮影した真奈美さんの嫌がらせシール

告しなかった場合、逆に警察が違法な逮捕監禁罪で訴えられる可能性もあるというのだ。いろいろ注文が多いが、仕方ない。きっちり状況を整えてやろう。

かつての常連客を一発で見抜く店長

6月30日。今日こそXデーにしてやる。夕方、私はスナック『S』とスナック『R』、里香さんが働く居酒屋『T』を訪問し、これまでの取材結果から稲田が犯人に間違いないことを報告。各店主から被害申告する意思があることを確認した上で、『S』と『R』の店長には、今晩深夜に現場に呼び出す可能性があることを伝えた。

一つの賭けだが、自信はある。今夜も必ず、稲田はビラを貼りにやってくる。

私は午後10時30分から松坂屋前でグレーのアコードを待った。ナンバーは「三河31－××」。通り過ぎる車のナンバーを凝視し続ける。

午後11時40分、見覚えのあるグレーのアコードが交差点に入ってきた。ウィンカーを出し、失速する車のナンバーは忘れようにも忘れられない番号。稲田だ！　ヤツはやっぱり今日も日課どおりやってきたのだ。

2日前と同じようにエンゼルブリッジの下に路駐。車から出てきた稲田を反対車線から見ていると、いつもの栄4丁目の方角ではなく逆の松坂屋の方、つまり私が立っている方向に歩きだした。面は割れていないとはいえ、向かってこられるとさすがに緊張する。

さて、今日はどう動くのか。信号待ちしている稲田を遠目に観察する。と、稲田はいきなりポーチに手を入れ、すぐそばにあった電柱にビラを貼り付けた。

なんだと、来てすぐに貼るのもアリか。こうしちゃいられない。私は携帯から『S』と『R』の店長に電話を入れた。

「稲田が現れました。すぐ来てください」

稲田を追尾しながら所在地を告げるが、この男、やはり2年間の熟練はハンパじゃない。物凄いスピードでそれは見事にビラを貼っていくのだ。このままじゃ見失いそうだ。

必死になって追いかけるも、松坂屋の前を南進して、栄4丁目に入り、池田公園の近くまで追いかけたところでついに見失ってしまった。マズイ、これから店長が来るというのに…。

仕方なく、前回と同じようにアコードの前で待機。通常なら稲田は午前2時過ぎごろにまたここへ戻ってくるはずだ。稲田の行動パターンを信じて待つしかない。

事情を店長らに話し、その場で待つこと1時間半、『S』の店長から電話がかかってきた。

「店が終わりましたから、すぐそちらへ向かいます」

1時45分、Sの店長が到着。さっそく、車の中で打ち合わせる。

「稲田は栄4丁目の方角から戻ってきます。その後、車に乗り込む前にまた必ずシールを貼るはずですから、そのときに」

6月30日。予想どおり
稲田のアコードはやってきた

と、ここまで言ったとき、「アレ、稲田じゃないですか」と店長が前方を指差した。紺のブレザーにベージュのズボン。かつての常連客の姿を店長は一発で見抜いていた。

「そうです。いきますか」

「いや、視界から消えるのを待ちましょう」

冷静な店長のことばに従い、しばらく様子を見ていると、稲田は案の定、すぐ車に戻らず大通り沿いを南に向かって歩き始めた。

車から降りてその様子を陰から見守る店長と私。と、稲田はポーチに手を入れ、シールを脇の支柱などに貼り始めた。

「見ましたね」

「見ました…」

急いで携帯電話から『R』の店長に電話をかける。

「すぐ来てください！」

当然、「わかった」と返ってくるものだと思っていた。が、彼の答えは「忙しくてね」というノンキなものだった。さすがに私はキレた。

「アンタ、2年間も苦しんできたんだろ。そんなもん放っといて、早く来いよ！」

私の剣幕に圧倒されたのか、「すぐ行く」と『R』の店長。一方、『S』の店長はシールを貼りながら大通りを歩く稲田をジッと睨みつけている。そして、稲田が松坂屋近くまで来たところで「もう捕まえましょう」と前まで出た。

「いや、このまま公園に入って車の前まで戻ってくるはずです」

逃げられるとも思えなかったが、最後まで慎重にいかなければ。

「アンタはもうずっと張られとったんや」

稲田はこちらに気づく様子も見せず、交差点を渡って公園の中に入った。

「私が後ろから追います」

『S』店長と私で挟み撃ちにする作戦だ。いよいよ稲田の最後だ。と、そこへ『R』の店長から電話がかかってきた。

「どこにいる？　矢場町まで来た」

「エンゼルブリッジの下！　もう今、捕まえる。早く！」

稲田を追って、公園の入り口まで向かう。と、そこにはすでに稲田の腕をつかんだ『S』店長が待っていた。私を見る稲田の目は不思議そうでもあり、怯えているようにも見える。

「店長、１１０番して！」

ちょうどそこへ、『R』の店長も走ってきた。稲田を取り囲む3人の男。ヤツは完全に怯えている。

「えらい電話かかってきたわ」

『R』の店長が口火を切った。

「そ、そうですか…」

答える稲田。

「今さら殴って済む問題じゃないからな。きっちりケジメ取ったるわ。ま、覚悟しとけや」

「…わかりました」

逃げる様子はない。観念しているのか、大人しく首を垂れている。

「何でこんなことやったんや」

稲田がまいたビラを見せながら、今度は私が聞く。

「この子らに恨みがあったのか」

「いえ、何も…」

「何もなかったら、こんなことせんやろ」

「すみません…」

真奈美さんや里香さんに聞いていたとおり、実に大人しくて小心な人物だ。

「アンタはもうずっと張られとったんや」

「そうですか…」

「知らんのはアンタだけや」

まもなく愛知県警のパトカーが現場に到着。3人の警官がスナック店長らに事情を聞き、稲田は1人の警官に脇を抱えられパトに乗せられた。気の抜けたような顔で、ポカンと口を開けている。さしずめ、放心状態といったところか。

私はその場から真奈美さんと里香さんに連絡を入れた。

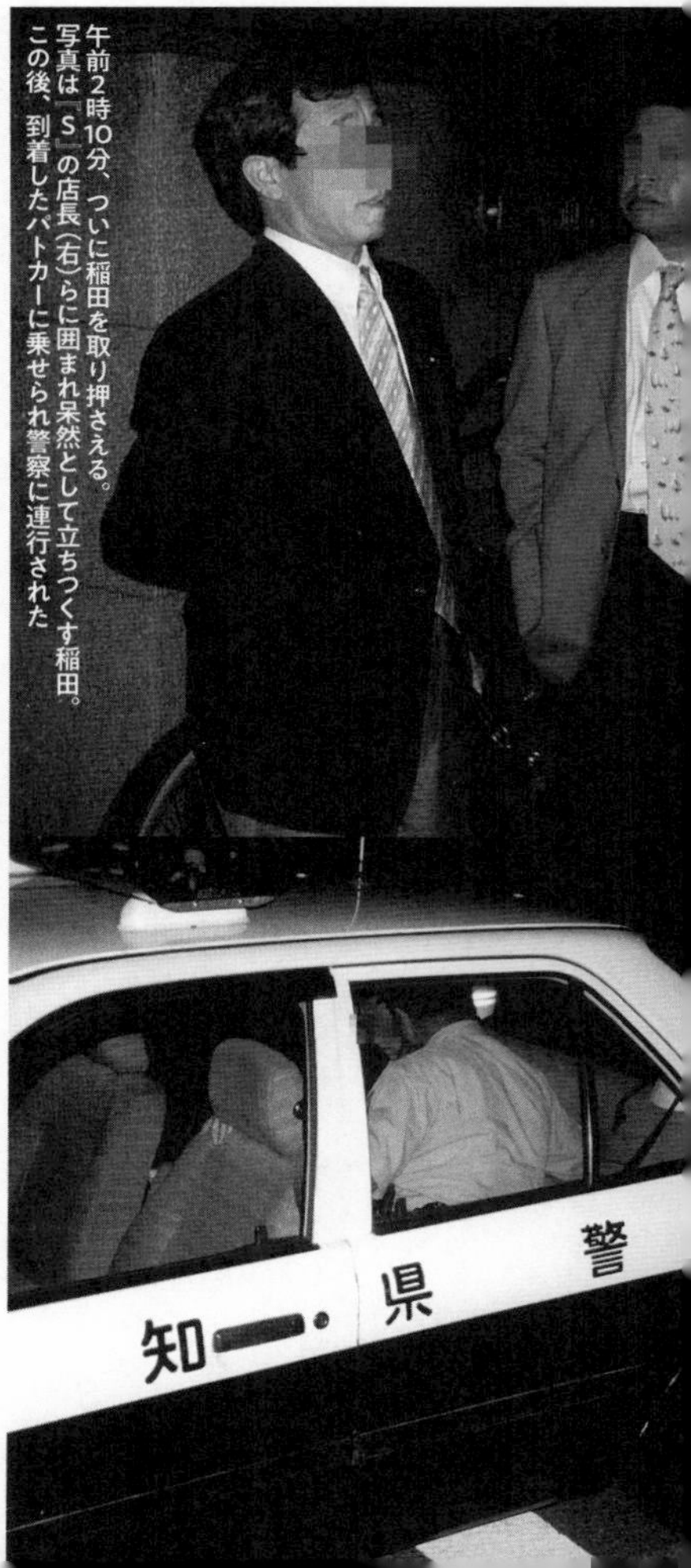

午前2時10分、ついに稲田を取り押さえる。
写真は『S』の店長（右）らに囲まれ呆然として立ちつくす稲田。
この後、到着したパトカーに乗せられ警察に連行された

「ホントに捕まったの！　ウソじゃないよね」（真奈美さん）
「今からそこに行っても間に合いますか。ちょっと離れてるんだけど」（里香さん）
もういいだろう。稲田はすべてを認めているのだ。
99年7月1日、午前2時10分、2年半も嫌がらせを続けた犯人はついに逮捕された。
翌日、『R』と『S』の両店長立ち会いのもとで現場検証が行われた。私も中署に呼ばれた。

「あなたがいなければ、事件は解決できなかった。ご協力に感謝します」

担当の刑事は丁寧に礼を言った。が、私にしてみれば空々しいことばにしか聞こえない。被害者はこれまで何度も警察に助けを求めに行ったのだ。それをけんもほろろに追い返したのは誰なんだ。仕方ないから私がやったのだ。今さらナニ言ってるんだ。

しかも、話を聞けば、中署は「屋外広告物条例違反」で稲田を送検しようとしていた。冗談じゃない。そんなションベン刑では被害者があまりに救われないではないか。

私は改めて事件のあらましから被害規模をきっちり説明した。刑事は「もう一度罪状を練り直す」と言っていたが、果たしてどこまで真剣にやってくれるだろうか。

今思うに、稲田が真奈美さんにも里香さんにも「恨みはない」と言っていたのは本当だったのかもしれない。2人の相談相手でいるには、援交ビラをまき続けるしかなかった。そうすることで2人をつなぎ止められた。そう考えないと、稲田のやってきたことはあまりにバカそのものだ。

稲田が逮捕されて以来、イタズラの通販商品やハガキはピタリと止んでいる。無言電話がかかることもなくなった。やはりすべては稲田の自作自演だったのだ。

稲田よ、今こそこんな心境ではないか。

「今、大変困っています。大至急、弁護士求む！　AM9〜17まで取り調べ中。差し入れして下さいネ。連絡先・中署2F刑事課…」

ビラをまくなら私が手伝おう。シール代別2万5千円でOKだ。

事件から9年たって（2008年当時）

「申し訳ございません‼」

稲田が菓子折りを持って、被害店舗の一つであるスナック『S』に謝罪に訪れたのは逮捕されてから10日後のことである。

「どうしてこんなことをやったのか？」

冷静な店長の言葉に対し、稲田が語った犯行の動機はおよそ次のようなものであったらしい。

「藤井真奈美とは店外で会って、食事したりプレゼントを渡す間柄だった。2人で話しているときは楽しいが、別れて一人になると利用されているような気がして腹が立ってくる。そのあたりのことを確認しようとすると、そっけない態度なので、ますます腹が立ってくる。それで夜一人になると、あのシールを延々と書いてしまい、それがたまってくると、今度は貼りたくて仕方がなくなる。バレたら死ぬつもりだった。真奈美のことが好きでたまらなかった。だけど、迷惑はかけたくないから、店の電話番号を記載することにした」

逮捕後、稲田は自宅の夫人に警察より連絡を取られ、寝耳に水だった夫人は愕然。離婚問題に発展し、自分が経営する寝具店の従業員にも事件が知られることとなり、針のムシロのような生活を余儀なくされたという。

「何でこんなバカなことをしたんだろうと思いながら、一枚ずつビラを剥がして回っています…」

稲田は保釈後、真奈美さん宅にも電話をかけたが、けんもほろろに謝罪を拒否され、事件の後始末は真奈美さんの父親と向き合うことになったという。

「そのうち落ち着いたら、祝杯でもあげましょう！」

事件関係者たちとそういう話をしながら、私はその後、別の案件などに忙殺され、結局、それはかなわないまま現在を迎えている。

風の頼りに聞くと、稲田はその後、罰金刑で済んだものの、スナック『S』に100万円、スナック『R』に160万円、真奈美さんにはそれを超える金額の慰謝料を払ったという。

これと対照的だったのがもう一人の被害者・田村里香さんで、「かかわりたくない」と被害届すら拒否。事実上、泣き寝入りしたのである。

里香さんが勤めていた居酒屋『T』は数年後になくなった。そして、里香さん本人から「ママになりました」というハガキが届いた。

スナック『R』も店長が代わり、スナック『S』の店長だけが、今日も変わらずキンサンで働いている。今も私のブレーンである。

「あれから稲田は1度も来たことがありませんね。真奈美ちゃんも結婚しましたよ。もうここに来ることもないでしょう」

それでいいのだ。もう2度と事件のことも、私のことも思い出すことなく、2人が幸せに過ごしていてくれることを願うばかりだ。

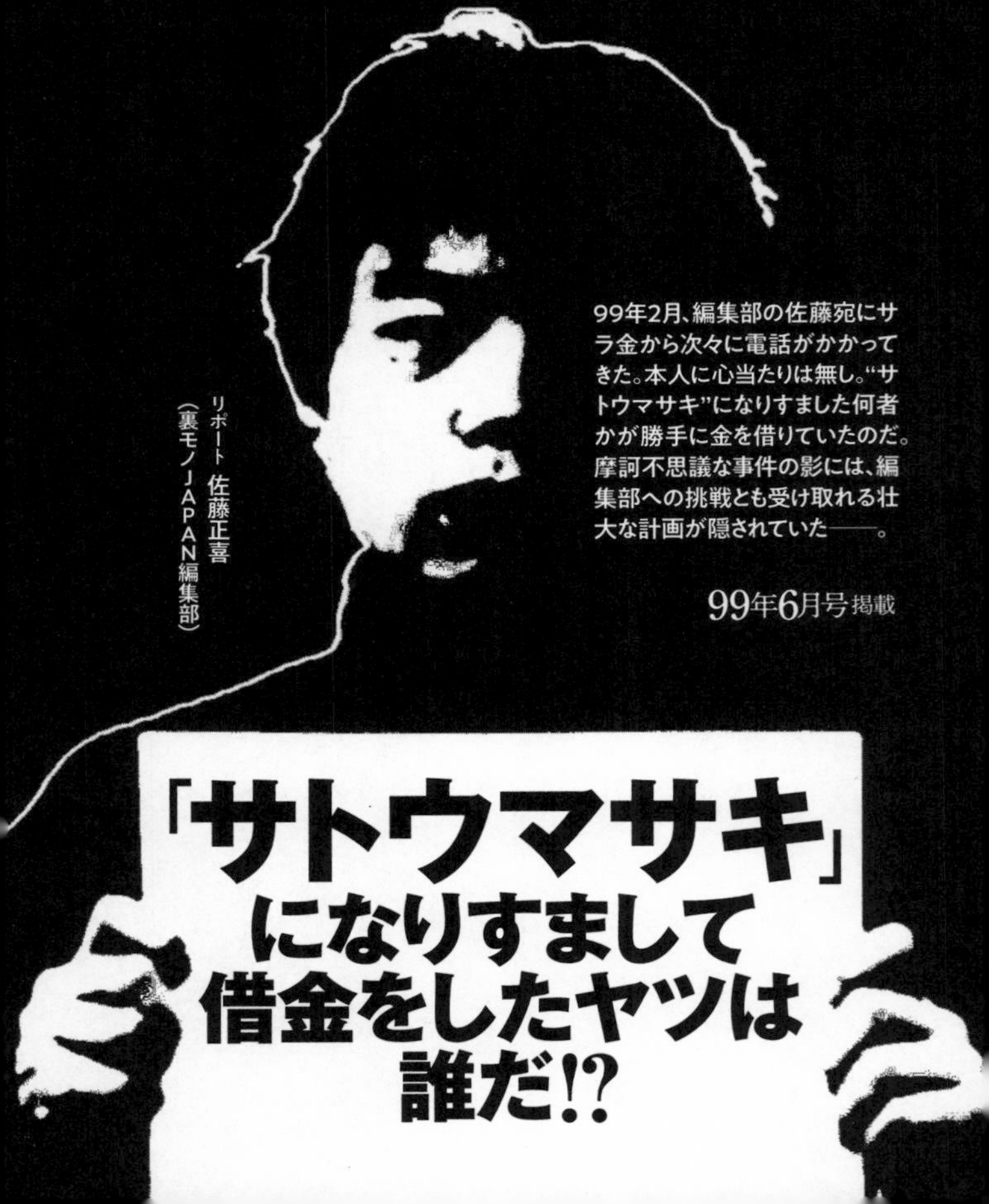

「サトウマサキ」になりすまして借金をしたヤツは誰だ!?

リポート 佐藤正喜（裏モノJAPAN編集部）

99年2月、編集部の佐藤宛にサラ金から次々に電話がかかってきた。本人に心当たりは無し。“サトウマサキ”になりすました何者かが勝手に金を借りていたのだ。摩訶不思議な事件の影には、編集部への挑戦とも受け取れる壮大な計画が隠されていた――。

99年6月号掲載

鉄人社のサトウマサキが借金をしている

99年2月24日。出社間もないボケた頭でフラフラしていると、やけに丁重な口調の女性から電話がかかってきた。

「サトウマサキさんでいらっしゃいますか」

「はいはい、そうですよ」

「こちらはアイフル渋谷東口店と申しますが」

アイフルといえば大手サラ金業者の1つ。いったい何の用や。

電話口の女性は私がサトウマサキだとわかるやいなや、一気にまくしたててきた。

「枠のほうが広がりました。現在40万円のところを…利率のほうもわずかですが…」

「ちょ、ちょっと待ってください」

枠のほうとか利率のほうとか、いったいなんでそんなことを言ってくるんだ。アイフルなんかにおじゃましたことはないですぞ。人違いでしょ。

「鉄人社のサトウマサキさんですよね」

「そうですよ。でもアイフルさんとは契約してませんよ」

混乱した様子の女性は保留ボタンを押し、代わって支店長を名乗る男性が登場した。

「あの、失礼ですが佐藤さんのご住所はどちらで」

「新宿区ですけど」

「そうですか。それじゃ違いますね。こちらは葛飾区堀切になってますから。生年月日は?」

「昭和45年です」

「ああ、違いますね。こちらは49年になってます」

違います違いますと、ひとりで納得する支店長。何を言っとるんですか、あなたは。

彼の説明によれば、私と同姓同名のサトウマサキという男がアイフルから借金しており、申込書の「勤務先」の欄に鉄人社の名前と連絡先が記入されていたとのこと。だが、生年月日がまったく違うことからも、あなた名義での借金ではないから安心してほしいという。

なるほど、ようやくわかった。そのサトウマサキ(以後ニセサトウと呼ぶ)とやらは無職で信用がないため金を借りられなかったわけだ。そこで「裏モノ」の最終ページを見て同じ名前の編集部員がいることを知り、それならば自分が勤めていることにしちゃえと思い立ったと。

契約時には当然アイフルから鉄人社に「サトウマサキさんはいらっしゃいますか」と在籍確認が入るが、あらかじめ電話の1本でも入れて不在を確認してから契約に行けば問題はない。電話に出た者は「佐藤はただいま外出中ですが」と答えるだろう。

ま、鉄人社の名前を使ったおかげでニセサトウも借金できたわけだから、これも人助けのよう

アイフルに出向いたが
ニセサトウの情報は漏らされなかった

なもの。アイフルからの電話は枠が広がったという営業であったことからも、ちゃんと返済しているらしいし、悪気もなさそうだ。

ただ、同じ名前の人間が勤め先として鉄人社を騙っているというのは気持ちのいいものではない。読者の1人であることは確かだろうが、このニセサトウ、いったいどんな男なのか。私はアイフルを訪れ、素性を教えてもらうことにした。

如何なる理由があっても顧客の情報は漏らせない

渋谷といえば若者向けのシャレたお店ばかりと思われがちだが、駅の東口は都内でも有数のサラ金密集地帯である。アイフルもその東口の、サラ金ばかりが入居する雑居ビルのワンフロアに店舗を構えていた。

無機質な匂いのする受付でしばし待っていると、電話で話した支店長が何やら資料のようなものを持って登場し、こちら側から見えないように器用に隠しながら事情の説明を始める。

「こういったことは割とありましてですね」

事実関係のみをとつとつと話す支店長。今後、ご迷惑をおかけすることはありませんのでと、恐縮した様子だ。

まあ、別に私もお堅い勤め人ではないから、会社にサラ金から電話がかかってくるぐらいのことは迷惑でもなんでもない。謝らなくてもいいですから、そのニセサトウの正体を教えてもらえないもんですかね。

「当然、彼は身分証を提出してますよね。住所とか連絡先を教えてほしいんですけど」

「それは、ちょっと…」

「ちょっとって、こういう事態を招いたのは、おたくがしっかり在籍確認をしなかったからでしょ」

「ええ、まあ、しかしですね」

支店長はのらりくらりとかわしてくる。一方、おたくの責任なんだから誠意ある対応を見せようというスタンスを取る私としても、実質的な被害は何も受けていないという弱みがあって、なかなかガツンと言ってやることができず、話は平行線をたどるのみ。

さらに、どんな理由であれ顧客の個人情報を第三者に教えると、近畿財務局（アイフルの本社は京都）のお達しにより営業停止処分を受けてしまうとの事情を聞いたところで、このまま粘ってもムダな気がしてきた。個人情報ってそんなに大事なものなのかよ。しかたない、帰るか。

男の名前がサトウマサキであることははっきりしてるんだし、さらに電話口で支店長がうっかり漏らした現住所（葛飾区堀切、番地は不明）と生年月日（49年10月25日）をメモってある。これだけ情報がありゃ、なんとかなるだろう。

名前から住所を調べるには住民台帳の閲覧しかない

葛飾区堀切に住む24才のサトウマサキ。さて、どうやって探し出そうか。

無職の借金野郎だから、電話帳にはまず載ってないだろう。ならば住民票を取るか。いやいや、住民票ってのは住所がわかっていて初めて取れるもの。順番が逆だ。うーん、どうしたものか。住宅地図にも名前の記載はないしなあ。珍しい名字ならなんとかなるかもしれんが、佐藤姓なんて腐るほどあるし。しかも、この堀切ってのは1丁目から8丁目まであって、やたら広いんだよなこれが。

と、そのときふと名案が浮かんだ。確か役所には区民の名前と住所が記載された「住民台帳」というのがあったは

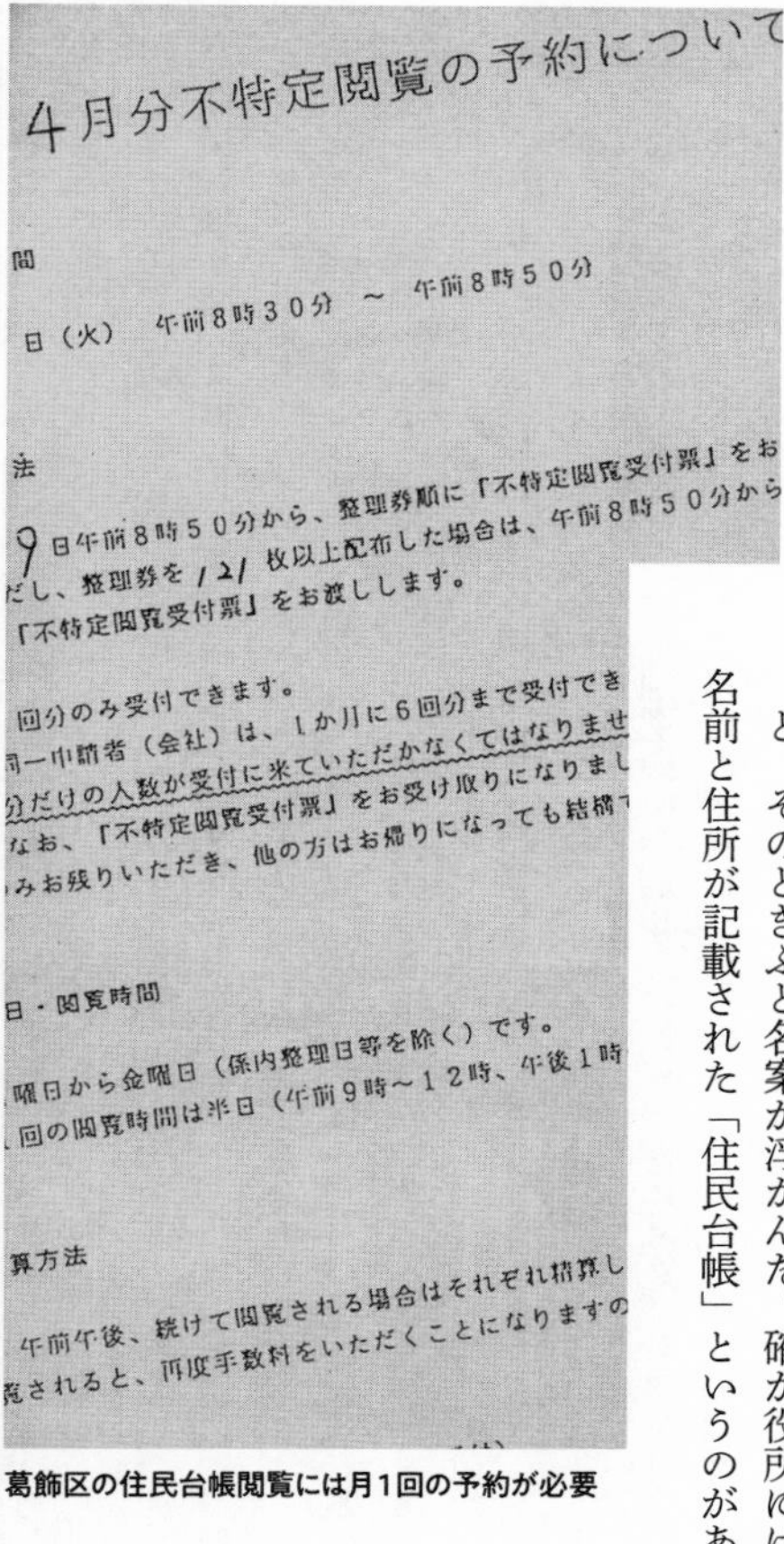
4月分不特定閲覧の予約について
間
日（火） 午前8時30分 ～ 午前8時50分
法
9日午前8時50分から、整理券順に「不特定閲覧受付票」をお
だし、整理券を121枚以上配布した場合は、午前8時50分から
「不特定閲覧受付票」をお渡しします。
回分のみ受付できます。
同一申請者（会社）は、1か月に6回分まで受付でき
分だけの人数が受付に来ていただかなくてはなりませ
なお、「不特定閲覧受付票」をお受け取りになりまし
みお残りいただき、他の方はお帰りになっても結構
日・閲覧時間
曜日から金曜日（係内整理日等を除く）です。
回の閲覧時間は半日（午前9時～12時、午後1時
算方法
午前午後、続けて閲覧される場合はそれぞれ精算し
覧されると、再度手数料をいただくことになりますの

葛飾区の住民台帳閲覧には月1回の予約が必要

ず。こいつをパラパラめくって名前から逆引きしていけば番地が突き止められるじゃないか。いやあ、頭いいねえ。

思い立ったが吉日。いざ葛飾区役所に出向き、つかつかと窓口のおばちゃんの前へ、すみません、住民台帳を見せてもらえますかね。ニセサトウのおかげで困ってるんですよ。いやね、ニセってのはニセモノのことです。つまり私が本物というわけでございまして。

カウンター越しにわかりやすく説明したつもりだったが、おばちゃん曰く、住民台帳の一般閲覧には月に1回の申し込み・抽選を経なければ参加できず、今からなら閲覧日は早くても4月になるとのこと。ちょっとちょっと、なんでそんなに先になるんだよ。こっちはサラ金から電話がかかってきて大変なことになってるんだよ。

しかし、役所の人間が特例など認めるはずもなく、私はすごすごと撤退。後日、嫌がらせとしか思えないほど早い時間帯に行われた抽選会に参加した私は、いかにもダイレクトメール発送業者らしき人々に交じって受付票を入手した。閲覧日は4月の2日。まだまだ先の話だ。まったく役所ってのはこれだから困るんだよな。

ニセサトウの現住所と実家住所が判明

まだかまだかと閲覧日を心待ちにしていた3月の半ば。いつものように会社でフラフラしていたところ、聞き慣れぬ声の男性から電話がかかってきた。

「サトウマサキさんでしょうか」

フルネームで尋ねる独特の手法。おいおい、またサラ金かね。

「こちら渋谷のアースですが、入金のほうが遅れていますので」

アースといえば中堅どころのサラ金。なんだよニセサトウ、他の会社でも鉄人社を騙ったのかよ。

「あの、それね、私じゃないんですよ」

「え？　サトウマサキさんですよね」

「そうなんですけど、おたくの探しているサトウマサキではないわけでして」

アイフルからも同じような電話がかかってきてどうのこうのと事情を説明すると、男はああそうなんですかとようやく納得した。

アースの支店は、先日のアイフル同様渋谷の東口。ただし、アイフルが営業の電話だったのに対し、アースは督促の電話だ。20万円を貸しているが、返金期日になっても入金がないという。ニセサトウもしっかりしてんだかデタラメなんだかわからんやつだ。

アイフルのときのような失敗はするまいと、私はアースの担当者を誘導する形で質問を開始した。

「その人、住所が葛飾区堀切になってるでしょ」

「ええ」

「ちなみに何丁目になってます？」

「8丁目ですね」

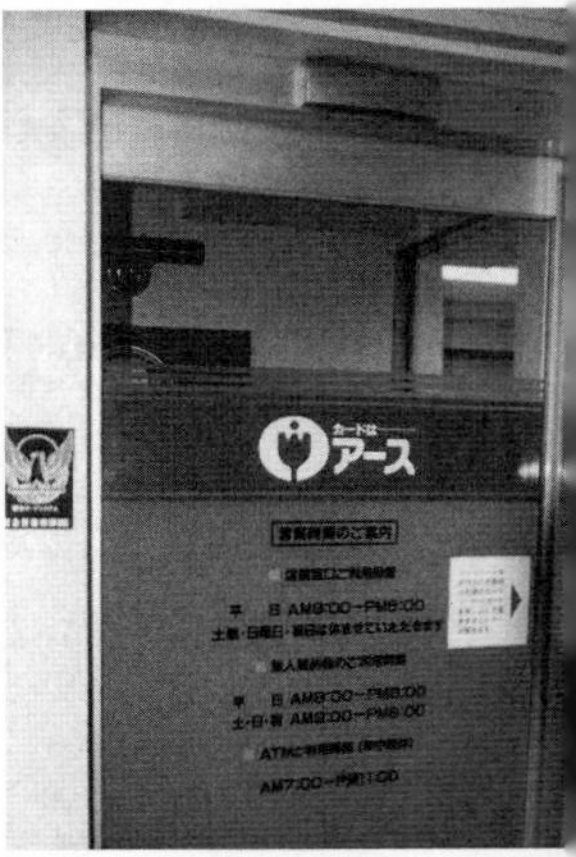

アースはアイフルのすぐ隣。
両者は同日に契約されていた

これまた渋谷東口の富士クレジット。
20万円貸しているという

「でしょ。番地は？」

質問ではなくあくまでも確認のためといった素振りで問いかけると、男はペラペラと情報を漏らし始めた。引っかけておいて言うのもなんだが、アイフルに比べずいぶんガードが甘い。大手と中堅では意識に差があるのだろうか。

結局、さすがに電話番号まではわからなかったが、現住所に加え、横浜市旭区にある実家の住所、さらには両親の名前と生年月日まで聞き出すことに成功した。しめしめ。これで住民台帳を閲覧する手間が省けた。よし、今から家に行ってやろうじゃないの。

と意気込んだ矢先、またしても電話が。

「富士クレジットですが入金が遅れていますので」

またかいな。だからそれは、ニセ者がおりましてですね、そいつがあちこちから借りとるんですよ。

この男、いったい何軒から借りているのか。だいたい、業者も業者だ。どこもかしこもどうして在籍確認をしっかりしていないんだよ。私は怠け者だからたいてい会社の机でボケーッとしてるはず。そんなにしょっちゅう「外出中」ってことにならないはずなのだが。ところが調べてみたところ、アイフルとアースの契約日は1月30日の土曜日、富士クレジットも2月20日の土曜日である。

となれば「土日の休みは死んでも確保」をモットーとする私が出社していた可能性は低く、在籍確認の電話は他の誰かが受けたのであろう。周りに聞くと、そういえば変な電話があったような気もしないでもないなどと言っている。まったく、君たちも鈍感なんだから。

ニセサトウが3社とも土曜日に契約しているのは決して偶然ではなく、在籍確認をスリ抜けるための作戦に違いない。なかなか知恵が回る男だ。

ニセサトウの名はトシノブ？

が、いくら知恵者とはいえ居所がわかればこっちのもの。さあ、どうしてやろう。「フザけんなよ」と怒鳴りつけてシメてやるか。いやいや、そんな不慣れなことはできそうにないし、逆に怒鳴られそうで怖い。「鉄人社の佐藤ですが」と名刺を突然差し出すってのがいいかもな。ククク、どんな顔するだろ。楽しみだな。

ヤクザだったらどうする気だとの周囲の声をよそに、私はニセサトウの現住所、葛飾区堀切8

丁目へ向かった。ヤクザだったらもちろん逃げますよ。

目的地は、最寄り駅から歩いて15分ほどのところにあった。無職の24才が住むような部屋だからどうせオンボロアパートかと思っていたが、意外としっかりした造りのマンションだ。こんな部屋に住む余裕があるなら、ちゃんと金返せってんだ。

ニセサトウの部屋は2階の奥。表札はかかっていない。

ピンポーン、ピンポーン。

2度3度とチャイムを鳴らすも、誰も出ない。おかしいな、無職だったら昼間から部屋でゴロゴロしてワイドショーを見てるのが普通だろう。さては借りた金でパチンコにでも行ったか。

表に回ってベランダ側から部屋を覗くと、昼間だというのにカーテンは閉めきったまま。洗濯物もない。電気メーターが動いているので空き家でないことは確かなのだが。

しかし深夜まで粘ってみても、結局、誰も帰ってこなかった。サラ金への支払いをせずに部屋でうだうだしているのもマズイと考え、実家で身を潜めているのだろうか。うん、その線はあるな。

翌日、ニセサトウの実家、神奈川県横浜市旭区を訪ねることに。

葛飾区堀切、ニセサトウの現住所。
カーテンが閉まり、
人のいる気配はない

横浜から相鉄線に乗って十数分、さらに歩くこと20分。小高い丘を切り開いた住宅街の中に目的の家はあった。表札には「佐藤」の文字。間違いない。

しかし、実家に着いたはいいがどう切り出せばいいものか。実はおたくの息子さんがサラ金から金を借りておりまして。うーん、それはよくないな。できれば家族には内緒にしてあげたいところだ。友人ということにするか。

身なりを整え、チャイムを押す。物音はしない。留守か。窓を見ると雨戸が閉まっている。旅行にでも行ってるのかも。

「すみません、お隣の佐藤さんを訪ねてきたんですけど」

家の前の道路で子供たちと遊んでいた隣の家の奥さんに尋ねてみた。いくらドラ息子を抱える家庭とはいえ近所づきあいぐらいあるだろう。

「奥さんならだいたい6時ごろ帰ってこられますよ」

「あ、そうなんですか。息子さんも、いらっしゃいますよね」

「ええ。今はお仕事で出られてるみたいですけど」

ふふふ、やはりいたか。そいつこそがニセサトウだ。奥さん、ここの息子さんはお仕事で出てるんじゃないんですよ。無職なんですよ。そのくせ他人名義でサラ金から金を借りようとするとんでもない野郎でして。ま、世間体を考慮して近所には勤め人ということになってるんでしょうがね。

などとはもちろん言わず、遠回しに探りを入れてみる。

「息子さんはマサキさんですよね」

「マサキさん？　いえ、確かトシノブ（仮名）さんだったと思いますけど」

「トシノブさん？」

「ええ、私、幼なじみなんで」

おっかしいな。本名はトシノブだけどサラ金にはマサキの読みで申請したのかな。でも、それってどんな漢字なんだ？

「マサ」で始まる名前を電話帳で漁る

隣の奥さんの言葉どおり、6時を少し過ぎたころニセサトウの母親が買い物袋を下げて帰ってきた。息子のだらしなさに比べ、母親のなんと規則正しいことよ。たぶん息子の悪行など何も知らないんだろうな。不憫なものだ。

再び玄関口に向かいチャイムを押す。聞き出すべきは息子の居場所だ。最近こちらに帰ってきているのか。いないのか。いるとすればいつ戻ってくるのか、いないなら連絡先は。

「はーい」

「あの、すいませーん。息子さんはいらっしゃいますか」

「いえ、おりませんが」

「今はどちらに…」

「あの、失礼ですがどちら様ですか」

古い友人なんですがと言葉を濁すと、お母さんはいきなりこう聞いてきた。

「クレジットの方？」

さすがサラ金、もう実家まで取り立てに来ているのか。いきなり家にやってきた不審な男の姿に、お母さんもピンときたみたいだ。

「クレジットの者ではないんですが、実はまあ、その関係でして」

こりゃよろしくない展開かと思っていたら、あらそうですかと、お母さんはすんなり家の中に招き入れコーヒーまで出してくれた。なんでもここ最近、サラ金業者から立て続けに「マサキさん」の居所を尋ねられて困っているのだという。

「でもうちにマサキってのはいないんですよ」

彼女はまだコトの顛末に気づいていないらしい。息子さんは読み方を変えて申し込んだんですよ、お母さん。

「そのトシノブさん今どちらに」

「川崎に住んでますけど。今はたぶん仕事中ですが。電話しましょうか」

川崎？　仕事中？

「あの、トシノブさんってどんな字を書かれます？」

お母さんが書いたのは「俊信」の文字。うーん、これでマサキと読

横浜市の佐藤邸。確かに息子はいたのだが

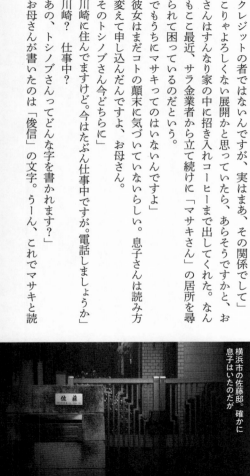

ませるのは無理があるな。

「生年月日は49年の10月ですよね」

「いいえ、45年ですけど」

いったいどういうことだ。別人なのか。勤め先だけでなく、実家の住所までデタラメだったってことだろうか。ニセサトウは適当に佐藤という家の住所を記して…。

確かにサラ金は勤め先の在籍確認はしても、実家の住所までは調べない。せいぜい104で電話番号と姓が合致するかどうかを確認するぐらいだろう。

そこで私は、アースから入手済みの情報をお母さんに確かめてみた。

「ご主人様のお名前は正治（仮名）さんで合ってますか」

「ええ」

「生年月日は19年の…」

「違います。15年です」

「お母さんは敏子（仮名）さんで」

「いいえ」

住所と電話番号、父親の名前までは正確で、生年月日や母親の名前はまるっきりのデタラメ。これは何を意味するのか。佐藤家をよく知る者なら、こんな過ちは犯さないはずだ。

そこまでの情報が入手でき、同時にそこまでの情報しか入手できない情報源といえば…。電話帳だろうか。

見えてきた。ニセサトウは電話帳を調べ、佐藤姓でしかも父親として違和感のないよう、名前が「マサ」で始まる人物を探し出したのだ。幸いにも佐藤姓なんていくらでもある。該当者は簡単に見つかったはずだ。

残された手がかりは本籍のみ

勤務先も実家もデタラメ。しかし、サラ金は身分証を確認するのだからそんないい加減なことにはならないはずなのだが。

その謎は3社目の富士クレジットを訪ねたときに明らかになった。担当者が、ニセサトウが契約の際に提出した免許証と申込用紙のコピーを見せてくれたのだが、勤務先と実家の情報は申込用紙に記入されているだけで、裏付けとなるようなブツは何もないのだ。自己申告なら、その気になれば

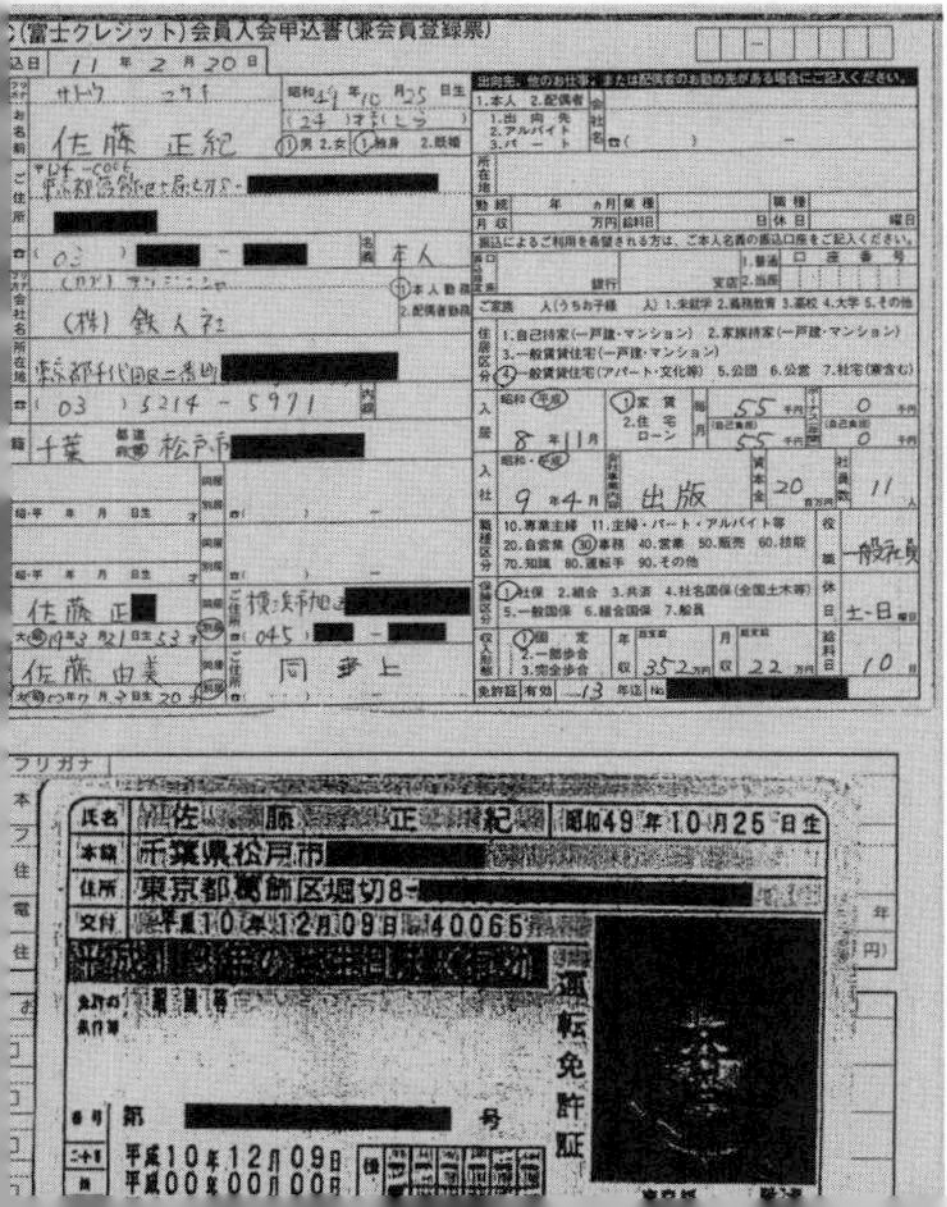
(富士クレジット)会員入会申込書(兼会員登録票)
佐藤 正紀
東京都葛飾区堀切8-[redacted]
(株) 鉄人社
東京都千代田区三崎町[redacted]
03 5214 - 5971
千葉 松戸市[redacted]
出版
一般社員
氏名 佐藤 正紀 昭和49年10月25日生
本籍 千葉県松戸市[redacted]
住所 東京都葛飾区堀切8-[redacted]
交付 平成10年12月09日 40065
運転免許証

ニセサトウの書いた申込書。鉄人社の社員数は11人とある。そんなにいたら楽チンなんだけどな

どうとでもできる。アイフルやアースの場合でも同じことだろう。

ニセサトウが書いた申込書によれば、鉄人社には平成9年の4月に入社し、事務の仕事をしているらしい。さすがに業務内容は「出版」となっているが、社員数や給料日などはまったくのデタラメ。だいたいそんな時期に会社が設立されていなかったことぐらい熱心な裏モノ読者なら知っておいてほしいところだ。ま、熱心じゃないのかもしれんが。

いや、そんなことはどうでもいい。問題となるのは免許証だ。偽造でないかぎり、ここに書かれた情報は確かなはず。追いかけるにあたってこいつは重要な資料となる。

無人契約機のスキャナーで読み込まれた免許証によれば、眼鏡に不精ヒゲの男の名は佐藤正紀。本籍は千葉県の松戸市とある。現住所は申込書と同じ葛飾区堀切だ。ならば、やっぱりあそこに住んでいるのか。

が、富士クレジットの担当者はあきれたような声で言う。

「それが、ずいぶん巧妙なんですよ」

返金がなく勤め先も嘘だと知った富士クレジットもそれなりに追いかけてはいるという。しかし、どうもアテがはずれているらしい。

外堀から埋めようと免許証にある本籍の附票を取り寄せたところ、筆頭者である佐藤裕美（名前は仮名）さんという女性の籍に「正紀」という人物が入っており、佐藤正紀なる人物が実在することは確認できたのだが、現住所に問題があるという。

正紀の住所「葛飾区堀切8丁目」は昨年の11月18日に定められているのに、その3カ月後の今年2月18日に「職権削除」となっているのだ。職権削除とは、いったんは転入届が受理されたが、後々そんなとこには住んでいないことが判明したという意味。

要するにニセサトウは、住んでもいないところに住民票を移し、その後で原付の免許証を取得したことになる。見れば、免許の交付日は12月9日。転居の直後である。

どうやらニセサトウ、本格的にサラ金をパクるつもりだったらしい。文字を書き換えたシールを貼ったりといった技を用いずとも、免許証のこの取得法はまぎれもない偽造じゃないか。

ただ引っかかるのは、ニセサトウがアイフルにはちゃんと返金している点である。なぜアースや富士クレジットと同じようにパクってしまわなかったのだろうか。

それに対しての富士クレジットの見解はこうである。ニセサトウは大手サラ金でこの方法が使えるかどうかを試してから中小業者を狙ったのではないか。与信（審査）の方法も大手のほうが厳しいだろうから、そこを突破できれば中小もなんとかなると考えた彼は、まずアイフルで契約に成功。とりあえず大手業者の持つ情報網や捜査力を恐れて返金し、その後で意気揚々とアース、富士クレジットに向かった

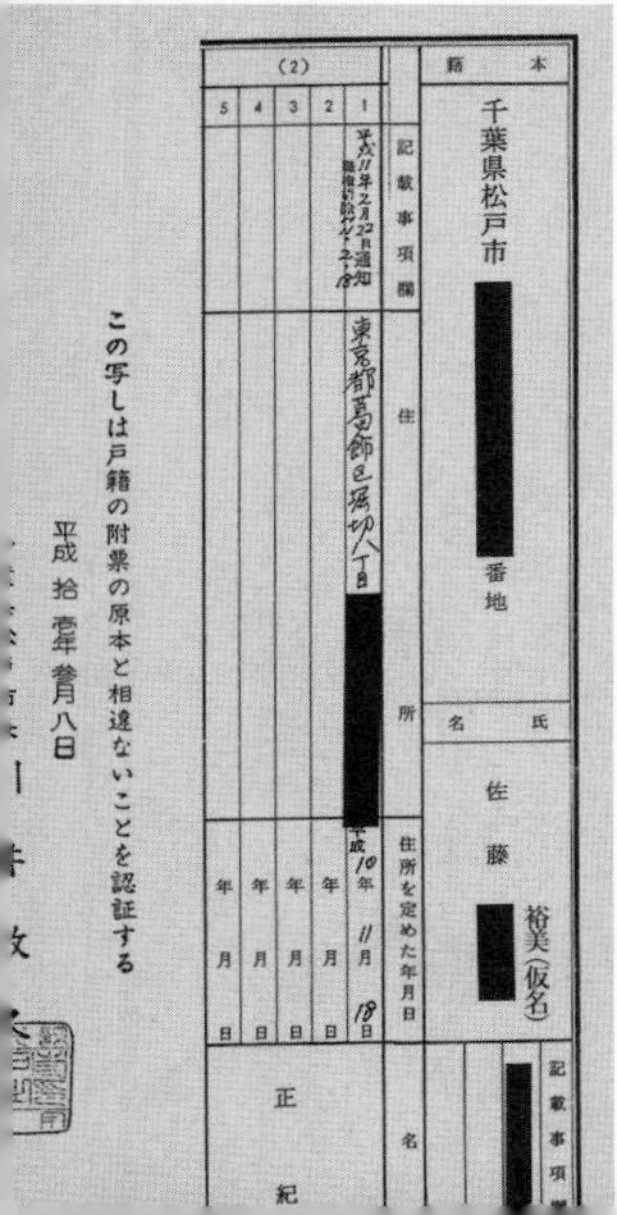
本籍 千葉県松戸市[redacted]番地
氏名 佐藤[redacted]裕美(仮名)
住所 東京都葛飾区堀切八丁目[redacted]
住所を定めた年月日 平成10年11月18日
この写しは戸籍の附票の原本と相違ないことを認証する
平成拾壱年参月八日

富士クレジットが入手した本籍の附票には「職権削除」の文字が見える

のでは。

さすがプロ、読みが深い。と同時にニセサトウの策略にも驚かされる。ここまで用意周到とはまるでプロの仕業である。果たしてこの私に追いつめることができるのだろうか。

「住民票を追いかけても厳しそうですが」

ここまでやるぐらいのヤツだから転居前の住所もその前の住所もおそらく本人とは無関係なのではないかというのが富士クレジットの読みだ。

なるほど、そういうものかもしれんな。となれば残る情報は本籍のみか。

知らない間に婚姻届が出されていた

ニセサトウの本籍地は、千葉県の松戸駅から5分ほどのマンションだった。表札にはしっかり「佐藤」の文字。ニセサトウはともかく、どうやら筆頭者の裕美さんが住んでいることは確かなようだ。

横浜では表札だけですっかり実家だと信じ込んでしまい、まんまとダマされたわけだが、さすがに今度ばかりはアカの他人ということはないだろう。なにせ同じ籍に入った家族なのだ。無関係とは言わせないぞ。

チャイムを押すと、インターホンから女性の声が聞こえてきた。

「あ、佐藤裕美さんでいらっしゃいますか」

「あの、マサキさんはいらっしゃいますか」

「どちら様でしょうか」

「はい」

チェーンでロックされた扉の隙間越しに、ニセサトウの免許証のコピー、本籍の附票を手渡し、これまでの経緯を手短に話すと、彼女は「そうですか」と呟き、中へ招き入れてくれた。このリアクション、やはり彼女は何か知っているのだ。

事情をひと通り聞き終えた彼女は、何か納得したような様子で「それじゃあ、私のほうも順番に話しますね」と、本棚の隅から大きな封筒を取り出した。順番とは何だろう。

裕美さんによれば、まず、3月半ば、自宅に千葉家庭裁判所から通知が届いたという。中をあらためると、佐藤正紀（旧姓、広中正紀。名字は仮名）さんから「婚姻無効」の異議申し立てがあったので出頭してくれとのこと。

なんのことやらわからない彼女が裁判所に出向いたところ、いつの間にか、広中正紀という男性との間で婚姻届が出されていた事実を知らされる。

ということは、その広中という男こそがニセサトウじゃないか。いや、待った。異議申し立てをしてきたのは向こうの方か。

「そうなんです。相手の広中さんという方も、源泉徴収票が戻ってきて気づかれたらしくて」

なんと、この婚姻届は裕美さんも広中氏も知らない間に出されていたのだそうだ。果たしてそんなことが可能なのか。

信じ難いことだが、現状の役所のシステムでは決して不可能ではない。今回の場合、婚姻届の提出には、新たに佐藤籍に加わる広中正紀氏の戸籍謄本が必要となるが、広中氏の本籍地である東京都北区では、戸籍謄本を取る際に身分証明書の提示を求められない。三文判さえあれば他人でも簡単に入手できてしまうわけだ。同様に、婚姻届を受理する側の千葉県松戸市のほうも本人確認をしないため、赤の他人が本人のフリをして何食わぬ顔で届け出れば簡単に通ってしまう。

つまりニセサトウは、東京都北区に住む広中正紀さんと、千葉県松戸市に住む佐藤裕美さんを書類上で結婚させ、佐藤正紀という架空の人物を作り上げ、その男になりすまして免許証を取得したのだ。入籍は11月の末、免許交付日の直前だ。

これで今までの推理はすべてくつがえされ

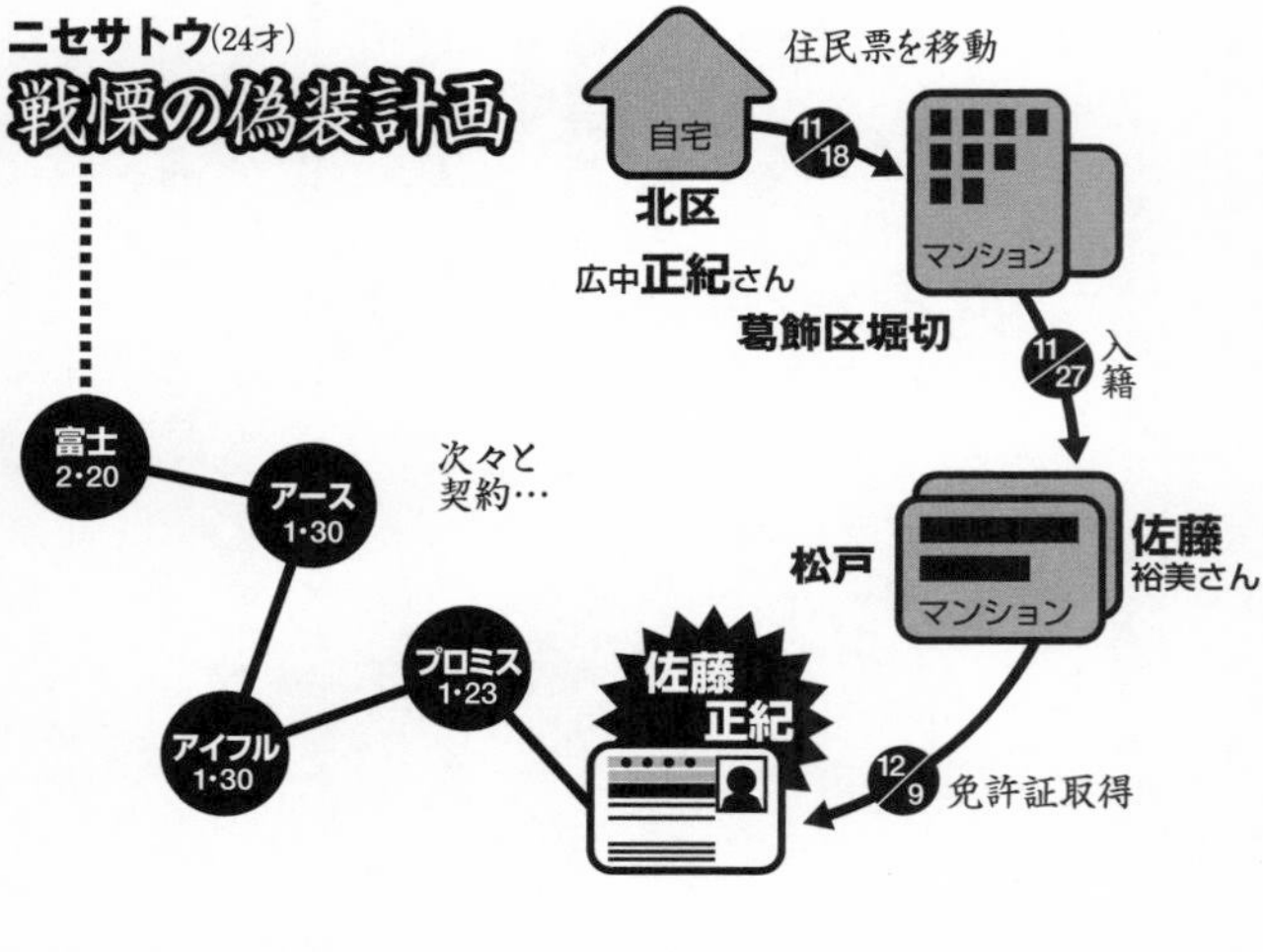

ることになった。てっきり私は、まずサトウマサキという人間がいて、その男が勤務先として鉄人社を騙ったものとばかり思っていたが、どうやら順序は逆のようだ。

ニセサトウはまず私をターゲットとすることを決めたのである。そしてその氏名を作るために、佐藤姓の女性と、マサキという名の男性を見つけ出し、書類上の結婚を成立させたのだ。

それにしてもなぜ、仮に私への恨みがあってサトウマサキの名になって借金をしようとも、債務を背負わせることにはならないことぐらい、ここまで徹底しているニセサトウが知らないはずがない。いったい意図はどこにある。

ひょっとしてこれは編集部に対するニセサトウの挑戦なのではないだろうか。裏モノ編集部のこと、サラ金各社から連絡が入れば必ず動き出すはず。捕まえられるなら捕まえてみろってなもんだろう。いったいなんて野郎なんだ。

同じ時期に別の男性が北区から葛飾区に

裕美さんの書類上の結婚相手であり、ニセサトウが当人になりすましている人物、広中正紀氏。自ら婚姻無効を申し立てているぐらいだから、彼もまた被害者の1人であることは明白である。

自宅のご両親に事情を伝え電話番号を残しておくと、すぐに本人からリターンがあった。仕事の合間になら会えるとのことだ。

翌日の午後、品川駅。仕事を抜け出してきたスーツ姿の広中氏は言う。

「役所のいい加減さが腹立つんですよね」

そりゃそうだろう。いつのまにか住民票が移され、さらに見ず知らずの女性と入籍を済ませたことになっているのだから。しかも、それが第三者による虚偽申請だと判明したところで「戸籍の汚れ」は取り返しがつかないのだ。

「この男に見覚えはありますか」

広中氏にニセサトウの免許証のコピーを見てもらったが、やはりピンと来ないらしい。彼も「正紀」という名前を持っていただけの理由でターゲットにされてしまったのだろう。

裕美さんも広中氏も知らない男、ニセサトウ。ならば役所の人間はこの顔を覚えているだろうか。

広中氏と共に北区役所へ向かった私は、氏の住民票移動の事務処理を担当した人間の記憶に懸けることにした。なにか手がかりになるようなものは残されていないのか。

が、せっかく訪れた区役所の住民課も、さすがに1日何十人何百人とやってくる人間の顔までは覚えておらず、まして3カ月も前のことなど皆目見当つかないといった様子だ。せっかくだが、成果はなし。

とそこで、住民課の女性が奇妙なことを言う。広中氏が住民票を移されたちょうど1週間後に、別の大村という名の男性の住民票も、他人の手によって北区から葛飾区に移されていることが発覚したというのだ。さらに意味深にも、その男性と広中氏は同じ高校・大学の卒業生なのだという。

「そのときの申請用紙を見せてもらえますか」

住民票の移動申請の筆跡は、広中氏大村氏共に同じものだった。同一人物の仕業である。さらにその文字は、件の婚姻届、富士クレジットの申込用紙の筆跡とも同じ。ニセサトウは単独ですべての犯行を行っているらしい。

卒業生名簿を利用し、北区に住む男性の住所を葛飾区に移すニセサトウ。同じ手口で2人も被害に遭っているとなれば、北区、葛飾区という土地に何か意味があるのか。それとも追手を愚弄するための陽動作戦なのか。

追いかけても追いかけても、わかるのは断片的な事柄のみ。それらを結びつける線はまったく見えてこない。

やはり証人も無関係。ニセサトウの正体は？

その夜、事実上最後となる参考人、婚姻届に証人として名前を連ねていた高原氏と村岡氏の2人のお宅にお邪魔することにした。

足がつかないよう、まったく接点のない人間ばかりを登場させてきたニセサトウのこと、ここに知人友人を持ってくるとは到底思えないが、ひょっとすればひょっとするかもという思い

住民票移動の際に書かれたもの。
173ページの申込書の筆跡と同じ

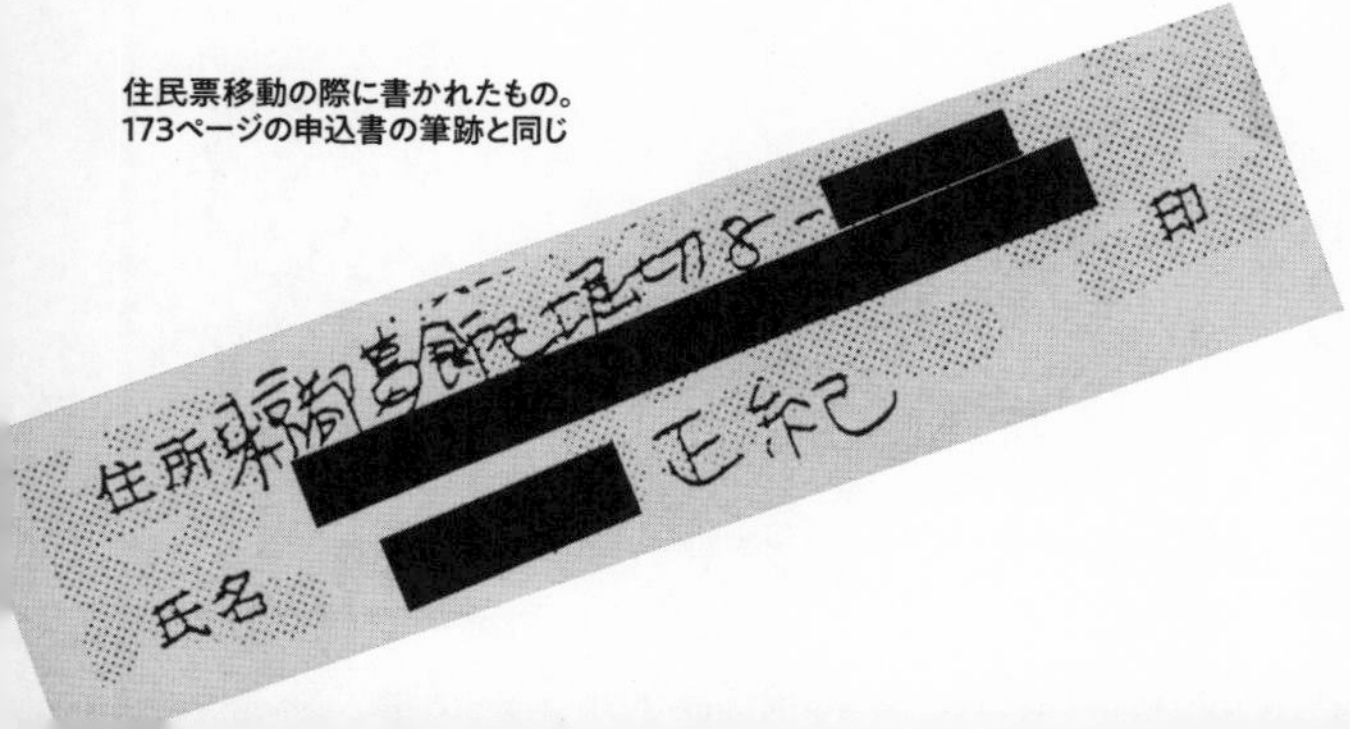

からだ。

高原氏はあいにく不在だったが、村岡氏は夜も遅い中、ゆっくり話に付き合ってくれた。

証人の欄に書かれている氏名と生年月日、住所、本籍、いずれも正確なものらしい。しかし、案の定ニセサトウの写真には見覚えがなく、高原氏の名前も聞いたことがないとのこと。

やっぱり、この2人もランダムに選ばれただけのことだったか。ふう、なんだか疲れてきたな。


追いかける手がかりを失った私は、いつもの編集業務に舞い戻った。おそらくや、またいつかどこかのサラ金から電話があることだろう。

もし、その電話が営業や督促ではなく、契約時の在籍確認ならしめたもの。審査時間を延ばして契約機の中にニセサトウを閉じこめておいてもらい、その隙に現地へ向かって御用と相成る寸法だ。

しかし土曜出勤までしてチャンスを伺うも思惑どおりにはなかなかいかず、次にかかってきたのも督促電話。今度はプロミスだ。当初はこまめに入金があったのに、ここにきてストップしたらしい。

ほう、そういうこともあるんだ。てことはアイフルも今ごろは借り逃げされてんじゃないのと思って確認してみたら、しっかり40万円をパクられていた。最初の入金は捜査力を恐れていたのでもなんでもなく、単なるカムフラージュだったたってわけだ。

後日プロミスの支店を訪れ、防犯カメラに残った契約時のビデオテープを見た。そこには黒いボディと白い袖のスタジアムジャンパーを着た男の堂々とした後ろ姿が映っている。くそー、誰なんだよ、お前は。

息子が交通事故に遭った。大したケガではない。普通なら1カ月もすれば頭の片隅から消えてしまうような事故だ。しかしその小さな事故によって、父親はいつのまにか犯人捜しをせざるを得なくなり、挙句の果ては、管轄の警察署全体をも揺るがすことになる。警官でもない人間が、なぜ犯人捜しに奔走するハメになったのか。被害者の父親が事の顛末を明らかにする。

00年12月号 掲載

リポート 吉川隆二
（仮名 37才 自営業）

横須賀警察署は なぜ事件を 隠そうとしたか

息子をひき逃げした犯人を追え!

「あんたたちの子供がワルイんですよ」

全ては1本の電話から始まった。

「あのね、い、いま警察から電話があって、大輔（仮名）が車にひかれて病院にいるんだって。お父さん、早く来て！」

平成10年5月13日午後3時半、私がいつものように神奈川県横須賀市内の事務所で仕事をしていると、妻が慌てた声で電話をかけてきた。

「どんな様子なんだ！」

「まだわからない。とにかくすぐ来て！」

「わかった」

大急ぎで車を走らせ息子が運び込まれた共済病院に向かうと、待合室に、妻が心配した様子で立っていた。その他にも祖父母、学校の担任の先生。なぜか息子の友人の父母と祖母の姿もある。

診察室では、手足を擦りむいた7才の息子が、ゼイゼイ咳き込んでいた。どうやら命に別状はないらしい。

「大丈夫か」

「うん」

「でも、なんでこんなことになったんだ」

「…あのね」

息子によると、事故はこんな感じで起きたという。

学校が終わった後、友達4、5人と公園で遊んでいた息子は、自転車で別の遊び場所へ向かおうとしていた。後部座席には友達が乗っている。2人乗りだ。

前を走る自転車を追って、幅5メートルほどの狭い十字路に差しかかる。そのときだ。右側から1台の乗用車が突っ込んできた。

『ガチャーン！』

息子は、1メートル半もフッ飛ばされ腹ばいに落下。後ろに乗っていた友達も電柱に後頭部を強打したらしい。

状況を聞くに、息子にも非はあるが、悪いのはどう考えてもドライバー。十字路では子供の飛び出しがないか、万全の注意をして当然だろう。

しかし、病院に息子をひいた運転手の姿はなく、代わりに助手席に座っていたという〈山田（仮名）〉と名乗る50代半ばの中年女性がいた。そしてこの女が、トンデモナイことを言い出したのである。

「あんたたちの子供がワルイんですよ。一時停止もしないで車の前に飛び込んできて。迷惑を被ったのはこっちなんですからね」

妻、祖父母、学校の担任ともババアの勢いに負け、いいように丸め込まれている様子だ。そこにつけ込み、ババアがさらに責め立てる。私は完全にキレた。

「おい！ さっきから、その言い方はなんだ！」

「なによ、あんた」

「どっちが悪いか、はっきりさせようじゃないか」

と、そのとき、

「いい加減にしないか」

突然、警官が我々の間に割って入った。

「なんだよ！」

「いいから、こっち来い」

押し問答の末、その場はどうにかおとなしくしたものの、怒りはなかなかおさまらない。

が、その興奮状態の中でも、私は山田にしっかり連絡先を書かせるのを忘れなかった。住所、会社名、会社の電話番号、携帯番号。もちろん息子をひいた男の名前も。男は〈永井信昭（仮名）〉というらしい。

「どういう関係なんだ？」

「うちの会社の社員よ」

「どうして、ここにいないんだ。なぜ？」

「あ、その……今はちょっと出かけてて」

なんで人を2人もひいた男が出かけてるんだ。フザけんなよ。…まあいい。名前も連絡先も押さえている。トンズラされることはあるまい。

息子は肋骨に小さなヒビが無数に入ったものの、入院の必要はなし。その日、私たちはひとまず帰宅することにした。

なぜ電話1本かけてこないのか

翌朝、私と息子は横須賀警察署へ出かけた。事情聴取のためだ。

「あ、待ってました。お父さんはそちらへ。まず息子さんの話を聞きますから。お父さんは黙っててくださいね」

対応してくれた2人の警官のうち1人は、昨日、病院で私を制した桜田（仮名）巡査部長である。

「じゃあ、大輔君、事故に遭ったときのことを最初から教えてくれるかな？」

こうして始まった息子の事情聴取だが、途中からどうにも雲行きがあやしくなった。

「一時停止しなかったからこういう事故が起こったんだよ」

「2人乗りだとね、スピードだって出ちゃうんだよ。それにハンドルも重たくなって、自由に動かせなくなるだろ。悪いのは僕ちゃんなんだよ」

大の大人2人が小学校2年生の息子を次々と責め立てる。ヒドすぎる！　と怒りが湧き上がって

事故は横須賀市安浦町の十字路で発生した。その状況は報告書に詳しい。

きたそのとき、息子がいきなり形相を変えて立ち上がった。

「てめぇよ！　2人乗りでこいでみろよ。重たくって死にそうだよ。スピード出てるっていったって、上り坂だからほとんど止まってるみたいなもんだったんだよ。向こうが止まってくれると思ったのに、いきなり突っ込んできてよ。本当に死ぬかと思ったんだからな！　パパ、もう帰ろうぜ！」

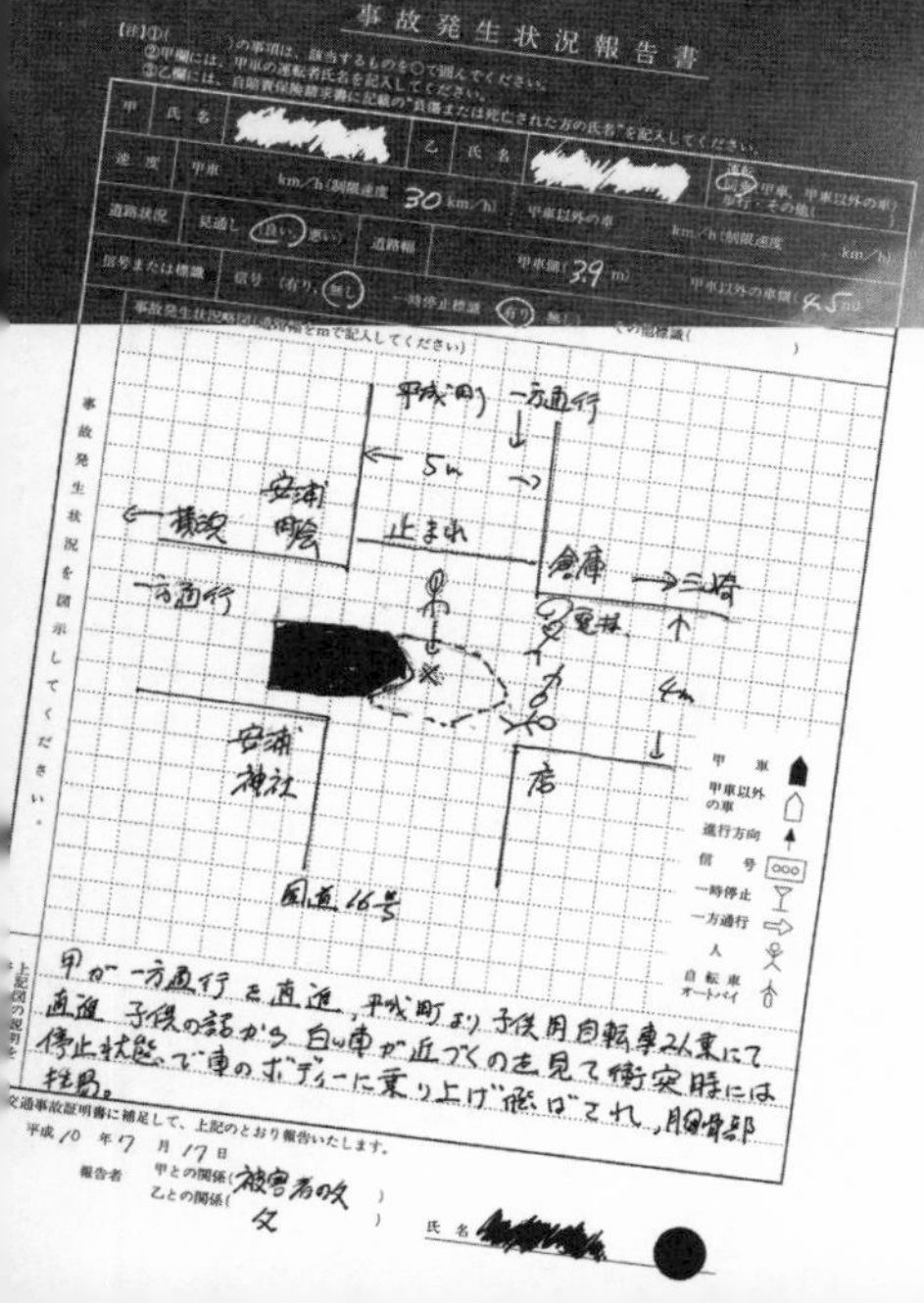

事故発生状況報告書

【注】①（　）の事項は、該当するものを○で囲んでください。
②甲欄には、甲車の運転者氏名を記入してください。
③乙欄には、自賠責保険請求書に記載の"負傷または死亡された方の氏名"を記入してください。

甲　氏名	[redacted]	乙　氏名	[redacted]	甲車、甲車以外の車、歩行・その他（　）
速度	甲車　km／h（制限速度 30 km／h）	甲車以外の車　km／h（制限速度　km／h）		
道路状況	見通し（良い、悪い）	道路幅	甲車線（3.9 m）	甲車以外の車線（4.5 m）
信号または標識	信号（有り、無し）	一時停止標識（有り、無し）	その他標識（　）	

事故発生状況略図（道路幅をmで記入してください）

事故発生状況を図示してください。

上記図の説明を

甲が一方通行を直進、平成町より子供用自転車2人乗りにて直進　子供の話から白い車が近づくのを見て停止状態で車のボディーに乗り上げ飛ばされ、胸骨部打撲。

交通事故証明書に補足して、上記のとおり報告いたします。

平成10年7月17日

報告者　甲との関係（被害者の父）
乙との関係（父）

氏名 [redacted]

「わ、わかった。ま、ちょっと落ち着きなさい」

興奮する息子をなだめた後、私は桜田巡査部長に聞いてみた。

「ところで、息子をひいた『永井』という男からまだ連絡がこないんですよ。どうしたらいいんですかね」

「あ、そう。じゃあ、永井の住所と連絡先、車のナンバーを書いておくから」

渡されたメモを見ると、なぜか住所と電話番号が山田からもらったものと違う。

「どういうことですか、コレ。どっちが正しいんです?」

「こっちだよ、警察が書いた方に決まってるだろ」

「わかりました」

結局、その日は永井からも山田からも連絡はなかった。なぜ電話1本かけてこないんだ?いよいよしびれを切らした私は、翌朝、山田のメモにあった『川崎工業(仮名)』という会社に電話をかけてみた。しかし…

『現在、お客様の都合により通話できません』

続いて、警察からもらった同じ川崎工業の番号へ電話。と、こちらはすぐに相手が。

「永井さんはいますか?」

「永井?そんな人ウチにはいないよ」

従業員らしき男が答える。

「じゃあ、山田さんはいます?」

「社長なら今出てるよ」

「社長？　えーっと、社長さんってあの女性の方ですか」

「あんた何言ってんの。ウチの社長は男だよ」

どういうことだ？　山田って女は『川崎工業』の社長夫人ってことか。

犯人の事情聴取も行われていない！

とにかく、永井も山田も会社にはいない。となれば山田のメモに記されていた携帯の方に電話するしかない。

「永井？　知らねぇよ。間違い電話じゃないの」

電話に出たのは、生意気な口をきく若い男性だった。

「じゃあ、山田さんは？」

「オレは息子だからわかんないよ。お前、誰だよ」

息子？　なんで山田のババアは自分の息子の携帯番号を教えたんだ。まったく、フザけた女だ。

それにしても、警察から教えてもらった電話番号と山田のメモにあった番号がなぜ違うのか。

そして、川崎工業の従業員、山田の息子とも、なぜ「永井」という人物を知らないのか。どうにも納得がいかない。

電話を切った後、私は再び横須賀警察署に足を運んだ。

「…というわけで、全然連絡が取れないんですよ。保険のこともあるし、困るんですよね。どうしたらいいんですか」

「じゃあ、私が代わりに話を聞いてきてあげるから」

桜田巡査部長が涼しい顔で言う。

「オレに任せてくれていいから。昨日も永井と会ってきたしな」

「え！　あ、そうなんですか。でもなんで永井はウチに連絡してこないんですかね」

「う〜ん」

「もちろん、事情聴取もしたんですよね？」

「いや、それが実はまだしてないんだ」

していない？　いったいどういうことだ。交通事故が起これば、その場で現場検証をして、加害者を事情聴取するのは当たり前だろう。

「いや、なんか向こうが忙しいみたいだったから…」

おいおい。こっちはてっきり事故当日に済んでるものだと思っていたのに。それを向こうが忙しいからだと。

「大丈夫だよ。ほら、ここに永井の免許証のコピーがあるから」

50代半ばのヤクザ風が写っている。これが永井か。

「そう。心配しなくても平気だよ。じゃあ、こっちからまた連絡するから」

せきたてられるように家に戻されたものの、それから何日たっても警察からの連絡はなかった。

マジメに動く気はあるんだろうか。不安になった私が、改めて署を訪ねてみると…。

「ゴメン、今、調査中だから」

「調査中って、どういうことですか？」

「いやあ、悪い悪い、もうちょっと待ってくれ」

…ヒドイ。ヒドすぎる。あまりに不誠実すぎやしないか。もうこうなったら、自分で調べてやる。一方的に悪者扱いされた息子に報いるためにも、徹底的にやってやろうじゃないか。

仕事柄、私には検察や新聞社にも知り合いがいる。彼らを頼れば何とかなるかもしれない。

存在しない車が息子をひいた!?

まず私は、すでに5万近くもかかっている息子の治療費をどうにかしようと考えた。本来なら、永井の強制保険（ドライバーは全員加入させられる）により、その費用は支払われるはず。が、永井と連絡一つ取れない状態では、それもとうてい期待できない。やはり自分で動くしかないのだ。

さっそく、私は横浜市二俣川にある安全協会へ出向いた。ここで事故証明をもらい、そこに記されているはずの保険会社（併せて、強制保険の番号も記されている）へ連絡、所定の手続きを踏めば、保険が下りるはずだ。しかし…。

「保険の欄が空欄なので出せませんね」

「空欄って？」

「はい。ですからこの事故証明を発行しても、保険は下りないんです。紙切れ同然というか…。とにかく不完全な事故証明を出すわけにはいかないんです」

「どうして空欄なんです？」

「いや、そう言われましても」

「とにかく出してください。紙切れ同然でもいいから。オタクらは出す義務があるはずでしょ！」

「…お待ちください」

　しぶしぶ安全協会が発行した事故証明を見ると、確かに保険会社名、保険番号ともに空欄になっていた。どういうことなんだ。

　が、おかしいことはそれだけじゃない。事故翌日、私が警察からもらったメモに書かれた車のナンバーと、事故証明のそれが異なるのだ。

　保険会社は書かれていない。車のナンバーは食い違う。調べれば調べるほど謎だらけだ。

　翌日、とりあえず事故証明の件だけは報告しておこうと、署に桜田氏を訪ねる。

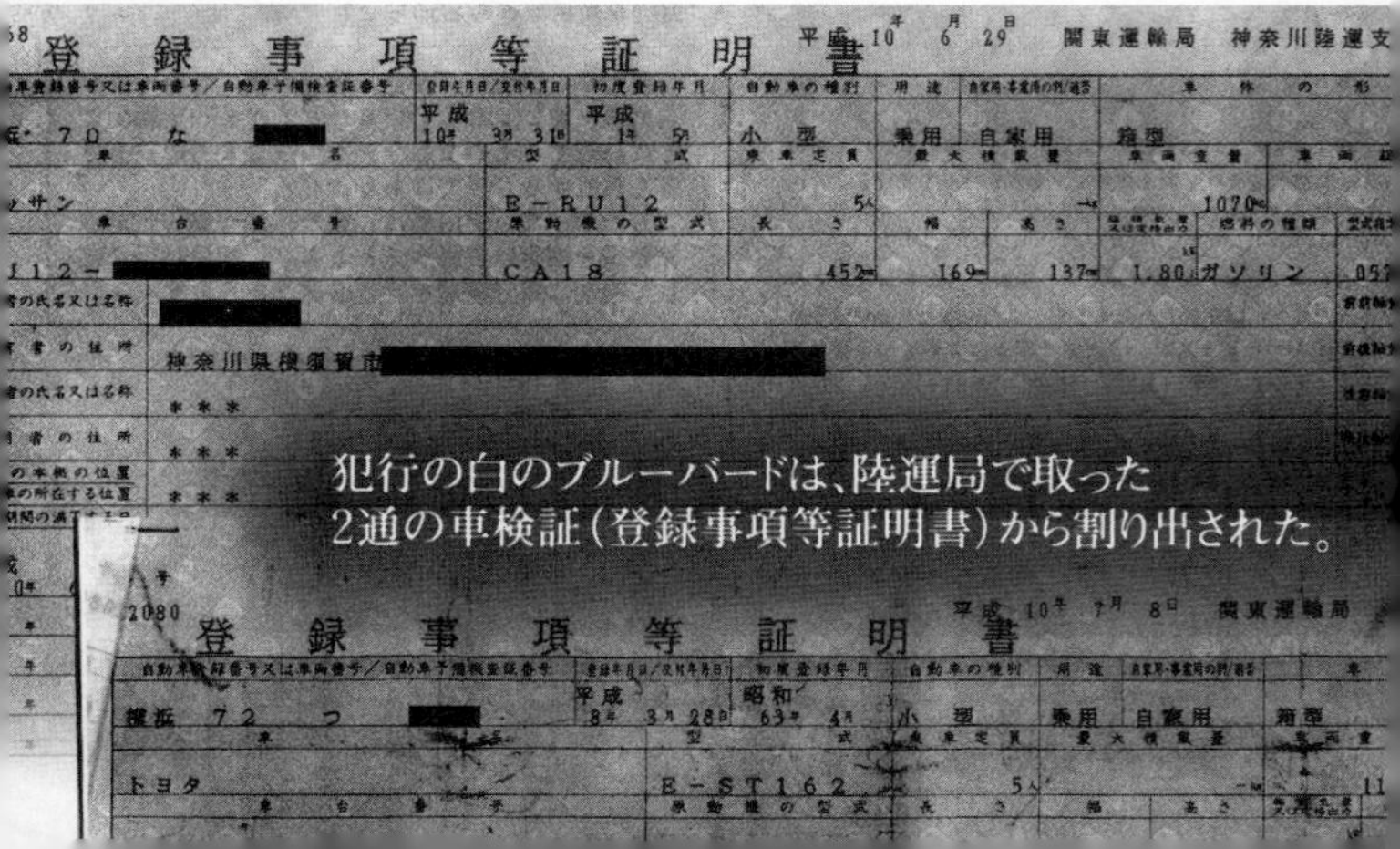

犯行の白のブルーバードは、陸運局で取った2通の車検証（登録事項等証明書）から割り出された。

「保険の欄が空欄になっていたんですよ。どうしたらいいんでしょう？」

「う〜ん、そうだな。治療費はどれくらいかかってるの？」

「5万円くらいですけど」

「5万か。それなら私が立て替えてやるよ」

は？　そういう問題じゃないだろう。

「ご厚意は有り難いんですけど…。でも私は、永井に払ってもらいたいんですよ。いや、それより何より、永井に謝ってほしいんだ。だって永井は一度も家に顔を見せないんですよ」

「じゃあ、こうしよう。私が永井のところに行ってお金もらってきてあげるから」

「行ってくれるんですか？」

「ああ」

「お願いしますよ」

ナンバーの食い違いの件は黙っていた。私の中に警察署への不審感がどうしようもなく高まってきており、とても話す気になれなかったのだ。

さて、次はどうするか。そうだ、車検証だ。みなさんもご存知のように、どんな車でも車検証がないと公道は走れない。この車検証が手に入れれば、車の所有者・住所を特定できるのだ。

さっそく行政書士に頼み、警察のメモに書かれたナンバーの車検証、及び事故証明のナンバーの車検証を取ってきてもらう（車検証を取るには行政書士の資格が必要）。

まず警察署が書いたナンバーの車検証。名前はなぜか「永井」ではなく「藤村」だった。有効期限は平成9年4月18日。1年以上も前に廃車になっている。この車は違う。

じゃあ、事故証明の方はどうだ。見れば、こちらの有効期限は平成10年6月16日と、期限内である。車種は白のブルーバード。この車が息子をひいたに違いない。

ところが、車の所有者の名前は「永井」ではなく「岡村」。さらには、備考欄に「16条抹消済」と記されていた。

「16条抹消」とは、他人に譲渡してもいけないし、中古車として売ってもいけないことを意味する。要は、解体が運命づけられた車なのだ。

つまり、2つの車検証から導き出された結論は一つ。警察が出したナンバーの車、事故証明に記されていたナンバーの車とも、本来、公道を走ってはいないはずの車なのだ。なぜ存在しないはずの車が息子をひいたのか。

「当事者同士で適当に処理してよ」

ワラにもすがる思いで、ブルーバードの所有者「岡村」に電話をかけてみた（番号は車検証に載っていた住所から104に問い合わせ判明）。

「……ということで、困ってるんですよ。岡村さん、白のブルーバードはどうされたんですか？」

「オレは知らないよ」

「知らないって…」

「だって、あの車は新車を買ったときに下取りしてもらったんだ。もう半年も前の話だからね。そのあと車がどうなったかなんてわかんないよ」

「どこで下取りされたか覚えてます？」

「協和自動車（仮名）だったかな」

すぐ協和自動車に電話をかけ、事情を話す。

「で、おたくが下取りしたという話を聞きまして」

「なんでうちのお客さんにそんな電話をするんだ！」

「私だって困ってるんですよ」

「警察ならともかく、あんたなんかに答える必要ないよ！」

店長を名乗る男の受け答えはいかにもぞんざいだった。が、ここでキレるわけにはいかない。

「ですから、私は下取りした車をどうしたか教えてほしいだけなんです」

「お前、まるでウチが不法に車を処理したみたいな言い方だな」

「いえ、決してそんなことは。ただ、警察も頼りにならなくて本当に困ってるんです。何とかお願いできないでしょうか」

粘りに粘ったものの、店長は「答える必要なし」の一点張り。確たる返事はもらえず、結局、車のセンは断たれてしまった。

どうにも調査に行き詰まった私は、改めて桜田巡査部長のもとを訪れた。これまでのいいかげんな対応に相当頭に来ていたが、すでに6月下旬。いくらなんでも永井には会っているだろう。

しかし、すがる気持ちで署を訪れた私に、彼は信じられないコトバを口にする。

「永井とはそっちで直接交渉してよ。こっちも忙しくて時間ないんだよね」

「…保険取りに行ってくれるって話じゃなかったんですか」

「もう永井は書類送検したからさ、あとは当事者同士で適当に処理しちゃってよ」

書類を送ったら関係ないのか。アンタ、それでも警官か。よし、もうこうなったら、最後の手段に出るしかない。

私は横須賀検察庁で働く知人に、「横須賀警察署が送った書類を調べてくれないか」と依頼した。もちろん、検察庁が一般人に書類内容をリークするのは法的に許されないが、警察が動かないならこっちも非常手段に出るしかない。

事情を聞いて納得してくれた知人は、すぐに書類を持って近くの喫茶店に現れた。

「あ、これだ。え〜と…あれ？　人身事故の扱いになってないぞ」

ファイルをめくっていた知人が手を止め、不思議そうに言う。

「人身じゃないって、どういうことなんだ」

「この書類だと物損になってるな」

「だって息子も友達もケガしてるんだぜ。おかしいよ、それ」

「そういうことなら、中立書を書いてくれるか。不服な点を列挙してくれるだけでいいからさ。それを上の人間に渡しておくよ」

すぐさま、私がこれまでの不審な経緯を書き連ねた中立書を検察庁の知人に託したことは言うまでもない。

もしや免許証が偽造されてるのでは

一方、私は「住所」のセンから永井に近づこうとしていた。

警察からのメモ、山田のババアのメモに記された住所は、同じ横須賀市内にもかかわらず、なぜか町名が食い違っている。まずは、住民票で確認してみよう。

さっそく横須賀市役所に出向いた私は、『交通事故の件で』と住民票を請求した。が、窓口の女性は、二つの住所とも「そういった方はいらっしゃいません」という。

どういうことだろう。特に警察の方の住所は、永井の運転免許証のコピーに記載されていたもの。にもかかわらず永井がいないとは。

〈ひょっとして…〉

私はある仮説をもとに、横須賀警察署の生活安全課の友人（桜田巡査部長たちとは繋がりがない）に協力を依頼した。

「あのさ、永井が最近落とし物をしていないか調べられる?」

もちろん、これまた法的にマズイが、私の困った様子に友人は「そういう事情なら仕方がないな」と申し出を承諾。そして、永井が免許証を落としていた事実を教えてくれたのだった。

私自身、過去に免許証を2回も失くしていてよく知っているのだが、免許証の『免許証番号』は、紛失の度に末尾の数字が増えていく。例えば、一度も免許証を紛失していなければ免許証番号の末尾は「0」。私の場合は「2」だ。

念のため、桜田巡査部長に頼んで永井の運転免許証のコピーを見せてもらうと、末尾はやはり「1」。永井が免許証を紛失しているのは間違いない。

次は、その免許証が正規の手続きで発行されたかどうかだ。これは、埼玉県警に勤めるいとこに、警察独自のコンピュータネットワークで調べてもらうことにした。

「その免許証は正規に発行されたもんだね」

「そうか。…ところで免許証を失くしたとき、どうやって再発行するの?」

「簡単だよ。警察に届けたときの落とし主番号と自分の住民票を持っていくだけでいい」

「その二つがあれば、誰でも再発行してもらえるのかな」

「ああ」

「前の免許証の写真と比べないの?」

「しないよ。だって前の免許証の写真はないから、比較しようがないじゃない」

「じゃあ、年齢が近けりゃ別人が行っても再発行してもらえるってことも…」

事故を担当した神奈川県警横須賀警察署。
現在では人事も一新されている。

「ありうるだろうな」

やっぱりそうか！　断片的な事実が、やっと一本の線につながった気がした。

永井＝山田社長、だとすれば…

息子をひいた永井は、実は山田ババアの夫、つまり、川崎工業の社長なのではなかろうか。だってそうだろう。あらゆる手を尽くしたにもかかわらず、永井にたどり着けないってことは、最初からそんな人間はいない、と考えるのが自然ではないか。

実は私が、永井の免許証が再発行されているかどうか調べたのも、この仮説を検証するためだった。

つまり、山田社長は自分と年齢が近い永井と共謀。永井が免許証を紛失したことにし、警察から落とし主番号をもらう。山田社長はこの永井の落とし主番号と住民票で免許証を取得した…。

ただ、これはあくまでも私の仮説でしかない。なんらかの方法で証明しなくては。どうするか。打開策を考えあぐねていたところ、たまたま逗子警察署に勤める友人が私の家にやってきた。このとき息子の事故の話になり、「山田っていう男がさ」と漏らすと、友人が驚いたように言った。

「山田？　川崎工業の？」

「ああ」

「そいつなら今、逗子警察署に入ってるよ」

「え？」

「詐欺かなんかで捕まったらしくてさ」

「ホントかよ！」

マイった。肝心の本人がブタ箱じゃ、永井＝山田社長であると証明しようがない。このままうやむやになっちまうのか…。いや、アイツがいる。幼なじみの某大手新聞社の友人が。ヤツならなんとかしてくれるに違いない。

「で、この事件について新聞社のルートで調べてもらえないか」

「確かに怪しいな。うん、わかった。何とかやってみるよ」

多忙な彼がどこまで力になってくれるのか。正直、さほど期待していなかった。が、その後、友人が取った行動は驚嘆すべきものだった。

まず警視庁に出向き、警視長クラスの人間に面会、横須賀警察署長に事の真相を確かめるよう圧力をかけさせ、加えて、自分でも「新聞に発表するぞ」と署長を脅したのだ。

観念した署長がすべてを洗いざらい白状したのは、それからまもなくのことだった。

警察は犯人を取り逃がしていた！

事の真相はこうだ。

5月13日。息子の交通事故の通報を受けた桜田・山口（仮名）の2人の巡査部長が、現場へ急行した。と、そこには加害者である山田社長と妻の山田のババアが。当然、巡査部長2人は免許証の提示を求めた。

免許証の名前は『永井信昭』。私の予想どおり、山田社長は、違反が重なり免停を食らっていたため、知人の永井と共謀、永井になりすまし免許証を再発行してもらっていたのだ。

続いて警察が、山田社長に車検証の提示を求めたところ、彼は「車検証は会社にある。家はすぐ近くだから取りに行ってくる」と言う。実際、事故現場と川崎工業は100メートルほどしか離れていない。免許証も預かったことだし大丈夫だろうと、警察は山田社長に取りに行かせてしまう。

ところが、免許証の不正取得が発覚するのを恐れた山田社長は、車検証を取りに行く振りをし、そのままトンズラ。どこかへ消えてしまったのだ。

要するに、警察は加害者を取り逃がしたことを隠蔽し続けようとしていたのだ。もちろん、「昨日、永井に会ってきたから」などという桜田巡査部長の言葉も全部デタラメ。桜田巡査部長たちは、私同様、永井こと山田社長を探し続けていたのである。

検察庁に送った書類が、『人身』ではなく『物損』になっていたのも、手続きが少なく早く書類送検できるからだ。この事件を早く過去のものにせんがための仕掛けである。

車のナンバーの相違は、山田社長が解体業者と結託してテンプラナンバーをつけ廃車を乗り回していたかららしい。

署長も交通係もみんな左遷された

事故から3カ月半ほどが経った8月20日の朝、桜田巡査部長から私の自宅に電話が入った。

「あの、至急署まで来ていただけませんかね。お話ししたいことがあるんです」

横須賀警察署に出向くと、桜田巡査部長と山口巡査部長が平身低頭で待っていた。

「私たちが初動捜査ミスしたばっかりにこんなことになってしまって、真に申し訳ありません」

そう言って、私の目の前で土下座する2人。

「息子さんを最初から責めるつもりはなかったんです」

「…」

「私はもう少しで定年なんです。発覚すると懲戒免職になってしまいます。お願いです。どうか許してください。上の者にも謝らせますから」

「もういいですよ。それだけ謝ってもらえたら十分です。頭上げてください」

私は彼らを許すことにした。警察が謝ったというのもあるが、9月にようやく保険金が下りることになったのだ。


約10日後の9月1日、横須賀署長と桜田巡査部長を含めた交通係全員が、他警察署に飛ばされた。

慌てふためくように9月に異動（通常異動は4月と10月）とは。警察も不祥事隠しに躍起になっていたに違いない。

息子のケガは1カ月後には完治し、後ろに乗っていた友達も元気になった。ちなみに支払われた保険金は5万円。3カ月半にもわたる苦労を考えるとあまりに安いが、ま、署長も飛ばされたことだしよしとしよう。

山田社長は私文書偽造の罪で再逮捕され、共謀した永井も逮捕。この一件は新聞でも小さく報道された。が、警察の初動捜査ミスは一切伏せられていた。

息子に事件のことを語るのは、まだ当分先のことになるだろう。それまではずっと、胸の奥に仕舞い込んでおくつもりだ。

（構成・朝岡良仁）

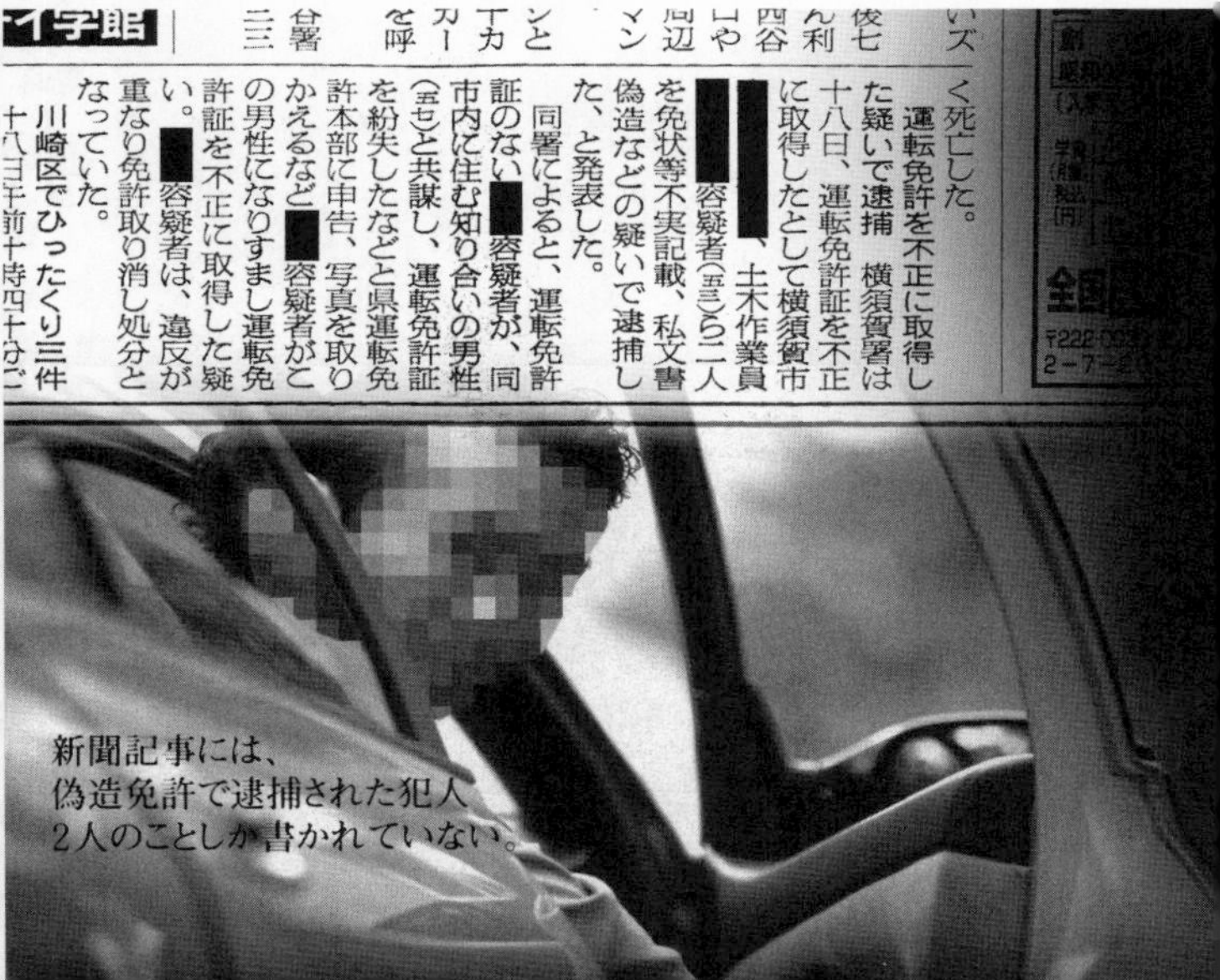
く死亡した。

運転免許を不正に取得した疑いで逮捕　横須賀署は十八日、運転免許証を不正に取得したとして横須賀市[redacted]、土木作業員[redacted]容疑者(三三)ら二人を免状等不実記載、私文書偽造などの疑いで逮捕した、と発表した。

同署によると、運転免許証のない[redacted]容疑者が、同市内に住む知り合いの男性(三七)と共謀し、運転免許証を紛失したなどと県運転免許本部に申告、写真を取りかえるなど[redacted]容疑者がこの男性になりすまし運転免許証を不正に取得した疑い。[redacted]容疑者は、違反が重なり免許取り消し処分となっていた。

川崎区でひったくり三件　十八日午前十時四十分ご

新聞記事には、偽造免許で逮捕された犯人2人のことしか書かれていない。

競馬ファンをどこまでナメりゃ気が済むんだ!

確かに目立つ（03年10月28日付『日刊スポーツ』）

秋の天皇賞で50万プラスを豪語した ある評論家と予想会社のデタラメ

リポート　武田逸人（裏モノJAPAN編集部）

スポーツ新聞や夕刊紙に『菊花賞5540円的中!』といった派手なコピーが躍る広告を見たことがあるだろう。中央競馬のレースの買い目を有料で売る、いわゆる競馬予想会社だ。その存在がいかにインチキ臭いか、本リポートで徹底的に検証しよう。

04年1月号掲載

自他共に認める馬キチのオレは、競馬予想会社をハナから否定している。

本当に儲かる自信があるなら、自分で馬券を買うのが手っ取り早い。どんな理屈を並べたところで、この絶対的真理は揺るがない。

にもかかわらず、予想会社が高い費用を払って宣伝を打つのはなぜか。言わずもがな、大勢の客から大金を掠め取ることができるからだ。

しかも、この手の広告は、元騎手や著名な予想家を前面に押し出し、信ぴょう性を演出するのが定番。同時に『厩舎の内部情報』といった、いかにも裏がありそうなフレーズも使われる。ワラにもすがる思いで、10万、20万の情報料を払う人がいても、決しておかしくないのである。

どうせ自分が手を出すことはない、せいぜい儲けてくれ。と、これまでシカトを続けてきたのだが、今年（03年）10月28日の日刊スポーツに掲載された広告だけは、否が応でも気に留めざるをえなかった。久々に見るド派手な全面広告。『I』という予想会社だ。

『天皇賞　厳選一日一鞍お試し会員／5000円最終募集』

『天皇賞』というド派手な文字を中心に『50年の統計データ』や『想定払戻金50万円』など、強気なことばが並んでいるが、注目すべきは、自信ありげに腕を組む1人の中年男性である。

『競馬界のデータが加わった今、負ける要素は見あたりません。週末にご期待ください！』

名はS氏という。本名はあえて伏せるが、『1馬』や『競馬エイト』など専門紙を渡り歩き、現在（03年10月当時）はラジオ日本とBSフジでパドック解説を務める古株の予想家だ。

競馬記者としての経歴は申し分ない。馬を見る目も確かだろう。が、だからといってここまで豪語していいものか。

日刊スポーツに問い合わせてみたところ、全面広告の定価は約400万。5千円のお試し会員価格で元を取るには、800人分の登録が必要だ。

が、売上日本一のスポーツ紙の影響力は計り知れないから、1千人、2千人と申し込みがあってもおかしくはないだろう。そこでもし、予想が外れたら、S氏はなんと詫びるのだろう。それとも、マジで勝算でもあるのか。

まぁいい。つべこべ言わずに乗ってみよう。首尾よく儲かりゃ万々歳。だが、外れたときは直接S氏に会い、キッチリ話を聞かせてもらおうじゃないか。

ワケのわからぬ推奨レース

「もしもし、Iです。会員番号をお願いしま〜す」

広告の連絡先に電話を入れると、やけに威勢のいい女が電話に出た。

「いや、初めてなんですけど」

「天皇賞のお試し会員ですね。それでは、お名前からお願いします」

彼女の背後から、けたたましい電話のベルが聞こえる。客からの反響は相当らしい。

案内に従って、住所、氏名、電話番号を告げ、いざ金を振り込む前に、一つ質問してみた。

「新聞に出ていたSさんが予想するんですか？」

「申し訳ありませんが、私は監査部の者ではないので、詳しくはわかりません。ただ、S先生からデータをもらっていると聞いてるだけです」

「んじゃ、監査部の人に代わってもらえます？」

「すいません、ただ今、外出していると聞いておりますが」

聞いております、とは妙な言い方。S先生から受け取る『データ』ってのも気になる。それが予想ってことじゃないのか。

明確な答えは得られないまま、5千円を所定の口座に振り込み、会員番号と暗証コードを取得。専用回線に電話をかけ直し、改めてシステムの説明を聞く。

天皇賞の買い目が公開されるのは、レース前日の夜9時以降。予算は2万円前後らしい。不的中だったり、獲得賞金が10万円を下回ったときは、翌週の情報をタダで聞ける『補償制度』があるそうだ。

今回の天皇賞は、昨年度のJRA代表馬シンボリクリスエスが、鞍上に名騎手ペリエを配し必勝態勢である。こいつを軸に1万円ずつ流せば、10万の数字も十分クリア可能だ。

が、ちょっと待て。それでは新聞広告の『50万のプラス収支宣言』というフレーズはどうなる。基準がサッパリわからんぞ。

レース前日、夜9時と同時にIの専用ダイヤルへ電話。

『11月2日、推奨レースの情報です。東京9レース馬単9→7、9→10…』

推奨レース？　ワケがわからないまま一応メモに取り、アナウンスの続きを聞く。

『それでは、明日の厳選提供レース、天皇賞です。馬連、11−18、1万円、15−18、5千円、12−18、5千円の以上です』

やはり18番のクリスエスが軸か。新聞の前日オッズによると、11番アグネスデジタルとの組み合わせは17倍、15番トーホウシデンが32倍、12番カンファーベストが36倍だ。的中すれば10万はカタイし、予想としての意外性も十分ある。

が、どうにも気になるのが推奨の4レースだ。いざ当たれば『的中』と騒ぎ立て、外れたら無視を決め込む腹か。うむむ。ならば、コチラも購入せねばなるまい。

さて、あとは競馬場で成り行きを見守るだけだが、問題はレース終了後だ。いざ予想が外れたとして、どうやってS氏とコンタクトをとろうか。

オレが持つ唯一の手がかりは、ラジオ日本やBSフジでパドック解説をしていることだけ。一介の雑誌編集者がアポなしで会うことなどできるのか。不安…。

私が推すと走らないし、推さないと来るんです

11月2日（日）、午後2時10分。府中競馬場には8万人からの観客が押し寄せていた。すし詰め状態の通路を横切り、大慌てで新設の券売所へ向かう。最初の推奨馬券、2時15分から始まる京都9レースを購入するためだが、一歩手前で無情の締切ブザー。呆然としながらモニターを見つめる。

が、結果は吉と出た。Iの推す3番サイレンスボーイは1着入線も、紐に選んだ3頭がことごとく惨敗だった。

続く推奨馬券は東京9レース。今度はきっちり5千円分押さえたものの、本命の9番が9着という体たらくぶり。さらに1万を注ぎ込んだ京都10レースもアッサリ撃沈とあいなった。

午後3時10分。メインスタンドのゴール前を陣取り、競馬好きの友人に電話をかける。S氏がパドック解説をしているBSフジの『競馬大王』なる番組で、氏がどの馬を推すか確かめたい。

「4番と5番と18番がオススメらしい。ちなみに、7番は見た目がダメだって」

「へっ?」

Iの予想は18のクリスエスから11、12、15の3点買いだ。つまり、18以外はまったく絡んでいないのだ。それだけならまだしも、S氏はよりによってIの本命対抗馬11番をこう評したらしい。

「よくわからない馬なんですよ。私が推すと走らないし、推さないと来るし、あはは」

マジですか、Sさん。Iの会員にとって、それが予想を根本

天皇賞の出走表(03年11月2日付『日刊スポーツ』)

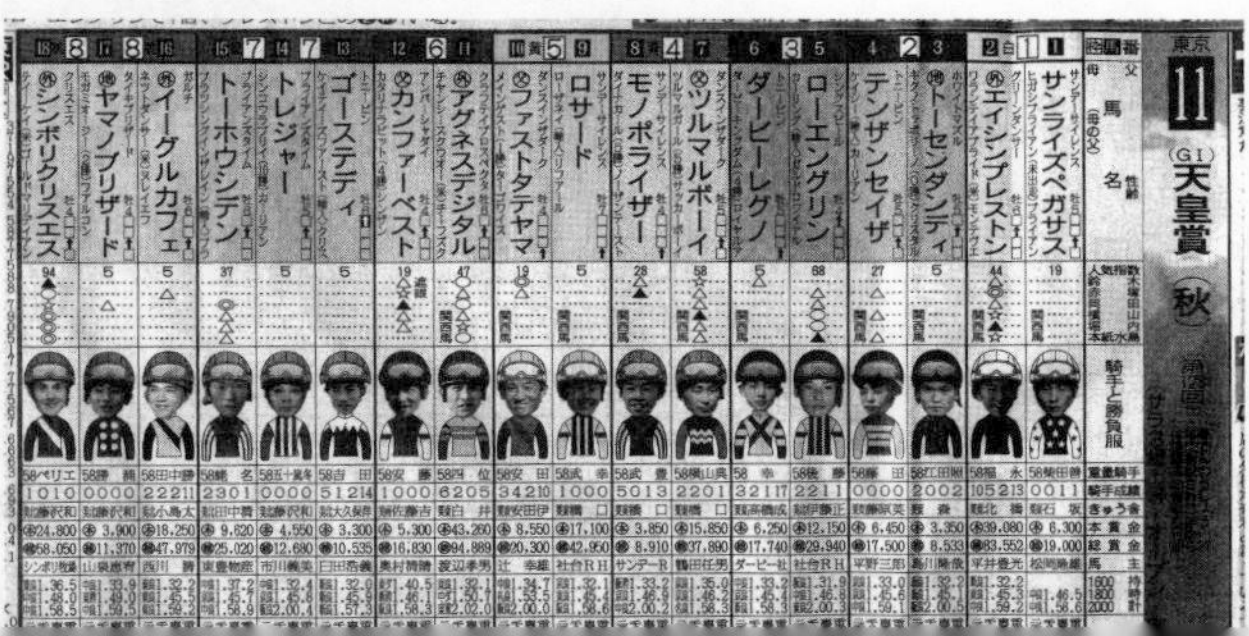

から覆す大胆発言であることに気づかないのか。

午後3時40分。G1のファンファーレ演奏に合わせ、周囲の学生風が拳を突き上げる。出走直前の緊張感。スタンドが、一瞬静けさに包まれた。

〈ガシャッ！〉

ゲートが開くとともに5番のローエングリンが鼻を切った。そこに、外から13番ゴーステディが競り合っていく。

2頭が向こう正面に入ると、淡々としたペースの中団がモニターに映しだされた。クリスエスは大外の6、7番手ってところか。まずまずのポジションだ。他の3頭の位置取りは把握できない。

グングンと暴走気味にラップを刻んでいく先頭の2頭。千メートル56・9秒という常識外れなペースである。これは荒れるか！

競馬場全体が騒然とし始めたその直後のことだった。

馬群の中から1頭の馬が弾丸のようにつきぬけた。18番シンボリクリスエスだ。直線の内で粘る4番テンザンセイザをかわし、坂上からそのまま圧倒的な強さでゴール。見事、秋の天皇賞を連覇した。

2着は7番ツルマルボーイで馬連配当は1310円。S氏がパドックで『見た目ガッカリ』と判断した馬である。もちろん、Iの予想も大外れだ。

S氏のパドック診断。『見た目ガッカリ』のツルマルボーイが2着に来た（『競馬大王』BSフジ）

S氏はどこにいる?

G1開催地の競馬場は、メインレース終了後も熱気が衰えない。普段ならガラガラの12Rパドックには、おでんをつまむ若者や、ワンカップで顔の赤いオヤジがたむろっていた。

果たしてS氏はどこにいるか。唯一の取っ掛かりは、パドック左手のプレハブだ。プレスらしき人たちが、窓から12Rの競走馬に熱い視線を送っている。S氏もあの中にいるのか。

建物の背後に回り、入口を探した。金網の扉には『関係者以外立ち入り禁止』の看板。10分ほど待っていたら、中からディレクターっぽい兄ちゃんが出てきた。

「すんません、ここにSさんていらっしゃいます?」

「どっちの?」

「え、2人いるんですか?」

「うん。1馬とラジオ日本の。1馬だったらメインスタンドだし、ラジオ日本のSさんは午前中までだよ」

「えぇっ!」

18のシンボリクリスエスは、ダントツの強さで2連覇を飾ったが…

何てこった。もう帰っちまったのか。いや。彼は確かにBSフジで解説をしていた。まだ競馬場にいるハズだ。

再びプレハブの正面に回り、今度はビデオカメラで実況席を覗く。望遠レンズなら部屋の中の顔もある程度認識できる。

右の部屋から順々にピントを合わせ、3室目の窓ガラスへ。ん？　モニターの中で中年男性が笑っている。S氏か。大急ぎでさきほどの入口に回る。

ケーブルを持ったAD風。書類を抱えた若い女性。2〜3分おきに関係者が現れる。それらしき人物は出てこない。やはり、人違いだったのか。

半ばあきらめかけた矢先、上下グレーのスーツに身を包んだサラリーマン風が階段を下りてきた。

「すいません、ラジオ日本のSさんですか？」

「えぇ、そうですが」

や、やっとつかまえた！

絶対勝たせるとは書いてないよね

まずは天皇賞の感想を尋ねるオレに、S氏は「今日は外れちゃったね」とにこやかに応じた。物腰はやわらかい。が、オレはアナタと馬談義がしたいワケじゃない。

「この広告なんですけど」

いきなり用件を切り出した。

「……あぁ、これね」

「誰に頼まれて、紙面に出たんですか？」

「それは言えない」

少し顔色が変わった。

「そうですか。実は私、競馬の取材をしてまして。言い方は悪いですけど、これって悪質っていうか、余りに大々的すぎやしません？」

「いや、他（の新聞）にもあるでしょ」

「タブロイド紙ならまだわかりますよ。けど、全国のスポーツ紙では珍しいですよ」

「これって、ボクが1人で出てるから目立つだけじゃないの？　Aさん（元騎手）だって同じぐらいで出てるでしょ」

「じゃあ『想定払戻金50万』ってのはどうですか。こっちには『的中だけで満足するな。勝利がなければ意味がない！』ってありますよね」

「でも、絶対勝たせるとは書いてないよね。それにこれさ、苦情が来たら会社に電話をしてくれってことになってるんだわ。ボクはデータをやってて、目を通す週もあれば、通さない週もあるんで」

そこまで言うと、氏はベンチを突然立ち上がり、京王線の駅を目指して歩き始めた。

慌ててその背中を追い、脇から質問を重ねるが、S氏は「他の騎手も予想家もやってる」と繰り返すだけ。この手の顔出しなど、ほんのアルバイト感覚に過ぎないのだろうか。

しかし、何と言っても一番の驚きは、S氏がIの買い目をまったく知らなかったことだ。少しデタラメ過ぎないか。

「じゃあ、Sさん、最後に会員に向けてことばをお願いします」

「競馬には絶対はない。絶対に近づける自信はあるけど、競馬には絶対はない」

「だから、今回は外れてもしょうがないと？」

「まぁね、今回はねぇ。そういうこと」

最終レースを終え帰路に着く観客に交じり、S氏は雑踏の中に消えていった。

金を返せはないだろ、この情報泥棒！

11月4日、連休明けの火曜日、ポストにIから一通の封筒が投げ込まれていた。中の紙切れを要約するとこうだ。

『今回の天皇賞は統計に基づいた買い目が活かされない、いわゆる『イレギュラーレース』だった。前日のスワンSは8千310円を的中、最近は10戦7勝189万円の払戻金をお届けしている当社の、次週アルゼンチン共和国杯は補償制度が利くので、ぜひ参考に…』

なんとも人を喰った文面である。こうなったらIに、馬券が当たらないから金を返してくれと文句を言ってみるか。

思うが早いかボタンをプッシュ、電話口に現れた女性に用件を伝えると、2分後、責任者らしき男に代わった。

「5千円を返してほしいとのことですが、これは情報料ですので、料金はお返しできませんよ」

予想どおりの答えだ。

「手紙に10戦7勝って書いてあるけど、日曜日は推奨レースを含めて5戦全敗だったですよね」

「推奨レースはまったく関係ないと思いますけど」

パドック脇でS氏を散々問い詰めたものの結局は「競馬には絶対はない」の台詞を残して雑踏の中へ

「でも、ソチラのデータを基に予想されてるワケですよね」

「今までの勝率はすべて厳選レースの結果をお出ししてるワケですよ。例えば先週は2戦1勝の結果を出しているワケです」

必死に、天皇賞前日に的中したという1勝をアピールする業者の男。グダグダ言ってもしょうがない。直球を投げてみよう。

「広告がウソなんだから、金返してよ」

「ん?」

「だから、ウソだったんだから、金返して」

「ウソだと思う? それはどういう一般論を持ちだしたのかわかりませんが、未だうちの情報に対して会員さまからウソだということは聞かされてませんけど。ウソというのはどういう一般論なんですか。リサーチしたんですか? アンケートを取ったんですか?」

なぜ、そんなに熱く語る。何か後ろめたいことでもあるのか。

「コチラは金を返してくれたらそれでいいんですよ」

「だから、ドコかに返金制度のことが書いてありますか?」

「いや、書いてないけど、結果が出てないじゃん」

「あのね、お客さん。ウチの情報を聞かなかったなら、まだ返金する理由もわかりますよ。けどね、聞くだけ聞いといて、金返せはないだろ、この情報泥棒!」

情報泥棒とは、オツなことをおっしゃりますなぁ。

バカって言われて気分いいですか？

絶対に勝たせるとは書いてない。だから金を返す気はない。

Iの回答は終始このライン。それどころか、終いにはオレをクレーマー呼ばわりし、「警察を呼ぶぞ」とまで凄まれる始末。この辺が引き際だが、最後にひとつ聞いておきたい。

今やS氏が単なる名義貸しである状況証拠は真っ黒だ。いったい、アンタらはどんな関係なんだ？

「だからSはウチの監修ですよ。すべて上がってきた数値を監修して、数値をはじき出すんです、文明の利器をもって。…中略…Sという人間を介して、ウチは調教師やら騎手やら色々コネがあるんです」

「だからSさんは具体的にはどういうことをされてるんですか」

「アナタ、バカですか？ プロデューサーとか監修の意味を辞書で調べてくださいよ」

プロデューサーとは、言わば予想全体のまとめ役だ。そんな要職にいる人間が、当日の買い目も知らないってことなどありえない。

オレは天皇賞の直後にSさんに会い、そのシーンをばっちりビデオに収めているのだ。さぁ、観念して全部ぶちまけなよ。

「アナタはレースの補償情報を受ける気はあるんですか」

突然、業者の男が切りだした。補償情報とは次週の買い目のことである。今さら期待はしないが、最後まで見届けるのも悪くない。

「受ける気、ありますよ」

「は？　ウチにこんだけ言っておいて、補償を受けるって？」

「だって、聞かせてもらう権利はあるワケでしょ」

「権利？　主張すればね。でも、アナタの言い分は主張してないでしょ。権利を主張するにもね、人としての道っていうものがあるんですよ」

「人の道？　ははは、アナタにそんなもの説かれたくないね」

「じゃあ、アナタはバカなんですか？　バカなんでしょう。『バカなんですけど、友達になってあげようか、バカ』…って言われて楽しいですか？」

「だからそんなこと言ってるんじゃなくて」

「いーえ、そういう風に言ってるんですよ、アナタは、『ねぇ、バカ人間！　何言ってんの、バカ人間！　バカ人間の情報を教えてよ、5千円払うから。バカ人間、おい、バカ。オマエの情報なんか一つも当たらないんだろ、でも、教えろよ、バカ。頼むから、バカ』って言われて気分いいですか？」

「はぁ？」

「ウチはアナタにそう言われたんですよ、だから謝ってくださいよ。気分悪いんですよ。おい、謝れよ、バカ」

翌日、広告を載せた日刊スポーツに電話をかけた。当然、媒体側にも責任はあるはずだ。

「いわゆる『的中レース』の文字を掲載するときは、事前に予想を送ってもらい、当たったときだけ載せます。それ以外の内容については、あくまで趣味の世界の話ですから。差し障りがない程度にやってます。各社と予想家の関係まで、うちは突っ込めませんよ」

審査担当者のコメントはこうだ。要は読者の自己責任ってことか。もはや、怒る気さえ湧かない。

では最後に、11月9日に提供されたIの予想結果をもって、締めくくろう。

勝負は、厳選推奨が2レースと、厳選勝負が2レースの計4つ。投資金額は全部で7万5千円だ。かなりの大勝負に出たが、結果は4戦1勝、約4万円のマイナスだった。

おまけにその翌日、負けを取り返すために、1万5千円の厳選情報（4鞍分）を買えという手紙を送ってきた。どこまでも、フザけた連中である。

天皇賞の翌々日にも縮小版の広告が載っていた（03年11月4日付『日刊スポーツ』）

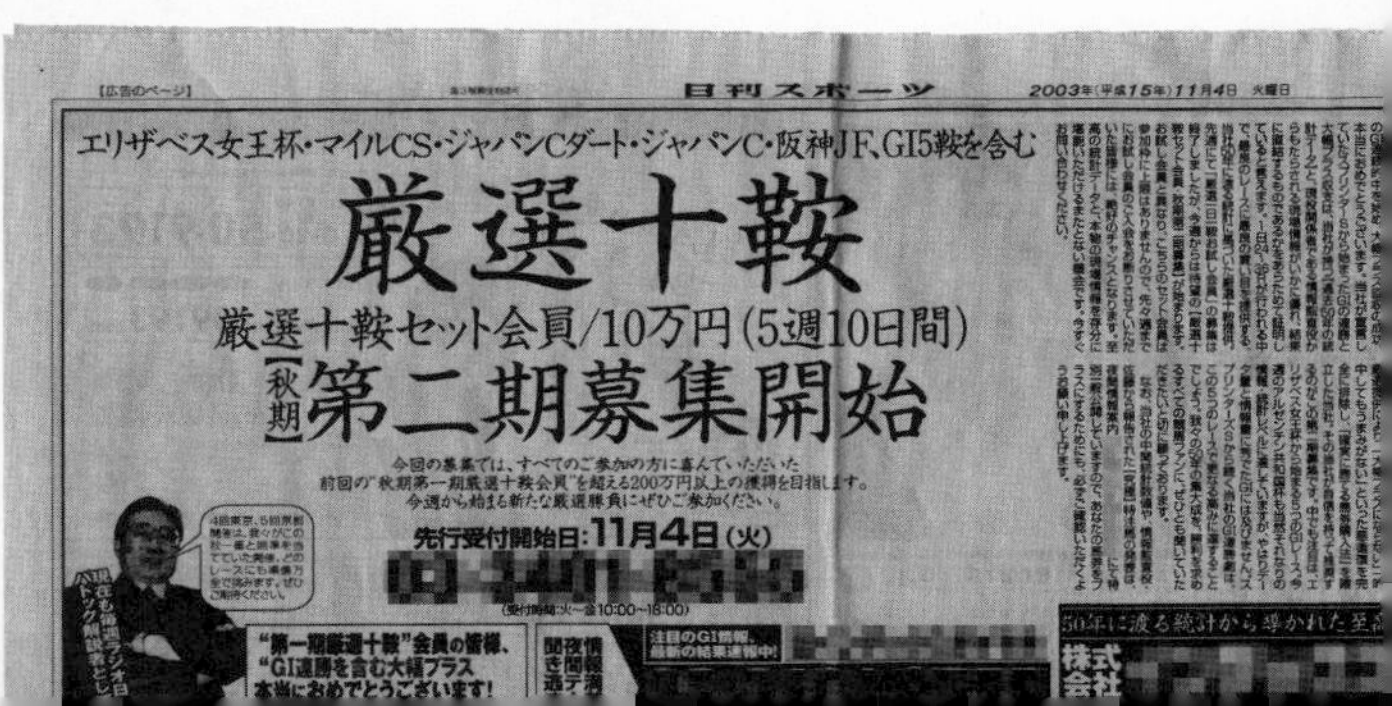

第3章

潜入!

怪しいテープリライト業者の正体を追及!

朝日・読売で求人を募る

テープ起こしのバイトといえば、バカ高の教材を買わせるだけで仕事は一切来ない〝内職詐欺〟。今じゃ誰でも知ってるこの事実も、20年前はまだよくわからなかった。編集部総出で、妙な業者の妙な試験を受けた結果、事態は思わぬ展開に…。

99年1月号掲載

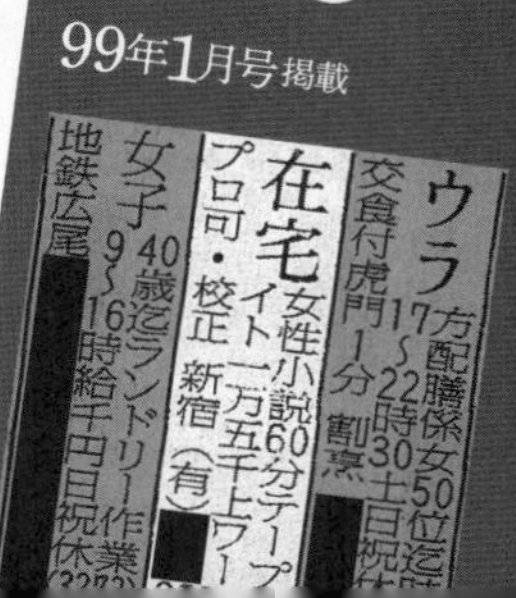

リポート 佐藤正喜（裏モノJAPAN編集部）

小説のテープ起こしは存在し得るのか

まずは読売新聞に出ていた右頁の求人広告をご覧いただきたい。在宅でできるお仕事で、60分のテープリライト（テープ起こし）が1万5千円。家事や育児で忙しく、外でのパートもままならない主婦層にはとても魅力的に見えることだろう。

しかし、編集部に電話をかけてきた女性読者Aさんは、この業者K能力研究所がどうにも納得がいかないと主張する。

聞くと、彼女は朝日新聞で同じような内容の募集広告を目にして応募したのだそうだ。元々、マスコミ関係に興味があったAさんが破格の好条件に引かれたのも無理はない。

電話をかけると業者は、まずテープ起こしの試験を受けてもらい、それに合格した人に仕事を依頼すると言ってきた。

特殊技能なのだからそれももっともだと思った彼女は試験を受けてみた。が、結果は不合格。結局、試験料金の5千円を損した形になったのだそうだ。

「それで、どうして怒ってるんですか」

何も怒るようなことではない。試験に落ちたのは自分の責任だ。

しかし、彼女は続ける。

「テープ起こしの内容が小説だったんですよ。そんなことってありますか」

試験の際に流されたテープが小説だった点がどうにもフに落ちないと言うのだ。

確かに、講演会や、会議・取材といった、その場では文章化しにくいものの録音テープを起こす作業ならわかるが、小説のテープ起こしなんて仕事が成立するとは考えにくい。

つまり彼女は、この業者は元々仕事など請け負っておらず、受験者全員を落として試験代だけをくすねとる詐欺行為を働いているのではないかと主張しているのだ。

「ヨコスカパンパン物語」「金曜日だから許して」

彼女の推理の正否を確かめるべく、私は内偵を送り込んで調査することにした。テープ起こしなら適任者がいる。編集部のバイト、橘川（キッカワ）だ。

この男、就職先はなかなか決まらないくせに仕事をこなすのはとにかく速く、特にテープ起こしにいたっては、朝に渡した60分テープが昼には終わっているほどのスピードを誇る。数ある雑務の中でも得意中の得意としている種目だと本人は言う。

「まかしといてください」

自信満々の橘川に試験料の5千円を持たせ、私は事の成りゆきを見守った。もし彼が受かれば彼女の推理はハズレだ。

が、数時間後、橘川は悲嘆に暮れた表情で帰ってきた。

「あんなに速いの、聞き取れないっすよ」

試験の内容は、業者の男の声で吹き込まれた箸にも棒にもかからない小説のテープを2回聞いて原稿用紙に起こすだけ。ただ、特に難しい漢字や用語が登場するわけではないが、スピードが速く、速記術でもマスターしていなければ全文を起こすのはとても無理だと言う。

「受かったらどんな仕事があるのか聞いてみたんですよ。そしたらこんなの渡されて」

彼が差し出したのは1枚の紙キレ。「テープリライト台本一覧表」とある（下写真）。

タイトル「ヨコスカパンパン物語」
内容「風俗」
タイトル「キム・ヒョンヒ」
内容「社会問題」
特記コメント「一部ハングル」

このタイトルのバカバカしさを見よ。『婦長は見た!』インターン医編の一部ドイツ語など、芸が細かいんだかなんだか

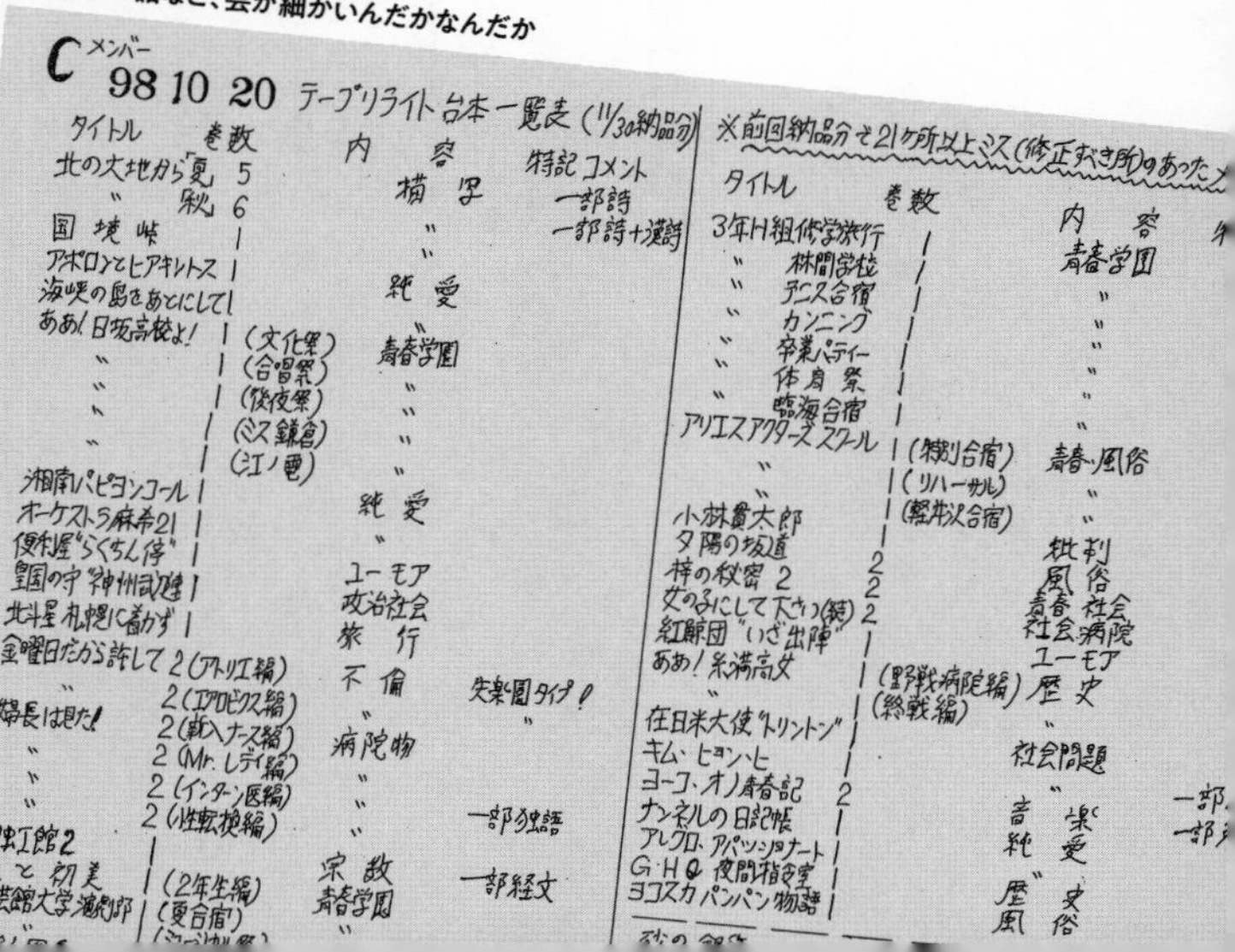
C メンバー
98 10 20 テープリライト台本一覧表（11/30納品分）
※前回納品分で21ケ所以上ミス（修正すべき所）のあった

タイトル	巻数	内容	特記コメント
北の大地から「夏」	5	横字	一部詩
〃 「秋」	6	〃	一部詩+漢詩
国境峠	1	〃	
アポロンとヒアキントス	1	純愛	
海峡の島をあとにして	1	〃	
ああ！日坂高校よ！	1	青春学園	
〃	（文化祭）	〃	
〃	（合唱祭）	〃	
〃	（後夜祭）	〃	
〃	（ミス鎌倉）	〃	
〃	（江ノ電）	〃	
湘南パピヨンコール	1	純愛	
オーケストラ麻希21	1	〃	
便利屋"らくちん亭"	1	ユーモア	
皇国の守"神州武凰"	1	政治社会	
北斗星 札幌に着かず	1	旅行	
金曜日だから許して	2（アトリエ編）	不倫	失楽園タイプ！
〃	2（エアロビクス編）	〃	〃
婦長は見た！	2（新人ナース編）	病院物	
〃	2（Mr.レディ編）	〃	
〃	2（インターン医編）	〃	一部独語
〃	2（性転換編）	〃	
夕虹館2			
猿と初美	1	宗教	一部経文
国芸館大学演劇部	（2年生編）	青春学園	
〃	（夏合宿）	〃	

タイトル	巻数	内容
3年H組修学旅行	1	青春学園
〃 林間学校	1	〃
〃 テニス合宿	1	〃
〃 カンニング	1	〃
〃 卒業パーティー	1	〃
〃 体育祭	1	〃
〃 臨海合宿	1	〃
アリエスアクターズスクール	（特別合宿）	青春・風俗
〃	（リハーサル）	〃
〃	（軽井沢合宿）	〃
小林貴太郎	1	批判
夕陽の坂道	1	風俗
梓の秘密 2	2	青春 社会
女の子にして下さい（続）	2	社会病院
紅顔団"いざ出陣"	2	ユーモア
ああ！糸満高女	（野戦病院編）	歴史
〃	（終戦編）	〃
在日米大使"トリントン"	1	社会問題
キム・ヒョンヒ	1	〃
ヨーコ・オノ青春記	2	音楽
ナンネルの日記帳	1	純愛
アレクロ・アパッショナート	1	〃
G・H・Q 夜間指令室	1	歴史
ヨコスカ パンパン物語	1	風俗

他にも「ああ！　糸満高女」だの「金曜日だから許して」だのといった、人をコケにしたようなタイトルの作品が並ぶ。

試験に合格すればこんな仕事を任せますよという意味で作成されたのだろうが、どう考えたってこんなバカな小説を作るヤツがいるとは思えないし、そのテープを起こす理由もやっぱりわからない。ま、全員落とすんなら、そんな作品を存在させる必要もなく、適当にデッチ上げればいいわけだが。

結局、通知によると橘川は63点で不合格。合格点の75点にはほど遠かった。

よし、こうなったら、編集部員総出でその試験を受けに行こう。バイトと違って、まがりなりにも我々はプロだ。それでも落とすつもりなのか、研究所さんよ。

「カタカナで書く例　ムスコ、アソコ、マラ」

橘川の不合格発表の翌日、無職の友人同士という設定で、裏モノJAPAN編集長（当時）・尾形、副編（当時）・木村、そして私の3人は能研に向かった。

新宿駅南口より徒歩5分に建つ赤レンガのマンション。表札には汚い字で書かれた『K能力研究所』の文字が見える。のっけからおマヌケなムードである。

ドアを開けると、奥から出てきたのはボサボサ髪を後ろにくくった、30代後半ぐらいの男。顔つきは京都大学の数学教授（当時）として有名な森先生似。世間と隔絶された世界の住人のようだ。

中は、6畳ほどのダイニングキッチンに長机が2つ。その1つに座って50才ぐらいのおばちゃんが鉛筆片手に何やら作業に励んでいる。オレはおばちゃんの横に、尾形と木村の2人は別の机に並んで腰かけた。

手持ち無沙汰で部屋を見渡すと、壁に貼られた紙には「外来語でないのにカタカナで書く例」として、ムスコ、アソコ、マラといった用語が挙げられている。マヌケ度、さらに倍増。

「はい、それじゃ時間です」

何事かと思えば、男が赤ペンを持っておばちゃんの作業用紙にチェックを入れ始めた。

「んー、スカンクがおならをして臭い臭い臭い。臭いは3回もいらないの、2回だけ。多すぎるから。あと、ここはこうで、んーと、ここがこうで、ハイ、ご苦労さん」

実に落ちつきのない早口でまくしたてながら、ものの10秒ほどで添削指導らしきことは終わり、おばちゃんは礼を言って立ち去った。

いったいこのおばちゃんは何の技術を身につけようというのか。それより何より、今の指導で何が伝わったのか。

『今のオバハン、追いかけろ』

尾形が目で合図を送ってくるものの、男のいる前で不審な行動は取りにくい。今、行われていたことは何だったのか知りたい気分は私も山々だが、ここは見過ごすしかなかろう。

おばちゃんが帰り、我々はテープリライトと校正の試験料合わせて8千円を徴収され、早口で何を言ってるのかわからない説明を聞いた後、ようやくテープリライトの試験を受けることに。

スピーカーからノイズの多い朗読が流れる。

「作曲家、小林貫太郎はある日ラジオの放送から……」

声の主は男本人。さすがに普段の早口ではないが、アルバイト橘川の言うとおり、とてもじゃないがついていけないスピードだ。横を見ると、尾形と木村も苦戦している模様。いつもバイトに任せているツケが回ってきたか。

やたら「すると」と「そして」の多い文章にうんざりしながらも、なんとか起こし終えると、休む間もなく次は校正の試験。

こちらは予備知識を仕入れていなかったのでどんな問題かと危惧していたが、単に漢字の間違いを訂正するだけ。しかも小学生レベルだからなんてことはない。簡単すぎて時間が余るぐらいだった。

「誰が依頼するの？」編集長が突っ込むが…

ひと通り試験を終えて外へ追い出されかけたそのとき、尾形がボソッと口を挟んだ。

「ちょっと聞きたいことがあるんですが」

お、さすが編集長、やる気だな。いざとなれば援護しまっせ。

「この仕事は誰か依頼する人がいるんですか」

そもそも小説のテープ起こしなどという仕事の需要が存在するのかと、いきなり核心を衝く尾形。すると男はあわてる様子もなく、こんな説明を始めた。

「芥川賞や直木賞を目指す作家の卵というのは全国に何十万人といるんです。でもなかなか当選しません。石原慎太郎さんなんかが選考するんですからね。だから、そういう人は地方自治体などが主催する文芸賞に応募するんです」

フムフムと尾形は納得する様子を見せる。

「それでも、たくさん応募するために全部自分で書いたら大変な作業になりますから、口頭でしゃべって録音したものを他人に起こしてもらうわけです」

小説家の卵たちは口頭で小説を作るのだとおっしゃる。思いつきでしゃべった文章を応募するということか。

「ワープロを使えば何部でも印刷できるじゃないですか」

真剣に受験する編集長・尾形（左）と、副編・木村

壁のボードにはもっともらしいことがつらつら書かれている

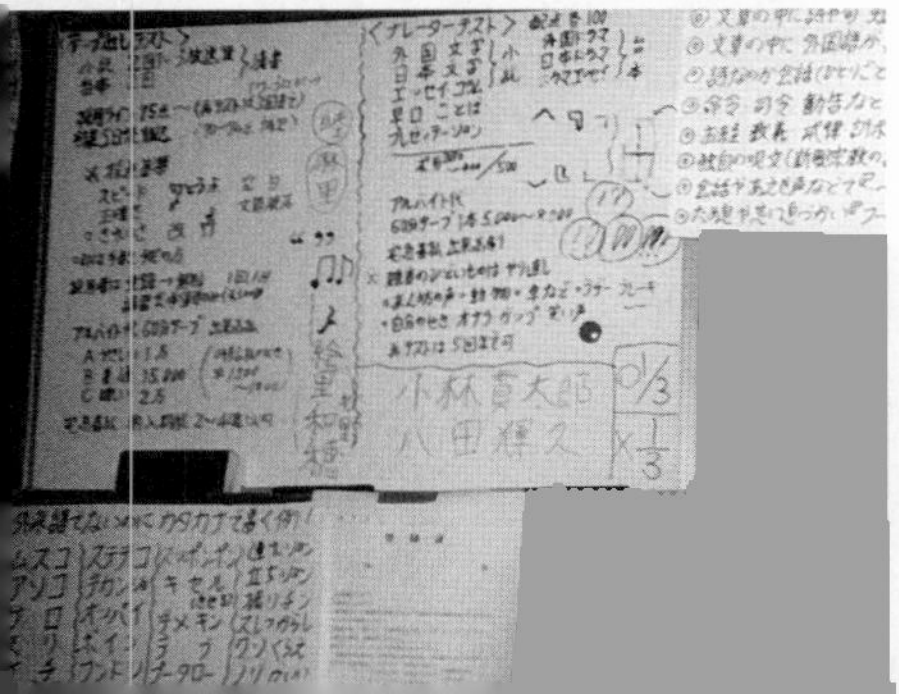

当然のごとく突っ込む尾形であったが、男は、世の中にはワープロを使えない人も多いんだ、現にこの私だって使えませんからと反論してくる。

「本当にこの世界は門が狭いんです。私も向田邦子賞とか何度も応募してますけど、なかなか通りません」

なるほど、この男も文学青年なわけだ。確かに身なりもそれっぽい雰囲気ではある。しかし先ほどの小林貫太郎が彼の作品ならば、賞はあきらめたほうがいい。あんなに頻繁に同じ接続詞を使ってたんじゃ小学生の作文だ。

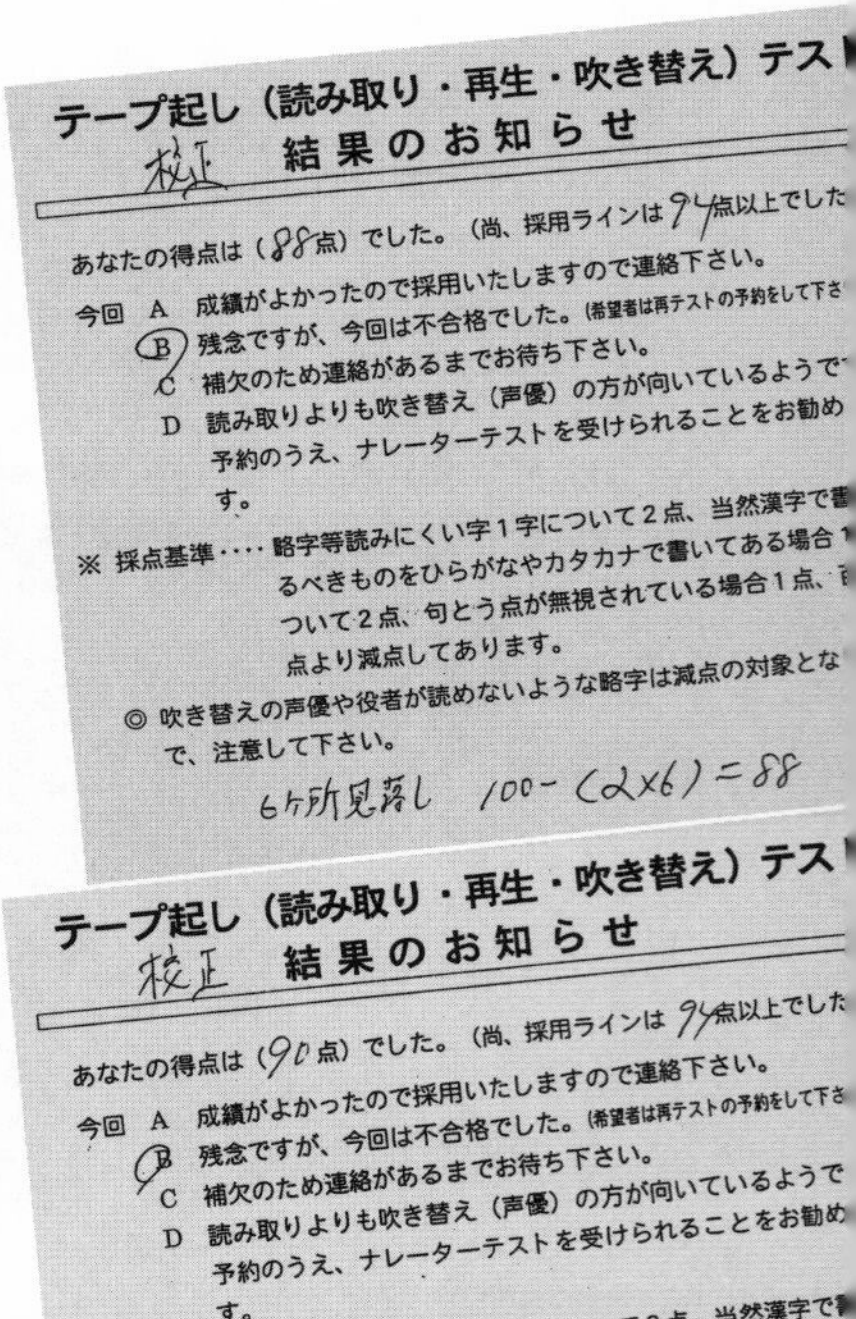

テープ起し（読み取り・再生・吹き替え）テス
校正　結果のお知らせ

あなたの得点は（88点）でした。（尚、採用ラインは94点以上でした

今回　A　成績がよかったので採用いたしますので連絡下さい。
B　残念ですが、今回は不合格でした。（希望者は再テストの予約をして下さ
C　補欠のため連絡があるまでお待ち下さい。
D　読み取りよりも吹き替え（声優）の方が向いているようで
予約のうえ、ナレーターテストを受けられることをお勧め
す。

※　採点基準‥‥略字等読みにくい字１字について２点、当然漢字で書
るべきものをひらがなやカタカナで書いてある場合１
ついて２点、句とう点が無視されている場合１点、
点より減点してあります。

◎　吹き替えの声優や役者が読めないような略字は減点の対象とな
で、注意して下さい。

6ケ所見落し　100−（2×6）＝88

テープ起し（読み取り・再生・吹き替え）テス
校正　結果のお知らせ

あなたの得点は（90点）でした。（尚、採用ラインは94点以上でした

今回　A　成績がよかったので採用いたしますので連絡下さい。
B　残念ですが、今回は不合格でした。（希望者は再テストの予約をして下さ
C　補欠のため連絡があるまでお待ち下さい。
D　読み取りよりも吹き替え（声優）の方が向いているようで
予約のうえ、ナレーターテストを受けられることをお勧め
す。

※　採点基準‥‥略字等読みにくい字１字について２点、当然漢字で書
るべきものをひらがなやカタカナで書いてある場合
ついて２点、句とう点が無視されている場合１点、
点より減点してあります。

◎　吹き替えの声優や役者が読めないような略字は減点の対象とな
で、注意して下さい。

5ケ所見落し　100−（2×5）＝90

試験結果。上が尾形で、下が佐藤。
編集長の面目丸つぶれ

こうして私は完全に聞き役に回っていたわけだが、尾形は手を緩めない。

「どうしてお金をかけて試験をするんですか」

もし悪徳業者ならばこの種の突っ込みに対しては何かと金のかかる理由をつけてくるもの。だが、男は軽くいなした。

「それは慣習じゃないですか」

技能職に試験があるのは当然で、受験に際してお金を取るのも、この世界では慣習になっていると涼しい顔で言い放つ。

うーむ、悔しいが一応スジは通っている。このあたりで引っ込むしかないか。

「なんだよ、あいつ。小説を録音して書くって、志茂田景樹じゃあるまいし」

「そうだよ、あいつあれで2万4千円も儲かったんだよ」

帰りの車中、我々は、男を論破できなかったやるせなさでいっぱいだった。

所長のデビッド・ハウエルに内容証明郵便を送れ

会社に戻り、男の言い分を思い起こすと、やはり仕事の需要の部分が引っかかってくる。小説家の卵たちが、はたして本当に口述筆記のような方法で作品を仕上げるだろうか。しかも賞狙いの応募作品を。

ちなみに、各出版社の新人発掘系の文芸誌編集部に、そういった慣習はあるのかどうか尋ねたところ、講談社「群像」、角川書店「スニーカー」など、どこも初耳とのこと。もちろん、編集部に届くのは作品のみなので、それがどういう過程で作られたかはわからないが、常識的に考えればおかしいとのことだ。口頭で小説が作れるぐらいの人ならさぞかし立派なものを書くんでしょうと、皮肉めいた言葉まで飛び出した。

数日後、試験結果の入った封筒が届いた。テープリライトが橘川より悪い48点で、校正が合格ラインに4点満たない90点。尾形、木村もそれぞれ数点の差で不合格だ。なるほど、やはり全員落とされるのか。

ただ、テープリライトはともかく校正に関してはどうにも納得がいかない。突っ込んでみる必要があるだろう。

「できたはずなんですが、どこが間違ってたんですかね」

「あなた、大学に落ちたからって、どこが間違ったか教えてもらえますか」

「大学とこれとは別……」

「何か聞きたいことがあるなら内容証明郵便を送ってください」

「どうしてそんなに頑なに…」

「ウチの所長はアメリカ人で、月に1回日本に来ますから、その者あてに送ってください」

「お名前は？」

「デビッド・ハウエルというアメリカ人です」

なんだよ、それ。こんな些細なことで内容証明郵便なんか書かすなよ。ま、電話で受け付けてもらえないんなら、直接出向くしかないか。

目的は試験代ではなく講習代をくすねることか

電話当日の午後、新宿のマンション。階段を上ると、ちょうど私の目の前にいた女性グループ数人も研究所のドアを開けるところだった。彼女らも試験を受けに来たのだろうか。後に続いて中へ入ろうとすると、奥の机にもテストを受けているのであろう複数の女性の姿が見える。

今入っていったグループと入れ替わりに出てくるはずの彼女らにも話を聞いておこうと、私は中に入るのをやめ、ドアの前で立ち止まった。

予想どおりすぐに出てきた女性2人組に、取材の意図を伝えると、どうやら2人も前々から不審なものを感じていたようで、私の話に熱心に耳を傾けてくる。

彼女らの今までの流れは、試験を受けて落ちたところまでは我々と同じだが、その後が違った。落とされたことで不審に思ってストップしたのではなく、その後、仕事を得るために有料の講習を受けているのだ。

1人は90分の講習×4回で1万8千円、もう1人は2時間の講習×4回で2万4千円を払い、今日がその講習の最終日だったという。

「で、その講習の内容は？」

聞くと、これがどうしようもない代物で、3回繰り返し流された小説を原稿用紙に書き起こし、それを30秒ほどで男がチェックするというもの。ちなみに今日の講義内容を見せてもらうと、赤ペンで句読点とカギかっこがチェックされているだけだった。おそらく先日試験会場にいたおばちゃんもこの講習を受けていたのだろう。

試験の成績が悪かったので、講習で力をつけた後に仕事を回すという理屈は筋が通っている。彼女らもそれに乗っかったわけだ。ただ、考えようによってはこの講習も単なる金集めの手段でしかなく、受講したからといってソク仕事にならないのでは。

が、講習を終えた彼女らは約束どおり、1本起こせば1万5千円になるという、60分テープをもらってきたのだそうだ。

ほほう。「力がついたから」ではなく「講習を終えたから」というところが引っかかるが、ま、これで原稿を送ってお金がもらえるのなら問題はない。何度か続ければ講習費用の元だって取れ

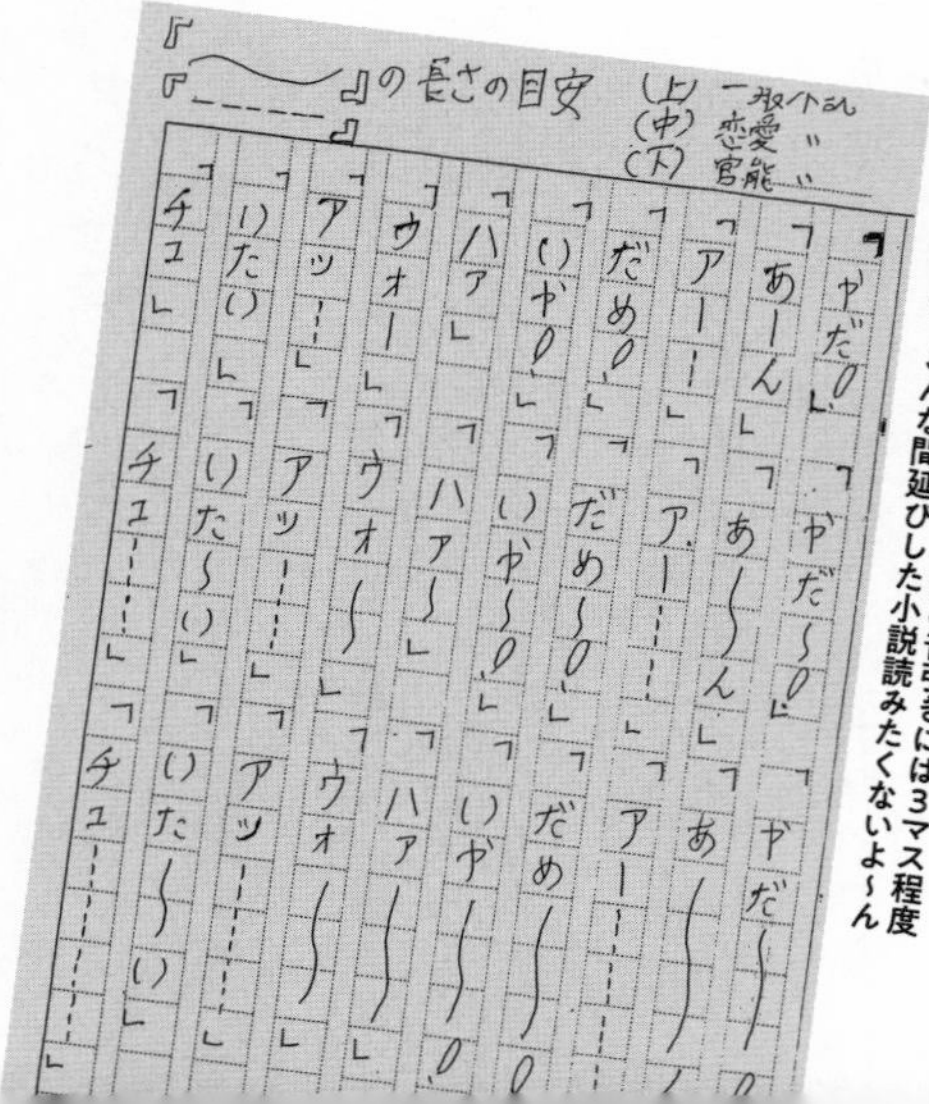

講習に使われたテキスト。官能小説の音引きには3マス程度使うのだそうだ。こんな間延びした小説読みたくないよ～ん

るだろう。とすれば私のうがち過ぎだったのか。

渡されたテープを見せてもらうと、ラベルには汚い文字で『北斗星、札幌に着かず』とある。あのリストにも載っていた作品だ。

いったいどんな作品なんだろう。どんなヤツがこんな依頼をしてくるのかも実に気になる。男の言い分によれば、このテープを録音したのは作家の卵ということだが。

「再生してみましょう」

先ほどから何かが引っかかっていた私の違和感は、テープレコーダーから流れてきた声を聞いてハッキリした。その声は聞き慣れたあの男のものだったのだ。2人の顔が見る見る青ざめていく。

「お前なんか人間じゃない、バーカ」

録音されているのはあの男の声。ということは、そのために何らかの原稿が事前に用意されていたはずだ。再度またそのテープを起こすことに意味はあるのか。いよいよ怪しくなってきた。

さらに気になるのは、彼女らの持っていた紙に書かれた但し書きだ。ミス1つにつき200円がマイナスされ、21カ所以上ミスがあるものについては無効とある。

ミスに対しペナルティを与える取り決めはわからないでもないが、同時にこのシステムは、極論するとバイト代が支払われない可能性をも示唆している。

彼女らの話によれば、講習会でのチェックポイントは「！」マークが1つか2つか、音引きは

1マスか2マスか、といった極めて感覚的な部分についてだったというから、その気になればいくらでもミスの指摘はできることになる。

私はマンションを訪れた。男がドアを開ける。

「出版社の者ですが、おたくが不審だという情報がありまして」

前回テストを受けに来たのを覚えているのかいないのか、いきなり男は凄い剣幕で怒鳴り出した。

「なんだ。電話でアポ取ってるのか！」

「電話では相手にしてもらえないから来たんですが」

「あなたに話すことは何もない。出版社か何か知らないが、帰れ」

男は早口でまくしたてる。

「ひとつ答えてくださいよ」

「答える義務がないから答えないと言ってるんだ」

義務はないのかも知れないけど、やましいことがないなら説明ぐらいできるだろうに。

「ウチは宗教をやってて、その一環でこの仕事をしてるんだ」

宗教という言葉を出せばビビると考えたのだろう。こちらはまだ何も言ってないのに、どうしてそこまで顔を真っ赤にして怒鳴る必要があるのか。しゃべればしゃべるほど男のやましさが露呈する。

ドアを閉められたので、しかたなく前の階段に座っていると、突然男が出てきた。何をするのかと思えば、いきなりポラロイドカメラを持ち出し、私の顔を撮影し始めたではないか。脅しの効力を持っていると思っているらしい。

「営業妨害で訴えるからな」

「そうしてもらったほうがおもしろくていいんですが」

「何がおもしろいだ。ずっと1日中、そこに立ってろ」

「どうしてそんなに依怙地になるんですか。納得いくように説明してくれれば帰りますよ」

「話す義務はない。お前なんか人間と思ってないんだ、バーカ」

人間と思ってないとまで言われてしまった。まるで子供のケンカのようだ。せっかく他の生徒には内密に話を進めようと考慮してやったのに、こんなにデカイ声でしゃべっちゃ台無しだ。中にいる生徒たちはこのやり取りをどんな思いで聞いているのだろうか。

『北斗星、札幌に着かず』は2人の女性のもとへ

ようやく中にいた生徒が出てきた。女性6人。話を聞くべく近づこうとすると、逆に向こうの方がすがるような目で尋ねてきた。

「さっきの何だったんですか」

やはり彼女らも不安になったらしい。あれだけ大きな声で男が怒鳴ったものだから、部屋の中もザワついたそうだ。そこで、受講生の1人が何があったのかと質問すると、男はこう説明したという。

表にいるのは宗教団体のヤツで、勝手にウチがオウム関係の小説のテープ起こしをしていることに抗議してきたのだ、と。

自分の口から漏れた「宗教」という言葉をゴマかすために、とっさに考えついたのだろう。自分たちが宗教団体だと発言したことを忘れたのか。

それでも納得のいかない1人がさらに追及すると、あんたには関係ないことだから、と言い放ったという。

「あんたにはビックリしましたよ。ずっとあなたって言ってたのに」

どうやらあの男、逆上すると誰が敵か味方かわからなくなるタイプの人間のようだ。

ま、ヤツにしてみれば、彼女らはすでに講習費用をふんだくった後の人間なのだから、今さら不審がられようが退会されようが構わないのかも知れないが。

喫茶店に入り、前の2人の話も含めた今までの経緯を伝えると、彼女らは、何が何だかわからないといった顔になる。40代ぐらいの主婦、20代の若い女性、みんな薄々おかしいなとは思いつつも、ここまで来たら元を取らねばとの一心だったようだ。

確かにそれは一理ある。何がどうであれ、バイト代さえ入ってくれれば一件落着なのだから。ただ、その思考こそヤツの思う壺なのではないか。

「みなさんは仕事もらいましたか。さっきの人は『北斗星、札幌に着かず』だったけど」

私が言うと、1人がビックリしたような声を上げた。

「え！　私のもそうです」

見ると、ラベルにはやはり同じ汚い文字で『北斗星、札幌に着かず』と書かれている。

再生するのはやめておいたが、もはやこのテープを録音したのが誰なのかは問題ではない。ポイントは、同じテープが複数の人間のもとへ渡されていることだ。

むろん、男の言い分どおり作家の卵が複数の賞に応募しようとしているのならありえないことではない。ただ、そのために作家の卵氏は、最低でも2人分の報酬3万円を用意しなければならないのだ。

私の話を聞けば聞くほど彼女らの疑惑は深まり、そういえばこんなこともあった、あんなこともあったと、これまでは気にならなかったことがポロポロと出てくる。

「どうして小説が60分にまとまるのかって聞いたら、こちらで勝手に編集してるって言ってましたけど、そんなことしていいんでしょうか」

「あと、10万円払えば1日早く仕事が選べるっていうのも変ですよね」

「そういえば他の業者に行ってもウチの講習は実績にならないって言ってました」

「私たちに1万5千円入るんだから、依頼する人はもっと払ってるんですよね。まだ芽の出てない人がそんなことするかしら」

宗教団体なのか右翼団体なのか

様々な矛盾点について説明を求めようと、彼女らを率いてマンションに戻ったが、チャイムを押しても誰も出てこない。

会社に戻ってからも何度か電話してみたが、一向につながる気配はなし。これ以上の突っ込みは無理かとあきらめかけたそのとき、編集部に電話がかかってきた。

「右翼団体の者だけど、お宅の社員がウチの子会社にイタズラ電話をかけてるだろ!」

第一声であの男の声とわかる。右翼?　あいつ右翼なのか。この前は宗教団体だったはずだが。

ヤツの言い分はこうだ。

オレはIというものだが、K能力研究所のNという男に、おたくからイタズラ電話がかかってきて困っているからなんとかしてくれと頼まれた。あんまり右翼を怒らせるようなことはするな——。

つまり別人になりきったつもりなのだ。つくづく笑わせてくれる男だ。こんなに特徴のある声ではバレバレじゃないか。ヤツにしてみれば

送付した内容証明郵便

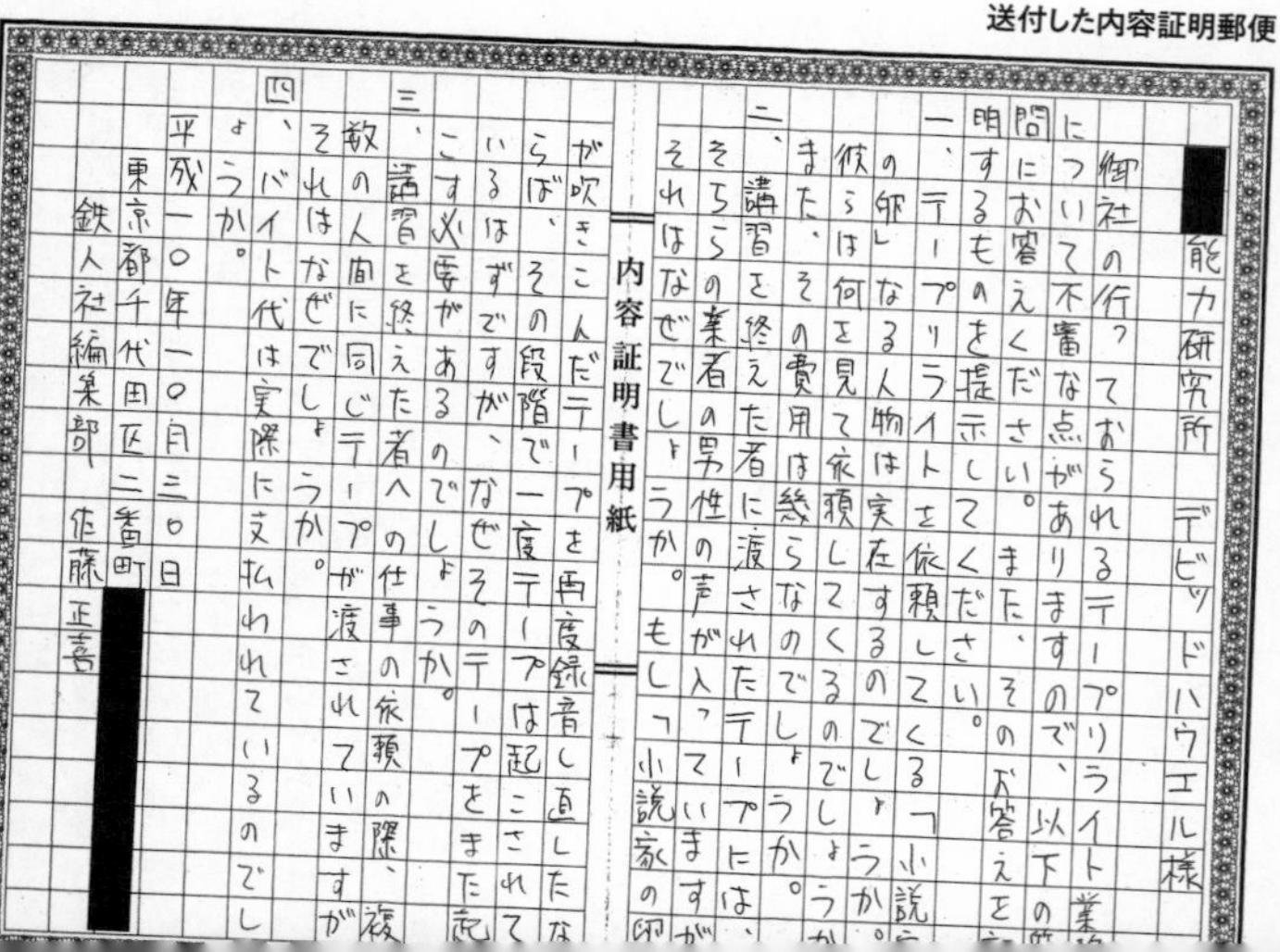
[redacted]能力研究所　デビッドハウエル様

御社の行っておられるテープリライト業
について不審な点がありますので、以下の
問にお答えください。また、そのお答えを
明するものを提示してください。
一、テープリライトを依頼してくる「小説
の卵」なる人物は実在するのでしょうか。
彼らは何を見て依頼してくるのでしょうか
また、その費用は幾らなのでしょうか。
二、講習を終えた者に渡されたテープには、
そちらの業者の男性の声が入っていますが
それはなぜでしょうか。もし「小説家の卵
が吹きこんだテープを再度録音し直したな
らば、その段階で一度テープは起こされて
いるはずですが、なぜそのテープをまた起
こす必要があるのでしょうか。
三、講習を終えた者への仕事の依頼の際、複
数の人間に同じテープが渡されていますが
それはなぜでしょうか。
四、バイト代は実際に支払われているのでし
ょうか。

平成一〇年一〇月二〇日
東京都千代田区二番町[redacted]
鉄人社編集部　佐藤正喜

内容証明書用紙

「K能力研究所のN（すなわち自分）は何もしていない。脅しているのは右翼のIだ」という言い逃れになると考えているんだろうが、そんなチャチなストーリーに誰が乗ってくるというんだ。だから文芸賞にも落ちるんだよ、君は。

本当に右翼団体の構成員なら、こんな些細なことで看板（団体名）を出すようなマネはしない。おそらく宗教団体と言ってもビビらないもんだから今度は右翼を名乗ってきたのだろう。所長がアメリカ人だから親米右翼ってことだな。

それに、イタズラ電話って言うけど「またおかけ直しください」のテープが流れてるから何度もかけてるだけのこと。イタズラ呼ばわりされるとは心外だ。

ま、これらの演技もすべて彼が後ろめたさを抱えているからこそ。疑惑はますます確信に近づいていく。

ただ、聞く耳を持たない男にこれ以上の接触は無意味なこと。私の取材した女性たち8人は、いちおう仕事をしてみてお金がもらえるかどうか様子を見ると言っていたので、そちらの結果を待つことにし、また、ヤツが求めていた内容証明郵便も送っておいたので、その返事に期待するとしよう。

最後は彼の教えに倣って感嘆符2つで締めておこう。

早く回答よこせよ!!

東京都渋谷区代々木[redacted]
[redacted]能力研究所デビッドハウエル殿
この郵便物は平成10年10月30日第34647号書留内容証明郵便物として差し出したことを証明します。
10.10.30 12-18

三重県亀山市に実在!!

国家社会情報局で何が行われているか?

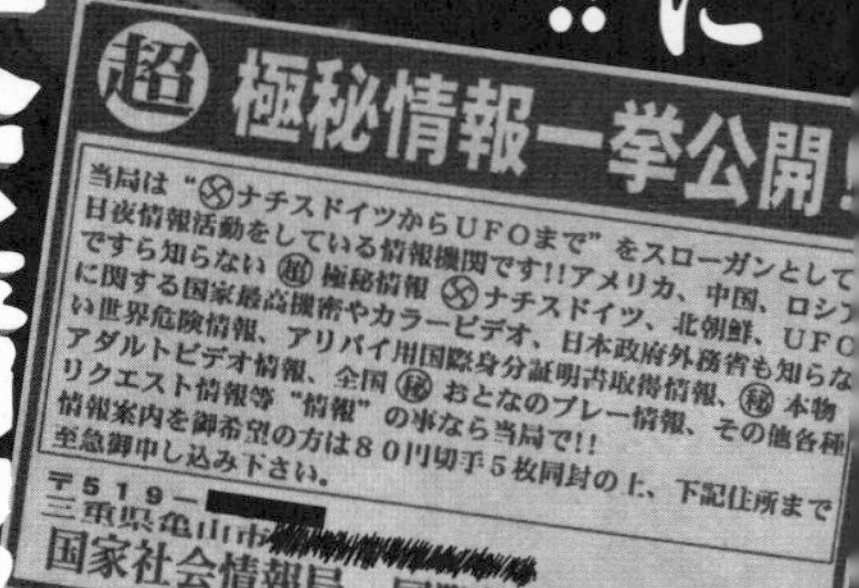
超 極秘情報一挙公開!

当局は"卍ナチスドイツからUFOまで"をスローガンとして
日夜情報活動をしている情報機関です!!アメリカ、中国、ロシア
ですら知らない 超 極秘情報 卍ナチスドイツ、北朝鮮、UFO
に関する国家最高機密やカラービデオ、日本政府外務省も知らな
い世界危険情報、アリバイ用国際身分証明書取得情報、秘 本物
アダルトビデオ情報、全国 秘 おとなのプレー情報、その他各種
リクエスト情報等"情報"の事なら当局で!!
情報案内を御希望の方は80円切手5枚同封の上、下記住所まで
至急御申し込み下さい。

〒519－[redacted]
三重県亀山市[redacted]
国家社会情報局　国際情報本部[redacted]係

リポート　響波速人
（名古屋在住のフリーライター　69年生まれ）

怪しい広告の中身を追及するのは、裏モノJAPANの大きな使命。この業者など、まさに格好の標的なわけで…。

99年3月号掲載

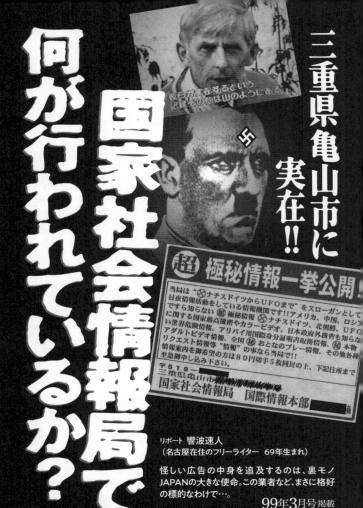

1998年11月上旬、近所のコンビニで某実話雑誌をパラパラめくっていたところ、一つの広告が私の目に飛び込んできた（右の写真参照）。

並み居るロ業者に囲まれてポツンと載っていたこの広告。ズバ抜けたウサン臭さである。「国家社会情報局 国際情報本部」という謎の団体名。ナチスドイツの国家最高機密から大人のプレー情報に至る、いかにも怪しげ、というかマヌケな商品ラインナップ。そして三重県亀山市、というド田舎の所在地。

ここまで揃うと、もうダマシとかインチキとかそんなレベルではなく、金をかけてこんな広告を出しているというだけで、取材対象とするにふさわしい相手と言わざるをえない。

久々に出会った天然記念物級の裏モノ。果たして、ここにアプローチすると、どんな展開が待ち受けているのか。もしや、本当に極秘情報が手に入るのか。私はさっそく、80円切手5枚を同封し、資料請求の手紙を投函した。

世界中のどこでも身分が証明される

5日後、我が家にA5大の分厚い封筒が届いた。裏に「国家社会情報局 国際情報本部」のゴム印が押されている。どうやら相手はマジのようだ。

ワクワクしながら中を開ける。と、出てきたのは「重大情報!! 日本に非常事態発生!!」と題された、400字詰め原稿用紙8枚にわたる作文。内容を紹介しよう。

『かつての経済大国に大異変が発生しています。バブル崩壊後日本は、低迷の一途をたどり、今や政治、経済は大混乱に落ち入っております。そしてついに日本は、1998年4月より大失業時代に突入しました』

誤字の交じる稚拙な文面も、筆者の熱い思いが伝わる書き出しだ。

『かつての銀行マン、證券マン、商社マンは、パチンコ店のホールマンに転職し、日本の一流大学の男子学生や女子学生ですら就職先が内定せず、夜の店（トルコ風呂やピンクサロン）でアルバイトや正社員として接客している事実を、あなたは御存知ですか？　もはや知らなかったではすまされない大変な時代に日本は入り込んでしまったのです』

見よ、この脈絡のない商品ラインナップを

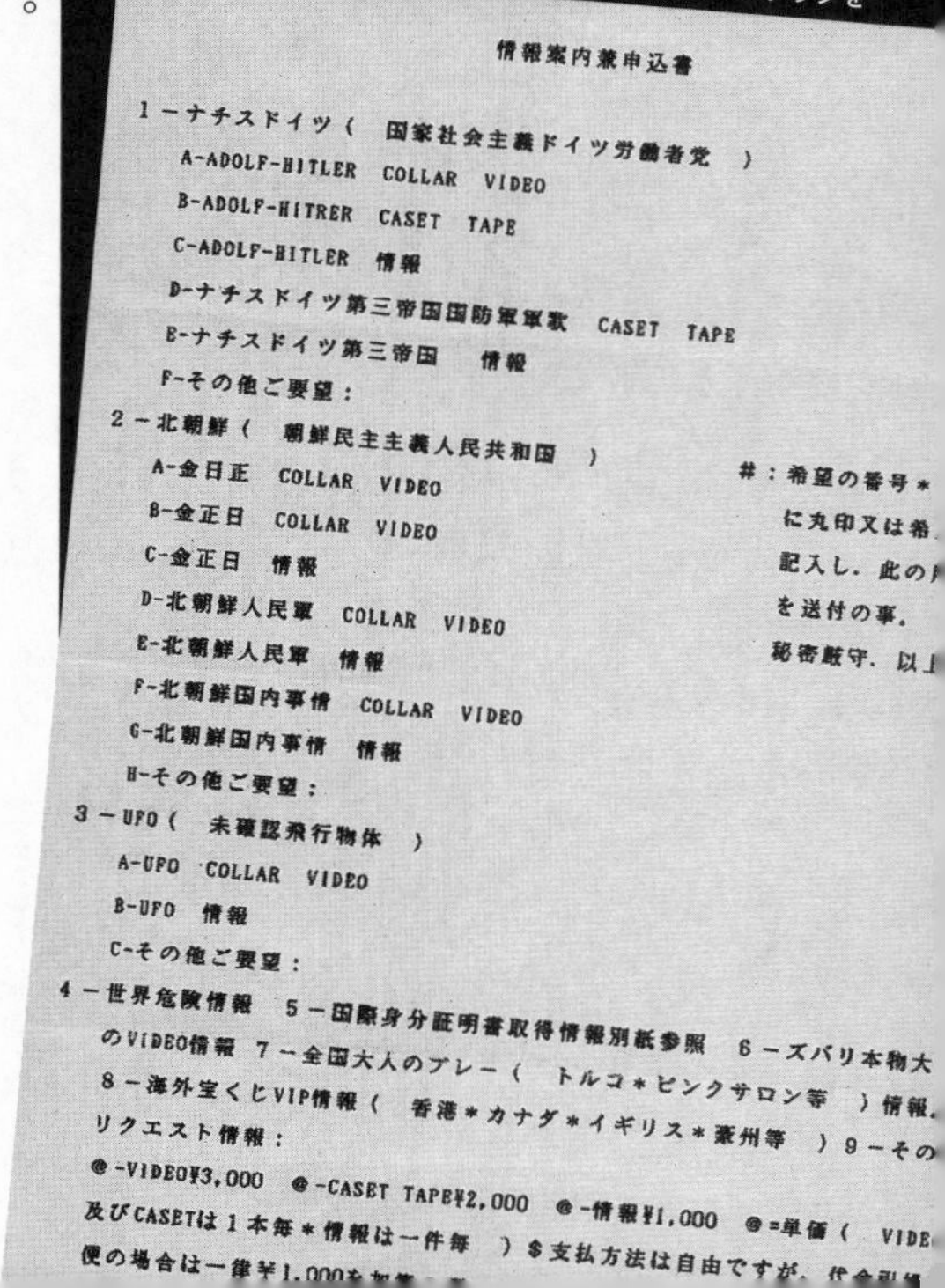
情報案内兼申込書

1－ナチスドイツ（　国家社会主義ドイツ労働者党　）
A-ADOLF-HITLER COLLAR VIDEO
B-ADOLF-HITRER CASET TAPE
C-ADOLF-HITLER 情報
D-ナチスドイツ第三帝国国防軍軍歌 CASET TAPE
E-ナチスドイツ第三帝国　情報
F-その他ご要望：

2－北朝鮮（　朝鮮民主主義人民共和国　）
A-金日正 COLLAR VIDEO
B-金正日 COLLAR VIDEO
C-金正日　情報
D-北朝鮮人民軍 COLLAR VIDEO
E-北朝鮮人民軍　情報
F-北朝鮮国内事情 COLLAR VIDEO
G-北朝鮮国内事情　情報
H-その他ご要望：

3－UFO（　未確認飛行物体　）
A-UFO COLLAR VIDEO
B-UFO 情報
C-その他ご要望：

4－世界危険情報　5－国際身分証明書取得情報別紙参照　6－ズバリ本物大
のVIDEO情報　7－全国大人のプレー（　トルコ＊ピンクサロン等　）情報。
8－海外宝くじVIP情報（　香港＊カナダ＊イギリス＊濠州等　）9－その
リクエスト情報：
@-VIDEO¥3,000　@-CASET TAPE¥2,000　@-情報¥1,000　@=単価（　VIDE
及びCASETは1本毎＊情報は一件毎　）＄支払方法は自由ですが、代金引
便の場合は一律¥1,000を加

＃：希望の番号＊
に丸印又は希
記入し．此の
を送付の事。
秘密厳守．以

女子学生がトルコ風呂で接客している事実をオマエは知っているのか！ って言われてもなぁ。そんなことよりトルコ風呂って、あんた何才なんですか。

この後、作文は不況に対して何ら対策が立てられない日本政府への怒りが延々続き、最終的には、「こんな時代に失業者になると身分証明が困難になる」ので、我が国際情報本部が発行する『国際身分証明書』を取得せよ、という結論に導かれていく。

『この国際身分証明書は外国人の方でも取得可能で、母国に帰っても使用できます。世界中どこにいても身元と身分が証明され、第2のパスポートとしても使用できるのです。そういう意味においてこの身分証明書は国際的に最もすぐれた証明書という事になります。一日も早くこの泥沼化した日本社会を抜け出す第一歩として、この名誉ある国際身分証明書を取得される事をご提案致します』

ここまで、強くご提案されたら取得せんわけにはいかんだろ。泥沼化した社会から、1日でも早く抜け出したいもんな。

さっそく手続き方法を確認すると、同封の履歴書に必要事項を記入し3カ月以内の住民票を添えて送れ、とある。世界中で通用する身分証明書だ。住民票ぐらい当然必要になるだろう。

ちなみに、証明書を取得すれば、自動的に「国家社会情報局 国際情報本部」の局員となり、その登録費は3千円（半年ごとの更新）、月間維持管理費が1千円。紛失などの場合は再発行料が1千円かかるらしい。安いもんじゃないか。

こうなると、同封されていた注文票（右写真参照）にも応えないとマズイだろう。

悩んだ末、私は数あるラインナップの中から、ナチスドイツ第三帝国情報、北朝鮮国内事情情報、ＵＦＯカラービデオ、世界危険情報、ズバリ本物大人のＶＩＤＥＯ情報、全国大人のプレー情報の6品をチョイス、これに「国際身分証明書」取得のための代金を加え、計1万7千円を送ることにした。

明らかに電波系の人物に住民票を渡すことのためらいはあったが、裏モノ追及のためには、それぐらいの犠牲は仕方がない。

国際身分証明書は単なる紙キレだった

ブツは10日後にゆうパックで届いた。が、予想通りというかどれもこれもとんでもないシロモノ。

まず、国際身分証明書。これは画用紙に英文のコピーを貼っただけの名刺大の紙キレだった（251ページ写真参照）。裏に国家社会情報局 国際情報本部のゴム印、表には有効期限として「1999・6－10」の判が押されている。

名前や住所、生年月日は自分で書くらしい。写真も本人が自分の顔だと確認できるものを自分で貼れという。履歴書や住民票まで提出させて、コレかい。

残りの商品は、説明するのも空しい。

「世界危険情報」…小学館から出ている『世界危険情報大地図館』（惠谷治著）のコピー4枚。

「ナチスドイツ第三帝国情報」＆「北朝鮮国内事情情報」…何らかの出版物のコピー。35とか82というページ数まで複写されている。

「ズバリ本物大人のＶＩＤＥＯ情報」…大阪の業者のパンフレットがそのまま入っているだけ。

「全国大人のプレー情報」…4年前に出た『ポケＭＡＮ』（笠倉出版社）のコピー。私の住所に合わせてか、名古屋エリアの風俗情報が6枚コピーされている。

「ＵＦＯカラービデオ」…既製品のダビング。ナレーション付きの映像で海外の物理学者や宇宙学者がウンチクを語り、「ＵＦＯが証明される日も遠くない」というありがちな内容。販元を隠すためか、オープニングとエンディングをカットするなど芸が細かい。

覚悟していたとはいえ、こんなモノのために、私は住民票を取り、履歴書を書き、１万

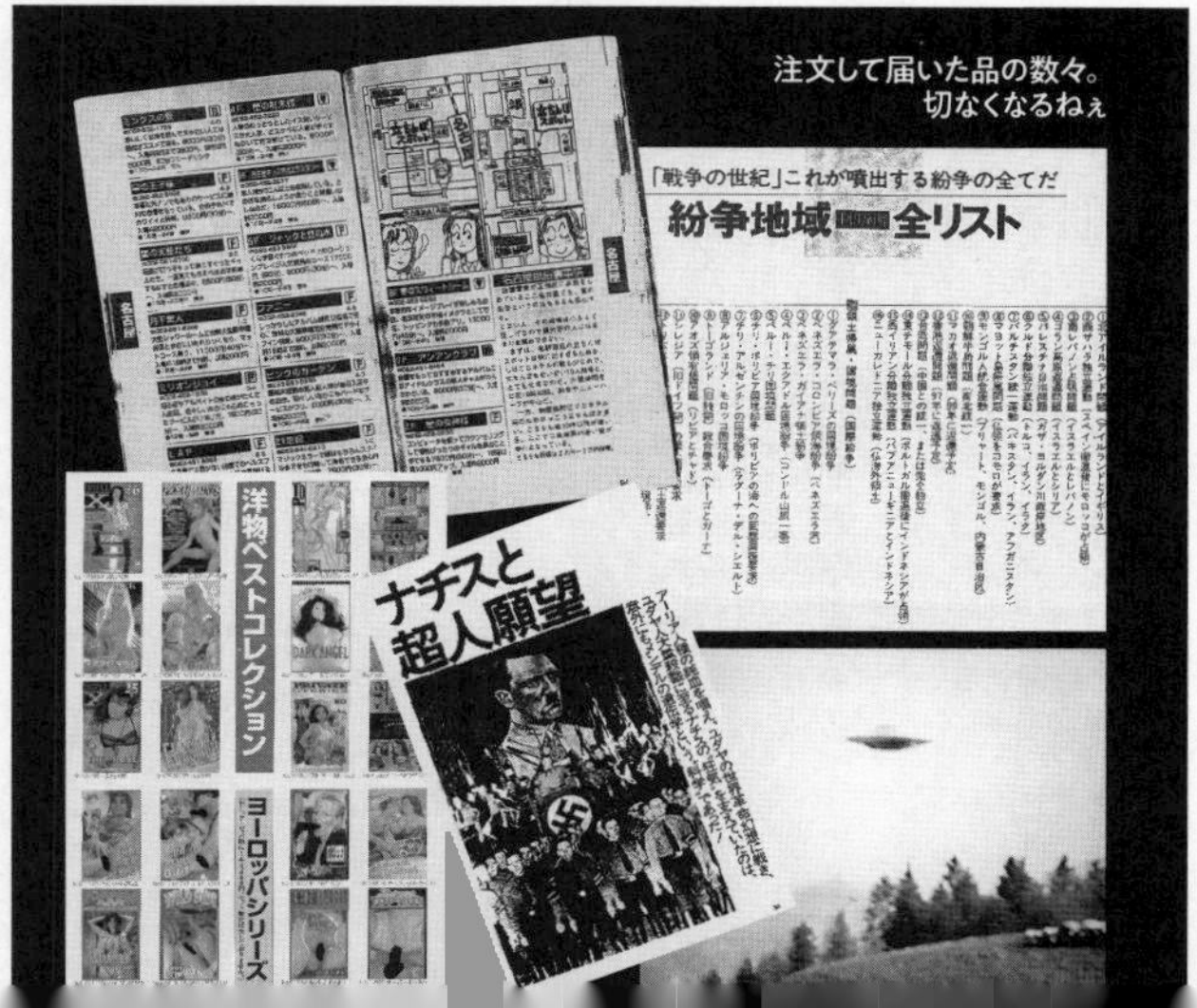

注文して届いた品の数々。切なくなるねぇ

7千円を払ったのか。払ったんだよな、コレが。

さてどうするか。裏モノの正体見たりと、これで終わりにするか。いやいや、このままでは読者の皆様に申し開きができない。

となれば、次に起こすべき行動は、ただ一つ。この「国家社会情報局 国際情報本部」を名乗る業者の実態を徹底的に調べるのだ。商品の内容や文章からして、相当イッてる男（女かもしれん）とは容易に想像できるが、果たしていかなる人物が、広告まで出してこんなマヌケな商売をやってるのか。それをこの目で確かめるのだ。

レンタルビデオ屋で証明書の効果を試す

さっそく広告に載っていた住所を確認するため、三重県の地図を広げる。が、ここでふと思い止まった。

広告の住所がこの手の業者にありがちな、単なる私設私書箱という可能性は十分あるが、幸か不幸か万が一そこに人がいた場合、何を口実に来たと言えばいいのだろう。「インチキだ。金返せ」では水掛け論になるのがオチ。何か明確な理由が欲しい。

局員の私が本部で局長に会い、しかも局長が対応せざるを得ないような合理的な理由。これが必要だろう。何せこんなモノを平気で送り付けてくる相手。海千山千の詐欺師の可能性も否めない。

と、そこですぐ名案を思い付いた。「国際身分証明書が証明書として機能を果たさなかった」

と訴えればどうだろうか。可愛い新入局員がせっかく活用しようとしたのに使えなかったとワザワザ訪ねてくれば、局長も応対せざるを得ないだろう。

が、問題はどうして事実関係を作るかだ。この証明書を警察署に持っていき「通用しますかね」と聞いてみるのも手だが、さすがにそんな勇気はない。私にできるのは、せいぜいレンタルビデオ屋で会員証を作ってみるぐらいだ。

…でも恥ずかしいだろな。店員にバカにされるのは目に見えてるもんな。でも、相手がマジでバカやってんだから、こっちもそれなりの姿勢で臨まなきゃな。

気持ちを落ちつかせ、近所のビデオ屋へ直行。AVを適当に3本選び「初めてなんですけど」とカウンターに差し出した。店員は20才過ぎの好青年風である。

「お客様、何か身分証明できるものはお持ちですか」

それを受けて、さりげなく後ろポケットから国際身分証明書を差し出す。心臓がバクバクしているが、ここは努めて冷静を装わなければならない。

「ん？」

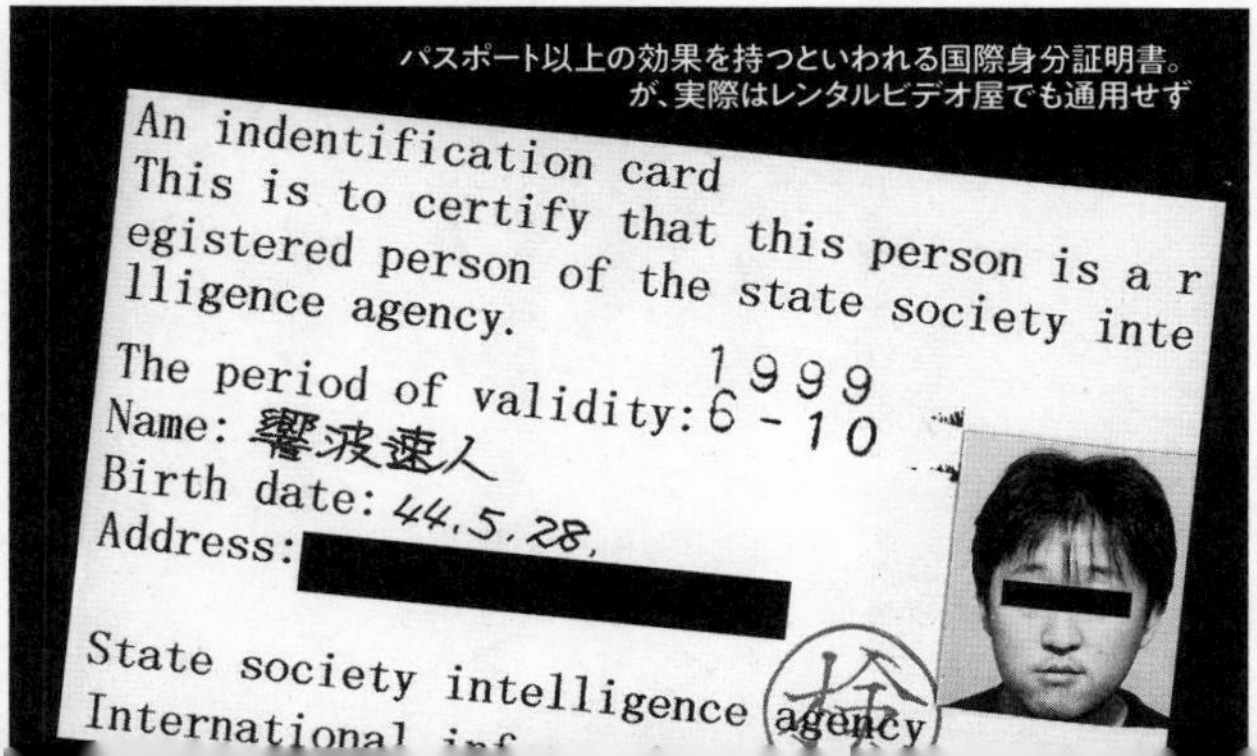
An indentification card
This is to certify that this person is a r
egistered person of the state society inte
lligence agency.
The period of validity: 1999 6 - 10
Name: 響波速人
Birth date: 44.5.28.
Address: [redacted]
State society intelligence agency
International
パスポート以上の効果を持つといわれる国際身分証明書。
が、実際はレンタルビデオ屋でも通用せず

店員が変な声を上げた。証明書の表の文面をジロジロと眺め、困惑した顔で私の方を見ている。頭のおかしいヤツと思ってんだろうか。が、ここで折れるわけにはいかん。

「あの…、お客様、免許証はお持ちじゃないんでしょうか」

たまり兼ねて店員が尋ねてくる。顔から火が出そうだが、ひるんでちゃダメだ。

「いや、それしかないんで」

「これは…。社員証になるんでしょうか」

「国際身分証明書っていうんですよ。最近取得したんだけどね」

店員の、何か言いたそうな口元と氷のような視線が肌に突き刺さる。予想どおりのリアクション。もうあきらめるか。

と、そのとき店員が「少々お待ちを…」と、店長を連れてきた。

「お客様、これは何でしょうか」

証明書を見ながら、困惑した表情で店長が聞く。

「国際身分証明書っていって、パスポート以上の証明書ですよ。これで会員証を作ってもらえないかなと思って…」

「恐れ入りますが、免許証か何かはお持ちじゃないんでしょうか」

「それじゃダメなんですか」

「いや、ダメというかその…」

困り果てる店長の後ろで、先ほどの店員が隠れるようにして立っている。絶対、私と目を合わさないという雰囲気だ。

「あの、返却時で結構ですので免許証をお持ちいただけませんか」

「これじゃカードが作れないんですか」

「はァ、ちょっと難しいですね」

「YESかNOか、はっきり答えてください」

「…じゃあ、NOということで」

「それでいいんです。どうもお騒がせしました」

逃げるように店を出る私。その姿を身じろぎもしないで見つめる店員と店長。いやぁ、もう二度とこの店には行けないな。

ともかくこれで国際身分証明書は、レンタルビデオの会員証も作れないシロモノだということははっきりした。すなわち、国家社会情報局 国際情報本部に行く大義名分ができたというワケだ。

局長は現在41才。若いころは右翼で…

11月下旬、JRで亀山駅に向かう。そこからバスに乗り継ぎ、住所の近くの停留所で下車。喫茶店などで聞き込み、該当する番地を探し回ること30分、問題の「国家社会情報局 国際情報本部」の所在地を突き止めた。

なんと、そこは2階建ての一戸建てだった。玄関の表札には『川田（仮名）』とあり、郵便ポストに夫婦らしき男女の名前と男の子の名前が書かれている。一家で住んでいるのか。玄関には「防犯連絡所」「子供ＳＯＳ」の看板も張られていた。

あまりにも意外な正体にガク然としつつ、近所のおばちゃんに聞いてみると、確かに人が住んでいるとのこと。が、住人は老夫婦と40代の息子の３人だという。

「あの、国家社会情報局ってご存知ですか」

「国家…？　知らんなぁ」

やはり何かの間違いか。とりあえず、送り付けられてきた注文票などを見てもらおう。

「その住所の家から、こんなのが来たんですけど」

「ああー、こういうことをやるのは政文（仮名）しか考えられんわ」

おばちゃんが急に納得したような顔になった。心あたりアリか。政文って誰だ。そいつが局長か？

「政文は、まだこんなことやってるんだな、いい歳して」

話し好きのおばちゃんによれば、政文はいま41才で、若いころは右翼に入ってたこともあったという。

15年以上前に国鉄を辞めた後、職を転々とし、現在は無職。結婚もしておらず、夜中に爆竹を鳴らすなど奇行が目立ち、近所の人は関わらないようにしているらしい。

「いつも青白い顔をしててな。車の出入りの音がうるさいと怒鳴り込んできたり、石を投げ込まれたって夜中に電話をかけてくることもあったなぁ」

こうした妄想のような異常な素行は5年ほど前から一段と強くなり、最近は昼間パチンコ店の駐車場で眠り、夜中に行動する昼夜逆転の生活を送っているという。

「あんたも、あんまり付き合わない方がいいよ」

おばちゃんの忠告に、マジで背筋が寒くなる。ある程度覚悟していたとはいえ、ここまで危ないヤツとは。私は、そんな男の運営する国家社会情報局 国際情報本部の局員になってしまったのか。住民票まで提出しちまって……。

が、ここまで来て引き返すワケにはいかない。今日の私はあくまで、局長に会いに来た新人局員なのだ。何もやましいことはない。

勇気を出し『川田』家に接近、恐る恐るインターホンを鳴らす。が、反応はない。何度鳴らしても無反応。どうやらまだ帰ってないようだ。仕方ない。出直すか。

何気なく上に目をやったところ、2階の窓に異常なモノを発見した。ドクロだ。ドクロマークの暖簾がかかっているのだ。何ちゅう悪趣味なんだ、局長。

色白のメガネ男が玄関に現れた

午後7時、改めて国家社会情報局 国際情報本部に向かう。中から明かりが漏れている。車庫には昼間なかった車が2台。どうやら、帰っているようだ。

緊張しつつインターホンを鳴らす。

「どなた様ですか」

女性の声が聞こえた。母親か。ここはもう、ストレートに言うしかないだろう。

「響波と申しますが、国家社会情報局はこちらでよろしいんでしょうか」

「ああ…、それ息子がやってるヤツですわ。ちょっと呼びますから」

玄関先に電灯がともり、中から「政文、お客さんよー」という声が聞こえる。と、ドタバタ階段を下りる音がして玄関の扉が開いた。顔を覗かせたのは、ジャンパー姿でチョビ髭を生やした色白のメガネ男だった。どうやら、この人物が局長らしい。

どう切り出せばいいだろう。ここは同好の士を演じるのが無難か。

「あっ、局長ですか。私、最近入局した響波と申します」

「おおー、それはそれは」

「せっかく入局したんですから、一度本部にもお邪魔してみたかったんですが、少しよろしいですか」

2階の窓にドクロマークが…

「けっこうけっこう、どうぞ入ってください」

なるほど。ここらへんがストライクゾーンか。もうこのまま行くしかないな。

挨拶がわりに国際身分証明書を見せる。と、局長の表情が一気に崩れた。抗議に来たという想定はまるで頭にないみたいだ。

応接間に案内され、改めて局長に向かい合う。見るからに一昔前のパソコンオタクらしい風貌。が、事前に聞いていたような電波系の雰囲気はない。しゃべりは穏やかだし、終始ニコニコしている。

「この写真の貼り付けは完璧だ。どこかで技術を学んだのかね」

局長が私の国際身分証明書を手に取り聞いてきた。

「ただカッターで写真を切って貼っただけですよ」

そっけなく答えても、局長は「素晴らしい」「完璧だ」と絶賛。名前や住所をローマ字で2段に書けばアメリカでも通用するなどとも言う。

「これは本当に国際的に通用するんですか」

「もちろんですとも。台湾や中国ならこの裏の判を見せればいいんです。これはウチしか発行していない。絶対に偽造できない工夫も施してあるんですよ。ま、それは企業秘密で言えないけどね」

「ギャハハハハハ」

思わず素に戻り、大爆笑するが、局長は一向に意に介さない。どころか応接間のテレビをつけ、「よく立ち聞きされるんだ」と音量を上げる。キテますな、局長。

機関銃のようにしゃべり出した局長

母親がお茶と草餅を持ってきた。母上は局長のことをどう思っているのか。こんなご子息を持たれ、さぞ心労の多いことだろう。

なんて心配しているヒマはなかった。局長は草餅を口に入れるや、機関銃のようにしゃべり始めたのである。以下、少しお付き合いいただきたい。

「いいか、響波くん。国家社会情報局 国際情報本部のエージェントは全国にたくさんいるんだ。一般企業に勤める者やホームレス。人自体が機密事項なので、それが誰なのかは言えないが、キミが想像する以上に大きな組織なんだ。そんなわけだから、世界中のハッカーがうちの情報を盗みに忍び込んでくる。以前、コンピュータに入力しておいた情報をハッカーに盗まれたことがあってな。それ以来、電話番号は局員にも公表してないんだ。だから情報が漏れない郵便が一番確実なんだ」

「局長はふだんは何をしてらっしゃるんですか」

「街に出て、人の会話から生きた情報を拾っているんだ。時には会社勤めをして世を忍ぶ仮の姿を演じることもあるよ。だから一カ所に長く勤められないがね」

「そりゃ大変ですね」

「この国家社会情報局 国際情報本部は10年前から運営しているんだが、広告代や海外渡航など経費がかかり過ぎで、ずっと赤字続きなんだ。その上、家に石を投げ込まれたり、不審な人物に尾行されたりで、危険な目に遭ったことも一度や二度じゃないよ」

本気も本気。局長の話には一点の揺るぎもない。どうしたら、いいのだ。このまま局員のフリをして話を聞いてるしかないのか。

いや、私には聞くべきことがあった。疑われることなく部屋に招き入れられたことで、すっかり忘れていたが、国際身分証明書が使えなかったことを追及しなければならなかった。局長、果たして何と答えるか。

「…というわけで、レンタルビデオの会員証が作れなかったんです。これ、どういうことなんですかね」

「なるほど。やはり営利目的のところは難しいかもしれないね」

「と、言いますと?」

「レンタルビデオやサラ金などは損害賠償を考えるから、過去のデータが集積された免許証や保険証を求めることが多いんだ。そういう場では、確かにこの証明書は使えないかもしれん。免許証や保険証だと登録番号から過去の事故歴、病歴が第三者にわかってしまうからね。これは大問題だよ、キミ」

なんだか、わかったようなわからないような…。

「その点、この国際身分証明書は名前と住所と生年月日しか書かれてないだろ。だから絶対プライバシーは漏れないんだ」

このレベルの返答にどう突っ込みを入れればいいのか。下手なことを言って逆上されては困る。が、身分証明したい場面で証明できなければ何の役にも立たないではないか。一体どんなときにこれを使えばいいのか。

「あのね、これは持つ人の心の自信になることを第一に考えて作ってあるんだよ。失業者の人がこれを持てば、当局に在籍する情報部員としての地位を得ることができる。婚約者に何の仕事をしているのか聞かれたときも、『情報関係の仕事をしている。詳しくは機密事項に触れるから言えない』と答えればいい。スパイが自分からスパイであることを言わないでしょ」

これを真顔で言うんだよ、政文局長は。なら、私だって言い返してやるぞ。

「けど、自分の名前を自分で書く身分証明書なんて誰だって簡単に捏造できちゃいますよね。偽名を書いたってわからないじゃないですか」

「あのね、発行者と使用者が違うことで偽造を二重にブロックできるだろ。外国ではたいてい自分の名前は自分でサインする。私が書いたら同じ物が何枚もできちゃうでしょ。世界に一つじゃなくなるじゃないか」

なるほど、理に適ってる。悔しいが一言も反論できない。

「テポドンのことは政府に忠告したんだが」

局長の話は、北朝鮮に拉致されている人々の内情にも及ぶ。

「新聞で報道されている日本人は氷山の一角なんだよ。実際はもっと多くの人間が拉致されてるんだ。日本人だけじゃない。アメリカ人やロシア人、フランス人も数多くいるんだよ」

知ったふうにおっしゃるが、局長が送ってきた「北朝鮮国内事情情報」は何かの本のコピーだったのでは。あれはどういうことなんでしょうか。

「響波くん、書籍っていうのは何百万冊、何千万冊ある。全部読もうとすれば一生あっても足りない。その中から私が本物と認めた情報を送ることにしているんだ。郵送するのはハッカーに狙われないためで、そのためには本のコピーが一番いい。これはウチの独特の方法なんですよ」

「他にも本のコピーみたいなのがあり

ましたけど」

「風俗情報のことかい。あれも実際、本に紹介されている店に無差別に忍び込んで、書いてあることが本当かどうか身を以って確かめたんだ。だから自信を持って送れるワケだ」

もはや、このオッサンには何を言ってもダメか。言ってることは無茶苦茶だが、確信めいた話しぶりには付け入るスキがない。

「テポドンのことも知ってたんだよ、私は」

「はい?」

「発射される日時の情報をせっかく日本政府に教えていたのに、小渕ときたらまったく動かなかったんだ」

誰か止めろよ、コイツを。お母さん、何とかしてくださいよ。

「国家社会情報局 国際情報本部は、日本政府とも取り引きがあるんだよ。よく戦争が始まりかけているなどのヨソでは聞けない情報をこっそりウチに問い合わせてくるよ。密かに流してやっているけどね」

「日本政府の誰と取り引きしてるんですか」

「キミィ、それは言えないよ」

局長の話はそれからも延々と続いたが、紹介するだけ空しいので割愛させていただく。

結局、この人物が電波系の人なのか単にオメデタイ人なのか。それは今でも判断つかない。ただひとつ言えることは、国家社会情報局 国際情報本部は三重県亀山市に確かに存在し、そこで41才の局長が日夜情報活動をしているということだ。

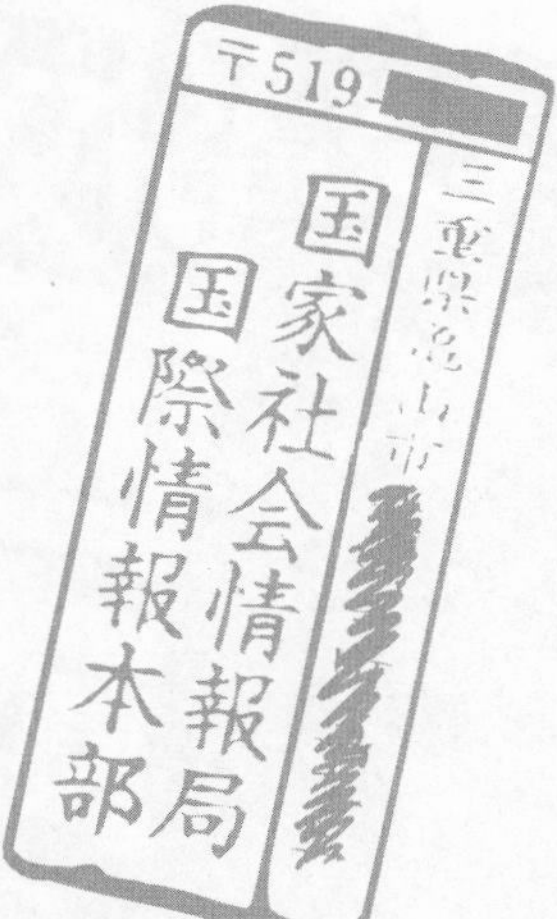

大阪西成で飲む打つ買う

リポート 中山 光（フリーター 27才）

裏モノJAPANの名物企画だった「飲む打つ買う」シリーズの第一弾。全国にその名を轟かせる“ドヤ街”に潜入、酒にバクチに女にと遊び倒してきやした。

99年5月号掲載

思い入れの量を示すかのごとく文字のぎっしりと詰まった情報が多数を占める裏モノ編集部への投稿の中、99年2月某日にその読者から届いたFAX用紙には、大きな三角の図形がポツリと書き込まれているだけだった。

辺や頂点のあちこちに①から⑦までの数字が振られているその直角三角形は、一見、数学の問題集から飛び出してきたかのような印象を受ける。

しかし、引き続き着信したFAXにより、その不可思議な図形は地図を意味していることが明らかになった。

①裏ビデオが買えます
②丁半博打をしています
③ノミ屋です
④ここでシャブを売ってます

各数字に逐一加えられた解説は、まるで空想としての無法地帯を思い描いているかのようである。しかしそれが単なる戯れ言でないと思われるのは、三角形の正体としてこう書かれていたからだ。

「大阪、西成三角公園」

大阪、西成。日雇い労働者の町として有名で、全国から労働者のおっさんやホームレスが千人単位で集まって暮らしているという。

東京・山谷に匹敵、いやそれ以上の規模というから、その様子や想像に難くない。

決まった住居もなく仕事も持たず、その日暮らしをする人間が大勢集まれば、法の目も行き届きにくくなるはず。博打だろうが薬だろうが、それこそなんでもありの状態にだってなり得るだろう。

が、それはあくまでも想像に過ぎない。果たして、大阪西成とは実際に投稿にあるような場所なのだろうか。もし、そうだとすればずいぶん楽しそうな気がするじゃないか。

「あんまりあっちは行かんほうがええ」

新大阪から地下鉄・御堂筋線に乗り込み、三角公園の最寄り駅「動物園前」で下車。改札を抜けて地上に出ると、のっけからホームレス風のおっさんたちが所在なさげにたむろする光景に遭遇した。駅名から想像される家族連れなど1組もおらず、辺り一面どこを見渡してもおっさん、おっさん、おっさん、おっさん。

いきなりの出迎えに驚いた僕は、とりあえず近くの作業服専門店で、ビニール製のヤッケ、ナイロンパンツ、帽子、デッキシューズ諸々を買い込んだ。来る前からさんざん気をつけろと言われていただけに、普段着で歩き回って目立ちたくなかったからだ。幸いにも、上から下まで全部揃えても5千円弱と、物価はかなり安い。

変装を終えた中山

パチンコ屋のトイレで着替えを済ませて変身完了。僕はさっそく三角公園を探すべく、赤と緑にライトアップされた通天閣タワーの麓に向かって歩き始めた。雰囲気からしてこちらに違いない。

が、予想に反してこの辺りに無法地帯の匂いは一切せず、将棋センターや串カツ屋からのどかな空気が流れてくるのみ。大阪のディープなムードこそたたえているとはいえ、危険さとはほど遠い。

アテがはずれたかと、そこから西、環状線の新今宮駅方向に足を伸ばすと、今度はあまりに健全な建物が目に飛び込んでくる。最近できた遊園地らしい（07年に閉業）。真上を走るジェットコースターから聞こえてくるのは女子供の脳天気な悲鳴。うーん、まさかこんなところで裏ビデオやシャブは売ってまい。

となれば東側かと反対方向に回るも、そこにあるのはただの動物園。三角形の公園はない。

どこをどう歩いても見つけられないので、ジャンジャン横丁と呼ばれる通りの入り口で気持ち良さそうにハーモニカを吹いていたホームレス風のおっさんに尋ねてみた。

「三角公園？」

意に反し、おっさんは通天閣と反対側の、南へと伸びる商店街を

ジャンジャン横丁にいたおっさんは三角公園には行かないらしい

指さす。それと同時に洩らされた気になる一言。

「兄ちゃん、あっちは、行かんほうがええ」

苦笑いの奥に潜む恐怖の色。聞くと、どうやら同じホームレスでもはっきりした住み分けがなされているらしく、ジャンジャン横丁界隈をねぐらにしているこのおっさんは、三角公園などとても怖くて近づけないらしい。さらに最近、公園を仕切る人間が代わってからますます近寄りにくくなったのだそうだ。

道端でハーモニカを吹いているおっさんですら近づけない公園とはいったいどんなところなのか。僕にしてみれば、このジャンジャン横丁のオヤジ臭い雰囲気だけでも十分すぎるほどのインパクトなのだが。

大げさに脅かすおっさんのせいで少し戸惑ってしまった僕は、夜が遅くなってきたこともあり、その日は近くの簡易宿舎に泊まることにした。1泊2千円。わずか3畳ながら男1人寝るには十分な広さである。


1泊2千円の部屋。

シーツもまくらもきれいなもの

青空の下で売られる裏ビデオの数々

翌日、ハーモニカのおっさんに教えられたとおり、商店街を抜けてパチンコ屋の辻を右に折れると、周囲のホームレス濃度はより一層高まってきた。いや、濃度が高いというよりは質が違うというべきだろうか。

ワンカップ片手に奇声を発するオヤジ。立小便しながらブツブツと呪文を唱えているオヤジ。商店街のド真ん中でぶっ倒れている男の右手には紐が握られ、その先に主人を失って身動きの取れなくなった犬が、どうしようもなく突っ立ってベロを出している。

商店で働く人々に交じってごく当たり前のようにそこにいる彼らは、新宿や代々木にいるホームレスたちと違い、疎外されている様子がない。何か不思議な印象を受けるのはそのせいだろうか。

グルグルと辺りを歩き回るうちに、南海電車の脇道を中心に無数の露店を発見。路上のいたるところにゴザが敷かれ、古い時計やラジオ、あるいはケン玉やボタンなどといった商品が脈絡なく並べられている。あまりにお粗末な品揃えのせいか立ち止まる人はおらず、店主であるおっさんたちは暇を持て余しているようだ。

とある小学校の横のゴザでは、どうやって入手したのか、隣の学校の教材と思われるクレヨンや教科書までもが商品として並んでいる。ご丁寧にも持ち主の名前が書かれたままなのが苦笑ものだ。

どうしようもない店ばかりが並ぶ中、あるゴザの上にビデオテープがズラっと並んでいた。見ると、ラベルには一世を風靡した裏ビデオ「援助交際白書」の文字が。

「おっちゃん、それいくら？」「ああ、これは５００円」

本物かどうかわからないためその値段が妥当なのか判断しかねるが、他のビデオが２００円ということから考えれば信用してもいいのかもしれない。

青空の下、裏ビデオが堂々と売られていることに大げさながらカルチャーショックを受けつつ、とりあえず千円で2本を購入。

その後、商店街の辻を折れたところでようやく三角公園の前に出た。廃材を燃やしてもうもうと煙を上げる焚き火のそばに数人の人だかりがある。

縦に2本並んだ大きなドラム缶の上に真新しいベニヤ板が乗せられ、そこに1人の男が黒マジックで大きな字を書いている。書き慣れているのだろう、きれいにレタリングされた明朝体の文字はみるみるうちに黒く塗りつぶされていった。その2文字は遠目にもはっきりと見てとれる。

「丁」「半」

最低ベット100円から

路上で、しかも白昼堂々と丁半博打の準備をする男たち。さすが三角公園、いきなり痛快な光景を見せてくれる。

そばの焚き火にあたりながら様子をうかがっていると、ベニヤ板の上に古い電話帳、サイコロ2つ、そして壺の代替としてみかんの缶詰の空き缶が置かれた。いよいよスタートだ。

ルールは簡単。壺振りがサイコロ2つを同時に振り、子は合計出目が奇数か偶数かを当てるだけ。奇数が半で、偶数が丁。当たれば倍になり、はずせばそっくり親に持っていかれる。

ただし、ベニヤ板中央に書かれた但し書きには、
「1・1（ピンゾロ）」
「1・6（ジュウロクサイ）」の場合は親の総取り、とある。

勝ち分から数パーセントといった形ではなく、何回かに1回は出るその2つの目によって、親（胴元）はテラ銭を稼いでいるわけだ。むろん、その出目に対して子は為す術なしというわけではなく、「1・1」「1・6」に賭けていれば5倍の配当となって返ってくる。

場にはこぎれいな格好したヒゲ面の壺振り以外に2人の補助役がおり、彼らはどちらに幾ら賭けられたかをチェックし、配当金の受け渡しなどを行っている。

僕はポケットから取りだした千円札を補助役に渡して両替してもらい、100円玉1枚を「半」に置いた。セコいとは思うが、慣れない賭事に大金をつぎ込むわけにもいかないし、周りのおっさん連中も

露店に並べられた商品。つかさちゃんの文房具が売られていた

小銭で勝負しているのだから問題はない。

「もうないかー、もうないかー」

壺振りの独特のしゃがれ声が客を煽り、「勝負やで」の一声で缶が開けられる。

「よっかいち（4・1）の半やで」

幸先のよいスタート。僕の100円は200円になった。調子に乗り、その200円を再び「半」に置く。

「もうないかー、もうないかー」

千円札と100円玉が板のあちこちに置かれ、数秒後、動きが止まる。壺振りが缶に手をかけた。

「勝負やで。サンゾロ（3・3）の丁」

200円はあっけなく回収。トータルで100円マイナス。となれば次は100円を賭けててもしょうがない。プラスにするには最低200円は張らねば。

という思考がマズかったのか、どんどん進行する場に合わせて思いのままに賭け続けるうちに、千円はすぐに溶け、2千円、3千円と両替は進んでいった。

千円札が握りきれない。ワザと勝たせているのか

客は僕を含めて5人ほど。当然ながらみんな日雇い労働者風情だ。稼いだ金を巻き上げられまいと必死の形相だが、やはりそこはギャンブル、そうそううまくはいかない。

負けが込んできた僕も頭を悩ませた。出目は2から12までの11通り。そのうちの奇数が5通りで偶数が6通りだから丁のほうが出やすいのだろうか。いや、ちょっと待て。そんな単純なわけがない。4は「2・2」「1・3」の2通りだけど、3は「1・2」のみ。ん？「2・1」は「1・2」と別に考えるべきなのか？

あれこれ頭を巡らせて、どちらに張るのが有利かを考えていた僕だが、しばらく賭け続けるうちに、そのような確率論がまったく無意味であることに気づく。なぜなら、壺振りは自分の思いのままに出目を操れるからだ。

それが証拠に、壺振りは缶を開ける前から「ようわかったな」だとか「ここは丁やで」といった声を発するし、場がヒートアップして盤上に置かれた金額が増えたとき、スッと「1・1」「1・6」が出るのも、やはり意図的なものと捉えるのが自然だろう。

一帯で最も盛り上がっていたのが丁半博打。
壺の代わりにフルーツの空き缶が用いられていた

つまり丁半博打とは、単なる確率2分の1の運試しではなく、壺振りが次にどちらの目を出そうとしているかを客が読む、心理ゲームなのだ。

と、ここまではすぐに理解できた僕だったが、その心理を読む術を持たない以上はやはり運に頼るしかない。

僕は賭け金を3千円と１００円の2種類に使い分けて、大きく勝って小さく負ける戦法を採ることにした。

「もうないか、勝負やで」

丁が3回続いたこの流れ、次も丁のはず。

「シゾロ（4・4）の丁」

どういうわけか3千円を張り出してからはヨミが面白いように当たりだし、理想的な流れで持ち金は増え続けた。左手の千円札の束は握りきれなくなるまでに膨らんでいる。全部で28枚。

単なるビギナーズラックかそれとも最初はワザと勝たせて後で巻き上げようとの魂胆か。僕が賭けるのは缶が振られた後だから、故意に勝たせているとは考えにくいのだが、もし僕の素人独特の思考をあらかじめ壺振りが読んでいる

丁半博打は、壺振りが次にどちらの目を出そうとしているかを読むゲーム

のだとしたら、有り得ない話ではない。

いずれにせよ、引き際さえ間違わなければこのまま逃げきれるはず。しかし無法地帯と呼ばれるこの町で、ふらっと現れた若造が勝ち逃げするなんてことが許されるのだろうか。

ビルの1階は野球賭博もできるノミ屋

流れが断ち切られたのは突然だった。5度連続の「半」をヨミ切って左手の千円札が40枚ほどになったそのとき、いきなり壺振りがサイコロを握り隠し、ベニヤ板をひっくり返してしまったのだ。

周りの連中もパッと脇に散り、残されたのは2つのドラム缶のみ。隣の焚き火だけがあいかわらず煙を上げている。

何事かとキョトンとする僕に隣のおっさんは「よっぽど暇なんやで」とつぶやいた。どうやら私服の警察官が巡回に来たらしい。どの男のことなのかよくわからないが、皆が見据える方向にいるのだろう。トボけた空気が一帯を包

む。やはりいくら西成でも違法は違法、警察には気を遣っているようだ。

「そこで時間潰しときな」と補助役のおっさんに追いやられたのは雑居ビルの1階。メシでも食えるのかと入ったそのスペースは、外の喧騒とはまた違う独特の熱気に満ちていた。

壁面に並べられたテレビモニター。その下には、甲子園、和歌山、大宮といった文字が躍り、新聞のコピーが束になって吊るされている。ノミ屋だ。

「鳴門、終わりました」

「大宮入ります」

カウンターから女性の大きな声が聞こえてくる。座席がないため立ちっぱなしのおっさんたち

やはりノミ屋にいるのも日雇い労働者風情。
下はハズレ車券

は、その声に合わせてあっちにウロウロこっちにウロウロと体を動かす。

競輪も競艇もさっぱりわからない僕も、せっかくだからと遊んでみることにした。なにせ丁半で4万円も手にいれたのだ。このツキを利用しない手はない。

まもなく甲子園競輪（02年に閉場）の第2レースが始まる。新聞のコピーには、立川の先行に杉山の救護、竹中が決め足復調などと書いてあるが、何のことやら。結局のところ誰が強いんだよ。ま、あれこれ考えてもしかたないので、とりあえずは吉本と西山の2－4を5千円購入することにした。

カウンターに座るおっさんに千円札5枚を突き出す。

「甲子園、2－4」

「甲子園ね。シャ？ ワク？」

「えっと、えー、シャ」

「シャね」

競馬に馬連枠連があるのと同様、競輪にも車連、枠連というのがあるらしく、「シャ」と口走った僕が買うことになったのは車連の2－4。付箋のような形をしたペラペラの車券が手渡される。

レースは静かに始まった。出走と同時にカウンターから「甲子園終わり」の声。さすがノミ屋、出走ギリギリまで受け付けているようだ。

いったい何周でゴールするのか、そもそもどうして最初はのんびり走っているのかすらわからない僕も、周りの盛り上がりに合わせて食い入るようにモニターを見つめた。

結局、2番吉本は1着で来たのに、4番の西山は3着。2着は5番の永松とやらで決まりだ。

「おら、西山、何やっとんじゃ」

という罵声は飛ばず、おっさん連中はブツブツと小言をもらすのみ。どうやら妥当な結果だったようだ。と、ちょっと待てよ、これ、枠で買ってたら取ってたんじゃないか？　なんてこった。

休む間もなく、今度は大宮の第3レースが始まる。

「相原を目標に石井のチャンス」

相変わらず新聞のコメントはわけがわからないので、とりあえず石井と宮本の3－5に2千円の勝負。来ればいくらだ。うーん、オッズすらわからん。

でたらめに買った車券が当たるはずもなく、またしても2千円の散財。取り戻そうと目論んで、各地で次々と出走するレースに賭け続けたら、あっという間に丁半の勝ち分が消えていった。

「どうです？」

ノミ屋側の人間らしき若いにいちゃんが声をかけてきた。

「いやあ、アカンねえ」

アカンに決まってる。第一、新聞の読み方さえわからんのだ。競艇にいたっては、ゴール後も誰が勝ったのか不明である。

と嘆いていたところ、壁に「1半1」や「1半2」といった表が貼られているのを発見。なんじゃ、これ。

「ねえ、これ何」

にいちゃんによると、これは野球のオッズらしい。春と夏の高校野球、プロ野球のシーズンには野球賭博もできるのだという。いやー、なんて素敵なとこなんだろう。

辻に立つ3人の若い男。シャブは誰が買うのか

冷蔵庫のジュースは飲み放題、ぶっかけご飯も食べ放題というノミ屋の環境は居心地いいが、このまま熱気に身を任せていては金が持たないと判断した僕は外へ出ることにした。

公園のあちこちで古い建材が燃やされ、火の粉を上げた炎の周りでは虚ろな目をしたおっさんたちが、何をするでもなくただボーッと立ちすくんでいる。

無法地帯の中心となるべき場所で、ビニールのヤッケが溶けるほど長いあいだ火にあたっていた新参者の僕なのに、誰もからんでこないし、話

どうしてわざわざこんな看板が

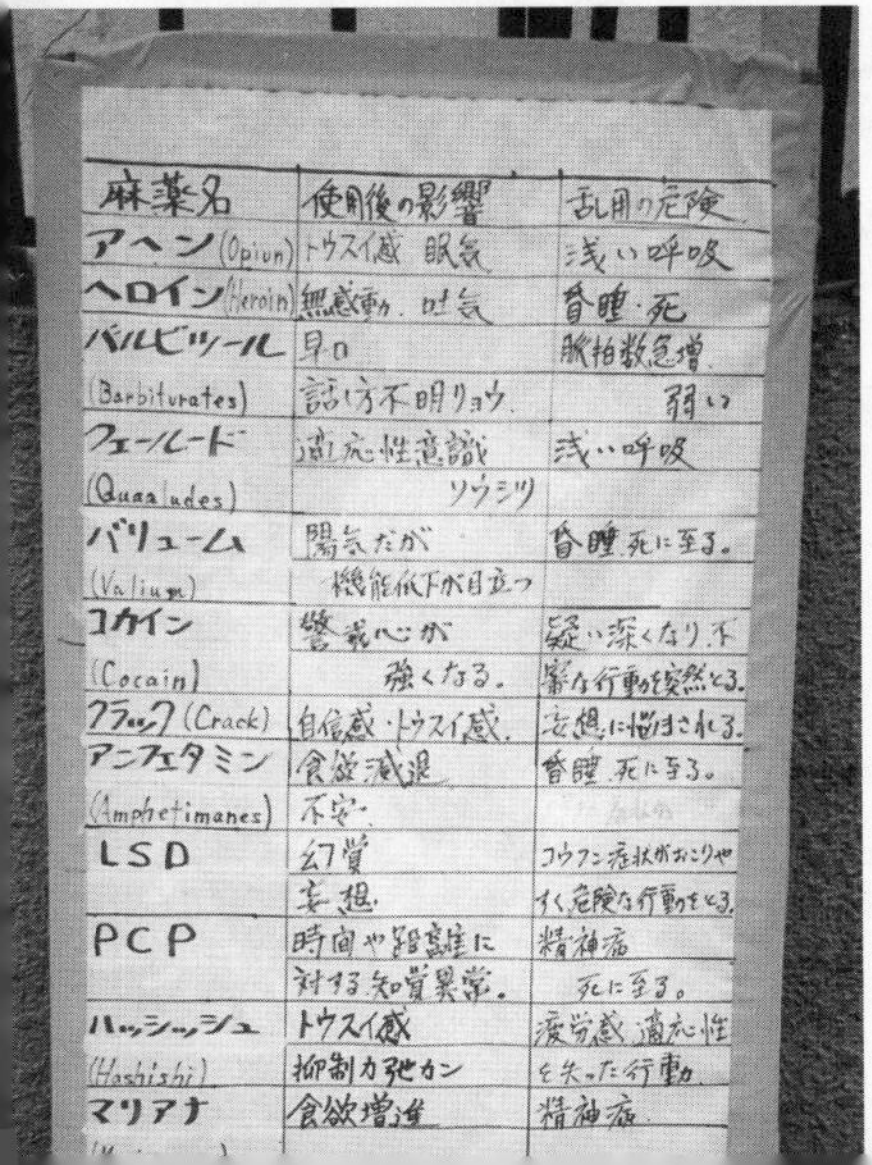

しかけてもこない。

のんびりしたムードは飲み屋も同じで、少々大きな声で騒ぐ者はいても、タチの悪い酔っぱらいや喧嘩は見られない。逆に暖かな歓待を受けるくらいだ。

「ほい、これ」

隣のオヤジから差し出されたのはワンカップ。日本酒はあんまり、と断るのもどうかとチビチビ飲み干すうちに、怖さなどすっかり吹き飛んでしまい、ずいぶん気分が良くなってきた。なにより食い物が旨い。煮込みにしろ、しらすおろしにしろ、決して手が込んでいるとは言えないが、雑なぶん単純に旨い。

そしてもちろん安い。千円札1枚で十分酔えるし、2枚あれば吐いてしまうだろう。くだらない居酒屋で飲むのがバカらしくなるほどだ。昼間から誰にも干渉されず酔っぱらうことがこんなに気持ちいいことだとは。おーい、おばちゃん、ビールもう1本。

夜9時。おっさん連中は意外と早く宿に帰ってしまうみたいで、レースの終了したノミ屋はもちろん、路上賭博も終わってしまった。後に残るのは、昼間からずっと同じ場所で焚き火にあたり続けているおっさんたちぐらいだ。

宿舎への帰り道、阪堺電車脇のとある辻に3人ほどの若者が立っていた。服装や年齢から、明らかにこの辺りの住人ではない。いかにも怪しげな男たち。僕は編集部に届いたＦＡＸの中にあった一文を思いだした。

——ここでシャブを売ってます——

買っているのは誰なのだろうか。僕の見た限り、三角公園にはシャブを使用しているようなアッパー系のオヤジはいなかったが。

が、すぐ近くの教会の壁には、親切にもアヘンに始まりLSDやコカインの危険性について記された看板が。やはりこのあたりの住人が客となっているのだろうか。

オイチョカブで親に同情される

翌朝、環状線の音で目を覚まし、三角公園に出向くと、公園の隅に張られたテントの下に人だかりがあるのを見つけた。近付くと、そこでは見慣れぬ図柄の黒い札が配られている。オイチョカブだ。

オイチョカブ。ルールは丁半よりも少し複雑だが、基本的には親対子の勝負。2枚、あるいは3枚の札の合計数の下1ケタが親よりも内輪で9に近ければ勝ち、賭金は倍づけとなる。負ければ当然全額回収だ。

まず4枚のカードが場にオープンされ、子はその中から好きなカードを選んで、金を置く。

子が賭け終わったら、親は左から順に2枚目の札を裏向けに置く。子はそれを開き、3枚目の札をもらうかどうかを決定。そのままで

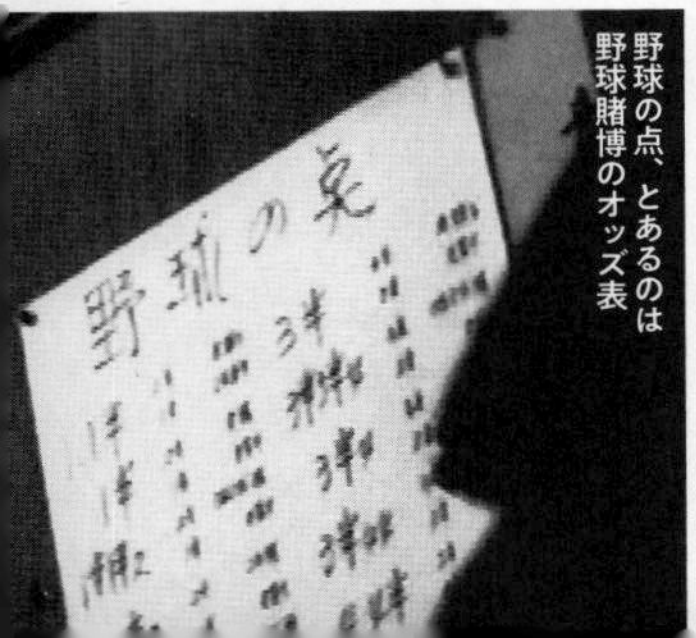

野球の点、とあるのは野球賭博のオッズ表

ＯＫなら「シモ」。３枚目が必要なら「もう1丁」と声をかける。

１枚目の札を選べる分、子が有利のようにも思えるが、親の札が
「４・１（シッピン）」

「９・１（クッピン）」

ならば無条件で親の勝ちなので、やはり親に有利にできていることに変わりない。

さっそく参加しようと割り込んだ僕だが、ここで大きな問題が。オイチョカブ専用の札のため、絵柄が数字の何を意味するのかが瞬時にわからないのだ。隅っこのほうには小さな漢数字が振られているとはいえ、テント下の暗闇ではよく見えない。今、並んでいるのは５と１と、それから向こうの２枚は、んーと、何だ？

とりあえず手前の５に２千円を置く。

無言で親（胴元）のおばちゃんが２枚目の札をよこす。えっと、これがまたよくわからない。

「もう1丁」

後ろからギャラリーの声が飛ぶ。なんだよ、あんたには関係ないだろ。これは、んー、７か。てことは12だから、もう1丁か。

「あ、もう1丁」

３枚目は、ええと、１だ。ダメだこりゃ。親は８。２千円はあっけなく消えた。

その後も合計数の計算ができずにオロオロしていると、脇から「もう1丁」の声が飛ぶ。決してその助言は間違っていないのだろうが、自分で判断ができないためリズムが掴めず、負け始め

るとそのままズルズルと行くのみ。ギャラリーの操り人形のようにただ黙々と金を放出している。

「歳とってから賭事したら人間が小っちゃなるんや、ホンマやで、にいちゃん」

負け続ける僕を見かねたのか、親のおばちゃんが言う。もうやめておけという意味なのだろうか。

打ちひしがれた気分で一杯飲み屋に入ると、急激に酔いが回ってきた。横では小柄なおばちゃんが「マンチョ、マンチョ」を連発してカラオケを唄っている。どうかしてるよ、この町は。

5連続「半」の後、5千円の勝負

ギャンブルで負けた金はギャンブルで取り戻すしかない。翌朝、すでに常食と化した朝食、天カスとネギ大盛りのきつねうどんを食した僕は、あの壺振りの待つ場所、三角公園へと急いだ。

ここにきてようやく僕は、どの種目が自分に向いているのかがわかってきていた。要するに、複雑なものはダメなのだ。勝つか負けるか2つに1つ。やはり勝負の舞台は丁半博打に限定するしかない。

「お、にいちゃん、待っとったで」

目が合った補助のおっさんから声が飛ぶ。待っとったってか。よう言うたな、おっさん。

2万円を千円札に崩し、ひとまず僕はケン（見）にまわる。

「（4・5）の半」

「（1・2）の半」

「(2・6)の丁」

15回ほど見たが、特に流れらしきものはない。丁半共に3度以上連続することはなく、1、2回で出目がクルクル変わっている。客にしてみれば最もヨミにくい展開である。案の定、どのオヤジも賭け金は500円前後、多くて千円にとどまっている。みんな大きな流れを待っているようだ。

ふと流れらしきものが見えてきたのは、半が3度続いた後、4度目の半が出たときだ。この流れにうまく乗れたオヤジはおよそ1万円を手に入れている。

さて次はどう来るか。こういう場合、考え方は3つ。これだけ続けば次も半だと読むか、そろそろ丁だと読むか。そしてもう1つ、親の総取りと読むか。

しかし、僕は最後の1つはないと見ていた。前回の経験上、この壺振りはツラ目（片方の目だけが連続すること）の流れを変えるための（1・1）（1・6）は出してこないことがわかっていたからだ。おそらくそれは露骨すぎて読まれやすいとの腹があるのだろう。

「よっかいち（4・1）の半やで」

これで5度目の半。周囲もザワついてきた。依怙地になって丁に張り続けてきたおっさんは、早くも次の3千円をまたまた丁に賭けようとしている。

僕は左手に握った千円札の束から5枚を引き抜いた。次も半。根拠は示せないが、そこには確

テント下の暗がりで行われていたのはオイチョカブ。
図柄を見ても数字がわからない

信めいたものがあった。ここで丁はありえない。100パーセントありえない。次も半だ。

いやーな予感がしたのは、半に5千円を置いた直後だった。例の依怙地なおっさんが、いったんは丁に置いた3千円を半に置き直したのだ。

「もうないかー、もうないかー」

僕はとっさに5千円を動かしていた。丁に、ではない。(1・6)にだ。なぜかと問われてもうまく答えられない。格好をつけるわけではないが、手が勝手に動いたというのが一番適切な言い方だろう。

数秒後のどよめきは小便をちびりそうな一瞬だった。(1・6)を読みきった僕は2万5千円を手にし、その後、一進一退を繰り返してまたしても千円札の束を持ち帰ったのだ。

いかにもなおっちゃんは飛田で遊べない

昼間からビールをあおってギャンブル三昧。浮き世離れしていて実に気分のいいものだが、一つ物足りないものがある。女だ。

噂では、歯のないばあさんがフェラチオをしてくれるだとか、高級車に乗った女性がホームレスの男を買いに来るだとか聞いていたのに、いろんなおっさんに尋ねてみても芳しい回答は得られず、誰もが「女やったら飛田やなあ」と口を揃える。

全国でも有数の赤線地帯、飛田新地は三角公園から歩いて5分ほどの距離にあるという。しかし、ちょんの間といえども1万円以上はするわけで、このあたりのおっさんがそんな大金を持っているとは僕にはとても思えないのだが。

西成3日目の夕方、いよいよ居ても立ってもいられなくなった僕は、「飛田新地料理組合」の看板を探しだし、無数の灯が並ぶ道を折れた。すべて置屋の看板だ。

前を通るたびに、玄関に座ったおばちゃんが声をかけてくる。

「おにいちゃん、ちょっと、おにいちゃん」

その隣では女のコが人形のようにちょこんと座ってこちらを見る。大きな胸を強調する女、ニコっと微笑んで色気を振りまく女。

思わず敷居をくぐりたくなるところを我慢してひと通り見て回り、

声をかけまくられた結果、
選んだのは‥

結局最後は、ルーズソックスをはいた10代と思われる女のコのいる置屋に入ることに。20分1万2千円が相場と聞いていたが、ここは20分1万6千円、30分で2万1千円と、少々高い。

木の階段を上って入室した僕の後に続いた彼女は、すぐに部屋の電気を消し、フェラチオもロクにしないままコンドームを装着して上にまたがってきた。あまりに味気ないセックスはわずか5分ほどで終了。

「こんな格好でゴメンな」

買ったばかりの作業服も今ではずいぶん汚れてしまっている。茶菓子を食べながら謝ると、彼

このコ。質は高い

女は全然かまへんと言う。

「やっぱり、西成のおっちゃんとかも来るの？」

20才になったばかりという彼女の話によれば、いかにも西成のおっちゃんっぽい人は、おばちゃんが門前払いしてしまうのだそうだ。僕の格好はまだマシだったということか。

となれば、あのおっさんたちはどこで性欲を処理してるんだろう。西成で飲む打つ買う。最後の１つだけは未経験のまま終わってしまったようだ。


３泊４日の西成旅行は無事に終了した。当初は怖い怖いと脅かされ続け自分自身ビビっていたものだが、危ない目にはいっさい遭わなかったし、むしろ楽しかった思い出だけが心に残る。

食うものは旨く、ギャンブルはやり放題。昼間から酒を飲もうが誰にも干渉されないし、寝るところもわずか2千円で確保できてしまう町、西成。

おかしなもので、何もかもが堅苦しい東京の生活に舞い戻ると、僕は無性にあの濃いおっさんたちのもとに帰りたくなってしまうのだ。

※追記
17年現在の西成は、当時同様、無法地帯の様相を呈する一方、安い宿を求める外国人バックパッカーの姿も多く見られる不思議な町となっている。

編集部藤塚のヤクザ金融住み込み体験記

追い込み、張り込み
シカとこの目に

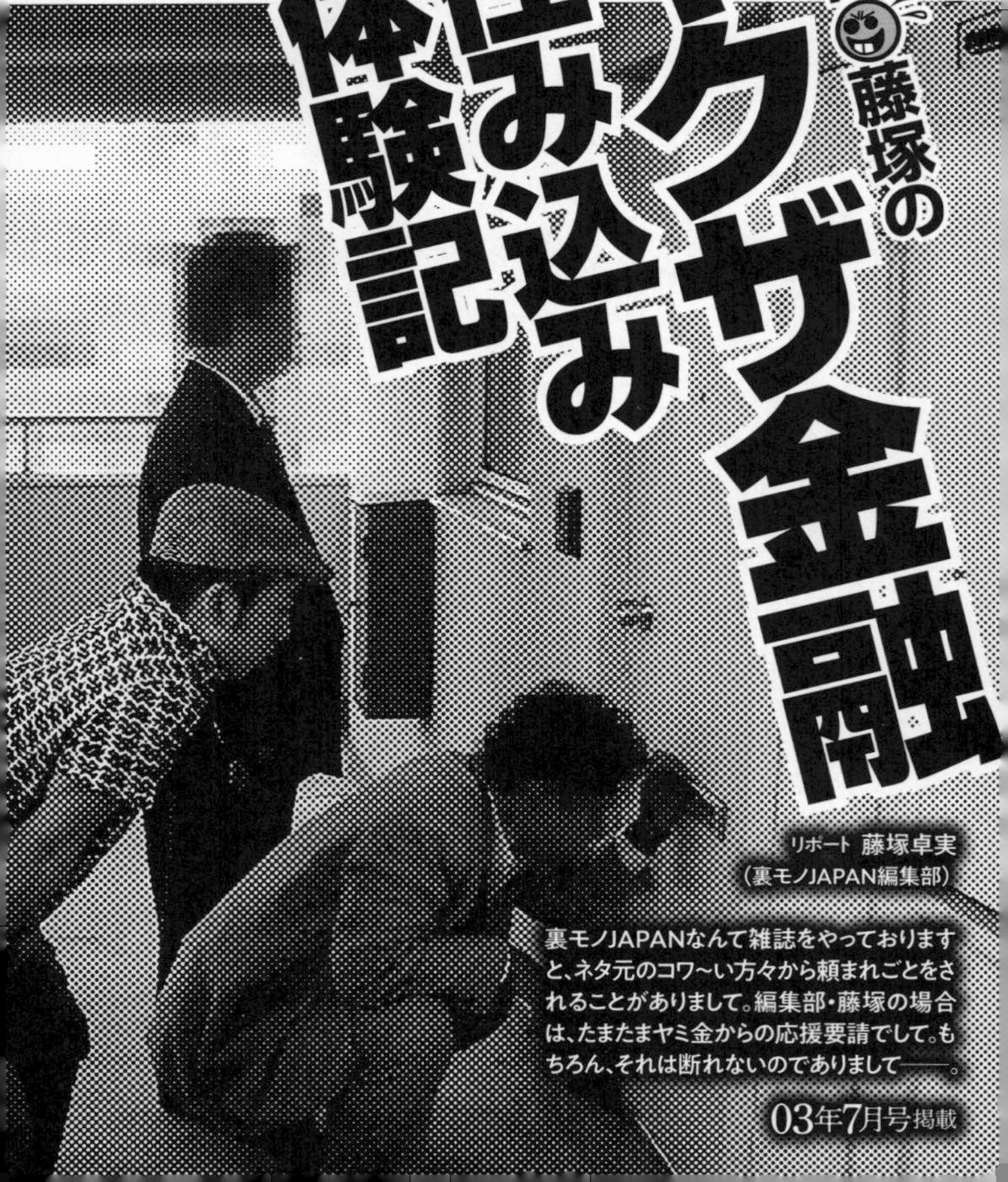

リポート 藤塚卓実
（裏モノJAPAN編集部）

裏モノJAPANなんて雑誌をやっておりますと、ネタ元のコワ〜い方々から頼まれごとをされることがありまして。編集部・藤塚の場合は、たまたまヤミ金からの応援要請でして。もちろん、それは断れないのでありまして——。

03年7月号掲載

全ては1本の電話から始まった。

『よお久しぶり。あのさ、実はちょっとお願いがあるんだけどさ』

声の主は植村さん（仮名38才）。数年前まで某指定暴力団に在籍、これまで数々の裏稼業をこなしてきた方で、オレにとっては欠くことのできぬ貴重なネタ元の1人である。

『お願い？　いいっすよ、何でも言ってください』

『3日ほど、オレの事務所に寝泊まりしてくんない？』

植村さんは言った。事務所で住み込みをしている舎弟分が、明日から数日、どうしても外せぬ用事のため出てこられない。そこでオレに仕事を手伝ってほしい——。

『バイト料、1日5千円出すから頼むよ』

困った。他ならぬ植村さんの頼みである。けどなぁ、一応オレも会社員。3日間も会社休むってどーよ。う〜、やっぱムリムリ。行けないっす。すんません。

『何でよ。ヤミ金の取材ってコトにして来ればいいじゃん』

『え、ヤミ金？』

『そう、いまオレがやってる仕事だよ。ヤミ金事務所に寝泊まりできるってそうなかなかないだろ』

時間にしてわずか5秒ほど。その間、頭をフル回転させる。（ヤミ金業者の日常まるわかり）＋（可能なら取り立て等に同行）＝（記事成立）……なるほど。

『わかりました。喜んではせ参じますとも』

『おお、来てくれるか。よし、じゃ明日の朝9時、駅に着いたら電話して。迎えに行くから』

『はい』

こうしてオレは、翌朝、植村さんの住むX県に向かうことになった。03年5月6日、ゴールデンウィーク明け初日のことである。

客はすべてヤクザからの紹介

植村さんが営む金融業クラウン商会（仮名）は、駅からほど近いマンションの1室にあった。広さ2LDK。ソファ、テーブル、冷蔵庫など、おおよその生活道具が一式揃い、一見普通の住居のようだが、そこがヤミ金の事務所として使われているのは、室内に散乱するFAX用紙を手に取れば明らか。そのほとんどが、債務者の弁護士から送りつけられた警告書なのだ。

試しに1枚読んでみると、

〈…本日、貴社は暴力団風の男3名を介し、当依頼人に対して暴力的な方法による金銭の要求をしましたがこの行為は恐喝罪、威力業務妨害罪、不退去罪、弁護士法等に反する明らかな犯罪行為です。法治国家日本において二度とこのようなことなき様強く警告します〉

少し、説明を加えておかねばなるまい。昨夏に営業開始したというこのクラウン商会は、いわゆるヤミ金とは多少性質が異なる。いや、ハッキリ言えばもっとタチが悪いかも知れない。

ヤミ金の利子といえば、トイチやトサン、近ごろではトゴなんて業者も珍しくない。

しかし、クラウン商会はその上を行く。借り手の商売の状態や金回りの善し悪しによって利率をコロコロ変えているのだ。

その振り幅、トイチからトハチまで。例えばトハチなら、10万借りても、金利を差し引かれた2万円しか手渡してもらえない。ムチャクチャである。

客集めも、植村さんと親しいヤクザ連中に借りのあるカタギの人間を次々と紹介してもらい、半ば強制的に貸し付けているというエグイやり方。その中にはショバ代を滞納したスナック経営者、負けがかさんだ麻雀仲間、恐喝中の土建屋社長などいろいろな人間がおり、クラウン商会の口座には毎月計200万〜300万のカネが振り込まれているという。

ムリヤリ融資を迫り、オマケに金利は目ン玉が飛び出るほど高い。とくれば、その取り立てが苛烈なのは想像に難くない。

ガツーンといかなきゃナメられちまうって

「おはよーっす」

事務所に着いて1時間。植村さんとアレコレ世間話に花を咲かせていると、玄関から威勢のいい声が聞こえた。クラウン商会の社員、阿南氏（仮名44才）、川野氏（仮名38才）のお出ましだ。これでメンバー全員集合。いよいよ業務開始である。

とりあえず両人に挨拶を済ませ、ジャマにならぬよう部屋の隅に陣取る。と、阿南氏がおもむろにポケットから1枚の紙切れを取り出し、机の上に広げた。見れば、3人分の住所、氏名、勤務先、電話番号が書きつけられている。何すかコレは。

「不届き者リストだよ」

不届き者。つまり、昨日までの入金期日を守らなかった不幸な方々のことらしい。

通常、払い込みを滞納した場合、サラ金であれヤミ金であれ、最初は電話での催促が常である。が、クラウン商会は違う。いきなり相手の自宅および勤務先に取り立てに行くというのだ。

「期日を破るヤツに電話でお願いしたって言うこときか

やっちゃったねぇ〜キミ。すぐ出てきなさい

片山さんの職場に押しかけ
本人を呼び出す植村さん

ターゲット不在の際は、家に出入りする車の
ナンバーをすべてチェック。徹底しております

居留守を使っていた債務者をあぶり出し。
むろん、相手は血の気引きまくってます

すいません
すいません
すいません
すいません
迷惑料100万な！

ないよ。ガツーンといかなきゃ、ナメられちまうって」

「あの、オレはどうしたらいいんすかね？」

「藤塚クンはここにいてよ」

取り立てにはいつも3人で行く。だからオマエは事務所で電話番でもしてろ。川野氏は言うが、せっかくのチャンスである。ぜひ、そのガツーンといくところをこの目で見たい。

「一緒に行っちゃダメっすか？」

「行きたい？　いいよ、オレが留守番してるから」

こうして事務所には川野氏が残ることになり、我々の乗ったベンツは一路東へと発進した。のどかな山あいの町を右へ左へ。30分後、車はとある建設会社の前に止まった。本日最初のターゲット、片山某の勤務先である。

何でも片山さんは、2カ月前、クラウン商会から30万を借金。以後、10日おきにきっちり利息の15万だけは返していたものの（利子はトゴ）、ここにきてついに力尽きたらしい。

事前の探りで、今日の出社は確認済み。ケータイで植村さんが近くの喫茶店に呼び出すと、1分も経たないうちに本人が飛んできた。30代後半、服装は作業着姿でなかなかの男前。しかし顔色は蒼白で、いまにも泣き出しそうなのが見ていて辛い。

「くぅおら片山、おどれ××××××じゃ〜!!　おぉ、あぁ!?」

片山さんが席に着いた途端、正面の阿南氏がいきなり声を張り上げた。あまりに早口でまくしたてるので、何を言っているのかよくわからないところがあるが、その迫力たるや鬼のごとし。

ちなみにこの方、かつて殺人未遂を起こし、長らく塀の中にいたという過去を持つ。

店内は重い空気に包まれた。客が見守る中、2人の強面から顔にコップの水をかけられ、怒鳴りつけられる片山さん。グーの音も出ない有様だ。うわー早く終わってくれ。緊張しっ放しでノドがカラカラだ。

結局、話は片山さんが嫁の両親に無心し、利息15万に元金30万、プラス迷惑料10万の、しめて55万円を明日キッチリ支払うということで落ち着いた。

何とかヤマ場を乗り越え安堵したのか、片山さんはうれしそうな表情を浮かべ、念書を書いている。

〈明日、振り込みができなかった場合は、私の所有する車2台を貴社にお譲りします〉

にしてもなぁ。この2カ月間で彼はざっと90万の利息を払い続けてきたワケで、明日の分も合計すると、115万円を失ったことになる。わずか30万のために。

今さらだけど、なんで一括で返さなかったか。いやむしろ、恐るべきはやはりクラウン商会か。たった1日の滞納でプラス10万ってアンタ。いいのか、こんなんでいいのか世の中よ。

1本5万円！㊙テープの中身

残りの取り立ても実にスムーズだった。2件目は居留守を使い自宅アパートに立て籠もるターゲットを、壁やドアを何度も蹴り上げてあぶり出し、念書を書かせて一丁あがり。3件目は会社に訪問する直前に入金があり、その場で迷惑料だけを取って終了した。

実にアコギな手口ではあるが、植村さんに言わせれば「アイツらカタギって言っても、元々はヤクザとつるんでいた小悪党」で、同情の余地はまったくないという。

ただ、こちとら素人である。ここまで生々しい取り立て現場に居合わせると実にシンドイ。見たいって言ったのは、こっちなんだけど、正視できませんよ、マジな話。

ちなみに、取り立てが未完のうちに警察や弁護士が動けば、ほぼ100％カネは取れない。逮捕の可能性すらある。ために、この激しい追い込みは相手を徹底的に恐怖に陥れ、逆に下手な行動を取らせまいとする、彼らなりのビジネス術といっていい。

午後3時。ようやく事務所に戻ると、クラウン商会の面々がそれまでのスーツ姿から、ラフな私服に着替え出した。あれ、なんか別の仕事でもあるんすか？

「いやいや。今日はもう終わりだよ。今から遊びに行くの」

「え？」

考えてみれば当然かもしれない。客の大半をヤクザからの紹介で得ている彼らは、余所のように電話、ビラ、ＤＭを使ってあたふた営業活動をする必要がない。客からちゃんと期日にカネが振り込まれていない場合のみ、追い込みという仕事をやるだけなのだ。

まったくナメてるというか羨ましいというか。まあいいや。じゃオレもサウナにでも行って、冷たいビールをキューーっと一発…。

「ダメだよ」

「はい？」

「藤塚クンは事務所にいなきゃ」

「だってもう終わりですよね」

「違う違う。それはオレらだけ」

クラウン商会の定時は7時。藤塚は舎弟分の代打なんだから、居残るのは当然とおっしゃる。

ハァ〜いいように使われとるなぁ。

けど、いいもん。ボクちゃん、アレを観てヒマを潰すんだから。

黒木瞳と優香の㊙ビデオ。何でも、植村さんと親しいヤクザが極秘ルートで手に入れたいわく付きのブツで、近々これを大量にダビング、1本5万円で密かに売り出すという。そのマスターテープがこの事務所にあると、昼間、小耳に挟んだのだ。

植村さんたちが車に乗り込んだのを確かめるや否や、オレは事務所の棚からそっと2本のビデオテープを取り出した。クク、さすがヤミ社会や。よもやこんなエグイ代物が出回っとるとは。んじゃまず、優香のテープを…。

映し出された映像は、彼女が出演するバラエティ番組の録画だった。そして、残りの1本は黒木瞳主演の火曜サスペンス劇場『鬼畜』。無言のまま、小脇に抱えたティッシュを元の位置へ戻すオレ。

長い1日が終わった。

強面の組長からビラ撒きの依頼

翌朝9時。事務所のソファで寝ているところをたたき起こされ、植村さんにまたまた留守番を命じられた。

何でも、本日の入金分はすべてとどこおりなく、昨日追い込んだ片山、その他もう1名のカネもちゃんと振り込まれていたため、本日の仕事はゼロ。他のメンバーは今からゴルフに行くのだという。

「えー。またオレ1人っすか？」

「ちゃんと留守番しててよ。いつお客さんが来るかもしれないし」

ちぇ、昨日だって来客はおろか電話1本鳴らなかったってのに。どーせ誰も来やしないよ。

ところが、来た。昼頃、近所の惣菜屋で弁当を買い、事務所に戻ってくると、ドアの前に恰幅のいい中年男が立っていたのだ。やたら目つきが鋭いけど、ハテ、どちらさん？

「キミこそ誰や。植村んとこの若いモンか？」

ビビッた。あの方を呼び捨てにするとは、きっとどこぞの親分に違いない。

とりあえず男を丁重に事務所へ招き入れ、自分の素性、立場を説明。改めて身分を尋ねると、男は某ヤクザ組織の組長で、クラウン商会の金主だと名乗った。

「近所に用事があってな、ついでやから、新しい商売のビラを持ってきたんや」

「ビラ？」

聞けば、組長はクラウン商会に従来の金貸しの他に車金融を始めさせるつもりらしく、その手に分厚いチラシの束がギッシリと握られていた。ざっと500枚はありそうだ。

「けど植村がおらんのやったらしゃーないな。茶ぁ飲んだら帰るし、このビラ渡しといてや」

「はい」

しかし、組長はなかなか帰らなかった。どころか、テレビに釘付けとなり「タマちゃん、釣り針刺さってかわいそうやんけ」「あの白装束のヤツら気色悪いのぉ」と世間の珍事に興味津々のご様子である。あの別にいいんですけど、やっぱオレとしては何つーか、非常に気疲れするっつーか……。

ふと、組長がこちらを向いた。

車金融、ちゃんと認可済み

ビラ張りに精を出すオレ

「そや兄ちゃん、お手伝いに来てんねやろ。それやったら、このビラ、撒いてきてんか」

飛んだ野郎が見つかりそうだ

まったく、なんでオレがチラシ配りにまで駆り出されにゃならんの。タマらん、タマらんなー。

だが手抜きは許されない。何といっても組長直々の指令である。町中の駐車場という駐車場をくまなく回り、汗だくになって仕事をこなす。

植村さんからケータイに連絡が入ったのは、チラシの束がようやく半分に減ったころのことだ。

『藤塚クン、どこにいんの？』

『外なんですよ。実は…』

これまでの経緯を説明すると、植村さんは大声で笑い、要件を切り出してきた。

『こっちも急な仕事入ってさ。ビラは後回しにして、ちょっと来てほしいんだ』

『どうしたんすか？』

『それがさ、前に飛んだ野郎が見つかりそうなんだ』

飛んだとは、つまり逃げたことを意味する。

その男＝川岸さん（仮名52才）は今から4カ月前、ある暴力団関係者とトラブルを起こし、120万円の借金を負った。例によってクラウン商会が登場し、全額を肩代わりしたのだが、間もなく川岸さん本人は自宅アパートから妻とともに姿を消してしまう。

即座に捜索が行われたものの、行方はようとして掴めず、半ばあきらめかけていたのだという。

だが、川岸さんは近くにいた。今日、偶然植村さんの知人が、車に乗ったヤツの姿を見かけたのだ。

30分後、事務所前で合流すると、植村さんが興奮気味に口を開けた。

「あいつ、絶対嫁の実家か妹の嫁ぎ先に隠れてるんだよ」

根拠は一つ。川岸さんと思われる車が、高速道路で隣県方面へ向かったという情報だ。その方向にいる川岸さんの親類縁者は前記の二者しかない。

ただちにクラウン商会は二手に分かれ、追跡チームを編成。阿南、川野両氏は嫁の実家Y県へ、オレと植村さんは妹の嫁ぎ先Z県へと向かう。いまや川岸さんの借金は膨れに膨れて750万。みなが色めき立つのもムリはない。車中、植村さんに肩を叩かれた。

「悪いね。こんな面倒なことまで手伝わせちゃって」

何をおっしゃる。昔から刑事ごっこには目がないっつーの。

出発前、念のため川岸さんの自宅アパートを訪れてみたが…

何も知らず自販機に並ぶバカ

すっかり日も暮れかかった午後6時過ぎ、車は目指す家の裏手に止まった。場所は小さな町の住宅街。人影はまばらだ。

「いますかね？」

「五分五分じゃん？　2カ月前も来たんだけどさ、そんときは3日3晩張り込んでもスカだったよ」

できれば、家の窓まで近づいて中の様子を探りたいところだが、辺りはまだ明るい。そこで散歩がてら家の周辺を探索することにした。居酒屋2軒、スナック3軒。ふむ、後で調べておこう。

用水路の脇を歩いていると、大量の蚊が飛び交っていた。その様子を眺めつつ、オレはまだ見ぬ川岸さんに思いを馳せる。

なんでワザワザ危険を冒してまでX県に舞い戻ったんだろう。さては愛人でも残してきたんだろうか。追われの身だけど、それでも会いたい女。いいなぁ、きっときれいなんだろうなぁ。そういうセックスって燃えるだろうなぁ。セックスしてぇなぁ。

どうにもオバカな妄想をかき立てていると、前方で植村さんが手を振っていた。なんでしょ-。

「阿南たちもいま嫁の実家に着いたって。まだ何にも見つかんないようだけど」

「はあ」

「ウロチョロしててもしょうがないし、車に戻ろうか」

「そうですね」

1時間、2時間。時は刻々と過ぎていくが、依然ターゲットの家に人の出入りはない。試しに先ほどの飲み屋関連にも顔を出してはみたもののすべて空振り。そっと家の壁に耳を当ててみても、家人の声すら聞こえない始末である。阿南・川野チームからもまだ色よい報告はない。

深夜2時。結局それらしい手がかりが何も掴めぬまま、これ以上はムダと判断した我々は、とりあえず車内で仮眠を取ることにした。植村さんは、明日もう1日頑張ってダメならあきらめると意気消沈である。

「オマエ、こら。ちょっと来いよ、おお！」

耳をつんざくような怒声に目を覚ましたのは、外がまだ薄暗い早朝のことだった。

声の方を見ると、植村さんが小柄な中年男性を引きずり回している。何や、このオッサン。

「コイツコイツ。コレ川岸」

「え、マジっすか⁉」

川岸さんが捕まったことよりも、オレはその風貌に驚いた。薄い頭髪に小太りで、顔は林家こん平ソックリ。ヤクザと揉めるわ、借金取りから逃亡するわで、てっきりアウトローチックな男を想像していたのに。ちょっとショック。

捕り物の決着も、何ともショボかった。今日未明、自販機でジュースを買っていた植村さんが後ろを振り向いたとき、何と川岸さんがぼんやりと順番を待っていたらしい。知人と隣町で朝まで飲んでいたらしく、まったく植村さんに気付いてなかったという。バカじゃん、アンタ。

ドカーンと1億の生命保険に入れば？

昼ごろ、事務所に連れてこられた川岸さんは、植村、阿南、川野の3名に取り囲まれ縮こまっていた。額から滝のように汗が流れている。

当然っちゃ当然か。泣く子も黙るクラウン商会の借金を踏み倒そうとしたのだ。さぞ地獄の気分を味わっているに違いない。

植村さんが口火を切った。

「苦労したよ、川岸さん。あんたいったいどういうつもりなの」

「すいません、すいません、すいません」

「今さらそんなことばは聞きたくないの。どうやって払うのかって聞いてんの。750万」

「すいません。それはその…」

「ドカーンと生命保険に入っちゃえば？ 1億くらいのさ」

「いやーそのー…」

マズイ、マズイよこん平ちゃん。

事務所で、クラウン商会の面々に囲まれる川岸さん（奥左）。気の毒すぎ

いつまでもウヤムヤなことばっか言ってちゃ、ホント殴られちまうって。

　と、突然、川岸さんがソファから立ち上がった。真っ青な顔色で、体がガクガク揺れている。

「わ、私、どうしたらいいかわからないので、ちょっと考えさせてください。あ、頭の中が本当に真っ白なんです。お、お願い!!」

　動転した様子で事務所を出ていく川岸さん。クラウン商会の面々はその姿を黙って見つめるだけで、誰も止めようとはしない。なぜ?

「いいのいいの。これ以上追いつめると自殺しちゃうよ」

　納得…。


『とりあえず、川岸の土地の権利書押さえたから一安心だよ』

　3日後、植村さんから連絡が来た。半年待って返済のメドが立たないときは、さっさと売り払うつもりだという。

　上機嫌の声が続く。

『で、ガッポリ入ったら車を買い換えようと思ってさ。いま乗ってるアーマーゲー（ベンツ）、150万くらいでいらない？』

『いやいいっすよ、カネないし』

『バカだなー貸してやるって』

『金利は?』
『藤塚クンならトイチでいいよ』
勘弁してください。

「アニキ！　かこいいねえ。ちょっと飲んでいかない？」

最近、歌舞伎町を歩いてると、よく黒人のキャッチに声をかけられる。ヒップホップ風の強面や、190オーバーの屈強な男。正直、めちゃ恐い。どうせ、ボッタだろう。8千円とか言ってるけど、30万くらいむしり取るんだろ。払えなかったらボコボコにすんだろ。誰が飲むかよ！

なんてことを編集会議で口に出したのがイケなかった。

『んじゃ、仙頭、おまえが行って実態を調べてこいよ』

何げにおっしゃる編集長。周りの面々も『おー、行ってこいよ』と嬉しそう。イジメか？

とりあえず答えは保留にしたものの、他にいいネタも浮かばない。黒人の客引きに付いていったらどうなるか？　自分でもルポとしては面白いテーマであることは、よーくわかってる。でもなぁ…。

ヘイ、アニキ
どう？飲んでかない？
90分5000円ネ前払い

らどうなる？

リポート 仙頭正教 （裏モノJAPAN編集部）

数年前から、六本木や歌舞伎町の路上に黒人の客引きが立っている。彼らが案内する先には、いったい何が待っているのか？ 編集部の仙頭、決死の潜入記！

08年1月号掲載

黒人の客引きに付いていった

悩む内、どんどん〆切が近づいてきた。もはや腹を括るしかない。行きます。わたくし、勇気を出して潜入してまいります。

覚悟は決めたが、何の事前情報も無いのはツライ。そこで、歌舞伎町に詳しい知り合いに話を聞いたところ、

「ボッタって聞いてるよ。ATMでサラリーマンが黒人にせかされている現場を見たことがあるし。最悪の場合のために、カードの類は置いていった方がいいよ。一応、解放代のために5万くらいは用意しといたら大丈夫じゃね？」

じゃねって…。なぜ言い切ってくれない。スゲー不安。スタンガンでも持っていこうか。

前払いだから大丈夫。心配しないで

07年11月上旬、午後11時。歌舞伎町の東通りには、8人の黒人がたむろしていた。大きな図体で通りを塞ぎ、威圧感満点で声をかけている。ATMの話を聞いたせいか、どいつも凶悪そう。まるで怪獣の群れのようだ。

ひとまず、少し離れた場所でヤツらを観察する。

『アニキ飲んでいかない？』

『オニイサンかこいいね！』

アプローチはこの2パターンだが、後の動きは人それぞれだ。相手の進路をブロックするヤツ、強引に腕を掴まえる輩。中には連係プレイで、挟み込んでしまう2人組もいる。まったくもってやりたい放題ではないか。

改めて恐怖を感じ、財布の5万のうち4万円と身分証の類を靴下の中に入れる。路上でこの有り様なら、店内はさらにトンデモナイことになってるんじゃなかろうか。絶対、1万以上は払わない。固く自分に言い聞かせる。

さらに20分チェック。付いていく者は1人もいない。ただ、観察するうち、この近辺に少なくとも彼らの店が4つあること、喫茶店『ルノアール』の横のコインロッカー付近を休憩場所にしていることがわかった。てか、こんな無法地帯にコインロッカーって、何を入れてんだ？

さて、そろそろ行くか。気合いを入れろ、オレ！

ベースボールキャップの黒人にゆっくり接近すると、

歌舞伎町の中でも、東通りのルノアール前が最も黒人の客引きが多い。身なりは、ヒップホップ系が多い

ヤツは優しく微笑み言った。

「ヘイ、アニキ！」

　同時に、するりとアームロックをキメてくる。反射的に腕を引くと、ギュッとバカ力を入れる黒人。キャッチなんてレベルじゃない。拉致だよ、拉致。

「アニキ、今日どこいくの」

「決まってないけど」

「じゃあ、飲んでいかない？　90分5千円飲み放題ね」

「ほー。どんなとこ？」

「ここだよ、多国籍バーね」

　キャップ男が、水着姿の金髪や南米系の女の写真の載ったチラシを、手のひらで隠すようにオレに見せる。

「お触りOKだから」

「いくら？」

「5千円だよ」

「本当に？　それ以上かかんない？」

「前払いだから大丈夫。アニキ、心配しないで」

　終始笑みを絶やさぬ黒人。かえって心配じゃねーか。

最初に掴まったキャップ男

女は全てアジア系でお触りはNG

「はい、5千円」

店は、すぐ近くの雑居ビルの2階にあった。扉の前で1万円を渡すと、5千円返ってきた。さすがに店に入る前からボッタはないだろうが、何かちょっと嬉しい。

携帯の電波が入ることをチェックした後、店の中に足を踏み入れる。…薄暗い。ホステスは4人。客は1人もいない。

いきなりやられた。チラシに載っていた金髪のダイナマイトボディなどどこにもおらず、女は全てアジア系だ。さらに、カウンターの中の男性従業員は2人とも黒人。コエー。

「オニイサン、何、飲む?」

風俗エステによくいるような韓国女が声をかけてきた。まったくソソらない。さっさと触って次のコに代わってもらおう。んじゃ、ビールを頼むよ。

「わかったー。じゃあ私は、ワインでいい?」

へ? いきなりオゴってくれってか?

「すごく安いから、たった3千円です」

「……」

「チップみたいなものです。ちょっとは残ってるでしょ」

「…持ってないし」

「日本人だからお金もってるでしょ。飲めないなら、私が楽しくなれないよ」

おねだりはどこにでもある話。3千円をたった呼ばわりするのもいいだろう。でも、バーカウンターの黒人が、さっきからオレを睨みまくってるのはどうなんだ。ワインを断ると、どうする気なんだ。

正直、もう席を立ちたい気分だが、入店してまだ5分もたってない。チップと思ってオゴってやるか。くそー。

運ばれてきたワインを女は三口で空け、メニューを差し出した。

「次、テキーラ飲んでいい？」

「もう、お金ないって」

「1500円だから安いよ」

テキーラが1ショットで1500円。サウザシルバーならボトルが買えるぞ。もう勝手にしやがれ。ちょっと笑顔になった女がテキーラを呷る。せっかくだから、胸でも触るか。

「ダメよ！」

手を伸ばした瞬間、パチンと払われた。

「まだ、酔っぱらってないからダメなの。お酒すぐなくなるから、

1軒目の入り口。ポスターのようなブロンドガールは1人もいません。

カウンターの中に、黒人従業員が2人。恐いっす

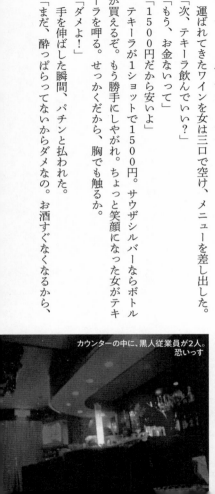

あのボトルを頼んだら、酔っぱらうかも。ＡＴＭ一緒に行ってもいいから」

出たよ、出ましたよＡＴＭ。結局、タケノコ剥ぎってことか。いや、違うな。この女、いくら飲ましてやっても、触らせるつもりなんかないに決まってる。

女と『オゴって』『オゴらない』の不毛なやり取りを繰り返すうち、カウンターの黒人が近づいてきた。

「アニキ、時間だから」

金払いの悪さに、あきらめたようだ。って、こっちから願い下げだよ！

今言ったことば、もう一回言ってみろよ

１軒だけでは、実態を把握したとは言えない。気乗りはしないが、再チャレンジといこう。

すぐに迷彩服の黒人が「90分４千円」と声をかけてきた。手持ちの小冊子を見れば、さっきの店と似たような写真が並んでいる。もしかして系列店か。

「いやー、違いますよ。ウチはウチですよ、アニキ」

「ホントに？　また、女の子のドリンク代とか取ったりするんじゃないの」

2軒目の入り口にも、いもしないブロンドガールの写真が

「マジでないす。女の子には、気持ちだけでいいす」
かなり流暢な日本語である。何でも、ナイジェリアから来日して4年になるらしい。気持ちだけ、ってのも不気味だが、行ってみますか。

店に入って唖然とした。ピンクや黄緑の間接照明。客はゼロ。2人のホステスは、どちらもアジア系。何これ？　デジャヴ？　どう見ても系列店じゃないか。

でもって、また韓国人らしき女が言うのだ。
「オニイサン、ワイン飲んでいい？」
もう結構。おまえらの手口はよーくわかった。誰がオゴるかよ。女は抵抗するかと思いきや、オレにその気無しとわかると、すぐに席を立った。なんかさっきの店と違う。

意外な展開はさらに続く。まもなくやってきた女が、なんと日本人だったのだ。
「そう、日本人だけど、悪い？　てか、遊びにきて遊ばないのダサイって。ワイン頼ませてよ」
物言いは生意気そのもの。外人ならまだしも、同じ日本人になんでこんな口の利き方をされなきゃならんのだ。ざけんな！

急速に怒りが沸き起こり、つい口走った。

オレの暴言に席を立ち、中の黒人スタッフに何やら話しかけているジャパニーズガール。この後、よもやの展開が

「おい、お前、今言ったことば、もう一回言ってみろよ」

女が豆鉄砲を喰らったような顔になり、席を離れた。従業員の黒人に何やら英語で話している。意味はよくわからないが、『ファイト』という単語が何度も使われている。体が凍り付いた。

黒人従業員に接客されるとは！

「オニイサン！　女の子いらないでしょ？」

恐怖に震えるオレの隣に、黒人が座った。なんだよ、勘弁してくれよ。

「オニイサン、今日はどこから来たの？」

「……幡ヶ谷だけど」

「音楽好き？」

「…まあ人並みに。たまにクラブ行ったり」

「オレも行くよ。渋谷のアトムとか。レゲエ好きなの」

何だか、様子がおかしいぞ。口調はフレンドリーだし、酒も自分で持ってきてチビチビやってる。そうすか、レゲエがお好きすか。ははは。で何なの、あんた？

「女の子と合わないみたいだから、話そうと思ってね」

なにー、アンタが接客してくれるんかい。どうなってんだよ。ま、とりあえず付き合うか。

「お兄さん、名前は？」

「オレ？　アビオラ」

現在31才。４年前にナイジェリアから観光ビザで来日したらしい。

「府中にナイジェリアの友達がいっぱいいて、日本は儲かるって言うから来たんだよ」

「で、儲かってんの？」

「いやー、日本に来て、すぐに結婚して、最初は服屋で働いていたんだけど、子供ができちゃって…」

何だか、所帯じみた話になってきたぞ。つまり、ヨメが妊娠で働けなくなったから、夜の仕事を始めたってことか。

「んじゃ、通りに立ってるの、みんなナイジェリアの人なの？」

「この通りは、ほとんどナイジェリアで、区役所通りはアメリカとかジャマイカいるけど、だいたい日本国籍持ってるよ」

アビオラは終始ご機嫌だった。料金も客引きの言ったとおり、90分4千円ぽっきり。店を出るときは握手までして別れた。どうなってんだ？


アビオラは、店を出るとき、表まで送ってくれた

最後に、ここ数年の黒人増加に関して、わかったことを記しておこう。

話は約20年前、六本木で黒人がクラブのセキュリティに雇われたのがキッカケらしい。用心棒として働くうち、彼らはクラブやバーの経営を学び、次々と独立。一方で互いに連携し、資金力のあるコミュニティーを作る。通称《六本木多国籍マフィア》と呼ばれる組織だ。この現在のボスが、ナイジェリア人なのである。

自然、ナイジェリアから六本木に黒人が多く流入。連中はアビオラのように、すぐに日本人女性と結婚し、国籍を持つ。が、黒人は働き口が少なく、しだいに裏稼業に手を染めていくようになったらしい。

歌舞伎町にナイジェリア人が増えたのは03年ごろ。警視庁が、六本木でのキャッチ行為を禁じたことで、新宿に移ってきたようだ。

たった2軒の取材で正確なことは言えないが、黒人の客引きが連れていく先は、大半が同じような店であろうと思われる。お触りはNGだが、ボッタクリではなく、強引に酒をオゴらせるだけと見ていい。金を引っ張れるか否かは客しだい。オレはチンケな貧乏人と判断されたに違いない。

業者よ、なんてアコギな商売してたんだ！

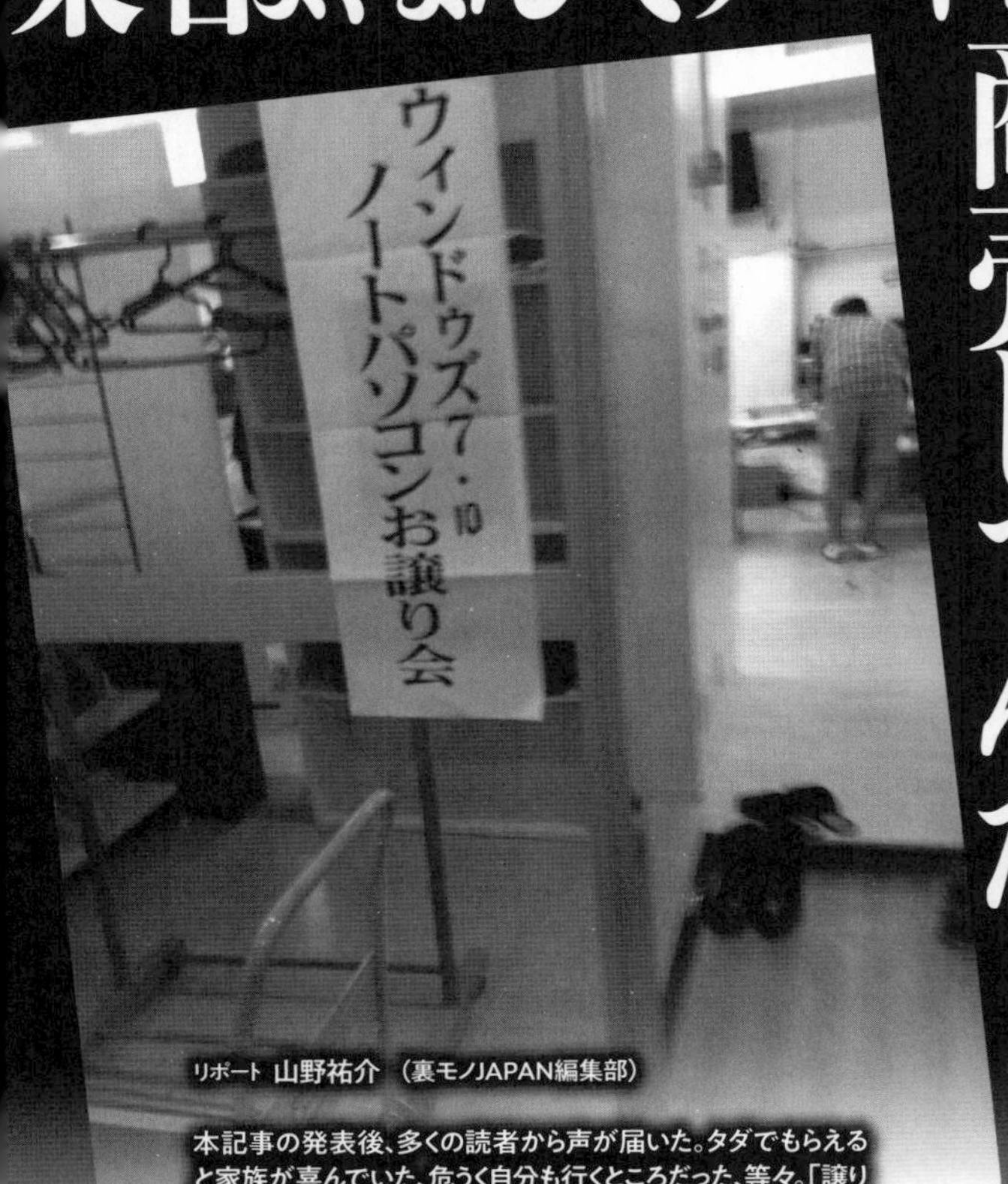

リポート 山野祐介 （裏モノJAPAN編集部）

本記事の発表後、多くの読者から声が届いた。タダでもらえると家族が喜んでいた、危うく自分も行くところだった、等々。「譲ります」って書かれりゃ、そりゃ誰だって騙されますよね。

16年8月号掲載

「パソコンお譲りします」

友達の実家に泊めてもらったときのこと。朝、テーブルの隅にあった広告が目に付いた。いかにも慈善事業のような地味なデザインの折り込みチラシだ。

『官公庁、大企業で余剰となったパソコンをお譲りします』

へえ、中古パソコンを譲ってくれるんだ。転売でもして儲けてやろうかな。

チラシの住所をメモしたオレはすぐさま、渋谷区で開催されている〝パソコン譲渡会〟とやらに行ってみることにした。この会が渋谷で行われるのは本日1日のみ。明日以降は転々と場所をかえていくらしい。

えっ、タダで譲ってくれるんじゃないの？

会場であるレンタルスペースの玄関には、ペラ紙1枚で「ノートパソコンお譲り会」とだけ貼ってあった。さすが慈善事業、こういうとこに金はかけないよな。

中へ進んでみると、小学校の教室ほどの狭い会場にズラッとパソコンが並んでいた。これが全部タダなんて大盤振る舞いじゃないか。さて、どんなもんですかね…そう思ってパソコンを見ると、紙が貼られていた。

「機器性能証明書　お譲り価4万円」

えっ、金取るの？　タダで譲ってくれるんじゃないの？

係員のいるカウンターを見ると、そこには小さく『有償譲渡受付』の文字が。有償譲渡だと？　なんだよ、その便利な言葉は！

ま、でもそんなワードがあるってことは、「譲る」という意味を「タダであげる」と解釈したのはこちらの早合点ってことになる。ちぇ。せっかく来たのだから一応は見て回るか。ゆとり世代でインドア派の俺は、パソコンには少々詳しい。その上ケチなので相場にも敏感だぞ。

ざっと見たところ、どのパソコンもバカみたいな高値がつけられていた。

〔画像1〕

49000円。なんとなくいいものに見えるのだが
同じモノ、ネットでは16000円で売ってます

〔画像2〕
これは52000円。シールの跡が目立つ

5年前のパソコンなんてこんな値段ですよ

例えば〔画像1〕のこのパソコン。

4万9千円となっているが、こんなもの、どんなに状態が良くても2万5千円といったところ。一見、高性能に映るが、何世代も前のCPUを使用しているため、現行のものよりも性能はかなり落ちる。ネットショップで同機種の価格を確かめたところ、税込み1万6千円で販売されていた。

次に〔画像2〕のパソコン。価格は5万2千円。

こんなもん、型落ちのパソコンにちょっと手を加えた程度のもので、秋葉原なら3万円でおつりが来るレベルだ。

そして、もっとも高額だった、この5万8千円のパソコン〔画像3〕。

これもどんなに状態が良くても3万円くらいなもんだ。

しかもこれらは長期間、官公庁や企業で使用されていたパソコンで、中の部品やバッテリーが消耗していることは間違いないし、そのような機関で使われるパソコンは情報流出を防ぐため、DVDやCDの書き込みはできない上に、無線も使えないようになっている。

さらにマウスとか無線の受信機とかは別売りだし、これがまた高めの設定なのだから笑える。

なんだこれ？　パソコンを譲ってくれる良心的な業者どころか、単なる割高な中古パソコン屋じゃん。

「パソコンそのものは無料なんですが」

ちょっとスタッフに話を聞いてみよう。

「あのー、すみません」

「はい、どうしました」

「これ、譲りますって言っているのに有償なのはどういうことなんですか？」

動揺が見られるかと思ったが、スタッフは涼しい顔で答える。

「これはですね、パソコンそのものは無料なんですが、ＯＳやハードディスク、メモリ、オフィスなどは有料になっているのでこういう表記をさせていただいてるんですよ」

つまり「パソコンの外側はタダだけど、中の部品は有料ですよ」という言い分だ。外側だけなんてよっぽどのマニアぐらいしか必要としてないよ。

「じゃあＯＳもハードディスクも要らないって言ったらタダでくれるんですか？」

「そういうわけにはいかないんですよねー。工場で組み立てたものをそのままお譲りすることになってまして」

結局は、タダでもらえるものは何もないってことだ。

「工場っていうのはどこにあるんですか？」

「名古屋ですね。大規模な工場で独自のラインを持ってるんですよ」

ふーん…。

「さっきホームページを見たんですが、ＯＳが１万５千円、ハードディスクが４千円、オフィスが５千円…みたいな内訳が載っていますけど、自社工場を持っている割には高くないですかね？」

「そんなことないですよ。例えば、キングソフトのオフィスは定価６千円ですが、うちは５千円で提供していますし」

オフィスとは、文章作成や計算に使うワードやエクセルといったソフトの詰め合わせのこと。キングソフトのオフィスは、その廉価版で、確かに定価は６千円だが、家電屋や通販では３千円程度で売っている。

「あくまで定価が６千円なんであって、実際は誰でも小売店なら３千円で買えますよね。大口で契約をしているんなら、仕入れは３千円よりも安い価格のはずですよね？　それなのに、オフィスを５千円で売っているんですか？」

「…」

「教えてくださいよ」

「…私は販売を委託されているだけですので、よくわかりません」

「工場の場所や規模、ソフトの卸価格まで知っている方が委託なんですか？」

「…」

「答えてくださいよ」

ちょっとした口論のような感じとなり、この会話から割高ということが伝わったのか、客がどんどん退出していく。それを見たスタッフがこれではマズいと思ったのか、こう言ってきた。

「譲渡会の妨害をする方にはお譲りしません。お帰りください」

「いや、教えてくださいよ」

「あなたにお譲りするものはありません。お帰りください」

だめだ、全く取り合ってくれそうにない。いったん退散しよう。

「あの親切な店員さんが嘘をつくわけない」

ホームページによればこの会社、数チームの部隊で全国を転々としており、ひとところには留まっていない。次に関東に来たのは数日後で、舞台は埼玉だ。

どうもこの商法が納得できないオレは、埼玉の〝お譲り会〟へ向かった。

会場である、田舎にある商工会議所には、渋谷よりもジジババの姿が目立った。中は前回よりやや広く、スタッフも2人いる。パソコンのラインナップは前回とほぼ同じだ。

とそこに、小脇にパソコンを抱えて会場を出ようとするジイさんが。買ったのか、ジイさん。あの金額に納得してんのかね。

「どうもー、こんにちは」

「パソコン、買ったんですか？」

「ああ、5万円のを買ったよ。スタッフさんが言ってたけど、これって普通に買ったら12万円はするんだってね。得しちゃったよ」

「それは新品の定価が12万円という話で、中古のそれは3万円くらいで買えると思いますけど…」

ジイさんの表情が曇る。

「そんなわけないだろう、パソコンがそんな安いわけはない」

「いや、今の中古パソコンはだいたいそのくらいですよ」

「いや、あの親切な店員さんが嘘をつくわけない」

「いや本当ですよ、秋葉原とか行ってみればわかりますよ」

「だいたい、お前は誰だ！　いきなり話しかけてきて、お前みたいな怪しいヤツの話、誰が信じるか！」

善意で教えてあげたのに、逆に怪しまれてしまった。なんだよ、頑固ジジイ。

少し外で待っていると、また会場からおばさんが出てきた。手には大きな布のバッグ。あらら、買っちゃったか。

「こんにちはー、パソコン買われたんですか？」

「そうなのよ、キミも買いにきたの？」

「いやー、買おうかなと思ったんですけど、どうも高くて…」

「高いって、どういうこと？」

「純粋に値段が高いってことですよ。他ならここの半額くらいで買えるんで」

「あっ、セールス？　私はそういうのはいいんで。結構です」

あら、俺ってそんなに怪しいのかな。

「法的には問題のない表現です」

ふてくされて会場の外でタバコを吸っていると、小太りのスタッフを発見した。段ボールを持っているところを見ると、在庫の補充だろうか。

「こんにちは」

「ああ、さっきパソコンを見てらした方ですね」

「そうです、どうもどうも」

「おかげさまで売れてまして。補充にきたとこなんです」

「へえ。人気なんですね」

熱心に話を聞いているのは、年配者ばかりだった

「そうですね。今日も早い時間からご年配の方にたくさんお買い上げいただきまして」

「てことは、若い人はこちらであんまり買わないんですかね？」

「うーん、買わないってわけではないんですけど、パソコンに詳しくないお年寄りの方がサポートがついているから安心だって、買っていかれるんですわ」

「サポートというのは？」

「この会場に持ってきてくれれば、無料で使い方を教えます」

毎日のように売り場を変えてるのに、どうやって持っていけばいいんだ。

「もう明日にはここにいないんですよね？ どこに持っていけばいいんですか？」

「それはそうですけど…でも電話サポートもついてますんで」

「お年寄りが電話の説明だけでわかりますかねぇ…」

「あとは1年間の修理保証もついてますんでね」

「得しちゃった」とはしゃぐジイさんだった

善意で教えてあげたのにセールス扱いか……

「修理は無料なんですか？」

「工賃は無料です。部品交換が必要になった場合は部品代だけいただきます」

うーん。部品代だけと言っても、3千円しないソフトを5千円で売る会社のこと、あまり信用はできないんだけどな。ジイさんバアさんにはわからないだろうし。

「あと、なぜ〝譲渡〟という表現をわざわざ使うんでしょうか？　お金を取るなら〝販売〟でもいいんじゃないですか？」

「法的には問題のない表現です。もういいですか」

そういうと、そのスタッフは段ボールを持って会場へと戻っていった。


何にせよ、この会社の手口はわかった。

〝譲渡〟という表現についてスタッフに聞くとそそくさと去っていった

「譲渡」や「お譲りします」というチラシを配り、無償もしくは格安でパソコンが手に入るのではないかと錯覚させて客を集め、相場に疎い年寄りたちに割高で〝有償譲渡〟しているのだ。サギではないし違法でもない。が、この納得できなさはどうだろう。

次は、あなたの町でお譲り会があるかもしれない。家人が興味を示したら付き添ってあげたほうがいいだろう。

大阪で 一番オモロイおっさんは誰だ？

リポート 建部 博（裏モノJAPAN編集部）

大阪にはおもしろいおっさんが多いと聞く。テレビ芸人的なおもしろさではなく、テレビには映してはいけない系のオモロイおっさんたちだ。大阪で一番おもしろいおっさんは、どれほどの笑撃度を持っているのだろう。笑いの王様を求めて、大阪・新世界へ向かった。

14年1月号掲載

エントリー① タバコぐりぐりさん

新世界はあいにくの雨模様だが、アーケードはたくさんの人で賑わっていた。

歩きはじめて20秒ほどで、おかしな人物を見かけた。

ピンクの上着と緑のズボン、迷彩柄の帽子をかぶったオッチャンが、必死な様子で道路の溝にタバコをぐりぐり押しつけている。

○……オッチャン　●……俺

●こんにちは。
○ん？　誰？
●通りすがりの者ですけど、ナニしてるのかなぁって。
○（視線を下にやったまま）なんでもええやん。ワシの勝手やろ？
●それ、タバコですか？
○そうや。兄ちゃんもやるか？
●え？
○これ、なんか意味あると思ってるやろ？　それがな、ないねん。めっちゃヒマやからやってるだけやねん。**（オモロ点7）**
●へえ…。
○だからヒマやねんな。こないだなんかな、鳩とにらめっこして夜中までもたしたわ。**（オモロ点5）**
●にらめっこで時間を潰したんですか？
○せやせや。2勝8敗でワシの勝ちやった。
（オモロ点5）

●いつもそんなにヒマなんですか。
○（ケタケタ笑いながらなおもタバコを押しつけている）ヒマやけど。兄ちゃんは何しとんねん。
●僕はこのへんフラフラしてて…。
○（さえぎるように）一緒やん。ヒマやったら鳩探してきてぇや。またにらめっこしたいわ。
●鳩…。どこに行けばいますかね？
○知らんわ。そのへんにおるオッチャンに聞いてみ。「鳩おりませんか～」って。「なんやこいつアホか」って言われるわ。
●はぁ。
○これ、タバコのヤツ、兄ちゃんもやる？（**オモロ点9**）
●やっていいんですか？
○ええよ、もう飽きたから。ワシ鳩探してくるから兄ちゃん代わって。ワシが帰ってくるまで止めたらいかんよ。この火を絶やしたらアカン。あれよ、タバコだけにな。（**オモロ点2**）
●ああ、はいはい。
○ほなよろしく。（歩き去る）

合計28点。以降はこれが基準点となる。タバコぐりぐりを勧めてきたあたりが最もおかしく、最後の「なんか上手いこと言った」みたいな空気を出してきたあたりはイマイチだった。狙うとすべるタイプのようだ。

エントリー②**テトリスさん**

フラっと入ったゲーセンで、熊みたいな人がヘッドフォンをしながらテトリスに没頭していた。目つきが真剣である。

●すごいですね、テトリス好きなんですか？
○（視線をテトリスから逸らすことなく）おう。

●いつもココでやってるんですか？
○そうやぁ。ホームや、マイ、ホーム、タウン！（**オモロ点2**）
●なるほど。
○ところで誰やキミは。
●あ、僕は東京から旅行で来てまして。
○そうか〜。テトリスしに来たんかいな。（**オモロ点20**）
●そういうわけじゃないんですけど。
○大阪はな、怖いで。このへんうろうろしてたらアカンどぉ。
●怖いんですか？
○そうよ〜。東京の人は言葉がキレイやから、狙われるで、オカマさんに。
●気をつけます。
○うん。（しばしテトリスに没頭）
○って、キミ誰やったっけ？（**オモロ点15**）
●いや、旅行で来てまして。
○そうかそうか。オカマさんに気ぃつけや。怖いでホンマ。
●わかりました。
○ところでキミが誰かは知らんけども、ワシ今（テトリス）やってるから、やりたいんなら後ろ並んでや。（**オモロ点7**）
●いや、別にやりたくはないんですけどね。
○なんやキミ。はよ帰らんとオカマさんにヤラれるで？ どこから来たん？（**オモロ点7**）
●えっと、東京から…。
○そうかいな。これやりたいんなら後ろ並んでや。（**オモロ点5**）

合計56点。英語で軽くジャブをかまして、「テトリスしに来たんかいな」とボケるあたり、かなりのセンスだ。

同じボケを繰り返す〝天丼〟テクにも加点しておいたが、もしかすると単に話を聞いてなかっただけかもしれない。

エントリー③ ベタボケさん

新世界には将棋場（席料を払えば将棋がうてる店）がある。ガラス張りなので外から観戦しているおっさんも多い。

将棋好きなら知的な話が聞けるかもしれない。適当に声をかけてみよう。

●どっちが勝ってるんですか？

○ん？ ああ、右が優勢や。

●僕あんまり将棋はわからないんですけどね。

○なんやねん自分、ずいぶん知った顔して来たのになぁ。ハハハ。

●将棋の観戦って楽しいんですか？

○まあ楽しかないけどな。**（オモロ点3）**

●へえ。

○でもせっかくやから見とかな。通りかかったんやから。

●お家がこのへんなんですか？

○ワシの家？ 近いよ。歩いて2日かかるわ。アハハ。**（オモロ点1）**

●…アハハハ。

○なんや兄ちゃん元気ないなぁ。もしかして

最近食うてへんのちゃうか、海苔！ アハハ。**（オモロ点7）**
●海苔は食べてないですねえ。
○なんでやねん。海苔食えや。カラダにええからな。
●わかりました。ちょっとお腹空いてきたんですけど、このへんなら何を食べればいいですかね？
○なんでもあるよ。お好みでも串カツでも。
●オススメのお店とかありますか？
○そうやな〜。兄ちゃん辛いの食べれる？
●はい、大丈夫です。
○せやったらアレがええわ。あんみつ。近くにええ店あんのよ。アハハハ！**（オモロ点1）**
●……。
○なんや、甘いのはアカンか？ やっぱり辛口がええのか？
●…はい。
○そうやなぁ。そしたら、カラシそのまま食っといたらええわ。**（オモロ点1）**
●……。
○ウソやん。ウソやで？ そこのラーメン屋行っておいで、そこそこ旨いから。そのあとあんみつ食べといでえや。お店のおばちゃん辛口やけどな。って、兄ちゃんどっちが食いたいのかよぉわからんくなってきたわ！**（オモロ点2）**

点数は伸びず、合計15点でフィニッシュだ。唐突な「海苔食え」は良かったが、近い→遠い、辛い→甘いなどのベタなボケでは将来性も見込めない。

エントリー④ ピッチャーさん

いつの間にか雨はあがっていた。新世界か

ら大通りに出て歩くと、前方からハットにサングラス姿の爺さん（推定60代）が自転車でやってきて、いきなり声をかけられた。

○おう、社長、天気ええな！**（オモロ点7）**

●え、はい。

○こうも天気ええとスポーツしたくなってくるわ。社長はなんかスポーツとかしてますのん？

●昔サッカーはやってましたよ。

○サッカー？　野球はしてませんの？

●ああ、小学生のころにやってました。

○そうか〜。野球はええよな。ワシな、昔、阪神からお誘いありましたんや。**（オモロ点500）**

●え？

○タイガース、知ってるやろ？

●知ってますけど。

○ピッチャーやれへんか言われてね。丁重にお断りしたったんや。

●ホントですか？

○ホンマやがな。ちょっとチャリから降りてお話ししてもええかな？

●はい、どうぞ。

○腰痛いわ〜。よいせっと。せやけど社長はどこの社長なの？

●どこ？　東京から来ました。

○せやろ。やっぱりそう思うたわ。大阪人とは違う思うとったわ。

●そうですか？

○せや。人種が違うわ。ところで社長、小銭

持ってる？（**オモロ点9**）
●え、ありますけど…。
○スーパーライト（タバコ）買ってくれへん？
（**オモロ点7**）
●いや〜、ちょっと…。
○いや、ほんならええわ。うん。あれやな、スポーツはええな。野球したいわ、久しぶりに。
●腰痛いっておっしゃってましたけど大丈夫なんですか？
○大丈夫。ピンピンしてるから。そやな〜、あれ、その〜、社長は東京から来てるんやね。
●はい。
○江戸っ子や。立派立派。すごいわ。
●そんなたいしたもんじゃないですけどね。
○いや〜、やっぱり東京言うたらニッポンの中心やからな。心臓や。エライもんで。ところでな、スーパーライト買ってもらえんかな？（**オモロ点15**）
●え〜っと…。
○ええわ、うん。大丈夫や。それにしてもあれやね、エライええ天気やわ。
●そうですね。
○タバコ吸うたら気持ちええやろうなぁ。（**オモロ点50**）
●……。
○お天道さんの下でな、スパーっと。
●…僕の持ってるやつ、吸います？
○いや悪いよ。それは悪いわ。
●いいっすよ別に…。
○（ポケットから出した瞬間、奪うようにして）ホンマ？ 助かるわ〜。（火をつけて）ほな社長、また！（**オモロ点15**）

阪神からの誘いで500点をはじき出し、合計603点を獲得した。
タバコを求めての駆け引きも、新喜劇を彷

彿とさせるイイ案配で、とても気に入った。優勝候補筆頭だ。

エントリー⑤ まゆ毛さん

再び自転車に乗ったおっさんが近づいてきた。今度はこっちから声をかけてみよう。ん？　まゆ毛がおかしい。太くてイビツだ。それ、描いてんの？

●こんにちは。
○ほい、こんにちは。
●なんかまゆ毛がカッコイイですね。
○（ニンマリして）せやろ〜。さっきやってもろたんや。
●誰かに描いてもらったんですか？
○お友達がやってくれたんや。洒落とるやろ。
（オモロ点5）

●いいと思いますよ。
○なんや、「ずいぶん洒落たオッチャン来たな」思うて声かけてきたんか？**（オモロ点15）**
●まあ、そんなところですね。
○エライもんや。キミ大阪の子とちゃうやろ？
●東京です。
○（目を見開いて）トーキョー！　東京の人間から洒落とる思われるほどになったか、ワシも。**（オモロ点3）**
●ハハハ。
○遊びに来てるんやろ？　いつまで大阪おんの？
●明日には帰ろうと思ってます。
○ちょうどええわ。明日の朝な、ワシの家で仲間みんなと飲むんや。キミも来たらええわ。
●朝から飲むんですか？
○せやで。（まゆ毛をさして）これ描いてくれたオッチャンも来るから褒めたって。
●オッチャンが描いてくれたんですか？
○せやがな。ただのオッチャンやないで、こっちらでイチバンのシティボーイや。神戸出身やから。**（オモロ点5）**
●へえ。何才の人ですか？
○トシは知らんけどな。ワシより上ちゃうか？ ホンマええ人やで。
●なんで年上のオジサンにまゆ毛を？
○なんでって、そんなん別に理由なんかないわ。描きたい言われたからな。**（オモロ点40）**
●よく頼まれるんですか？
○せや。こないだなんかここ（オデコを指さし）にオメコ（マーク）描かれたわ。笑ろたで。ヌフフフ。**（オモロ点5）**
●…へえ。
○みんな笑ってくれたわ。池内さんなんかチンポおっ立てて「ぶちこんだる！」とか言ってな。アハハハ。**（オモロ点3）**
●…仲がいいんですね。
○せやな。ま、ぶちこまれたらさすがに怒るけど。「ワシのやのうて嫁はんのにぶちこんどけ！」言うてな。アハハ。**（オモロ点2）**

計78点。まゆ毛を描きたいと言われて素直に描かせたエピソードが最高得点となった。

この人、仲間から相当イジられてることに気づいてないみたいだけど、大丈夫なのだろうか。

エントリー⑥ 心臓カウントさん

歩いてるうちに西成に到着した。言わずと

しれたドヤ街だ。
公園らへんをうろうろしていたらブツブツと口を動かすおっさんが。

●何やってるんですか？
○36、37…。
●あの〜。
○ん？ ちょっと、わからんようになったやん！
●何かを数えてたんですか？
○心臓の音。**（オモロ点3万）**
●どこか病気なんですか？
○なんでや。病気なことあるかいな。
●脈を測ってたんですよね？
○測ってたわけじゃないけどな。数えとんねん。**（オモロ点2万）**
●特に理由はなくですか。
○昔はもっと速かったなぁ思ってな。懐かしんでたわけや。そういうことあるやろ？**（オモロ点2万）**
●昔を懐かしむことはまあありますね。
○あの頃の自分と今の自分、どっちがちゃんと生きてるか。いろいろ考えとんねん。**（オモロ点5）**
●今はお仕事とかはされてるんですか？
○してないよ。生活保護。ラクチンやで。
●そうなんですね。
○昔はな、それはバリバリ働いとったわ。日本中の現場まわってな。大変やった。
●へえ。
○今は生活保護や。どっちがええのかわからんけどな。ラクはラクよ。
●安定した収入がありますもんね。
○せや。だけどな、こうやって心臓の音を数

えて昔を思い出すねん。今はもう働く気ないけど、せめてあの頃を思い出しとかないかんと思ってな。**（オモロ点1万）**
●働く気はないんですか？
○ないよ〜。だってラクチンやもん。こうやって心臓の音聞いてる時間もあるしな。**（オモロ点2万）**
●で、結論としてはどっちがちゃんと生きてるんですか、今と昔の自分は。
○それが難しいねん。どっこいどっこいや。
●どういうことですか？
○昔は心臓の音が速かった。言うたらF1や。ドクドクドクドク！ってな。
●はい。
○でも今はゆっくりや。徒歩。F1と徒歩、ぜんぜん違うやん。どっちも楽しいやん。
●なるほど。どっちにも良いところがあると。
○そう。ええ話やろ？
●まあ。
○ほな次は指の毛の数を数えるからな、邪魔せんとってよ。**（オモロ点10点）**
●え、それは何故数えるんですか？
○ヒマやからや！こっちは生活保護や！時間あり余っとんねん！どっか行け！

10万15点。あまりの意外性にインフレを起こし、どえらい点数になってしまった。ヒマに飽かして心臓の音を数えるおっさんなんて、日本中でこの人だけだろう。

最後の、「指の毛」のくだりもたぶん計算ではないのだろうが、心臓の意外性には大きく劣るので10点にしておいた。

エントリー⑦ 玉子さん

警察署近くでスウェット姿の老人がひとり

で立ちすくんでいた。見た目からしておおいに期待が持てる。

●こんにちは。何してるんですか？
○お兄さんこそ、何してんの？
●僕はフラフラ歩いてるんですよ。
○ほうほう。エエ女おった？
●女ですか？　いや～、見てないですね。
○チンポコ触って歩いてみ、女が寄ってくるわ。（**オモロ点2**）
●チンポコですか？
○せや。こうやってな（ズボンのポケットに手を突っこんでチンチンをごそごそする）。（**オモロ点3**）
●女が寄ってきますか。
○来るやろ。◎△×□……とかな。
●え？　なんですか？
○だからな、◎△×□……とかやって。（そこだけ聞き取れない）
●寄ってきますか、女が。
○あとな、チンポコ出しながら歩いたらアカンで。お巡りさんに怒られるわ。
●ですよね。
○なんやしっかりした人みたいやな。スパイでもやってますの？（**オモロ点500**）
●スパイですか？　違いますけど。
○その雰囲気やとスパイにしか見えんけどねぇ。◎△×□…もスパイかもしれんわ。
●そのゴニョゴニョおっしゃってるやつ、何なんですか？
○で、何しに来たの？

●大阪に遊びに来たんです。東京から。
○東京かぁ。そりゃエライ遠くから。スパイの仕事で？（**オモロ点10**）
●いや、遊びです。スパイじゃないですから。
○そうかそうか。ワシな、ヒマやから出かけよう思てますねん。
●どこに行かれるんですか？
○買い物ですわ。玉子食べよか思ってね。（**オモロ点100**）
●スーパーに行かれるんですか。
○せや。◎△×□…みたいな店員がおんねん。レジのお姉ちゃん。
●それ、もうちょっとゆっくり言ってもらえませんか。
○やぁ、ぐぅ、もぉ、きぃ…。
●やぐもき？
○なんやねんそれ。誰や。玉子買いに行くわ。ほな。
●もう一回だけ言ってもらえませんか？
○ぎゃぁ、くぅ、どぉお、ちぃ。
●ぎゃくどち？
○だからそれなんやねん。アホか。やっぱりスパイか。

スパイのくだりで高得点を獲得したが、残念ながら外見から期待した以上の笑いは出なかった。合計615点。

「玉子食べよか思って」は意外とぐっとくるので100点を差し上げた。

エントリー⑧ 情緒不安定さん

西成の商店街に座る爺さんが、杖を手にして通行人にニラミを利かせている。お話ししてくれるだろうか。そろりと近づく。

○オラ、ガキ！　舐めとんか！（**オモロ点3**）
●いや、すいません。別に舐めてないです。
○じゃかあしいわ！　座れ！　そこ座れ！
（**オモロ点5**）
●はい、すいません。
○何才や？
●29です。ここで何してるんですか？
○（急に優しい声で）若いなぁ。ごめんなぁ、怒鳴って。（**オモロ点10**）
●いえ、大丈夫です。
○休憩しとんねん、休憩。（**オモロ点13**）
●そうですか。
○（杖でオレを指して）ガキ君は何してんの？
●散歩ですね。
○ええやん。ガキ君は散歩か。ワシも散歩したいわ。
●散歩したらいいじゃないですか。
○（急にデカい声で）じゃかあしいわ！　散歩なんかようせん！　疲れるだけや！（**オモロ点10**）
●すいません。
○（優しく）ええよ。怒鳴ってごめんなぁ。耳がかゆいねん。掻いてくれへん？（**オモロ点50**）
●え、僕がですか？
○頼むわ。ええ散髪屋教えたるから。（**オモロ点15**）
●いやぁ…。
○ハハハッ。自分で掻くわ。ガキ君は大阪の子とちゃうやろ？
●はい、東京です。
○ワシも昔おったわ。新宿言うたか、アレは。住みにくいな、東京は。
●そうですかね。
○住みにくい言うたらあれや。このへんもヘンな奴多いで。みんな死んだらええのにな。

（オモロ点3）
●なんかされたんですか？
○（デカい声で）されてへんわ！　ワシに何かする奴おったら見てみたいわ！　正気の沙汰やないで、そんな奴は！（オモロ点5）
●あ、すいません…。
○エエよ！　ええ散髪屋教えたるわ！　そこ曲がったとこにあるわ！（オモロ点7）
●いや散髪は別に行きたくないんですけど…。
○（優しく）そうか。怒鳴ってごめんなぁ。せやけどガキ君、このへんは物騒やから帰ったほうがええで。
●怖い人がいるんですか？

○せや。あっ……。
●どうしたんですか？
○クソしたくなってきたわ。トイレ連れてってくれるか？
●はい、肩貸しましょうか。
○…いらんわ！　自分で行く！　どけガキ！
（オモロ点5）

合計126点は立派な数字だ。情緒不安定ぶりが功を奏したか。
お気に入りの散髪屋を教えたくてしょうがないあたりにも好印象を受けた。優勝こそ逃したが功労賞を差し上げたい。

結果発表

大阪一オモロイおっさんは心臓カウントさんに決定しました！
おめでとうございます！

ヌーディスト村滞在記

あっちもこっちもどこでも全裸!

リポート 仙頭正教
（裏モノJAPAN編集部）

本取材からの帰国後、担当者の足に異変が起きた。どうやらビーチで雑菌が入ったようで、しばらく片足が不自由なまま生活するハメに。天国のような場所だけど、全裸の男女が興奮していろんなものを撒き散らしているのかもしれませんな。

12年10月号掲載

南フランスの「アグド」という地域に、夏になると、世界中から何万ものヌーディストが集まる村があるそうだ。

その名も「Naturist Village」（裸主義者村）。そこでは、老若男女がスッポンポンで外を歩いており、ビーチも裸、スーパーも裸、カフェも服屋も裸、どこもかしこも裸らしい。

普段、この島国ニッポンでパンチラだ胸チラだと騒いでいるのがアホらしくなってくるような話だ。地球の裏側ではオッパイもマンコも見放題ってか。最高じゃねーか。

行きたい。めっちゃ行きたい。行ったらオレ、もう日本に帰ってこないかもしれないけど。

どうだ、これが日本人のチンチンだ！

7月末。日本から丸24時間かけて、アグドに到着した。時刻は朝11時。天気はいいし、気温も高い。まさにヌード日よりだ。

まずはホテルに荷物を置き、目的の村へと歩いて向かう。

地図によれば、ヌーディスト村の広さは東京ディズニーランドとシーを合わせたくらい。村全体がフェンスで囲われていて、中へ入るには入場ゲートをくぐらなければならない仕組みだ。

内部は大きく3つのエリアに分かれている。商店やマンションが並ぶ生活エリアと、緑の広がるキャンプエリア、そしてビーチだ。

地図を見ながらてくてく歩くうち、「Naturist Village」という入場ゲートが見えた。なになに、

1デイ4ユーロ（約400円）？　へぇ、有料なんだ。

入場パスを買って村内へ。目に飛び込んできたのは、リゾートマンションやコテージ、オープンカフェなどが並ぶ生活エリアだ。

おっ、いたいた！　オッサンオバサンの白人カップルが素っ裸で歩いてる。チンコもマンコもモロ出しだ。

あっちには若いカップルも！　うひゃー、オッパイ丸出し！　マンスジばっちり！

ありゃ、こっちじゃジジババも全裸で歩いてるし。あんたらのは見たくないね。もう服なんて着てる場合じゃない。オレも脱ぐぞ脱ぐぞ。

ほーら、どうだ、これが日本人のチンチンだ！

モデルみたいな美形が黒ずみマンコにピアスを

とりあえずビーチエリアに向かって歩いてみた。

途中、すれ違う人間はだいたいみんな全裸、もしくは腰にパレオを巻いているだけ。服を着てる人間のほうが浮いているような状況だ。

人種は白人がほとんどで、あとは黒人と南米系がパラパラだ。アジア人はぜんぜん見かけない。だからだろう、みんながオレを物珍しそうに見てくる。す

みませんね、小さなチンコで。

まもなくビーチ独特の匂いがし、目の前に南フランスの穏やかな海が広がった。


すげぇ……。


息を飲んだ。海の青さにではない。浜辺の人々にだ。ケツ、おっぱい、ケツ、おっぱい。海岸線のかなり遠くまで、ヌーディストたちがあふれている。2千人以上はいるんじゃないの!?

こりゃあ、観賞にはいくら時間があっても足りねーな。1分1秒もムダにできん。

さっそく裸の群れにゴーだ。

いやー素晴らしい。どこもかし

柔らかそうなおっぱいだ

ビラビラ丸出し!

中年カップル率、高し

もオッパイとマンコだらけだ（チンコはわざと目に入れない）。

ツンと張った美乳、垂れたシワシワ乳、キレイな乳首、黒い乳首。あらゆるおっぱいがユサユサ揺れている。

マンコもいい。たいがいアソコの毛を剃ってるので、様子が丸わかりだ。スッと一本スジが入っただけのおとなしめのマンコもあれば、大きいビラビラがびよーんと伸びたマンコも。モデルみたいな美形が、黒ずみマンコにピアスを付けてたりもする。

見た感じ、若いコ3割、オバハン7割ってとこか。基本的にみんなカップルで、日光浴を楽しんだり、砂浜に寝転がって本を読んだり、水遊びをしたり、ごくごく健全な印象だ。

日本のビーチのように、女の子3人組が浮き輪でキャッキャしてるような、オイシイ場面は見られない。

意外だったのは、家族連れまでいたことだ。いい歳のオヤジが、中学生くらいの娘と全裸ビーチバレーってのは、教育上いかがなものだろう。

キタキタキターー地中海に精子放出！

歩き疲れたので、ビーチのカフェに入った。

デッキソファに座り、パナマビールを飲みながら、目の前を歩くオッパイやマンコを眺める。

ああ、オレ、一生ここで暮らそうかな。天国だよ。

当初の緊張感が薄れていくにつれ、オレの体に変化が生じてきた。あまりにも多くの裸体を見つづけたせいで股間にムラムラが溜まってきたのだ。実際ちょっと半勃ち気味になってるし。

おっ？

海の中に珍しい連中がいた。かなり若い男女グループだが、裸と水着が入り交ざってるのだ。大胆な子に「ヌーディスト村行こうぜ」と誘われてきたけど、恥ずかしくって脱げないみたいな感じだろうか。男子、ドキドキだろうな。

あの女の子の体はどうなんだろう。いずれ脱ぐんだろな。今のチンコには、刺激が強いなあ。うーん、シコりたい…。

チンコを握って飛び起きたオレは、海へ向かって走り、そのままジャバンと飛び込んだ。

ここらへんでいいか。よーし、海に浸かってこっそり抜くぞ。

シコシコシコ。水の抵抗がジャマだけど気持ちいい！　我ながらいい作戦だ。キタキタキター、地中海に精子放出！

その後も、ビーチを散策してムラムラきたら海でシコるという作業を繰り返し。夕方までにたっぷり4回もヌイてしまった。

生活エリアに戻るころには、すでに太陽は沈みかけていた。もうく

水着の子、
恥ずかしがってるんやね〜
（オカズにしてやりました）

たくただ。今日はもうホテルに帰るとしよう。

ビーチよりもこういう場所のほうがグッとくる

翌日は、トーストと卵の朝飯を食った後、生活エリアを回ることにした。

まずはスーパーへ。おっ、何だこの光景は。みんな、おっぱい丸出しで買い物をしている。ビーチよりもこういう場所のほうがグッとくるな。

総菜屋では若いコが腰布の間からマンコをチラチラ見せながら肉を買い、服屋では若い半裸カップルがセクシーコスチュームの品定めに夢中だ。

でも残念ながら、店員だけはどこも男女ともに服を着ていた。おっぱい丸出しのレジ店員、見たかったんだけどな。

ショッピングモールを出て、今度はコテージが並ぶほうへ向かう。夏の間だけバカンスに来る人たちの居住エリアだ。

かわいらしい小さな家の庭では、全裸の家主が読書をし、公園ではジジババがゲートボールのような

フルーツショップも

スポーツに興じていた。もちろん全裸だ。

犬の散歩をする女性も、自転車やインラインスケートで走っていくカップルも、誰もが当然のように裸だ。

なのにレイプ事件なんてものは起きそうになく、とてものどかな空気が流れている。半勃起してる男すらどこにもいないし（オレ除く）。

ビーチ全裸じゃなく、生活感のある中での裸を見せられ、なんだかまたシコりたくなってきた。海は遠いし、ちょっとあっちの茂みに隠れるか。

緑の生い茂るほうへと歩くと、そこはキャンプエリアの入り口だった。スタッフがなにやらフランス語で言っている。どうやらこの先はキャンプ利用者専用エリアで、すでに満員のため新たな客は入れないらしい。

なーんだ、シコり損ねたよ。にしてもキャンプエリアって、若いのが多そうで気になるな。

オッパイとスキンシップする大チャンスだ

海の中でシコった後、ビーチでビールを飲んで横になり、思わず夜まで眠ってしまった。

生活エリアのほうから、低音の利いた音楽が聞こえてくる。何だかやけに騒がしい。行ってみ

肉屋だって

るか。

ショッピングモールのあたりは、昼とは打って変わり、紫やピンクのぎらぎらとした光に照らされていた。町全体にダンスミュージックが流れている。夜はここ、こんなふうになるんだ。

あそこはクラブかな？　入り口から覗くと、服を着た男女が楽しそうに踊っている。楽しそ〜！

「ノーノー！」

入り口のスタッフが全裸のオレを制した。ドレスコードがあり、男は襟付きのシャツ、女はセクシー衣装じゃないと入場できないらしい。

急いでショッピングモールでシャツを買って戻ってくる。

「ムッシュ！　ＯＫ？」

「オーケー」

よっしゃー、みんな、オレも交ぜてくれー！

スゴイ盛り上がりだった。さすがヌーディスト村にあるクラブだけあって、ポールダンスのステージでは女たちが裸で踊り、押しくらまんじゅう状態の中で真っ裸になってるコまでいる。あんた、触られまくってんじゃん！

なんちゅうエロいクラブだ！

スゲーぞ、ここは。ずっと指をくわえて眺めるだけだったオッパイと、スキンシップする大チャンスだ。

あっちへウロウロ、こっちへウロウロと、おっぱい丸出しちゃんのそばに近寄っては、よろけるフリでバストタッチ！　あらよっと。

「××××××××××！」

そばにいたニイちゃんにすごい剣幕で怒鳴られてしまった。あー、怖っ、テメーの女、そんなに見せびらかしといてもったいぶるなよ。

チクショー、オレも女と一緒に来たかったたな。どのオッパイもどのマンコも、ショーウインドウの中の高級時計みたいに、ただただ眺めるだけだなんて酷な話だよ。

ほら、つんつんっ。もう吸い付いちゃおっかな

3日目。早くも最終日だ。

オッパイとかマンコはもういい。ゲップが出るほど見た。

むしろ、見過ぎたせいでオレは心寂しくなってるのだ。人肌が恋しくてならない。

極東の島からオレが単身乗り込んだように、世界のどこかから一人きりでやってきた女の子がいても良さそうなものなのだが。全裸同士で知り合えば、後の展開もすいすい進むだろうし。

なので最終日は単独ヌーディスト女性の探索に費やすことにした。朝10時。気合いを入れて出

発だ。

目を皿のようにしながらビーチを歩く。やはりどこもカップルばかりで、特に若い女には男がピッタリ張り付いている。

ん？　んん～？

あの黒髪の、肌が浅黒い子、一人で座ってない？　周りに誰もいなくない？　あれれれれ。

近寄ってみよう。

「メルシー」

「メルシー」

かなりのボインだ。アソコもつるつるだし。勃起しないように気をつけないと。

身振り手振りで話しかけると、彼女はニコニコと笑ってくれた。よくわからないけど笑ってるんだからイヤがってはいないんだろう。

隣に座って肩を寄せる。

「ユアボディー、ビューティフル」

「サンキュー」

「グッド、ボイン」

「ボイン？」

「イエスイエス」

ふくよかな胸を指さし、その指で乳房をつんと押してみた。

「オー（笑）」

笑ってる。いいね、いいね。彼女も孤独を感じてたところに、おっぱいつんつんアジア人が来てくれて喜んでるみたいだぞ。ほら、つんつんっ。もう吸い付いちゃおっかな。

とそのとき、遠くの方から男の声が飛んできた。

「ヘーイ」

こちらに向かって歩いている。カレシ？ あら、そうみたいね。

男が目の前までやってきた。どうしよう。

「ヘーイ、こんにちは」

がっちり握手をしたところで、じゃあ、オレはこれでドロンさせてもらいます。

「バーイ」

「バーイ」

気のいいニイちゃんは、別れ際に、彼女とのツーショット写真を撮ってくれた。余裕やのぅ。

黒人男3人が白人女と4P

単独オンナを求め、ビーチを果てしなく歩きつづけたが、まったく見当たらなかった。

なんだかずいぶん遠くまで来てしまった。くそー、引き返したほうがいいのかなぁ…。あれ？　あそこのオッサン、何やってんだ。寝そべりながらオバハンに手マンしてるじゃん。わお、あっちにはフェラしてる女もいるし。

この一帯はエロ解禁エリアなのか？　よーく見れば、女に手コキさせている男が何人もいるし。

向こうのほうに男の人垣が出来てるぞ。何だあれは？　現場をのぞきに行って、ビックリした。何と、黒人男3人が1人の白人女と4Pをしていたのだ。マジかよ。

まわりを取り囲む男たちは、そのセックスを見ながらマスをかいている。よーーし、今回の旅のコキ納めはここに決定だ。オレもシコってやる！

スコスコスコスコスコスコ。

ダメダメ、こんなに人がいたら緊張して出ないよ！

こっちは手マンだ

ここでしゃぶるか!

異様な光景でした

（でもマスかきに参加）

第4章

ほんとにヤレるのか？

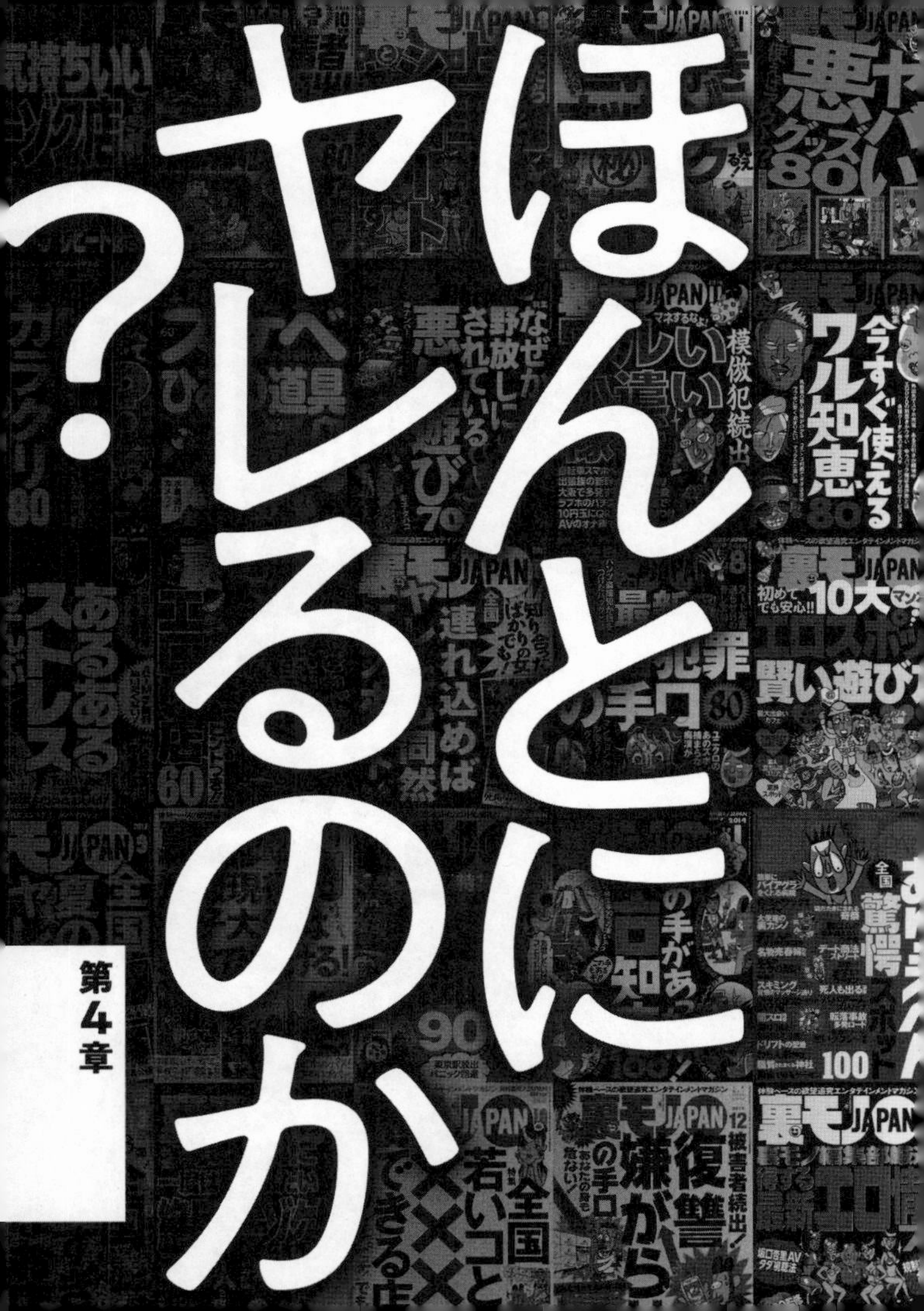

「ギョーカイ人が地方でモテる」の噂は本当か？

リポート　松本さとし
（フリーライター　71年生まれ）

あわよくば自分もタレントに、と淡い夢を抱く女性は今も昔も変わらずにいる。そんな彼女らはテレビ関係者の男に弱い（はず）。しかも実情を知らぬ地方っ娘ほど、ギョーカイ男のことばを信用してしまう（はず）。はたしてこの妄想はどれほど当たっているのか？

98年12月号掲載

テレビ関係者ならどんなことになるのやら

地方都市のスナック。1人グラスを傾ける男の隣に店の女の子が座る。

「お1人なんですか」

「うん、ちょっと仕事でね」

「へえ、どんな仕事をされてるんですか」

「テレビ関係なんだけど」

さびれた飲み屋に突如現れたテレビ関係者。いつものくたびれた客とは違う匂いを発する男に、ミーハーな女性は少なからぬ興味を抱く。どんなタレントに会ったことがあるんですか、私もテレビに出てみたいな。そんな発言は想像に難くない。

もしそこで、君にも出演のチャンスはあるんだよ的なことを匂わせることができたならば、どうだろう。あわよくば私もスターの仲間入りと勘違いした女性は、そのままなすがままにされるのではないか。この人と仲良くなることが芸能界への一歩、そのように考えるのではないか。

そんなにウマクはいかないとおっしゃる方は、ぜひ思い出してみてほしい。以前、どこかのテレビ局プロデューサーが、あちこちで女性を食いまくった挙げ句に淫行で逮捕された事件を。彼がいかなる話術をもってして口説きあげたのか定かではないが、見た目がブサイクなおっさんであったことからも、テレビ局プロデューサーの肩書きが有効に働いたことを疑う余地はないであろう。

細々とライター稼業を続けている松本も一応はマスコミ関係者。実は私自身、かつてこんな経験をしたことがある。

実家の金沢に帰省した折、旧友のセッティングしてくれた合コンに参加したときのことだ。周りはみんな市役所や電気メーカーなどに勤めるしっかりとした男たち。その中にあって安定しない生活を送っている私は肩身が狭く、さらに地元ネタに付いていけない寂しさが加わり、なかなか場に馴染めない雰囲気を感じとっていた。

ところがコンパ開始10分ほどで、女の子の中の1人が私の職業にやけに興味を持ち出したのだ。そもそも東京に住んでいる人間に会うこと自体珍しかったらしく、どんどん質問を浴びせてくる。私も別に東京人を気取るつもりなど毛頭なかったのだが、ついつい会話の中に渋谷や銀座といった地名、さらには締切、ゲラといった業界用語を盛り込まざるをえない状況となっていた。

珍しいお方、と思ったかどうかは知らないが、彼女の表情は明らかに輝き始め、残りのメンバーそっちのけで2人きりの会話は続く。

かつて女性からこんなに興味を持たれることなどなかった私は、席上、大いに舞い上がった。その勢いを借り、彼女と2人きりになったところでホテルに誘うとOKの返事。珍しく朝まで4回も満足させていただいたのだった。

東京の力は恐ろしい。私はあらためて思った。そしてマスコミという名の神通力が通用する世界が残されていることに少なからず驚いた。

フリーライターなどというわけのわからん人間ですらこの結果である。もしこれがテレビ関係者ならば、どんなことになるのやら。想像するだけで身震いしてしまうではないか。

鉄人プロモーションスカウティング部

フリーライターの私が、もっと大それた肩書きをつけて地方都市に出向く。そうすることで、普段はまったくモテない私がモテるようになるのか。それが今回の試みである。

さし当たってまず肝心なのはその肩書きだ。やはりテレビ関係者になりきるのが最も効果的だろうとは思うが、27才の私がプロデューサーを名乗るのは少々無理がある。かといってADなんかの下っ端では権限を持っていないので女性の興味をそそりそうもない。

長い思考の末、若くして権限を持っていてもおかしくない職業として私が思いついたのは1つ。芸能プロダクションのスカウトマンである。タレントをスカウトする立場の男とあらば女性も放っておかないだろうし、さらには一存の重要性をも感じさせることができよう。

私はさっそくスピード名刺を作成した。社名は「鉄人プロモーション」。肩書きはスカウティング部。記載した住所と電話番号はそっくり鉄人社のものをいただいた。幸い住所が千代田区二番町なので日本テレビ関連の会社だと匂わせることもできそうだ（編集部註／鉄人社のオフィスは当初、日本テレビ旧社屋の斜め前にあった）。

肩書きが決まれば次は外見である。私は普段ならまず足を運ぶことのない小洒落たインポート洋品屋を訪れて店員の女性に企画意図を伝え、「いかにも業界人っぽい」組み合わせのシャツとネクタイを見繕ってもらった。

苦笑しながら彼女が選びだしたのは赤いワイシャツとブルーのネクタイ。Tシャツしか着たことのない私には、実に不釣り合いな取り合わせに見えるが、専門家である彼女に言わせれば「よくお似合いですよ」となるらしい。

また、これ以上ハデになると、チンピラっぽく、逆に地味になると辺りを歩いてるサラリーマンと大差がなくなるとのこと。地方で業界人を気取るにはベストだとプロフェッショナルが説くのだから信じるよりほかない。

かくして2万円の出費によって、私は肩書きと外見だけは立派な業界人と化したわけである。

東京コンプレックスは長野で強いらしい

前記したように、私が人生で初めてモテた経験をしたのは北陸地方の金沢という町だった。しかし、今回もまた金沢に出向くのかといえばそうではない。地元で破廉恥な行為はしにくいという個人的理由もあるが、何よりあのとき合コンに参加していた女性5人のうち4人はまったく私に対して無関心だったのだ。今回の企画に適した町だとは思えない。どこか別の地方。私を熱い眼差しで見つめてくれる土地は他にもあるはずだ。

むろん言うまでもないことだが、地方ならどこでもいいというわけではない。あまりに農村部だと業界人なるものの意味するところもピンとこないだろうし、かといって東京への憧れなどなく、その都市で充足できるような街でもダメである。

首都圏から近からず遠からずの距離にあり、常に東京や芸能界といったものに対し、女性が憧れとコンプレックスを抱いている街。そんなトコロはないものだろうか。

都合のいい相談だとは思いつつも、裏モノ編集部に電話をすると、なんとも頼もしい答えが返ってきた。

——その街はズバリ、長野である——

長野。深く閉ざされた山岳国家のように思っていた私だが、現実はさにあらず。距離にして新幹線で90分強。県内の多くの若者が東京に憧れ、地元高校を卒業後、都内の大学・短大へ進学するケースが多く見られるのだそうだ。

編集部の偏見も多分に含まれているだろうが、この選択、私にも妥当に思える。いざ参ろうではないか、長野へ。

やはり地元の女には地元の男が有利か

数日後。長野駅に到着した私は、そのまま市内のホテルコートランドに足を運んだ。宿泊するためではない。今日ここで開かれる、ねるとんパーティに出席するのだ。

女性にモテるかどうかは女性のいる場所に出向いて初めてわかるもの。さらにそれが出会いを目的とした場ならば、結果は如実に現れるはずだ。

パーティの参加資格は男性が大卒以上で、女性は看護師か保育士さん。世間知らずとされる代表的な職業に的を絞ったのは、むろん私の策略である。あまりスレている女だと、東京人に対して逆に反発するのではと考えたのだ。

一番のネックとなる問題、すなわち「なぜ東京の鉄人プロモーションの社員が長野のねるとんパーティに出席しているのか」という疑問に対する回答ももちろん準備している。実家が長野にあり、結婚するなら長野の女性と決めているからだ、と。

早めに会場に着いた私は後からゾロゾロとやってくる参加者の様子を観察した。

男性はスーツ着用を義務付けられているため一応みんなそれなりの格好ではあるが、どこかやはり野暮ったさが感じられる。商工会議所の集い的だ。ここに赤シャツ青ネクタイの私が交じれば、誰が最もスマートに見られるかは明白であろう。第一印象がこの手のパーティで最も効果的な武器であることを考えれば、始まる前から勝負はあらかたついたようなものだ。

三々五々参加者が集いだし、最終的なメンバーは男が30人ほどに対し、女はわずかに5人。競争率6倍の難関である。幸い女性陣はツブ揃いだが、この格差はヒドくないか。

隣に座る青年は「金曜だから女のコは彼氏とどっか行ってるんですよ」と、端から諦めの入っ

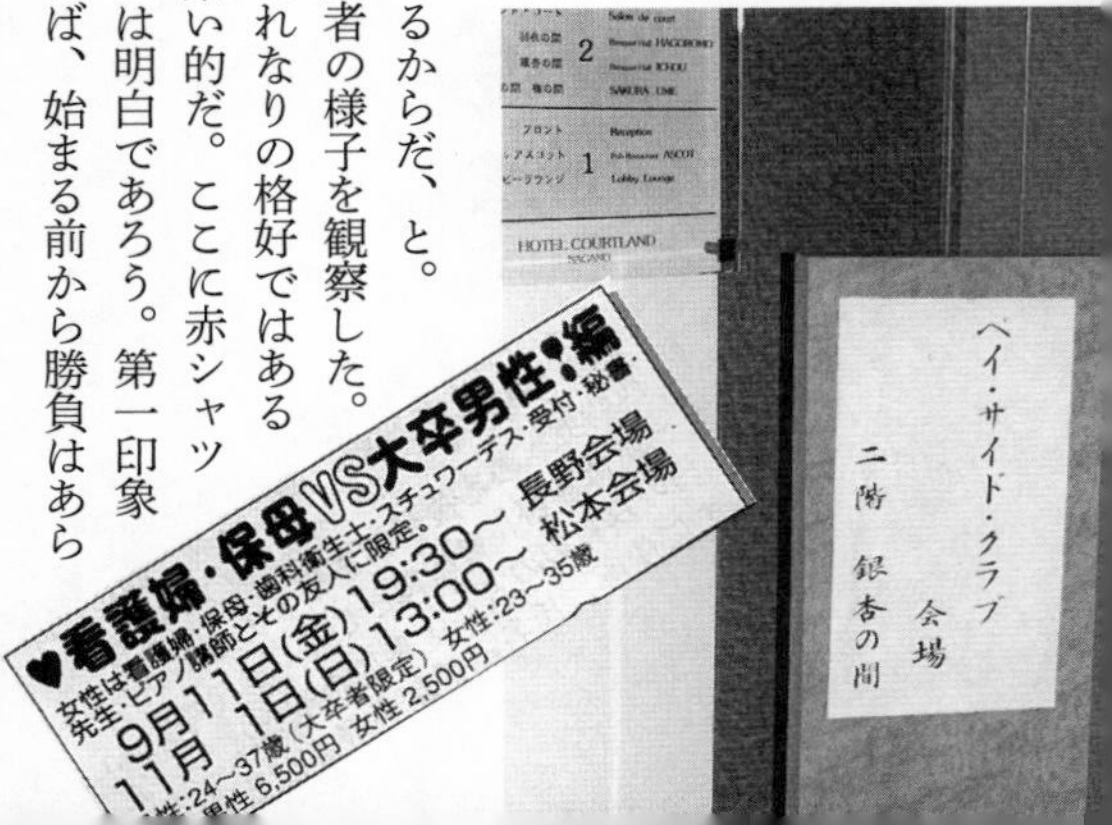

た様子でつぶやく。バカ言っちゃいかんよ、金曜だからこそ出会いを求めるんじゃないか。君はとりあえず私の敵ではないな。

お仕着せの自己紹介タイムが始まった。聞くと、周りの男はすべて地元の企業に勤務しており、ほとんどが趣味はスキーとドライブといった無難なところでまとめている。

長野の女性にはスキーの話題は避けられぬか。ちなみに私、中学時分以来スキー場にすら行ったことがない。やや不安だ。

1人浮き上がる私に男性陣の注目が集まる

いよいよ順番が回ってきた。

「えー、タレント事務所に勤めている松本です」

本来、私が東京のギョーカイ人であることはこちらから切り出すもんじゃない。それは実にヤラシイし、たぶん嫌われる。しかし、強制的に自己紹介させられているなら話は別。堂々と言ってしまえばいいのだ。

案の定、周囲から不可解な色をたたえた視線が突き刺さってくる。かまわない。元々、シャツの色からして異人種なのだ。ここは押すのみ。

「趣味はクラブで踊ったりすることです」

タレント事務所で働く男。しかも若者文化にも理解がある。どう考えても商工会議所の連中とは人種が違う。1歩リードか、はたまた後退か。いずれにせよ彼女らに松本さとしという人物を印象づけたことは確かなはずだ。

自己紹介タイムが終わった後、私はターゲットの女性に近づいていった。スピードの島袋ちゃんに似ていて笑顔もかわいく、参加者5人の中ではもっとも映えている。自己紹介では市内の病院で働く看護師だとか言っていた。

「何科で働いてんの？」

無難にどうでもいいことを話しかけたことから始まった会話は、当初こそこちらの質問に彼女が答えるという形だったが、徐々に立場が逆転していく。

「どうしてここに？」

「いや、実家がこっちでさ」

「東京にもいっぱいパーティあるんじゃないんですか」

そりゃそうだ。考えてみれば、たとえ実家が長野であろうと現在東京に住んでいるならば、こんなパーティに出席するのもおかしな話ではある。恋人は東京で見つけるべきだ。

「あのさ、長野の友だちに一緒に来ようって誘われて」

すかさず実在しない友人のせいにする。説得力はないが、それ以上の突っ込みはこない。今度はこっちの番だ。

「君の顔、タレント向きだね。今スカウトしちゃおっかな」

不躾とはいえ、マトモに口説いてたんじゃ企画意図に反する。私は業界人らしくアプローチを企てた。

ところがここで男女間格差の弊害が現れる。彼女、屈託のない笑顔が男性陣の人気を呼んでるようで、次にツーショットになろうと目論む男たちが私たち2人の周りを取り囲みだしたのだ。しかもその中で、私の素性に不審なものを感じたらしき男が問いかけてくる。

「ひょっとしてサクラだったり」

「このパーティを取材してるの?」

勘のいいヤツだ。保育士や看護師と違い、彼ら社会人は疑うことを知っている。幸い、笑ってかわした私ではあったが、内心、どこかでボロを出さないかビビリまくり。なにせサクラよりタチが悪いのだから。

結局パーティは2時間足らずで終了。カップルが成立した様子はなく、みんなガヤガヤとホテルを後にする。

私のスカウト活動は、遠距離恋愛は難しいというニュアンスで拒絶の意志を伝えてきた1人を除いた4人に携帯電話番号を書いた名刺を渡すにとどまった。ギョーカイ話自体は盛り上がるものの、やはりみんなマジメに交際する男性を探しに来ているようで、それ以上の発展には結びつかない。

帰り際、駅に向かって足早に歩く島袋ちゃんを飲みに誘うも、明日の仕事が早いからと断られてしまった。携帯電話番号を教えてくれたことだけが唯一の収穫だ。

プロデューサーに抱かれてもいいかな？

カップルになれなかった私＝モテなかった私、とするのは早計ではないか。あのシステムでカップリングを成功させるのは至難の技である。決して言い訳なんかじゃない。勝手に会話させて、ハイさようならではどうしようもないと言っているのだ。要するに仕切りがなってないんだな、連中は。

他人任せにしても仕方ないとの結論に達した私は、市内で最も賑やかな権堂町にあるテレクラに飛び込む。

1時間ほどまったく鳴らない状態が続いたことで、長野＝教育県の図式に打ちのめされそうになったところ、1本目のコール。

出ると相手は大学生。援助を求めているらしい。2万でいいなどと小生意気だ。プライベートで来てるならいざ知らず、あいにく今は仕事中。悪いが、援助などする気はない。

「実はオレ、東京から来たんだよ」

「へえ」

「で、さあ、今、長野の女の子を探してんだよね」

「どうして？」

「素朴な感じのコが必要なんだ。エッチとかどうでもよくてさ、君なんかかわいい声だし、声優とかいけるんじゃないかな」

「ええー」

会話途中で容姿に自信がなさそうなことを察した私は、声優の線で話を進める。と、なにやら彼女、乗り気になってきた。女優やアイドルの可能性はなくても声優ならなんとかなる。女とはそう考える生き物のようだ。

「じゃあ、とりあえず会って声を聞かせてよ。歌声も聞きたいし」

下心を匂わせないスカウト口調が効果を表し、すんなりアポ取りに成功。

ここで裏モノ編集部ムナカタ君に電話し、20分後に私の携帯を鳴らしてもらうよう要請する。

タクシーで10分ほど走ったところにある約束場所のパチンコ店に現れたのは、かなり厳しい容姿を備えた大学生だった。体重は軽く60キロを超えるだろう。こんな女、本来なら無視して帰るところだが、今回はあくまでも「私がモテるかどうか」を知るための取材。このまま続行するしかない。

「へえ、結構かわいいじゃん」

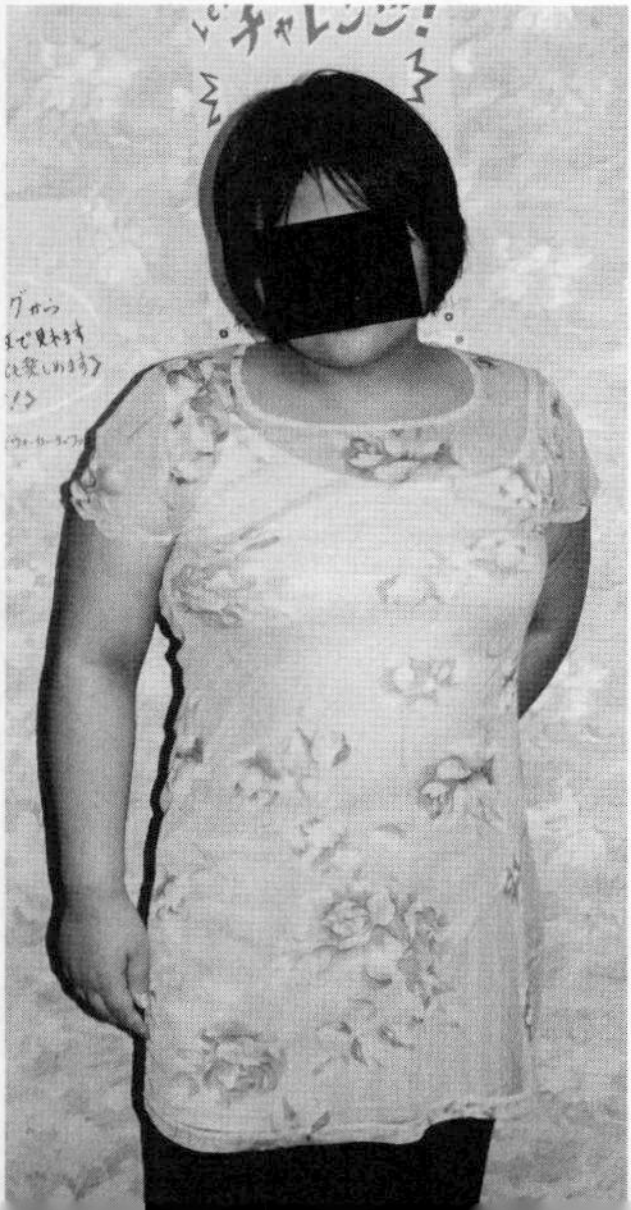

1人目のテレクラ女。こんなのにモテてもしょうがないっちゃないんだけど

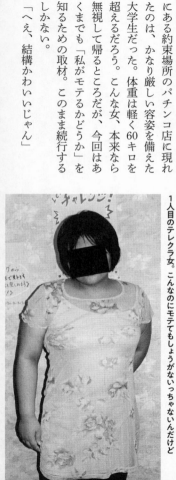

「そんなことないよ」

「最近さあ、君みたいなポッチャリ系が人気なんだよね」

「そんなことないよ」

何を言っても否定する彼女。照れてるんだかなんだか知らないけれど、誉められた経験のないコというのは概してこんなもんだ。

と、ここで先ほどの編集部ムナカタ君から電話。

「もしもし。あ、ムナカタちゃん、ロケは終わった？」

「は？」

「あ、そう。オレ今さ、結構いいコをスカウトしたんだよね」

「何言ってんの」

「へえ、これから工藤静香と飲みに行くんだ。いいなあ、オレも行きたいな」

「………」

「お疲れさんね、オガタちゃんによろしく。そんじゃ」

我ながら実によくできた一人芝居である。横で聞いていた彼女の顔つきにも変化の兆し。え、工藤静香？ってな表情だ。名刺や服装だけでなく小細工を用いて肩書きを固めていく周到な戦略に、見事ハマってくれたようだ。

さて、すっかり信用させたところで、一応、声優のスカウティングということになっている以上、カラオケに連れていくことに。

マイペースで歌い始める彼女。かなり下手クソだ。容姿が悪くて歌もマズけりゃ、いいとこなしである。

「君、いい声だねえ」

「そんなことないよ」

まだ否定の癖は抜けないようだが、喜びの様子はありありと見て取れる。

「そうだな。ラの音がちょっと弱いかな」

「ラですか」

「うん、今度はこの曲歌ってごらん」

「はい」

すっかりその気にさせたところで本題に入る。

「プロデューサーが抱かせろとか言ってきても大丈夫かな」

プロデューサーがタレントを抱くのは常識なんだよとばかりに、強引な展開を謀る私に彼女は別に構わないけどとあっけらかん。ま、テレクラ女なんだから抵抗がないのも当然といえば当然だ。

「あ、そう。じゃあ、フェラチオとかできる？」

「うん」

「じゃ、ちょっとやってみて」

ズボンを下ろす私。何の迷いもなく口にくわえる彼女。

「ああ、ウマイねえ。これだけできたらすぐデビューできるよ」

「その名刺、作ったんでしょ？」

やはりねるとんと違ってテレクラは展開が早い。が、彼女らが簡単に身体を許してしまうのは、恋人として付き合おうとまでは考えていないからこそ、でもある。

だからモテるモテないの判断はヤレたかどうかではなく、どれだけこちらのペースに持ち込めたかで下さねばならない。簡単にアポれるか、援助しなくてもいいか。そういったテレクラに伴う障害をいかに簡単にクリアできるかがポイントなのだ。

私はまた別のテレクラに入った。こちらも鳴りは悪い。ようやく1本目のコールを取れたのは、入店1時間ほど経ってから。しかも、話が合わなかったことで別室の男が保留にしたコールである。質は悪そうだ。

「もしもし」

「もしもし」

「さっきの男はダメだったの？」

「援助ダメだって言うから」

またしても援助女である。長野は教育県と聞いていたが、実態は少々違うようだ。

「オレも援助は嫌なんだけどね」

「じゃあ、保留にして」

「いや、あのさあ、オレ東京からスカウトに来たんだけどさ」

この後、クドクドと説得を開始。ＯＬだという彼女は先の大学生よりも若干知能が高く、スカウトならその辺を歩いてるコに声をかけたほうが早いのに、と突っ込んでくる。

まさしく正論である。テレクラでタレントをスカウトする馬鹿はいまい。が、私もひるまず説明する。町中のコはナンパと勘違いするから逃げられちゃうんだよね。テレクラのコは大人だから色気もあるしさ。

結局、エッチはしないから顔だけ見せてくれと駅前でのアポ取りに成功。

駅前で待っていたのは体型こそほっそりしているのだが、いかんせん顔のほうがいただけない24才。始終ムスッとして、私の素性をいまだに疑っている。

「何だよ、名刺渡してんじゃんか」

「こんなの作れるもん」

勘のいい女である。ダテにＯＬをしているわけではないようだ。しかしそんなこともあろうかと、名刺の住所や電話番号は鉄人社のものをそっくりコピーしてある。


テレクラ2人目。ビジネスホテルに連れ込んだ

「じゃあ電話してごらんよ」

自信ありげに言われて観念したのか、彼女は私に腕を取られるまま歩き始めた。

「君、結構かわいいね」

「かわいくないよ」

「モデルになんない？」

「誰にでも言ってんでしょ」

どうしても素直になれないようであるが、やっぱり女は女。誉めちぎった後で、外は暗いしポーズも取りにくいからと、私の宿泊しているビジネスホテルでの撮影を提案すると何の疑いもなく付いてきた。

ベッドに座らせフラッシュを浴びせる。シャッター音は女を惑わせるのか、ここまで来れば1枚ずつ脱がせていくのに時間はいらない。

スナックの佳子さんはあと一歩のところで

2戦2勝。女性のレベルを問わないのであれば、テレクラでの私はモテたことになる。援助女をアポに持ち込み、タダでいい思いができたのはスカウトを名乗った効果としか考えられない。

しかし、それはあくまでも女性のレベルを問わないという付帯条件があっての話であり、そこがどうにも引っかかる部分ではある。世間一般でモテるというのはそんな不細工さんたちを対象とした現象ではないからだ。

やはりギョーカイ人がモテている絵としてまず思い浮かぶのは、クラブやスナックのかわいい女の子たちにキャーキャー言われている図ではなかろうか。私もテレビに出たーい、よしよし出してやろう、キャー本当?、その代わりわかってるよね。そんな光景だ。

水商売の女性たちは自らの美しさに自信を持っているだけに、まさかこの地で一生を終えようとは思っていないだろう。できることならもっと広い世界で勝負してみたいと考えるのが自然なことだ。つけこむ余地はある。

数ある飲み屋の1軒に飛び込んだ私はカウンター席に案内された。イメージではソファ席に座り両手に花の状態だったのだが、初顔1人ではいきなりそんな待遇にはならないのだろうか。私、この手の店というのがどうにも苦手で、仕組みがよくわからない。

対面に立ったのは佳子と名乗る20代半ばの美人さん。カウンターに置かれた大きなカメラを見てこう切り出してきた。

スナックでスカウトに励む

「カメラマンさんですか」

さすがに彼女らは会話のプロ。こちらが何も言わなくても職業を聞いてくる。

「いや、スカウトやってるんだけどね」

こうなれば食いつきは早い。何関係のスカウトか、テレビか雑誌か、なぜ長野にいるのか、と矢継ぎ早の質問攻め。

固有名詞と専門用語を適度に交ぜ合わせる手法でなんとか尻尾を見せずに応じ終えた私は、唐突にこう切り出した。

「佳子さん、写真撮ってもいいかな？」

ここまでの質疑応答の中で、私は20代の色っぽい女性を探していることを告げている。それに当てはまるのが自分だと言われて悪い気がするはずがない。恥ずかしいと言いながらも鏡の前で髪を直す佳子さん。やはり彼女も女である。

カウンター越しの写真撮影と、でっちあげのギョーカイ話で場を盛り上げた私は、1時間ほど佳子さんを口説き続けた後、興味があれば閉店後に電話をくれと、わざとぶっきらぼうな態度で店を出た。

佳子さんからの電話は深夜1時過ぎに鳴った。さっそく駅前まで車で来てもらい、居酒屋で軽く食事。ここまで来ればこちらのものとばかり、そのまま強引な展開を狙ったものの、さすがに向こうも海千山千のプロ、またの機会にとかわされてしまう。店に1回来た程度でツーショットになれただけでも御の字なのか。

別れ際、写真選考に残れば電話すると伝えると、期待しないで待ってますと彼女。照れる様子がかわいいものである。

女子大生の自室に迎えられる意味

長野に来て以来、美人との初めてのツーショットに気を良くした私は、次は若いコを狙うべしと、生まれて初めてクラブ（若者が踊るほうの）に入り、やかましい音楽に耐えながら2人の女性に声をかけて写真を撮影した。

いかにも遊び慣れた風を装って、もし興味があるなら電話をくれと名刺を渡す。その場で口説き落とそうとしてナンパに間違われるよりは、リターン待ちのほうが成功率がアップすると目論んでの行動だ。

案の定、翌日そのうちの1人である大学生、佳苗ちゃんから連絡が入った。ずいぶん乗り気である。

興味があるならもう少しゆっくり写真を撮らせてくれと頼むと、どんな格好がいいんでしょうかと尋ねてくる。なるほど、モデルになるならそれぐらいの気配りは必要だ。素人のくせによく知ってるな。私はそんなこと微塵も考えてなかったよ。

格好なんて何でもいい、とにかく会えればいいんだと言うわけにもいかないので、とりあえずベタで格好悪いけど個人的趣味であるキャミソール姿を指定。

さらに、ここでまた編集部ムナカタ君に電話し、例の一人芝居用に10分後の連絡を依頼する。彼女の方に疑いの様子はなかったが、念には念をだ。

イトーヨーカドーの前で待ち合わせた2人は、太陽の下、順調に撮影を進めた。暗いクラブの中ではよくわからなかったが、佳苗ちゃんはかなりの美形だ。ファインダー越しの笑顔やあどけない表情はアイドルのようにさえ見えてくる。

と、ここでムナカタ君からの電話が鳴る。

「あ、ムナカタさん？　どうもお疲れさまです」

「ああ」

「今、ちょうどいいコを見つけたんで外で撮ってるんですけど」

「………」

「え、部屋の中ですか？　それは難しいんじゃないっすかね」

「お前、何やってんの」

「部屋じゃなきゃダメ？　そうですか。じゃ、説得しますよ」

彼女が一人暮らしであることはすでにわかっている。日中、このまま外でパチパチ撮影していたところで、なかなか一線は越えられないであろうと考えた私は、彼女の自室で撮影する方向に話を持っていこうとした。しかも私の意志ではなく、上司の命令として。

「部屋の中で撮ってもいいかな」

最初は散らかってるからと拒む彼女ではあったが、弱った表情の私を見て同情したのか、戸惑いながらも招き入れてくれることに。

　女子大生が男を部屋に入れるという行動のはらむ意味は、世の東西を問わず普遍的なものなのだろう。撮影もほどほどに、私たち2人もまた普遍的な行動へと身を委ねていったのだった。


　当初はギョーカイ人側の身勝手な幻想に過ぎないと思われたこの定説も、ここまでウマクいくとその有効性を認めざるを得ない。名刺とカメラ、そしてちょっと身なりに気を遣うだけで、この私ですら簡単に口説き落とせたのだから。

　でもこんなことは今回で最後にしようと私は思う。彼女らの屈託のない笑顔や、疑うことを知らない素直さは、このままそっとしておいてあげるべきものなのだ。

　長野の、いや、日本全国の女性たちよ、東京からやってきた不審な男には注意されたし。

クラブで見つけた大学生は、彼女の部屋で撮影

男子公衆トイレの落書きに真実はあるか

リポート 中原慶一
（フリーライター　28才）

公衆トイレに入ると必ず目に飛び込んでくる落書きの数々。乱雑に書かれたあの携帯番号に実際にかけてみれば、いったい何が起きるのか。都内のトイレを回り回って調査した。

99年8月号掲載

バイトの帰り道、急に腹が痛くなってくる。痛い、なんだこれは。さっき食ったアイスクリームのせいか。そういや、昼飯の弁当も心なしか酸っぱかったような気が。

痛みは徐々に下腹へと移動する。こいつはヤバイ、脂汗が噴き出してきた。極力上下運動をしないよう、かつ尻の穴をすぼめながら足早に駅へと急ぐ。

幸い駅構内の公衆トイレは空いていた。間に合った。全身の力が抜け、心地のよい安堵感に包まれる。ああ、ヤベーヤベー。

と、目の前の薄汚れた壁に、こんな落書きが。

「ヤリマンマユミTel してね　090-＊＊＊＊-＊＊＊＊」

まさかな、とは思いつつポケットから携帯電話を取り出し、ゆっくりとプッシュ。ヤリマンマユミか、そんな奴いるわけないよな。いや、でもひょっとしてってこともなきにしも…。

が、淡い期待も虚しく、聞こえてくるのは無機質な女性の声。

「お客様のおかけになった電話番号は現在使われておりません…」

すべてがデタラメと言い切れるだろうか

完全密室である公衆トイレには、その匿名性を利用した落書きが数多く見られる。他人を中傷する陰湿なものから、単なるエロ画や自らの思想を書き綴ったものまで。

ほとんどの人は、他に目のやり場がないため一応は読んでしまうが、用を足してその場を後にすれば内容などすっかり忘れ去ってしまうことであろう。あくまで落書きに過ぎないのだから当たり前である。

しかし、果たしてその姿勢は正しいのだろうか。どうにもリアクションの起こしようのない代物は別としても、０９０ー…と連絡先まで親切に書かれた落書きをそのまま見過ごしてしまっていいものだろうか。

俺はダメだと思う。言い方を変えれば「もったいない」と思う。もし実際にヤリマンさんとつながるならば、こんなにおいしい話はないのだから。

むろん根も葉もないイタズラに過ぎないケースがほとんどに違いない。が、しかしそれでも、親切な男性が知り合いのヤリマン女を教えてくれている可能性だって皆無だとは言い切れないと俺は思うのだ。

そうとなれば行動あるのみ。俺は暇に飽かして都内の公衆トイレをグルグル回り、全部で72個の落書きを収集した（４０３ページ表）。この中に一つでもおいしい思いをさせてくれるメッセージがあれば、労も報われるというものだ。

東北訛りのおばあちゃんに嫁の愚痴を聞かされる

せっかく集めた番号の9割近くが、使われておりません。あるいは圏外か留守電という状況の中、初めて相手とつながったのは、この落書きだ。

『売春人　090−8725−＊＊＊　18才女子高生かわゆいよ』

シンプルかつ主旨のはっきりしたこの一文（写真①）は、若い学生やフリーターが多く住む町、高円寺の駅前公衆トイレに黒マジックで書かれていた。

それにしてもつくづくこの国はとんでもないことになっているものである。嘘か本当かは別として、18才の女子高生が「売春人」と呼ばれるに足る存在となっているのだから。

さっそくかけてみると、三度の呼び出し音の後、着信。相手は無言だ。

「あのー、駅のトイレで見たんですけど」

「何だって！　テメーだな、この野郎、最近イタズラ電話多くて困ってたんだ」

いきなりイカツイ声の中年男が怒鳴り始めた。誰なんだよ、あんた。

「テメエ、自分の番号も通知しねえで何だと思ってるんだ。ふざけんなよ！」

売春人の関係者か、それとも無関係な人物か。おそらく後者だろう。取り付くシマもないので、そのままガチャ切りしてしまった。おー、こわ。

『マヤ　022―286―＊＊＊　合図として2回ベル鳴らし、5分後にかけ直す』

ラブホテルやパチンコ店が密集し、最近ではアジア系外国人が幅をきかせる新大久保には、何やら意味深なメッセージ（写真②）。合図を送ってからかけ直すという点がやけに思わせぶりで

写真①
かわゆいよ、とあったのに出たのはおっさん

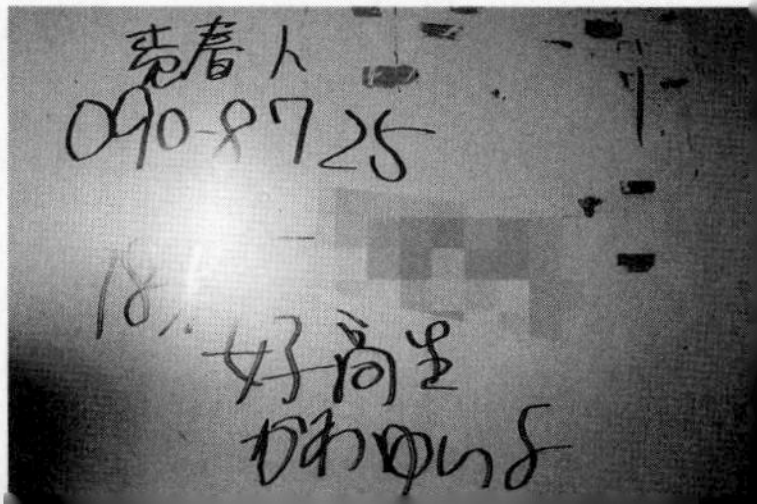

ある。

つながったところで何をしてもらえるとも書いていないが、マヤという女性名からして期待させるものがある。指定通り2回ベルを鳴らし、5分後に改めてかけ直すと、即座にガチャリと受話器を上げる音。

「もすもす、どちらさんですか？」

なんと相手はひどい東北訛りのおばあちゃんだ。

「あ、どうも。マヤさんですか」

「いんや」

「あ、あの、マヤさんはいらっしゃいます？」

「いんや」

「し、新大久保駅のトイレで見たんです。2回ベルを鳴らし、5分後にかけ直せと…」

「んまあ」

「誰かのイタズラですかね」

「なーしてそげなことするかね。ここっとこ何度も変な電話来るんで、ノイローゼになっちまうかと思ってただよ」

東京に知り合いもなく、なぜそんなことを書かれたのかもまったく見当がつかないと、おばあちゃんは言う。

「嫁が千葉でのう」

写真②
どこにつながるか不安だったが

「はあ」

「千葉は東京と近いだろ」

「ええ、まあ」

「やっぱ都会出の人は畑仕事なーんもできやせん」

「そうですか」

「台所だけやってても野菜は育たないべ」

おばあちゃんは嫁の愚痴をこぼし始め、そのまま先代のおじいさんの苦労話を延々と話し続けた。

佐藤夫人は子持ちだが…「あなたが書いたんでしょう」

『アヤ19才　SEX　OK・合言葉はオマンコなめさせて　090-4017-****』

新宿西口、小田急モールのトイレに足を踏み入れると、こんな生々しい一文が残されていた（写真③）。わざわざ合言葉まで書いてくれているが、それとしては、少々失礼な気がしないでもない。

電話をすると、なんといきなり本人が出た。

「もしもしー、アヤでーす」

写真③
こんな合言葉、言えるか？

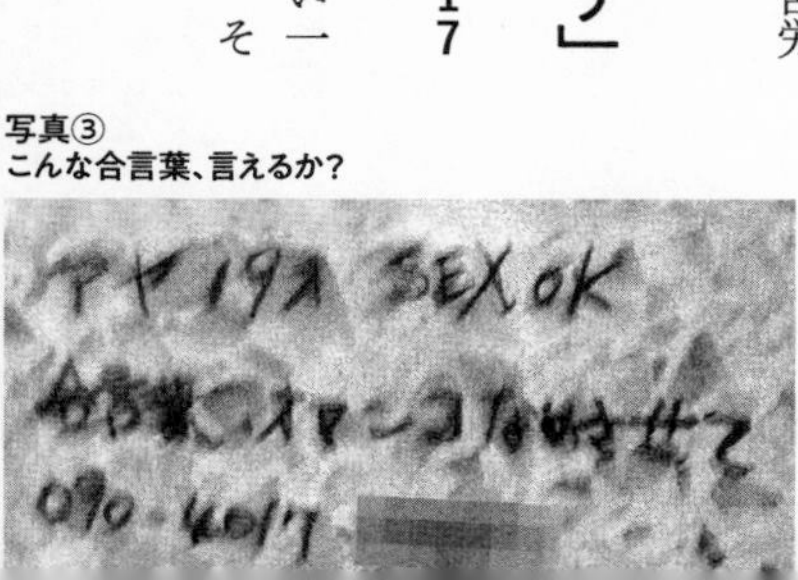

「あ、あのですね」

「もしもしー」

「あの、新宿のトイレで変な落書きを見たんだけど」

喉元まで出かかったが、さすがに合言葉はキツイ。

「エー！　マジ許せなーい。最近変な電話多いと思ったんだ。それでなんて書いてあんの」

コギャル風の口調はいかにも遊んでいそうな雰囲気。援助交際の相手にイタズラされたと仮定すれば、セックスＯＫもあながち嘘ではないはずなのだが…。

「ねえ、何て書いてあったの」

「まあ、オマンコなめさせてとか何とか…」

「恐ーい！　気持ち悪ーい！」

「誰が書いたんだろうね。なんなら一緒に消しに行ってあげようか」

会えばなにがしかの展開が図れるかもとの魂胆で提案するも、男友達に頼んで消しに行ってもらうから大丈夫ですとガチャ切りされてしまった。


『子持ち人妻（未亡人）不倫大好き　ＡＭ８〜ＰＭ３　五九二〇-＊＊＊＊　サトウ』

秋葉原にある公園の公衆トイレに書かれていたこの落書き（写真④）。時間指定までされている点がやけにリアルだ。

指定どおり、午後１時に電話をかける。

「はい佐藤です」

子持ちというのは本当らしく、幼稚園児らしき男の子が出た。ならば不倫大好きでもあってほしいところだが。お母さんに代わってもらうと、気の強そうな女性の声が登場。

「どちら様ですかっ」

「あ、いえ、あの秋葉原のトイレで落書きを見たんですが」

「そこに何て書いてあるんですか」

「き、気を悪くしないでいただきたいんですが、不倫大好きとか」

「それで何なんですか」

ダメだ。この女性、よほどイタズラに悩まされているのか異様に警戒している。

「あの、失礼なことかも知れませんが、『未亡人』とも書いてありまして。いや、あの、御不安でしたら消してあげましょうかと…」

「結構です！　どうせあなたが書いたんでしょう。そんな事実はありませんから」

犯人扱いされた上に、またもガチャ切りされてしまった。

電話がダメなら直接現場に向かえ

冷静になって考えてみるに、落書きの内容、「SEX　OK」や「不倫大好き」が仮に事実だと

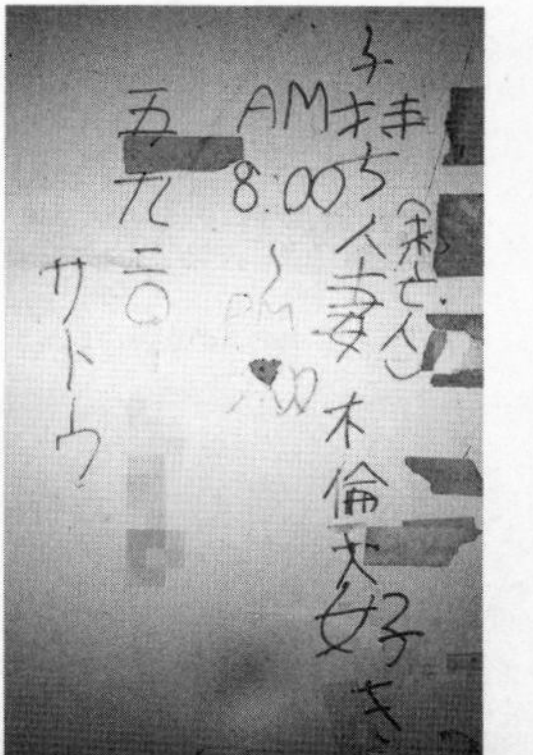

写真④ 指定時間にかけたら
えらい剣幕で怒られた

しても、いきなり見知らぬ男が電話をしたところで相手にしてくれるとも思えない。

そこで今度は矛先を変え、相手の居所が記された落書きについて調べてみることにした。

『ルミネ2F　カンダクミのオマンコは　いつもグチョグチョのピンク色』

新宿西口のトイレに書かれていたこいつはどうか（写真⑤）。ルミネは若い女性向けの洋服やアクセサリーの店が連なるファッションビル。2階フロアをつぶさに見て回れば当人に遭遇するはずだ。

もちろんいつもグチョグチョとはいえ、それが誰でも相手をする淫乱女の証となるかは疑問だし、さらに「ピンク色」という部分にも筆者の個人的な願望が記されているだけのような気がしないでもないのだが。

なにはともあれ、さっそく新宿南口のルミネに直行。ルミネには1と2の2館あり、2階の総店舗数は58。フロアを一巡してみると店員のほとんどは女性で、しかも美人が多い。いったいカンダクミはどの女なんだ。気になってしかたない。せめて何売り場かぐらい書いてくれればよかったのに。

1人1人に名前を尋ねるのも厳しいと考えた俺は、受付でパンフレットをもらい、学生時代の友人を装って電話で1軒ずつ聞いていくことにした。

写真⑤　ルミネの店員のレベルは高い。どのコがカンダクミでも興奮できただろう

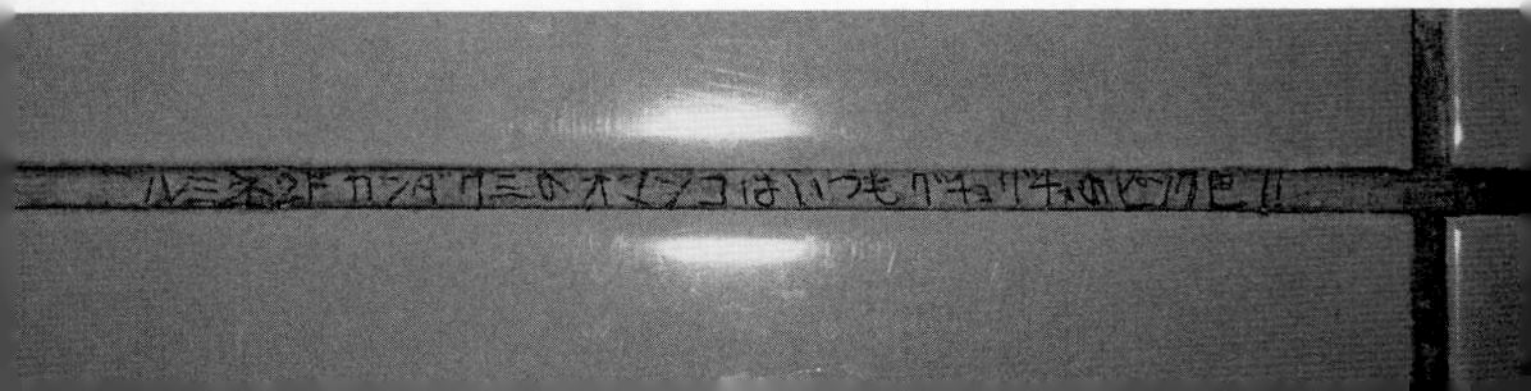

「お忙しいところ恐れ入ります。私、カンダクミさんの友人なのですが」

「はい?」

「あ、あの彼女がルミネで働いていると聞いたもので。もしかしたらそちらに…」

「ウチにはおりません」

1軒目は話が終わるか終わらないかの内に冷たく言い放たれてしまった。

気を取り直して次の店に電話してみるが同じく一蹴。次の店もその次の店も同様の答え。1時間かけてすべての店に電話してみたが、カンダクミはどこにも存在しなかった。

なんたることか。イタズラにせよせめて実在する人物の名前を書いてくれれば、こちらも顔を見て妄想を膨らませたのに。


『中野駅北口にあるミスタードーナツで働いている水野ミキという女は帰国子女と言っているがただのヤリマン女』


こちらは中野サンプラザ地下のトイレにマジックで書かれていたもの(写真⑥)。ここまで具体的だとありがたい。

どうやら書き主は、ただのヤリマン女が帰国子女を自称していることが気に食わないらしい。帰国子女は真面目な才女であるべしとの幻想を抱いてい

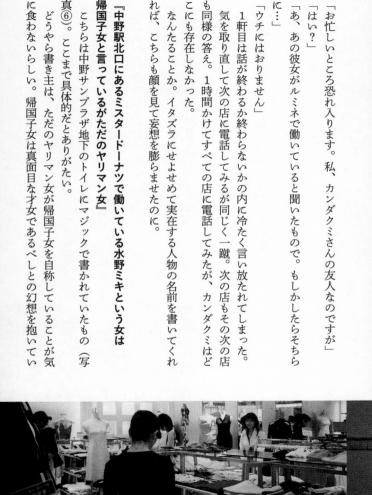

るのだろう。

サンプラザを出ると、確かに北口にミスタードーナツはあった。俺はカウンター越しに店員を見渡せる場所を陣取り、1人1人名札をチェック。水野、水野、水野はおらんかね。

しかしシフトの関係か、一向に見つからない。しかたなくベテランと思しき男性店員を呼び止め尋ねてみる。

「ここは何人位従業員がいらっしゃるんですか」

「え、今は12人ですかね」

「あのこちらに水野ミキさんという方はいますか？」

一瞬天井を仰いだ後、店員は答えた。

「水野ミキ…。聞いたことありませんねえ」

またしても架空の人物。どうしてそんなイタズラをするんだろう。

写真⑥ 見るだけでいいから、の文句に誘われてさっそく出向いてみたけれど

16才の処女なのにヤリマンとはこれ如何に

為す術なしとあきらめかけていると、おずおずした口調の女の子から電話がかかってきた。

「もしもし、昨日携帯に電話が入ってたんで誰かなと思って」

前日、新大久保駅トイレに書かれていた『ヤリマン090-＊＊＊＊-＊＊＊＊』の留守電にメッセージを残しておいたところ、リターンが来たのだ。

「あ、どうも。実は君の電話番号が駅のトイレに落書きされてて」

「えっ、本当ですか。何て書いてあるんですか」

「いや、ヤリマンって一言だけ」

彼女、相当にショッキングだったと見えて思わず絶句する。

が、個人情報の漏洩問題を取材しているので話を聞きたいと説得し、なんとか大宮でアポを取ることができた。事実無根だからこそ会いに来るのか、それとも本物のヤリマン体質のせいか。初めての当人との対面に期待は膨らむ。

が、やってきた彼女は中学生と見まがうばかりの、童顔で真面目そうな16才の高校2年生だった。看護師を目指しているらしく、学校が楽しくてしかたないとしきりに話す。こんな天真爛漫なヤリマンなんて、ちょっと考えにくい。

「誰が書いたんだろね」

「メル友がいるからその人かも。昨日『新大久保って知ってる?』ってメール入れたら返事が来なくなったし」

〝ヤリマン〟は、実際にはあどけない処女だった

「ふーん、じゃ、それかもね。何か恨みでも買ったのかな」

「メル友はあくまでメル友ですよ。会ったこともないんです」

「それで、なんでヤリマンなんて」

「そういうことは私イヤなのでまだ一度もしたことありませんから」

彼女は処女だと言う。純朴そうなこの娘の言うこと、嘘ではないだろう。

もしかすればとの淡い期待も消え、かといって清い交際にも持ち込めなかった俺は、明日からテストだと言う彼女に「帰りに消しといてあげるね」と約束して、大宮を後にした。

演劇部の美青年曰く「ホモはしつこいんです」

どうも文面通りの女性に出会えそうにないので、興味はないがホモのメッセージにも電話してみることにした。


『TELで君のオナニーの声（ホモ）聞かせてくれ　いっしょにやろう　070-＊＊＊＊-＊＊＊＊』

これは新宿西口で発見した一文（写真⑦）。懇願調の文体がいい。よほど切羽詰まっているのか。

「あ、あのトイレで見た者なんですけど」

「あ、はい」

細い声の主は若い男。

「オナニーの声が聞きたいとあったんですが」

「知らないですけど」

ホモのメッセージならイタズラではないはずと思っていたのだが、彼は心当たりがないと言う。高校の演劇部所属の彼は実際にホモの友達に追いかけられて困っているらしく、そいつの仕業ではないかとのことだ。

あれこれ聞いているうちに気の毒になった俺は、結局、一緒に消しに行ってあげることにした。待ち合わせ場所で待っていると、細身で色白の美青年がこちらに近づいてきた。なるほどホモ好きのする顔だ。

「しつこいんですよ。ホモの人は」

そうつぶやきながら彼は用意したマジックで落書きを塗りつぶしていった。


『ホモ　若い人へ　090-**-****』**

調子に乗って再びホモのメッセージにアクセスを試みる。鶯谷駅のトイレに落書きした主は若い男が好みのようだ。

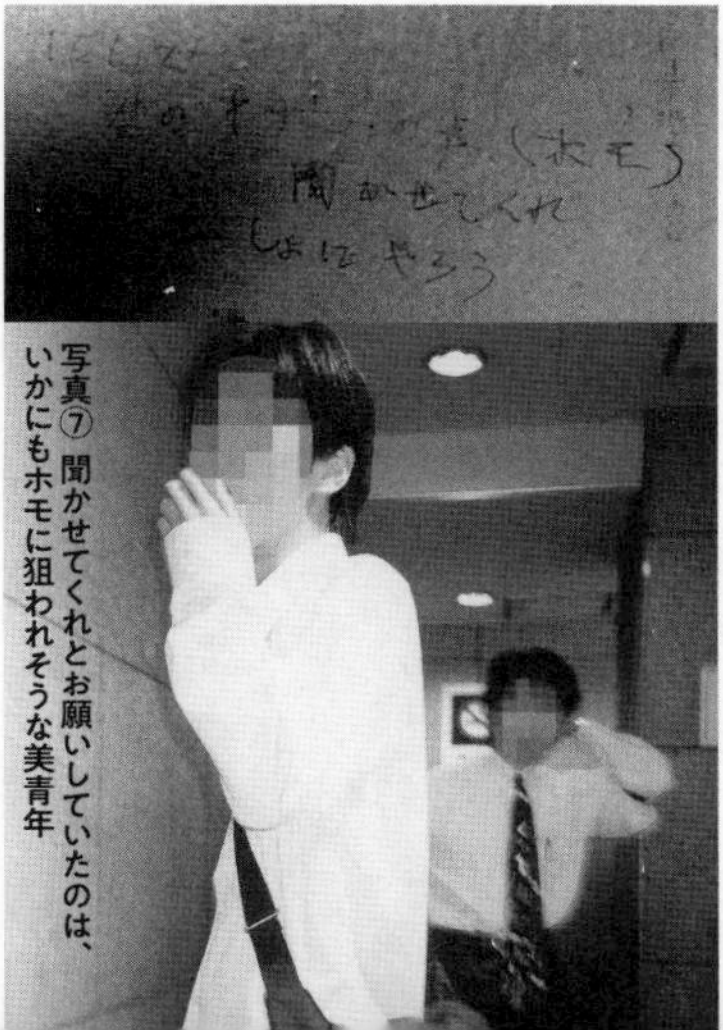

写真⑦ 聞かせてくれとお願いしていたのは、いかにもホモに狙われそうな美青年

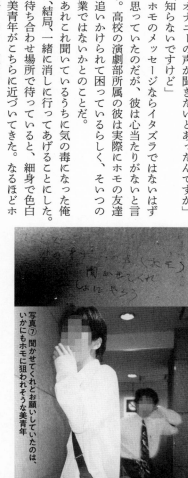

「あの、トイレに書いてあったのを見たんですけど」

「ああ、それ私です。若い人大好きなんですよー」

相手のオヤジは、とてもうれしそうにしゃべり出す。今回初めての「本物」の落書きだったみたいだ。こりゃマズイ展開になりそうだ。

「キミ何才？　身長と体重は？」

矢継ぎ早に飛んでくる質問に一つ一つ答えているうちに、「じゃあ明日の午後7時、浅草ビューホテルってことでどう？　おじさんだからって顔見て逃げないでね」とオヤジは勝手に約束を取り付けてきた。

非常に怖いけど、どんなおっさんが現れるのか気になるところではある。いっちょ冷やかしで会いに行ってみるか。

貞操は守ったもののオヤジの一物を手で…

翌日、浅草ビューホテルにスーツ姿で現れたオヤジは、ごく普通のくたびれたサラリーマン風情だった。

「トイレに書いて会うのは初めてだよ。若いね。タイプ、タイプ」

タイプと言われて一瞬たじろいだが、誘われるまま近くの料亭に行くことに。

なんでもこのオヤジ、結婚してから奥さんにホモであることがバレ、今は付かず離れずの仮面夫婦を続けているとのことだ。

「親が決めた結婚だからね。でも今の人は自分たちで決められて幸せだよ」

紅潮した顔のオヤジはすっかりご機嫌で、俺を完全にホモだと信じ切っているようだ。江戸っ子を自認するだけあって、話している分にはサバサバしたいいオヤジではある。

退散のタイミングを逃し、勧められるまま大量の酒を飲むうちに、場はすっかりオヤジのペース。気が付くと俺はホテルの中にいた。

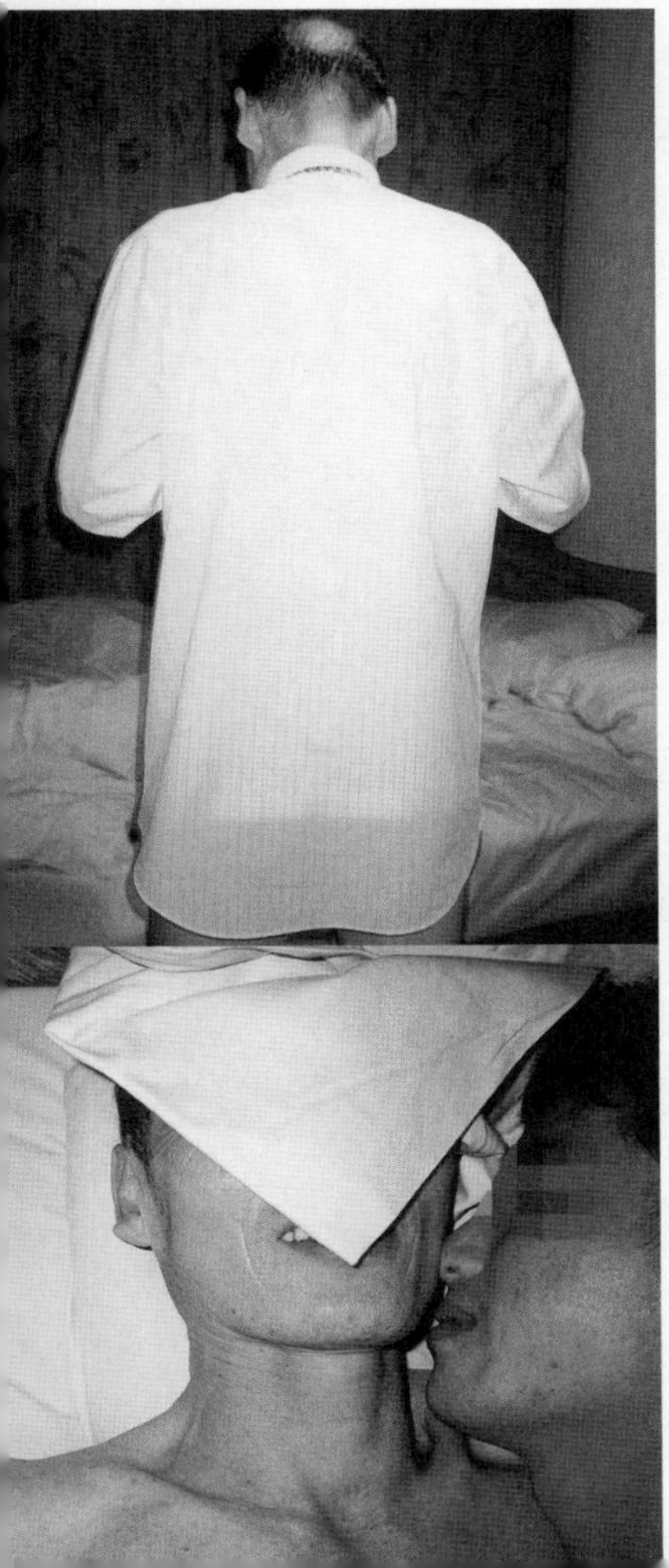

ベイスターズ権藤監督（当時）のようなオヤジとベッドイン。右が筆者

何でこうなったんだと思う間もなく、いきなりオヤジの熱いキス。目をつむりヘドが出そうなのを必死でこらえていると、それが余計に先方を興奮させたようで、服をぬがされそのまま風呂に入れられてしまう。

「かわいいねー。いい体してるねー」

ヤバイ。ヤバ過ぎる。が、既に裸になっている今、逃げ出すこともできず、そのままベッドに連れ込まれてしまうことに。

いきり立ったオヤジの一物を前に、最後の一線だけは死守せんがため、俺はそれを手コキするしかなかった。

無念である。無惨だと言ってもいい。何をしとるんだと責められても返す言葉はない。

落書きごときに甘い夢を抱いていた俺がバカなのか、そんな落書きを書くやつが悪いのか。ともかくにも、これからの俺は雑念に惑わされることなく脱糞に励むことだろう。

都内30カ所で集めた
全落書きリスト72

◎場所 ◎内容 ◎着信先と反応（不在＝コール音は鳴るが出ない 不通＝現在使われておりませんのアナウンス）
（1999年6月調査）

池袋

『駅中央口』	♀070ー5010ー****	不在
『駅東口』	ヒラセサチコマンコOK5722ー****	ケンタッキーにつながる
〃	自称芸者のウメ3万でOK3623ー****	向島の料亭組合。過去にウメさんはいたらしい
〃	事務所の新谷チズコさん2万でOK3280-****	事務所にはつながるが本人実在せず
〃	すぐするスキだよ090ー4221ー****	不通
〃	ヤリマン0426ー92ー****	不通
〃	吉田美鈴090ー1551ー****	何度かけても留守電。入力するも応答なし
〃	俺はH成功した必ず返事来るよ090ー8725ー****	不在
『立教大学近くの公園』	AVドール3本千円秘ビデオ090ー1216ー****	不在
〃	逆アナルヘルスプヨヨ1000円ホテルにて090ー1113ー****	若い女性が出る。イタズラはそんなにかかってこないとのこと
『西口噴水公園』	右翼オウム反対斎藤秀喜048ー837ー****	不在
『立教大学7号館』	99年5月20日12:30ココで待ってて	張ってみるも誰も現れない
『ジュンク堂書店』	王屋あけみ誰とでもパコパコ女子高生0429ー72ー****	王屋さんはいるみたいだが、いつもお母さんが本人とつないでくれない
『東口公園』	みち子不倫中03ー3999ー****	不通
〃	洋子TELしてね0432ー25ー****	モデム音
『北口公園』	S売ります0467ー78ー****	不在

新宿

『駅東口』	ヤリマンマスミ5288ー****	不通
〃	まさみ33才オマンコ大好き030ー699ー****	不在
〃	ナイナイ岡村047ー334ー****	不在
〃	LADY BOY 03ー3805ー****	オカマ言葉のオヤジが出る。会いたいと言われるが拒否
『駅西口』	070ー5919ー****	常に話中
〃	ホモビデオ03ー5952ー****	不通
〃	アナルマンコ0462ー42ー****	留守電。リアクションあったが心あたりなしとのこと

〃	ケツマンコ入れてね090―1115―****	お客様のご都合で通話が出来ない状態となっております
〃	ホモ090―1849―****	不通
〃	ルミネ2Fカンダクミの…	本文参照
〃	オナニーの声聞かせてくれ	本文参照
『西口小田急改札付近』	超M女090―4209―****	不通
〃	S売ります5分で参上0467―78―****	不在
〃	メイちゃんかわいいHOK! 03―3998―****	母親が出た。ウチにはそんな娘はいません
『西口小田急モール』	巨根の方犯してください0905―862―****	不通
〃	アヤ19才SEX OK	本文参照
『中央公園』	明美17才高3フェラ3千ゴム5千生1万030―3170―****	女出る。事情説明するも、はっ?と言ってガチャ切り
『アルタ1F』	宮本幸江03―3754―****	無関係の人が出る。本人実在せずイタズラと判明
〃	美人090―8591―****	留守電に入力するもノーリアクション
『職安ウラ公園』	洋子よTELしてね0482―25―****	池袋東口公園にもあったものとまったく同じ。不通
『西武新宿駅』	サセコ048―470―****	不通
〃	ハッテン場教えてケツマンフェラ好き090―1115―****	お客様のご都合で通話が出来ない状態となっております
〃	テレクラで知り合った女090―4834―****	コギャル風出る。後ろで友達が笑っている。男友達に頼んで消してもらうという結論
〃	中山美穂のTEL03―3629―****	不在

新大久保

『駅』	マヤ 022―286―****	本文参照
〃	ヤリマン 090―****―****	本文参照

渋谷

『南口』	ホモの人TELして下さい090―1665―****	不通
〃	殺したいヤツがいたら電話しな090―8871―****	不通
〃	サギ男の実家にTELして小遣いをもらおう! サギ男岡英治0492―86―****	岡の家は実在。母出たためなんと言うべきか分からず思わずガチャ切り
『代々木公園』	若いマンコ090―2038―****	男性が出た。イタズラと判明
〃	H　TEL3751―****	不在
〃	尺八アナルオナニーフェラ1Play(チェンジOK!)2千円ポッキリ3267―****	男性。事情を説明すると、じゃあホモのひとのイタズラかな。本人もホモ嫌いじゃないとのこと
〃	主人不能の浮気女3959―****	お客様のご都合で通話が出来ない状態となっております
〃	僕とSEXしませんか。平日小田急、相鉄海老名まで来れる方030―908―****	不在
『サッカー場』	えんじょコジマ010―666―****	留守電

中野		
『中野サンプラザ』	中野駅北口にあるミスタードーナツで…	本文参照
高円寺		
『駅前』	売春人18才女子高生090ー8725ー****	本文参照
原宿		
『駅構内』	SEXに効く合法ドラッグ am0〜am4田島0473ー34ー****	市川市にあるホージュ院という寺につながった。イタズラが多く困っていると言う
巣鴨		
『駅前』	秘密売春バイト20才フリーター グラマラスみゆき090ー8509ー****	不在
〃	女子高生SEXバイトOK親に内緒で ホテトルやってる超かわいい090ー8725ー****	筆跡は上のものと同じ 不在
〃	変態人妻オマンコ大好き3975ー****	オヤジが出る
西日暮里		
『駅』	HOMO03ー5285ー****	不通
赤羽		
『駅』	オレの元彼女03ー3722ー****	不在
鶯谷		
『駅』	オクユリコ20才ヤレタヨ3544ー****	不通
〃	ユミ21才2.5万080ー344ー****	女が出た。事情を説明し、一緒に消すことを持ちかけるも考えさせてくださいと恐がられる
〃	ホモ若い人へ	本文参照
御徒町		
『駅』	女装して遊ぼう090ー1439ー****	1時間したら電話頂戴などといつも忙しそう。ニューハーフっぽい
秋葉原		
『駅』	チョーHが好きな娘でーす!070ー5540ー****	不通
『駅近くの公園』	名古屋出身のニューハーフユリ25歳 お友達になってね!090ー8939ー****	大阪に住む18才の男。消しといてくださいと頼まれる
〃	子持ち人妻(未亡人)不倫大好き	本文参照
神田		
『神田駅ガード下トイレ』	ロリータコスプレモデル 3987ー****	モデム音。FAX番号らしい
〃	マンコOKヒラセサチコ048ー470ー****	ケンタッキーにつながる
〃	人妻5951ー****	公正通信システムという企業
〃	マンコヤラセルオンナ 090ー2737ー****	女が出る。事情を説明すると番号を変えますとのこと
大手町		
『大手町駅』	ヤリマンコギャルまゆみ090ー9422ー****	不在
『日比谷公園』	拳銃・マリファナ・シャブ安売り蛇頭3361ー****	不在

ただオンナの患者とヤルために

精神病院に偽装入院した私

リポート 江川陽一（仮名 30才）

簡単に股を開く女は
ドコにいる？
深夜の街か、週末の
クラブか。ある鬼畜オトコが
見つけ出した答えは
精神病院だった。

イラスト／和田みずな

00年8月号掲載

どうせ辞めるならケガか病気で

上司は部下を選べても、部下は上司を選べない。これが世の常だ。私の場合、たまたま転職して入ったリース会社の課長が最低だった。自分の失敗を他人のせいにするわ、酒を飲んでさんざん説教した挙げ句、部下に金を払わせるわ。多くの人間が1カ月と保たず辞めていくのも当然である。

職にあぶれるのを恐れた私は、グチをこぼしながらも毎日通い続けた。が、半年近く経つとガマンも限界。何とか憎き上司に仕返しする形で辞めてやろうと考えるようになった。

人づてに傷病手当のことを耳にしたのはそんなある日のことだ。病気やケガで会社を退職する場合、半年間以上勤めていれば、退職金やら傷病手当やら失業保険が一気に入ってくるという。当然、病気の範疇には精神病の類も含まれるらしい。

さすがにケガのフリはできないが、頭がおかしいマネくらいなら私にだってやれる。バカ上司に一泡吹かせて辞めるにはこれしかない。私は、勤務が半年を過ぎるのを見計らってさっそく作戦に踏み切った。

まず、唐突に会社を休んだ。理由は原因不明の頭痛。「とにかく頭が痛くて動けない。何の薬飲んでも効かない」と、苦し紛れに電話で訴えた。会社は休みに対して非常に厳しかったので、バカ上司もいい返事はしなかったが「とりあえず今日だけ」ということで、なんとか免れる。

そしてその日、病院へ足を運んだ。精神科のあるT医院である。重厚な玄関扉を開け、靴を脱ぎ恐る恐る中へ入ると、受付でアンケート用紙を書かされた。

「夜眠れない」

「外に出たくない」

「他人の視線が恐い」

「死にたくなることがある」

それらの質問項目すべてに○を付け、長椅子に座る。

改めてあたりを見回すと、外来は意外に混んでいた。精神病院といえば、動物園のような喧噪を思い浮かべていたが、皆パッと見は普通の人間ばかり。登校拒否っぽい中学生、文学青年風の学生、見るからに頑固ジジイといった風貌の老人。一癖ありそうながらも、皆いたって平静を装っている。

予想外だったのは、若い女性がチラホラいたことだ。さすがに人目を忍んで来ているのか、皆うつむいているものの、中には松たか子風の上品な女もいる。あのコはいったいどんな悩みを抱えてここに来ているのか。やはり男関係か。それとも家族が原因か。その弱々しくも清楚なたたずまいがオレの好奇心を激しくくすぐる。

「江川さん、お入り下さい」

診察室では若い医師が私を待っていた。聞かれるまま、家庭環境や友人関係、恋愛、仕事すべてがうまくいっていないことを切々と訴えた。ここまで来たらもう後戻りできない。

「頭も痛いし、起きていること自体が恐いんです。外に出るのイヤだし、人と話もしたくない」

実際、私はビビっていた。鬱病の症状を教科書どおりに口にしている自分が、見透かされているような気がしてならない。

「眠れますか」

医師が聞いてくる。

「一睡もできないからここに来たんじゃないですか」

ワザと寝ずに作った目のクマを見せつければ、まさかウソっぱちとは思われないはずだ。

結局、その日は、いちばんの目的だった診断書とオマケの睡眠薬をもらって帰途についた。医師が書いた診断書には「1カ月は様子見て会社を休むこと」としっかり書かれていた。

翌日、会社の総務あてに診断書を送り、1カ月の休養を申請した。ところが、バカ上司は「とりあえず今週いっぱいだけ様子見てみろ」と聞く耳を持たない。

そして、さんざん電話で揉めた挙げ句、私はついに根負けしてしまった。自分の方から「辞める」と口にしてしまったのだ。

入院病棟の女がわけもなく愛おしい

やむなく自主退社にはなったものの、傷病手当だけは必ずもらってやる。退社後、私は社会保険事務所に足を運び、傷病手当金を給付してもらう手続きを取った。なんといっても、以前もらっていた給料の約6割が毎月受け取れるのだ。これをもらわないなら、あんな芝居を打った甲斐がない。

中請はあっけなく通ったが、毎月継続してもらうには、担当医の診断書が必要とのこと。月に最低2回は通院しなければならないらしい。診断書が免罪符になる以上、これは避けられないだろう。

こうして私の偽装通院生活が始まったわけだが、病院へ行くたびに毎回2つのことが気になっていた。1つは毎回決まって数人の若い女と顔を合わせることだ。しかも、揃って皆、マトモなルックスをしている。

ある日、恐る恐るそのうちの1人に声をかけてみると、受け答えもいたってマトモだった。

「私、自律神経失調症なんです」

なんで精神科に来ているのだろうか。自分から病名を言うあたり、かなり冷静か、キテるか

のどちらかなんだろうが、彼女の身なりや表情を見るに、とても病気には思えない。精神科を特別視している私の方が変なのではと思ったほどだ。

そしてもう1つが、病院の駐車場の向かいに建てられた入院患者用の病棟である。窓には鉄格子が張ってあり、中からかすかに女の声が聞こえてくる。どこか楽しげでもあり、悲しく響いているようにも聞こえた。

鉄格子ということは、閉鎖病棟だろう。外来では見かけない、ちょっとやっかいな人間が入っているに違いない。が、あの黄色い声はなんだ。薬をもらって、さあ帰るぞと車に乗り込むときにいつも窓から聞こえてくるあの女たちの声は。

通院し始めて約2カ月たったころ、私はついに耐えられなくなり病棟の建物に近づき、中を覗いてみた。そして視界に入ってきた風景を見て、私は驚愕する。それはパジャマを着て卓球をする若い女の姿だった。

よく見れば、1人は若いとは言い難く、30才過ぎだが、スタイルのよい美人。そしてもう片方は、明らかに20代前半だ。顔はよく見えないが、色白で背が高い。

――こんな若いコも入院しているのか――

卓球台の横にはオバサンが、そしてその奥にはジイサンが座って本を読んでいた。とすれば、男女混合の病棟か。閉鎖病棟のイメージにはほど遠い、何かゆったりとした空気が流れている。

それからというもの、通院時のノゾキは常習と化す。今日はどんな景色が見られるだろうと思うと、いてもたってもいられない。

あるときは、キャーキャー言いつつバレーボールのまねごとをする彼女らに、また手芸に興じる女たちの姿に胸をときめかせた。本来は立場が逆転してもいいはずなのに、なぜか私はパジャマ姿で入院生活を送る彼女らの姿に憧れの念を抱いていたようだ。

——いっそ入院でもしてみようかな——

人間、あまりにヒマを持て余すとバカなことを考え始めるものだ。が、このまま元気な体に戻れば給付金がもらえなくなるのも事実。さて、どうしたものか。

背中を押してくれたのは、医者の方だった。私が「昨日はクビを吊る場所を探していた」なんて相変わらずの重症ぶりを訴えていたのを案じ、「3カ月くらい入院してじっくり様子を見てみようか」と勧めてくれたのだ。よし、これで大手を振って入院できる。

おかずの酢豚で入院を実感する

翌日。入院に際して、私はまず荷物チェックを受けた。ナイフなどの刃物やカメラ、携帯電話などを持ち込んでいないか調べるためだ。それをパスし、看護師の後について歩いた先に、私が収容される閉鎖病棟があった。

看護師が鍵を出して建物の扉を開ける。ギギギィーと鈍い音とともにドアが開いた。

中に入ると、まず女性だけの病室があり、ナースステーションを隔てて、奥に男性の病室があった。両者の部屋は長い1本の廊下でつながっている。

部屋は男女ともに8部屋ずつで、各6人ずつ収容可能。私が入っていたときは、男女合わせてざっと80人あまりの患者が入院していた。

4人の患者とともに大部屋に入れられた私が入院を肌で実感したのはその日の夕食だ。おかずの酢豚を口に運ぶ。ウッと吐き出すほどの味気なさ。これからずっとこんなメシを食わされるのか。

夜は夜で、なかなか落ち着かない。隣のボケ老人は痴呆症なのか夜中に起きだして叫び声を上げたり、カーテンを引きちぎるのだ。車イスなしでは動けないから実害が及ぶことはないが、とにかく眠れない。

起床は6時半。7時には食堂でいっせいに食事を取る。皆、どうやら座る席が暗黙のうちに決まっているらしく、私は最後に空いている席に座った。

腰を少し浮かせ、あたりを見回す。と、若い女の頭がポツリポツリと見えた。顔まではよくわからないが、あれがこないだ見た卓球少女かなんてことを考えながら、納豆メシを掻き込む。

食事の後は、みんなで庭に出てラジオ体操だ。中に戻ったら、検温と脈拍の測定。と同時に、尿と便の回数を報告。なんだか忙しそうなスケジュールだが、逆に言えば、やることはこれしかない。あとはすべて自由なのだ。

唯一、精神病の入院患者らしい風景といえば、午後の薬の時間くらいだろう。ナースステーションの前にズラッと並び、みんなカバのように口を開けて、そこに看護師が薬を入れていく。さながら動物の餌付けだ。何が入っているのかわからない薬を飲むのは決していい気分じゃなかったが、服用後はやたらと気分がハイになっていくのを感じた。

「ねぇ、私の愛人になって」

事件は2日目の投薬の時間に起こった。列に並んでいると、心なしか後ろの方から女の声がする。

「ねえ、ワタ…なってよ」

ん？

「私の愛人になってよ」

まさか自分に言ってるのではあるまいとシカトしてたら、背中をツンツンと押す指が。

「ねえ、あなたのこと言ってるのよ。愛人になってくれる？」

振り返ると、そこには女の役割をすっかり果たし終えたようなオバサンが立っていた。歳の頃、50過ぎだろうか。野村サッチーから金目のモノをすべて取っ払ったような、どう見てもリッパなオバンである。この女、いったい何を言い出すんだ。

「えっ愛人ですか。いや、ちょっとそういうのは…今はやってないんですよね」

冗談まじりでそう答えるとサッチーは少しも笑わず言う。

「あのね、私、今こんな体だけどぉ、ここ退院したら19才の体が手に入るの」

「…はあ」

「19才の体が手に入って、そこに私の魂を入れるの。そしたら愛人になってよ」

真剣な眼差しでこれを繰り返されたら、どうリアクションしていいのかわからない。私はひたすら無視を決め込んだが、それが逆効果になったのか、以後サッチーにつけ回されるハメになった。

新聞を読みつつ、チラッと目をそらすと遠くから私の方を見て微笑んでいる。テレビを見ていて気づいたら隣に座っている。他の女の患者に声をかけようにも、この院内ストーカーが気になってまったく近づけない。

「よおモテるのぉ、若いの」

同室のジイさんから冷やかされたときは思わず殴りかかりそうになった。が、よく考えてみれば、決して彼女が変人というわけではない。いや、むしろ逆で、健康な人間と同様に性欲がある証拠なんじゃないか。

もちろん、男の患者にも性欲はあるのだろう。しかし、どいつもこいつも「誰がカワイイ?」と言っても、ヘラヘラと照れ笑いをするばかり。まるで思春期の中学生のような野郎しかいない。オマエラ、ホントにチンチン付いているのかよ。

性欲はあるがそれをひた隠す男どもに、欲望に忠実なオバサンたち。これはとんでもないところに迷い込んでしまったなと、私は一人考え込んでしまうのだった。

セックスするにはリネン室しかない

自由時間には、皆が思い思いの時間を過ごす。卓球をやっている男、絵を描いているオバサン、ずっと鉄格子の窓から空を見ている少年、ラジカセで安全地帯のテープをエンドレスで聴いている女…。

一方、私はこれといって何もすることがなかった。「玉置浩二、イイですよね」なんて女に近づいてみたが、まったく相手にしてもらえない。

しかし、チャンスは訪れた。入院5日目のことだった。

「あのぅお幾つなんですか?」

夕方、新聞を読んでいると、色黒で痩せた女が声をかけてきた。若い頃のいしだあゆみに似た、陰のある女だ。化粧はしていないので、見た目は地味だが、おそらく20代後半だろう。

「今、30才だよ」

「あのー、私も読売をよく読んでるものですから」

話に脈絡がないことを考えれば、オレに好意を持っているとしか思えない。

女の名前はミエ。去年入院してきたのだという。

「ダンナは？」

「ユウタのこと？ それがねぇ、ずいぶん前に別れちゃったの」

彼女が精神を病んだ理由はそのあたりにあると読んだが、それ以上は尋ねなかった。相談に乗るとやっかいなことになりそうだ。

というか彼女、私のたわいのない世間話に「ウン」としか反応しないのだ。これはいただくしかあるまい。

「ねえ、おもしろいところがあるんだよ。付いてくる？」

話し込んで30分ほどたったころだろうか。私はフイに彼女の手を取り、棟内をさまよい始めた。

風呂の脱衣場はどうだろう。やっぱり鍵がかかってるか。なら面会室は？ ちくしょう。こっちも鍵だ。トイレなどは逆に鍵がなくて不安だ。なら、どこへ行けばいいのか。

あっ…！ 私はナースステーションと女子の病室の間に、１つ部屋が残っていたのを忘れていた。リネン室だ。ここがあったじゃないか。

誰にも見られないよう注意しながら、足を踏み入れる。予想よりもずっと広い。タオルやシーツなどが幾重にも積んであり、物置といったふうだが、申し合わせたかのように真ん中が2畳ほど空いていた。

ここしかない。今しかない。そう思うが早いか、私はボーッと突っ立っているミエに抱きついた。夢中でキスをしながらスウェットの上着の上から胸を掴み、かき回すように左手で揉みしだく。

外の廊下では誰かが走り回る音がする。心臓が張り裂けそうだ。

ノーブラの乳を露わにし、ベージュのパンティを脱がせると、独特の臭気が部屋に充満した。入浴は男女とも2日に1回だから、匂

って当然だ。

スリルと臭気が私の欲情をいっそうかき立てる。そっと指先をミエのそこに触れてみるともう溢れんばかりにツユが吹き出ている。私は、夢中で首を動かしているミエの体を起こし、立ちマンの体勢で前から一気に挿入した。

「あっ…セイジ」

ミエが初めて声をあげた。

「えっ?」

「セイジ、来て」

誰だ? セイジって。ダンナはユウタじゃないのか。一瞬、恐くなったが、もうガマンならない。私は夢中で腰を突き上げた。

すんでのところで自分のムスコを抜き、2、3回しごくとビックリするほどの量が飛び散った。わずか5分の出来事でここまで興奮するとは。

次の日も、そのまた次の日も、私はリネン室にミエを連れ込んでは、セックスにふけった。パブロフの犬じゃないが、リネン室に充満する乾燥剤のニオイを嗅ぐと、2人とも急速に勃起し、濡れてしまうのだ。

しまいにはミエの方から「行こうよ、セイジ」とせがんでくるから笑いがとまらない。もうカンベンしてくれよと口には出しても、リネン室の方へついつい向かってしまう。ただ、セイジがいったい誰なのかは、最後までわからなかった。

「処女なの」とウソぶく不思議少女・ケイコ

ミエとの情事も飽きてきたころ、私はすでに新たな女に目を付けていた。

名前はケイコ。20才ぐらいで、大きな目とタラコっぽい唇、スラリと伸びた長身が瀬戸朝香に似てなくもない。私が目を奪われた卓球少女は間違いなくこの娘だった。

このコ、卓球ではしゃぐ以外はテレビの脇でひたすらボーッとしているだけ。しかもテンポが遅く鈍いくせに言うことは鋭い。世に言う不思議少女ってやつか。

「何やってんの？」

毎日、挨拶代わりにそう聞くと、「別に何も…」と素っ気なく返してくる。そのつれなさがまた私の心を激しく揺さぶった。

ある日の午前、彼女1人だけ食堂に残っているのを見かけた私は、背後に回りそっと声をかけた。

「ねえ、さっきのゴハンおいしかった？」

きっかけなど何でもいいのだ。

「…うん」

ん？　今日は様子が違う。妙に反応がいいぞ。

「トモダチはいないの？」

「……」

「アレ、彼氏いなかったっけ？」

「付きあったことないんだよ。彼氏、いない」

ということは、処女か。まさか。

「そう、それじゃ寂しいね。じゃあ僕が彼氏になってあげるよ」

「あ、別にいいですよォ」

このトーンなら、押せばなんとかなりそうだ。

「じゃあさ、おもしろいところがあるんだけど、遊び行かない？」

私は強引にケイコを立ち上がらせて、走り出した。と、案の定、「どこですか？ なんですか」と不安げな表情を浮かべながら彼女はトコトコ付いてきた。

リネン室に入るや、無言でケイコを抱き寄せてキスをする。一瞬、抵抗を見せたかのように思えたが、結局はなすがまま。プルンと弾力のある乳をブラからはみ出させたまま、陰部にも舌を這わせると「イヤ」と声が漏れた。

しかし、驚いたのは処女のフリをしておきながら、おそろしくフェラが上手く、かつアソコもガバガバだったことだ。

「私、初めてなのぉ、優しくしてくれなきゃヤ！」

きっとこの女、世間にいるときは簡単にやられまくってたんじゃないか。なにかのトラウマが自分を処女だと思い込ませているに違いない。そう思いながら、バックで突きまくると、３分と保たずに果ててしまった。

そろそろ昼メシの時間なんだろう。部屋の外でガチャガチャと食器を運ぶ音がした。

最後の欲望。看護師とヤリたい！

それからというもの、ミエとケイコを、とっかえひっかえヤリまくった。

朝は朝で、ラジオ体操でみんなが外に出ていくスキを狙って女子の部屋で一発。体操は第二まであるので、ピアノの旋律とともに見事にフィニッシュ。

昼や夕方はリネン室に連れ込んで交わる。個人的にはいろいろとシチュエーションを変えて楽しみたかったが、他の患者や看護師に見つかることを思えば、女子部屋でヤルことがせいぜいの冒険だった。

とりあえず患者とヤルという目的は達成できた。しかし、欲を言えばキリがない。やはり、すっぴんの患者に比べ、化粧をして清潔でシャキッと仕事をこなしている看護師に目がいってしまう。

看護師こそ、若い女の宝庫だった。好きモノそうな顔をしている女も何人かいて色目を使ってみたが、こればっかりはどうにもならなかった。そもそも相手がこっちのことをマトモな人間には見てくれないから、発展のしようがないのだ。かといって無理矢理押し倒す勇気もないので、じっと白衣の下の肢体を想像するのが精一杯だった。

私は1カ月足らずという予定より大幅に早く退院することになった。体の数値は正常で十分健康だから問題ナシという医師の判断である。

退院の日、普通なら仲の良い患者や医師に見守られて病棟を出るところを、私は誰にも顔を合わせず逃げるようにして自分のベッドを立ち去った。


ヒマに飽かして、偽装入院し、挙げ句の果てには女性患者とセックス三昧。どうやらほとんどの男性患者は隠したエロ本を回し読みしながらオナニーすることで満足していたそうだが、私は2人の女とヤリまくった。

果たして私は間違っていたんだろうか。今でも多少の罪悪感にさいなまれることがある。が、ナニが悪いんだと問われれば、これがわからない。逆にこっちが聞きたくなるくらいだ。

今でも、T医院の近くを通ると思い出す。あのリネン室で味わったスリルと女の体臭を。


（構成・編集部）

第5章

パクられちまった!

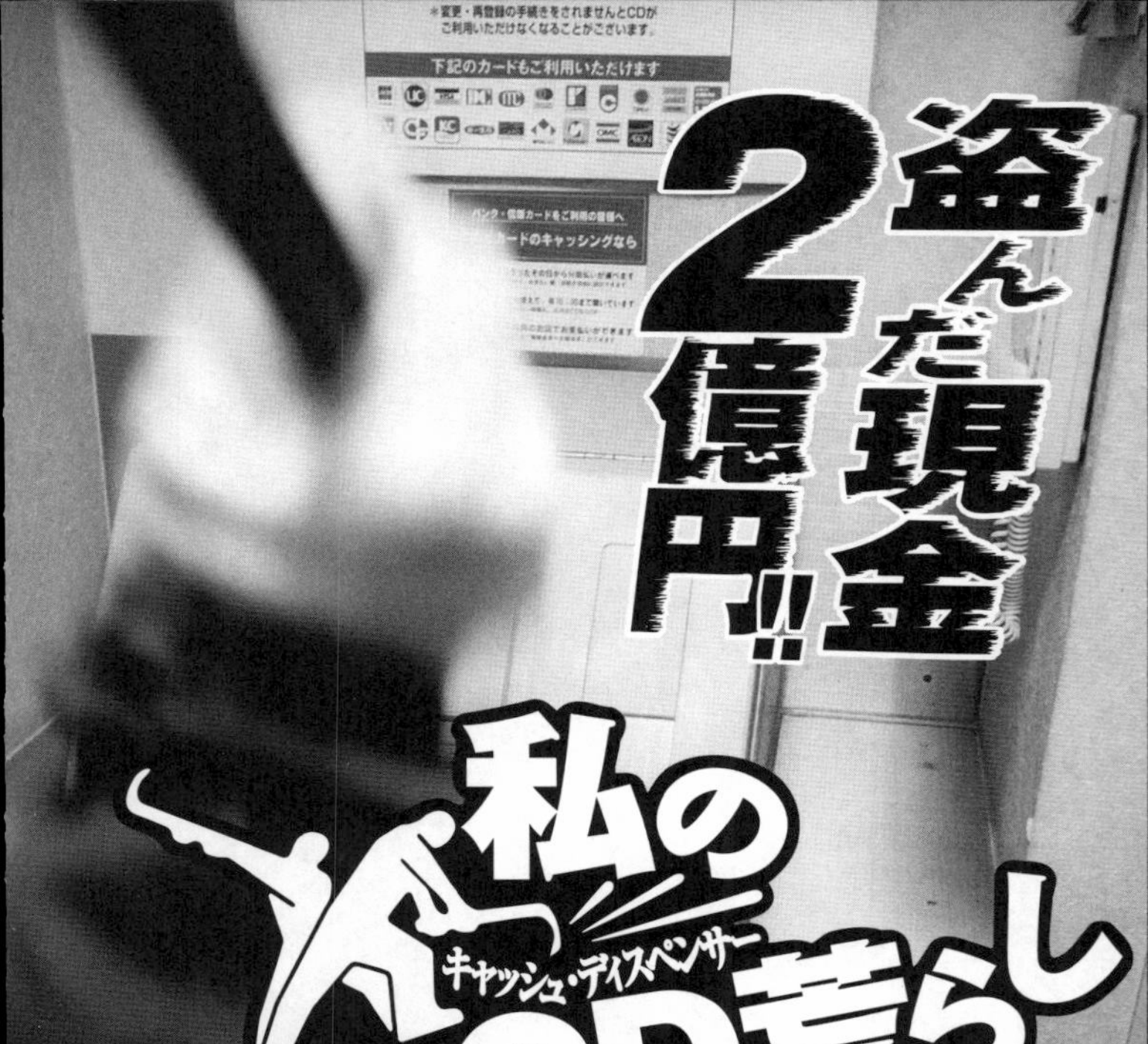

盗んだ現金2億円!!

私のCD《キャッシュ・ディスペンサー》荒らし全国行脚

リポート 田中健二（仮名 1967年大阪生まれ）

スーパーに設置されたCD（現金自動支払い機）を荒らし、現金2億円を盗んだ男がいる。相棒と組んで4年間で回った土地は南は鹿児島から北は北海道まで全国46都道府県。国の裁きを受け刑にも服した男が語る現金奪取の壮絶リポート!

99年3月号掲載

知らないうちに家族が夜逃げ！

昭和42年5月、オレは大阪の羽曳野という街で生まれた。父親は地元の食品会社に勤務、母親は普通の主婦。5年後に生まれた妹と合わせ、家族4人のごくごく一般的な家庭に育った。

小学2年から空手を始め、幼いときから腕力だけには自信があった。実際、ケンカをやっても負け知らずで、高校で極真に入ってからはそれこそ敵がいなくなった。

と書けば、バリバリの不良のように思えるかもしれないが、実際は違う。オレは単に売られたケンカを買っていただけで、誰かをいじめたり万引きをしたりするようなタイプじゃなかった。先生との関係も極めて良好だったと思う。

人生が狂い始めたのは、高校卒業後、警察官を目指し交野にある全寮制の警察学校に入ってからだ。学校に問題があったわけじゃない。入学して半年ほどたったある日、突如訪ねてきた父親の告白により、家がとんでもない状態になっていることを知ったのだ。

結論から言うと、オレを除く田中一家は千葉の船橋に夜逃げしていた。何でもサラ金に700万からの借金があり、支払い不能でバックれたらしい。親父はすでに会社を辞めており、妹は千葉の中学校に通っているという。

「でな、健二。オレも一から出直そうと思うてんねん。せやから、おまえも千葉に来てくれへんか」

何も知らなかった。昔から両親ともに競馬やパチンコなどギャンブル大好き人間ではあったが、そんな状態になっているとは。正直、目の前が真っ暗になった。

とりあえずその日は親父を帰し、1人考えた。このまま残るべきか、自分も行くべきか。教官に相談すると、「別に犯罪やないねんから、居れるよ」と言う。が、警察って組織が身内の事情に敏感なのは、学校に入って半年のオレでも十分わかる。親が夜逃げしたとあっては出世はまず無理だし、オレ自身もヤバイ人間と思われるかもしれない。

考えた末、警官の道をあきらめ、千葉に行くことにした。あと1カ月足らずで20才の誕生日を迎える、昭和62年4月のことだった。

千葉での暮らしは最低だった。佐川急便で荷物の積み下ろしの仕事を見つけ、夜8時から朝9時までの13時間労働で月に40万ほど稼いだものの、親父は全く働こうとしなかった。ばかりか、オレが家に入れた金をオフクロと一緒にパチンコですってくる始末。どうにもならないダメ人間だった。

加えて、1DKのアパートに4人暮らしという窮屈さ。高校のときから付き合っていた彼女には、「私、銀行の人と結婚するから」と無惨にふられ、まさに人生真っ暗。そのうち、「いいかげんにしろよ!」と親父を殴るまでに鬱屈していった。

そんな生活が8カ月ほど続いたころ、親父がようやくガス漏れ点検の仕事を見つけ、毎日働くようになった。高校進学を控えていた妹も、働きながら夜間の学校に通える愛知県の紡績会社に行くことが決定。よっしゃ。今がチャンスや。100万ほどの貯金ができたこともあり、オレは1人大阪に帰ることにした。とにかく、今の生活とおさらばしたい一心だった。

高校時代の友達が660万奪取に成功！

大阪に戻り、まずアパートを借り、次に運転免許を取った。トラックの運転手でもして生活していこうと考えたのだ。

運よく某食品会社に採用され、マグロの配送の職に就いたのが平成元年の7月。勤務は早朝4時から昼の2時までとハードだったが、千葉の生活を考えれば苦にはならなかった。

しかし、そんな暮らしは半年も続かない。両親がまた一緒に住まわせてくれと、泣きを入れてきたのだ。

もちろん断った。が、すでに千葉のアパートを引き払い、近くの駅前にいるという。くそー、なんでこうなんねん！　怒りながらも「頼むから」と言われれば入れないわけにはいかない。とんでもない親だが、あくまで親は親だ。

こうして改めて始まった地獄のような日々が1年半ほど続いた平成3年2月、高校時代の友人、加山正彦（仮名）から電話がかかってきた。

加山は、唯一の親友とでもいうべき男で、オレが千葉に行ってからも何度か遊びに来てくれ、大阪に戻って以降はヒマを見つけては一緒に遊んでいた。

しかし、その日かかってきた加山からの電話は尋常な内容じゃなかった。

「健ちゃん、オレ今まで黙っててんけど、サラ金に300万ほど借金あんねん」

初めて聞く話だった。

「いや、もうどうにもならへんねん。でな、宮島（高校時代の後輩）と一緒にCD機、襲ったろ思ってんねや」

「おまえ何をアホみたいなこと、言うてんねや」

「マジや。明日の晩や。健ちゃん、一緒に行けへんか」

加山は真剣だった。以前、ヤツが勤めていた××製作所の食堂には、クレジット会社のCD機が1台置いてある。そこに夜中に侵入し、バールで機械をブチ壊し、中の現金を盗もうというのだ。が、そんな計画が成功するとはとても思えない。

「おまえ、CD機なんて開けたことあるんか」

「ない」

「絶対、ムリやて。やめとけ、やめとけ。それにあんな大きな会社やったら、警備員とかもおるんとちゃうのんか」

「一応、常駐でおるみたいやけど1人だけや。警備員室も離れてるし、大丈夫と思うんや」

加山は完全にその気になっていた。とても止められる状態じゃない。失敗するのは明らかだし、逮捕される可能性も高いだろう。オレには「もう眠いから、オレは行けへんわ。気を付けてな」と言うぐらいしかできなかった。

大事な友人が破滅しよったと嘆いていたオレの目に、衝撃的なニュースが飛び込んできたのは2日後の夕方である。

〈昨日、××製作所のCD機が荒らされ、現金660万円が盗まれました〉

アナウンサーが伝えるテレビの画面に映し出されたのは、キャッシュボックスが抜き取られた1台のCD機。加山らは見事に現金奪取に成功したのだ。

「とにかく恐いで。ゲロ、吐いたもん」

何の楽しみもないヤケッパチな生活が続いていたところに、突如大金をつかみ現金をバンバン使いだした人間を目のあたりにして、オレは正直ショックを受けた。

このまま、働きもしない親と一緒に暮らしていたところで、どうなるもんじゃない。それなら、ここで大きな勝負に出るのも面白いのではないか。オレもCD機を襲ってみようか。思いは、どんどんその方向に傾いていく。

それに、加山の話を聞いていれば、CD機は想像以上に簡単に開くようだ。バールで力まかせに蓋をこじ開け、中のキャッシュボックス（現金収納箱）を抜き取ってくるだけでいいらしい。必要なのはテクニックより度胸だという。

「とにかく恐いで。心臓が喉から出そういう感じや。オレ、家に着いて、何回もゲロ吐いたもん」

勇気や根性、腕力の類なら心配ない。オレが心配なのは、どう考えてもアシが付きそうだという点である。

盗んでいる最中に警備員が来るかもしれない。仮に現金を奪えても、誰かに逃走用の車のナンバーを目撃されるかもしれないし、現場に身元が特定できるようなモノを落とすかもしれない。オレたち素人が考える以上に、日本の警察は優秀だろう。

しかも、加山たちは犯行時、手袋もはめず顔も素のままで挑んだらしい。CD機に監視カメラが付いて、そこに顔が写っていれば逮捕は免れないだろう。しかもその顔は元従業員のソレなのだ。

しかし、加山にそのことを言ってもヤツは極めて楽観的だった。

「カメラなんか付いてへんかったし、素手でやったいうたかて、オレ前科ないやん。指紋採られたってわかるわけないって。絶対、大丈夫や」

そのことばを裏付けるように、事件から1カ月近くたっても加山や宮島に捜査の手が延びている気配はない。そしてそれをいいことに、ヤツらは折半した330万円で遊びまくっていた。意外に、このままバレずに済むのだろうか。それなら、むちゃくちゃオイシイやんけ!

「もう1回、やれへんか」

オレはこらえきれず、ついに加山を誘った。と、ヤツはうれしそうな顔をして「そう言うと思おとったよ」と笑った。

中に入っていたのは札に似せた紙キレだった

さて、いざCD機を襲うといっても、どこを狙えばいいのか見当が付かない。まさか銀行をやるわけにもいかないし、サラ金も警備がキツそうだ。

と、そこで思いついたのが、先日キャッシングしたばかりのダイエーのCD機。あそこに深夜に侵入すれば奪取できるのではないか。

しかし、加山はオレの意見に難色を示した。スーパーは警備が厳重で、成功するとは思えないと言う。

「そしたら、どこやるねん？」

「もう一回、××製作所やろう。オレら機械自体は壊してへんから、しばらくしてからまた現金を補充してるはずや」

さすがにすぐにはイエスと言えなかった。同じ場所を狙うのはあまりにも大胆すぎないか。それに××製作所も前があるだけに、警備をキツくしている可能性は大だろう。

が、結局は加山に押し切られた。何といってもヤツは経験者だ。

3月上旬の某日深夜2時過ぎ、オレは加山の運転するセドリックに乗り、現場へと向かった。後部シートには見張り役の宮島が座っている。

工場の裏手に車を止め、「ここで待っとけよ」と宮島を残し、加山とオレは歩きだした。格好はジャンパーにジーパン。頭はフルフェイスのヘルメット。軍手をはめた手には60センチのバールが握られている。

「ここ越えるんや」

加山が2メーター弱のコンクリの塀を指さし、平気な顔で飛び越えていく。経験者の余裕か。片や、オレは相当ビビっていた。心臓はバクバク。が、高校時代、子分のような存在だった加山にビビった顔を見せたらナメられる。オレは努めて冷静を装った。

製作所の広い敷地を歩き、まずは警備員室を確認。とりあえず電気は消えている。寝てるのか。少し安心し、そのままCD機のある食堂まで歩いていく。

事前の打ち合わせで、加山が中に入り金を奪う役、オレは外で見張りし、もし警備員が来たときに対応することになっていた。

加山が食堂へ続く階段を上り、ガラス扉の中を覗き込んだ。

「ある、ある。CD機が元に戻ってるみたいや」

うれしそうな加山の声に、用心のためもう一度警備員室を見にいくと、電気はまだ消えたまま。両手で大きくOKサインを出す。途端に加山がバールでガラスをぶち破った。

『ガッシャーン!!』

想像をはるかに超えるモノスゴイ音が出た。深夜なだけに、またこれが大きく響く。

あかん、こんな音したら警備員、絶対起きるやんけ。恐る恐る警備員室に近づくと、……ラッキー！　電気がついてない。気づいていないようだ。

加山がオレのOKサインを見て、中へ侵入していく。そして、ものの1分もたたない内に「やったぞ」と大きな弁当箱のようなものを抱えて外へ飛び出してきた。これがキャッシュボックスか。

全速力で車まで戻り、宮島の運転で高速を飛ばす。

「はよ、中を見ようや！」

「待て、カギを壊してからや！」

キャッシュボックスの蝶番にバールを突っ込むと、蓋がバコッと開いた。と、中に札が何百枚も重なっているのが見えるではないか。

「うわー、仰山入っとるで！」

「やったわー！」

オレと加山は大きな声を上げて喜んだ。が、それも束の間。よくよく見たら、札じゃなく全部紙キレなのだ。どうやら、機械の作動確認のために用意されたもののようだ。

「クソー、なめとんな」

加山が悔しそうに言う。オレも一度喜んだだけにショックが大きかった。やはり、現実はそんなに甘くないのか。

「コラー！ 待たんか」警官の追走をふりきる

失敗は悔しかったが、一線を越えたことで気持ちが吹っ切れたのだろう。以後、オレは加山と組んで、狂ったようにCD機を荒らしまくるようになった（ちなみに宮島は、使えないという理由でリストラした）。

××製作所の翌日はニチイ。昼間に下見した加山の指示に従い、深夜、屋上の駐車場に続くスロープを上り、自販機の上のガラス窓を破り中に侵入。CD機のある1階まで一気に駆け下りた。CD機は意外なまでに簡単に開いた。が、キャッシュボックスのあるべきところが空洞になっている。完全に抜かれていたのだ。

悔しまぎれに3階のオモチャ売り場でスーファミのソフトを盗んでいると、突如、エスカレーターの付近から光が照らされた。警備員が懐中電灯を持って見回りに来たようだ。

2人して息を殺し、じっとしていると、どんどん光が近づいてくる。万事休す。オレは加山に小声で「逃げるぞ」と言うや、一気に階段めがけて走った。と、よほど驚いたのだろう。警備員のオヤジが「うわー!」と悲鳴を上げて逃げだした。恐いのはお互い様だ。

そんなわけで2回目も失敗。その後もスーパーを中心に侵入したが、CD機が開かなかったり、開いてもキャッシュボックスがなかったり金が入ってなかったりで、ことごとく失敗に終わった。

ちなみに侵入経路は1階がガラス張りならそれを破り、ダメならスロープを上り屋上の窓から入るか、立体駐車場のトイレの窓を破った。もちろん、すべて事前に下見をし、車での逃走経路も計算した上でのことだ。

危ない目にはいっぱいあった。中でもヤバかったのは、門真のダイエーに入ったときだ。

その日は、すでに奈良のダイエー、ジャスコと失敗し、門真に着いたのが朝の4時ごろ。入り口の鉄パイプでできたシャッターを、クリッパーという大きなハサミ状の工具でぶった切り、ガラスをバールで割って中に入った途端、サイレンが鳴った。

常駐の警備員に気づかれたと思い外に出たら、50メートルほど先に、なんと警察官が2人。オレたちに気づくや、オラー！ とこちらに向かって走ってきた。

必死に逃げる加山とオレ。が、バールやヘルメットなど道具を入れたバッグを持っていた分、加山の方がどうしても遅れる。そのうち後ろから「アカン！ これ持ってたら走られへん。捨てえーか」と声が聞こえてきた。

立ち止まるのはムチャ恐かったが、このままでは加山が捕まりそうだ。オレはクソ根性を出して加山のところまで戻り、バッグを持つや「行け！」とヤツを走らせ、その後を追った。

「コラー！ 待たんかアホ！」

警官の声が近づいてくる。もともと体力には自信があるオレだが、バッグを持って走るのはさすがにキツイ。それでも塀を乗り越えたり家の隙間を走り何とか逃げきり成功。一足先に車のところで待っていた加山と合流し、難を逃れた。

ボックスの蓋が外れ大量の万札が床に

初めての成功は、1カ月で20件ほどたて続けに失敗した後の、4月上旬にやってきた。

場所は店内にCD機を設置した枚方公園駅前のコンビニで、深夜12時で営業が終わり、その後は無人となる。

が、最悪なことに、2軒隣が交番。常識で考えれば絶対狙わないが、とにかく金が欲しくて仕方ない。交番の奥の部屋の電気が消えた（警官が仮眠を取った）のを見計らい、加山がガラスを割って中に入った。

と、突然、警備会社からと思われる電話が店内に鳴り響いた。ヤバイ。警官来るで！　外で見張り役のオレは焦り狂ったが、加山は出てこない。１秒１秒がとてつもなく長く感じる。

１分ぐらいたったころか。加山が「取れたー」とキャッシュボックスを手に外に出てきた。よっしゃ逃げるで。

そこから１キロほど先にある加山のアパートまで全速力でダッシュ。部屋に入ってすぐに箱をこじ開けると、現金１５０万円が入っていた。後から考えれば僅か１５０万、しかも取り分は折半で75万にしかならなかったが、とにかくオレにとっては初の現金奪取。うれしくて仕方なかった。

オレはその75万円をしばらく使わずにいた。が、最初の××製作所の成功で金銭感覚がマヒしている加山は、あっという間に使いきり、「はよやろうや」とオレを急かした。しかし、その後３週間で10件ほど狙ったものの、みな失敗。苦労が報われることはなかった。

そして５月。ダメ元で入った高槻のニチイで、オレたちは信じられないほどの大金を手に入れることになる。

下見の段階で狙っていたＣＤ機のキャッシュボックスは空。またかよ、とがっくりしていたところ、その向かいに、公衆電話ボックス大のガラスの箱に銀行系のＣＤ機が設置してあるのを見つけた。

このタイプは後ろから金が出し入れされるのが通常。さっそく機械の後部に回ってみると、カギのかかった小さなドアがある。ここをこじ開けたら何とかなるんじゃないか。

「やめとけ。銀行のは開けへん」

加山のことばを無視しバールで壊しにかかると、あっけなくカギが外れドアが開いた。が、CD機の裏一面が鉄板で覆われ、上の方には金庫のダイヤルとカギ穴が付いている。うわ、こりゃキツイ。

「せやから無理や、言うてんねん」

「やるだけやってみるわ」

鉄板の上を手で持ち、足をかけて思いきり引っ張ってみる。金欲しさのバカ力だ。と、その祈りが通じたのか、いきなり鉄板がボカーンと外れた。

「おう、取れたで！」

中にはキャッシュボックスが2個。が、力まかせに引っ張ってもビクともしない。そこで2人してバールを突っ込み無理矢理ひっぺがすと、その内の1個が取れたとたんに勢いで下に落ち、その衝撃で蓋が外れるや、大量の万札が床一面に広がった。

「うわー、ごっついで、コレ！」

100万や200万じゃないことは一目でわかる。興奮しながら加山がスポーツバッグの中に金をかき集める。すごい光景だ。

結局、そのときの金は、もう一つのキャッシュボックスと合わせて全部で1950万円あった。こらえてもこらえても笑いがこみ上げてくる。オレたちは、加山の部屋で「やった！　やった！」

と札を放り投げた。大金が手に入ったら絶対やってみようと、２人して言ってたことが現実になったのだ。

そしてオレは、この大金を見た瞬間に働くのがイヤになり、翌日、加山に「田中は昨日、阪神高速で飲酒運転で捕まりました」とテキトーな電話をかけてもらい、そのまま会社を辞めた。24才になったばかりだった。

クラウンのV8をキャッシュで購入

この一件は新聞でも大きく報道されたが、オレたちには何の危険も及んでこなかった。誰にも目撃されていないから、捕まるはずがない。そんなことより、加山と折半した９７５万円だ。こんな大金、見たことないで。オレは警察のことなど気にならないくらい舞い上がっていた。

問題は金の隠し場所である。銀行に預けるのはヤバそうだし、自宅の狭いアパートに持ち帰ったら親に怪しまれる。それでもひとまず家に隠すしかないか。考えた末、近所のホームセンターで家庭用の金庫を購入、その中に入れておくことにした。

「金庫なんか何すんねん。中身なんか入れるものないのに」

案の定、おふくろが聞いてきた。

「あのな、びっくりすなよ。友達と共同で買うとった宝くじが当たったんや。1千万ある。オレ、この金で商売やろうと思うてんねん」

当然ながら信用しない。それならそれでよかったのだが、ちょっと悔しかったので「コレやるわ」と100万円を差し出すと、泡をふいて驚いた。が、その金も親父とおふくろにかかれば1カ月もたたない内に消えてなくなる。原因はすべてパチンコである。

かくいうオレも、生まれて初めて見る大金を手にして、マトモだった金銭感覚が狂い始める。前から欲しかったクラウンのV8を中古で430万円のキャッシュで購入したのをきっかけに、それまで3千円程度の服だったのが3万円、500円の定食だったのが5千円の寿司と、何をするのもケタが1つズレだした。

そのころできた彼女には、20万円のスーツをぽーんとプレゼント。加山の彼女と合わせ4人で、温泉やディズニーランドにも遊びにいった。

そんなことをしてたら1千万弱の金も、2カ月もしない内にきれいに消滅した。もっとも、元来金遣いの荒い加山は、アストロを500万で買ったり、女と遊びほうけたりしている内に1カ月で金をなくしていた。

と、なればやることは一つ。また大きな魚を釣り上げるのだ。こうしてオレは本格的にCD荒らしに専念していくことになる。

ちなみに、自分の仕事について、身内や彼女には、加山と組んで宝石のブローカーをやっていると説明していた。ちょっとヤバイものも扱ってるんで、時に大きな金も入る、と。周りは後にオレたちが逮捕されるまで、そのことを信じていた。

『日本スーパー名鑑』を片手に全国を走り回る

それから半年ぐらいは、地元の大阪・奈良を中心に狙った。すでに荒らしまくったエリアではあるが、成功する確率は以前よりはるかにアップした。開きやすいCD機のタイプ、深夜でも現金を置いてそうなスーパーなど、それまでさんざん学習してきた成果がやっと実ってきたというわけだ。

6月、奈良の西大寺にあるジャスコと近鉄百貨店の仮店舗に設置されていたCD機を荒らして500万を盗ったのをかわきりに、キッコリーというホームセンターで900万、年が明けて平成4年1月、長崎屋で1500万と、大物がどんどん引っかかる。

生活パターンとしては昼間下見をして仕事は深夜。平均すると1週間に2、3回動き、盗れた額にもよるが1回成功すると1カ月ほど遊んで暮らした。

2LDKのマンションに引っ越しし、生活資金は月に平均200万。100万ずつ輪ゴムで留め金庫にしまい、財布になくなったら補充していく。それが当たり前になった。いつ逮捕されるかわからない身。残しても何の意味もないと、オレは積極的に散財した。

が、そんな生活を続けていく内、大阪・奈良で狙うところがなくなってしまった。

「そんなら和歌山、行ってみよか」

加山の提案で和歌山に足を延ばし、ついでに岡山、鳥取、どうせなら広島にも行こうやと、どんどん犯行エリアが拡大していく。

やるところがないなら、自分で探すしかない。CD機から奪った金で月200万の暮らし。それが身に付いたオレと加山にとっては、全国行脚は必然だった。

そして、そんなオレたちをバックアップするように、1冊の本に巡り合う。『日本スーパー名鑑』。タイトルどおり、全国のスーパーの場所はもちろん、売り場面積から駐車場の台数まで載った、まさにオレたちのためにあるような本。特殊な本とあって値段は5万円もしたが、オレは大喜びで購入。それから3年半近くに及ぶ旅には常に携帯していた。

このまま北海道まで行くんちゃうか

「ちょっと出張、行ってくるわ」

互いの彼女にこう言い残し、オレと加山はワゴン車に

フルフェイスのヘルメット、バールなど商売道具を積み、全国を巡った。出張期間は1カ月の内の1週間。2、3日下見をして、狙える場所の目星が付いたら、残りの4日で犯行に及ぶというパターンだ。

もちろん1回の出張で必ず金が盗れるとは限らない。CD機が開かなかったり、キャッシュボックスが空だったりは、どの土地でも同じで、実際、四国などは4県とも全滅。他にも、狙いやすいスーパーでも、深夜にヤンキーが駐車場にたむろしているなど、諸々の事情であきらめざるをえない場合も多々あった。

出張に行きだして半年ほどで鹿児島まで到達。

「オレら、このまま北海道まで行くんちゃうか」

加山が桜島を見ながら冗談で言ってた、その1年後には実際に札幌のスーパーを荒らしていたから、冗談でも何でもない。

そんなわけで、オレたちはほぼ1年半で全国制覇してしまう。そうなると目標を失うというか、まさか世界に進出するわけにもいかず、どちらからともなく、そろそろヤメようかという話になった。

「この辺が潮時やろ。今ヤメて真面目に働いたら、オイシかったなぁで終わるんちゃうか」

ちょうどそのころ、互いに700万ほど持っており、ヤメても当分は何とかなりそうだという計算もあった。

「わかった。ほんならさっぱりヤメようや」

加山もすんなり納得して、コンビ解消。オレはマジで正業に就こうと求人誌を片手に職探しまでやった。が、一度身についてしまった豪勢な生活が簡単にヤメられるわけもなく、散財ぶりは一向に変わらない。当然、職も見つからなかった。

「やっぱり、もう1回やれへんか」

加山が電話をかけてきたのは、ヤメようと決意した2カ月後。ヤツのことだ。使いまくって、金が底をついてきたのだろう。

加山の誘いに正直、オレはさほど乗り気じゃなかった。再開しても、もうやり尽くしたから狙えるところがないやないか。

「入りとうても、やれんとこいっぱいあったやん。そういうとこ1つ1つツブしていったら、まだまだイケるって」

加山は完全にその気になっている。まぁヤツ1人で動いてパクられでもしたら、シャレにならない。捕まるときは一緒だ。

「よっしゃ、やろう」

こうして、オレと加山は再びCD荒らしの日々に突入する。

倉吉、彦根、長野、大宮、山形、秋田。いつどこに行って、いくら盗ったかまでは覚えてないが、出張中で最低だったのが山梨のホームセンターの140万。最高は宇都宮の長崎屋の1050万だったと記憶している。

盗んだ現金は全部で2億円。貴金属なども合わせると、2億6千万にも上る。我ながら、よく盗んだものだ。ちなみに、奪った金を成功件数で割ると、1回平均400～500万になるだろう。

帯広のホテルから怪しい電話が

そろそろ逮捕されたときのことを報告しなければならない。舞台は新緑の北海道だ。

平成7年5月20日、札幌の生協で360万円をゲット。生協のCD機はおいしいと、しばらく長居して系列店を狙おうと計画していたところ、加山が大阪に帰ると言い出した。

「彼女がさびしがってるからちょっと戻るわ」

「えーよ。ほんでいつ来る?」

「25日には戻るわ。(新千歳)空港まで迎えに来てくれへんか」

「わかった。時間はっきりしたら電話して」

加山が帰った後、オレは帯広で5日間を過ごした。札幌に来る前に帯広のラウンジパブで働くオネーチャンをナンパし、彼女と遊びまくったのだ。

5日目の朝10時、帯広のホテルを出て空港に車を走らせた。帯広から新千歳空港まで3、4時間。加山が乗った飛行機が到着するのが午後1時だから、飛ばさないと間に合わない。

走り出して1時間ほどたったころ、携帯電話が鳴った。

「ホテル××(オレが泊まっていた帯広のホテル)ですけど、料金を取りすぎたんで返金させていただきたいんです」

丁寧な女の声ながら、何か怪しい。ホテルの宿泊帳に自宅の電話番号は記入した（もちろんデタラメ）ものの、携帯の番号は書いてない。なぜ、この番号がわかったのか。が、オレはあえて、そのことは追及しなかった。

「で、なんぼ取りすぎたん?」

「えーっと、……4千円と少し」

ますます怪しい。確かホテルには1万円を払い4千円ほど釣りをもらった。この女の言うことが正しければ、ホテル代は2千円もかかってないことになる。そんなバカな話はないだろう。

そのことを突っ込むと、ホテルの女は「間違えました。400円でした」と言い直す。怪しい。警察か。まさか。不審に感じたオレは「そんなん要らんから」と電話を切った。

続けて、加山の携帯に電話をかける。

「今、伊丹空港や。これから乗るとこや」

「あのな、ちょっと気になる…」

と、ここまで言った瞬間に電話が切れた。圏外に入ったのだろうか。いずれにしろ、加山には不審な電話があったことは言えず仕舞いだった。

「そろそろ、なんでここに来たかわかったか」

空港に向かう国道が夕張に差しかかったころ、右端に1台のパトカーが止まっていた。

シートベルトはしてるし何も違反していない。大丈夫だ。オレは自分に言い聞かせるように、赤信号で停車しているトラックの後ろに車を付けた。

が、いくら待っても信号が青に変わらない。3分、4分。なんやコレ、どないなっとんねん。と、思っていたところ、突然例のパトカーがオレの車に近づいてきた。

「お忙しいところ、すいません。ちょっと免許証いいですか」

「検問か何かですか」

助手席から下りてきた警官に免許証を手渡す。と、この警官、いきなりパトカーに戻り、無線で照会し始めた。ヤバイ……。

「すんませんね。ちょっとここ邪魔だから、移動してもらえます」

戻ってきた警官の指示に従い、車を近くのコンビニまで移動。そこの駐車場で立ち話となった。

「これ、何か検問です？　オウムですか」

当時、北海道でもオウム事件の検問をやっていたので、その関連かと思ったのだ。が、警官は「ちょっとな」と言ってことばを濁す。イヤな感じだ。

「どこに行かれるんですか」

「友達、迎えに空港まで」

「友達の名前、よかったら教えてくれますか」

「加山っていいますけど」

隠すと変だ。ここは正直に答えるしかない。

「そうですか。でね、忙しいところ悪いんですが、近くの交番までお願いできますか」

いよいよヤバイ。言い方は極めて丁寧だが、交番まで来いとは、もう全てバレてるんじゃなかろうか。

「煙草でも吸って、ちょっと待ってて。コーヒーも出すから」

交番で実に丁寧な扱いを受けつつ、パイプ椅子に座り待つこと15分。表の道路に、乗用車（覆面パトカー）が3台止まったかと思うと、スーツを着た5、6人の男が交番に入ってきた。そして、その中でいちばん格上風の1人がオレの前に座り、こう切り出してきた。

「そろそろ、なんでここに来たかわかったか」

「え、何のことです?」

あかん。もうバレバレや。

「おまえも長いこと、うまいことやってきたけどな」

「僕、オウム入ってませんよ」

もはや事態ははっきりしているものの、オレは必死にあがいた。が、刑事に「持ち物を見せてくれ」と言われたら観念するしかない。腕には盗んだロレックス、財布には100万円。車には札幌の生協で盗った360万円が手つかずの状態で置いてあり、おまけにバールや懐中電灯まで積まれている。

「もうそろそろ、しょうもない騙し合いは止めようや。人間、誰でも間違いはある。ここで素直になって自分で責任取るのが、これからの人生で大事なんじゃないのか」

うわー、むちゃくちゃ正攻法で来よった。もう観念するか。

「自分でしゃべるのは大変だと思うけど、きちんと話した方がいい」

「……」

「そう思わない？」

「札幌の生協のCD機こじ開けて、現金盗みました」

「他にもあるよな」

「はい。もう全国で数え切れないくらいやりました」

平成7年5月25日、午後4時過ぎのことだった。

懲役3年の実刑判決

加山は空港で逮捕されていた。後で知ったことだが、飛行機を下りてしばらくすると、見知らぬ女から電話がかかってきたという。

「あの、加山さんですよね。私、田中さんとテレクラで知り合った者なんですけど、今日、加山さんがこちらに来られるということで、キミが先に会ってくれって田中さんから言われたんです。でも、私加山さんのこと知らないし、どんな格好してらっしゃるんですか」

こんな怪しいワケのわからない電話も珍しい。もちろん、これ婦人警官（帯広のホテルの女性を装いオレに電話をかけたきたのと同じ人らしい）の芝居で、さすがに加山も変だとは思ったも

のの、女好きのオレならそういうこともあるかと、正直に自分の格好を教えてしまったらしい。まんまとワナにハマったというわけだ。

さて、オレたちの逮捕、いったい何がきっかけになったのだろうか。これも刑事から聞いた話によれば、その年のはじめ岡山のスーパーを襲った際、いつも仕事に使っている黒のワゴン車が目撃されたことが発端になっているらしい。

そのときすでに、オレたちがやった一連のCD荒らし事件を、手口から同一犯と見て多くの道府県警が共同捜査していたが、そこに犯行車両は黒のワゴン車という目撃情報が飛び込んできた。

警察はオレたちの犯行と思われる事件が起きるたびに、高速のNシステム（自動車ナンバー自動読み取り装置）を何度も確認し、最終的にその年の4月、山形のスーパーでCD機が荒らされその翌日に京都のスーパーが狙われたことに注目。山形から京都までの移動で通ったはずの高速のNシステムを調べたところ、黒のワゴン車がばっちり写っており、そのナンバーからオレたちの犯行と断定したようだ。

捜査の中心になって動いたのは京都府警で、札幌の生協で

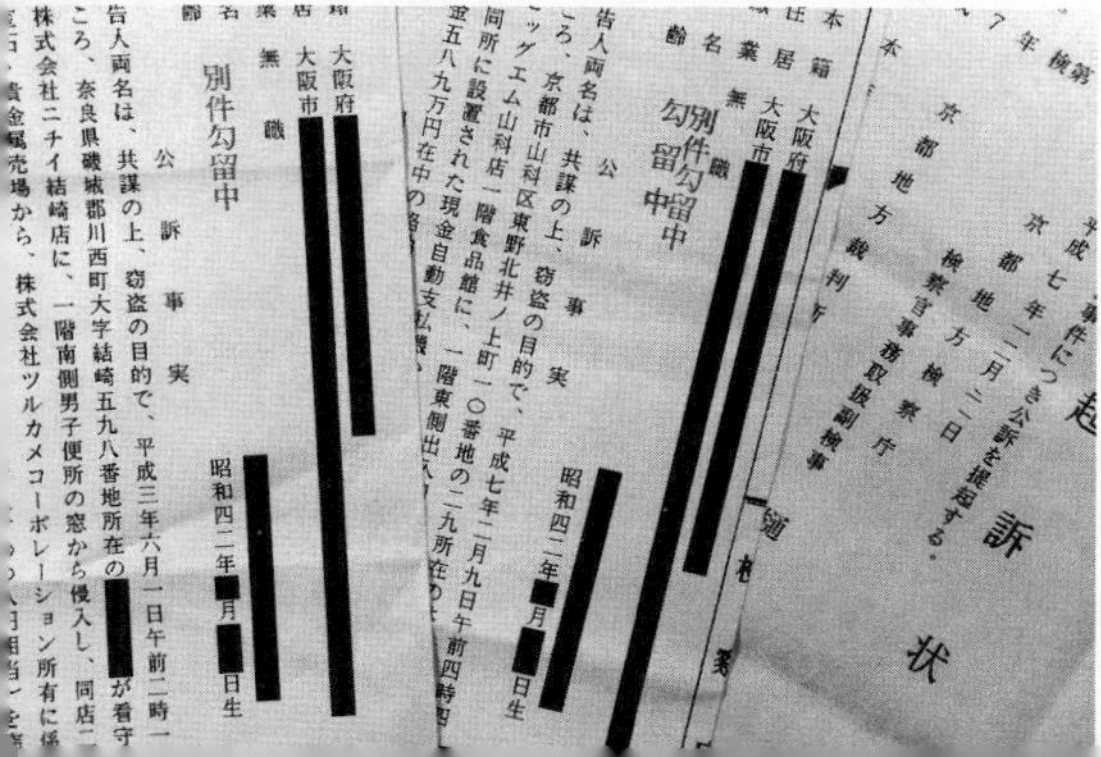

起きた際、オレたちの犯行に間違いないとして北海道警に捜査を依頼、道警は大量の捜査員を動員して、黒のワゴンを突き止めたらしい。

何でも、オレが帯広で女と遊んでいた際も逐一行動を監視されており、どこで何を食べたかまでわかっていたというからお手上げだ。

オレはその後、夕張署から札幌北署（加山は南署）へ移管されそこで40日の取り調べを受け、7月に京都の九条署（加山は伏見署）へ飛行機で移管、12月には京都拘置所へ移り、結局翌年の平成8年の4月に懲役3年の実刑を受けた。対して加山は3年2カ月。2カ月の差は、オレが裁判の際に妹に頼み、情状証人として法廷に立ってもらったからだ。

刑が確定した後は、もちろん刑務所行きとなるが、オレと加山は他の受刑者と違う特別な懲役を受けることになった。

素直に全てを自供したのがよかったのか、拘置所の担当が気に入ってくれたのか。何が理由かはわからないが、オレはいわゆる牢屋には入らず、一般の人に交じって作業することで懲役とみなされる松山の造船所に送られた。

ここは、規律こそ軍隊なみに厳しいが、塀もなければ飯もウマイ、おまけに刑期の半分で出所できるという夢のようなところだ。全国に数万人いる受刑者の中で50人しか行けないそうだが、なぜかオレはその1人に選ばれ、結局それから1年3カ月（実刑3年から未決拘留分の半年を引いて2年半。その約半分で1年3カ月）後の、平成9年7月に無事に出所することができた。

2億円も盗んで1年3カ月とは我ながら短すぎる気もするが、国の裁きがそうなのだから仕方ない。

一方、加山は刑期の軽減こそないものの、京都拘置所の雑役夫という、これまた超ラクな懲役となり、平成10年5月に社会に出てきた。

加山はその後、不動産屋に就職。オレは長距離トラックの運転手をして暮らしている。

最後に盗んだ金がどうなったか、について触れておこう。

結論を言えば、札幌の生協で盗んだ360万円は被害者である信販会社に返済したものの、逮捕時、自宅の金庫に入れておりガサ入れの際に没収された750万円はオレのもとに返ってきた。

そんなアホな、と思うかもしれないが、警察の話では、それを返そうが返すまいが刑は一緒。被害者に訴えられた場合は返す義務が生じるものの、相手も保険に入っているため実質的な被害はないし、またその750万がどこの会社のCD機から盗んだものか立証することは不可能なので、まず訴えられないだろうということだった。

「だったら、僕も刑務所を出てからの生活がありますし、返したくありません」

実にムシのいい考え方だが、そんな有り難いアドバイスを受けたらそう言うしかない。

結果、判決が出て1週間ほど後、「差し入れや」と750万そのまま返ってきたというわけだ。未だどこからも訴えられていないのは言うまでもない。

（構成・編集部）

『無言電話1万回、豊島区在住の会社員（33）を逮捕。容疑は偽計業務妨害。建設会社社長令嬢に交際断られ逆恨み、会社にイタズラ電話を繰り返す』

今どき珍しくも何ともない事件である。大半の人は、特別、気にも留めないだろう。が、この俺はちょっと違う。「またか…」と思うと同時に、あの日の出来事が反射的に脳裏に浮かび、苦笑いしてしまう。

時は１９９４年4月21日。俺は某タクシー会社のフリーダイヤルにイタズラ電話を１７００回以上かけまくった疑いで、警視庁牛込署に現行犯逮捕された。容疑は威力業務妨害である。

今となっては思い出したくもない過去だが、世の中にはこんなバカもいるのだ。執拗にイタ電をかけると、どんな運命が待ち受けているのか。それを知ってもらう意味でも、俺の体験を詳しく報告しよう。

相手が驚くのが快感だった

88年3月、地元の高校を卒業、ガスや水道の工事を請け負う会社を経て、翌年8月から警備保障会社で働き始めた。

仕事内容はおなじみの交通誘導。工事現場での車両誘導をメインとして、ときには動物園や遊園地の道案内なども行う。

当時は業界全体が慢性的な人材不足に陥っていたということもあり、間断なく仕事が来た。当

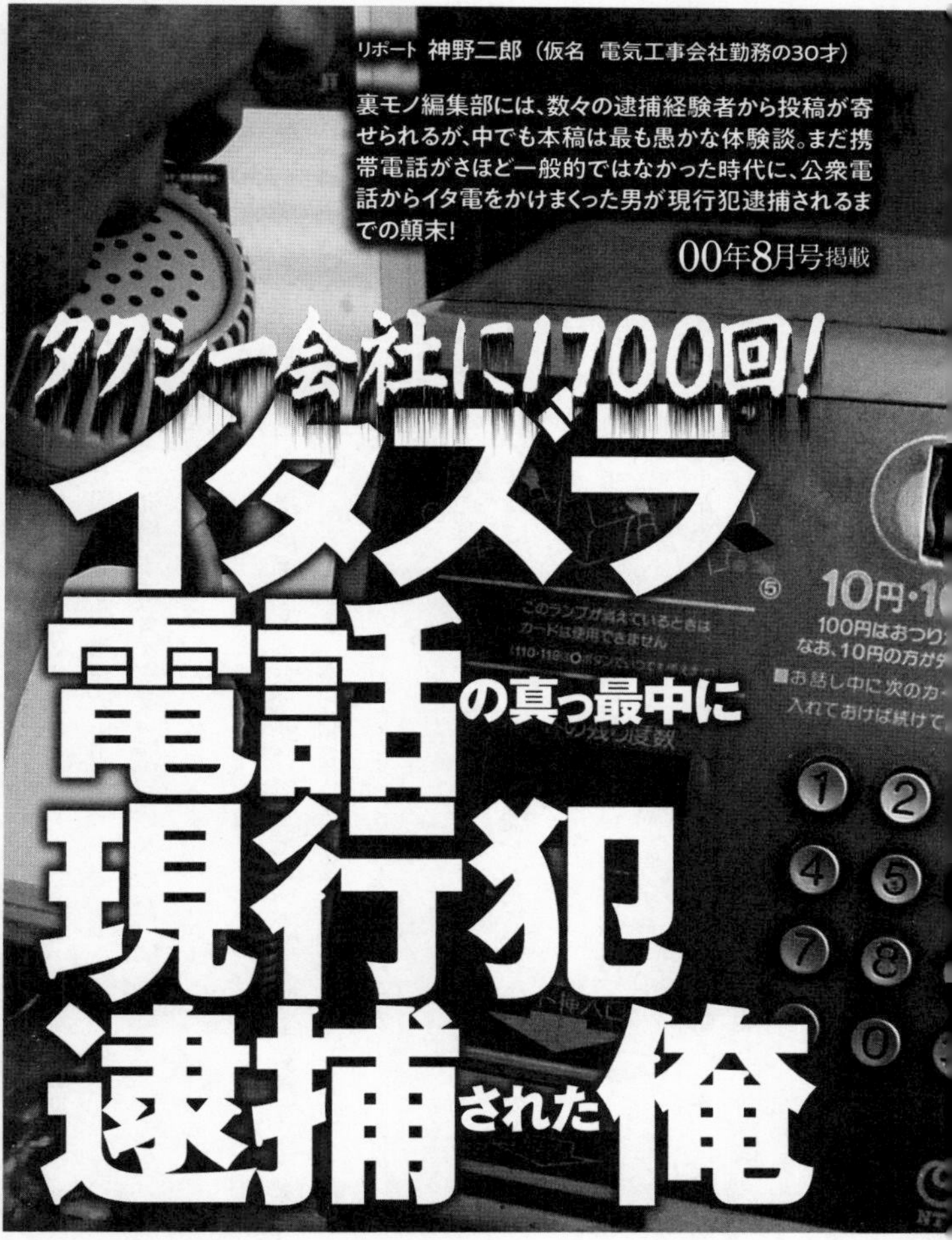

リポート 神野二郎（仮名 電気工事会社勤務の30才）

裏モノ編集部には、数々の逮捕経験者から投稿が寄せられるが、中でも本稿は最も愚かな体験談。まだ携帯電話がさほど一般的ではなかった時代に、公衆電話からイタ電をかけまくった男が現行犯逮捕されるまでの顛末!

00年8月号掲載

タクシー会社に1700回! イタズラ電話の真っ最中に現行犯逮捕された俺

然、フトコロも十分すぎるほどに潤いはしたが、いかんせん休む間がない。途中に仮眠が入るとはいえ、24時間勤務を1日おきに繰り返す暮らしは正直キツかった。

いやでも溜まるストレス。俺はその発散手段をイタズラ電話に求めた。

読者の皆さんには唐突に聞こえるかもしれない。が、俺のイタ電マニアとしてのキャラは、すでに小学校時代に芽生えていた。

電話帳からピックアップした適当な番号にダイヤルし、「助けてください！」と叫ぶ幼稚なイタズラ。しかし、相手がびっくりする様子を聞いたそのとき、俺は間違いなく快感を感じていたのだ。

長らく忘れていた、あの独特な味わい。それが疲れた心と体を癒してくれるかもしれない。そう思うが早いか、俺の左手は受話器を握っていた。

チョイ知りの友人宅や知人宅に、特に用事もないのに電話を入れて無言のまま切る。街中や雑誌で見かけたフリーダイヤルへランダムにかけまくる。また、誰ともわからない人間のポケベルに、知り合いの電話番号を入れる——。

オトナ気ないと言われればそれまでだが、酒も飲めず彼女もいない俺には、他にストレス解消の手段を見つけられなかった。

警備員としての仕事を始めてから1年くらいたったころ、弟と共有で新車を購入した。俗に言うＶＩＰ系と呼ばれる高級車で、ゴージャスな見た目もさることながら動力性能も十分高い、自慢の車である。

しかし、大切にしていたこの車が、後の事件の発端となっていくのだから、世の中皮肉なものだ。

「ナンバーがわからないと動きようがない」

94年3月3日。夜勤が明け、自宅で一眠りした午後、俺は車を念入りに洗い、ドライブに出かけた。当てもないリラックスしたドライブは実に楽しい。

夕方、麻布十番近くにある、さほど大きくはない交差点の手前に車を止め、車内で缶コーヒーをすすっていたときのことだ。

何気なく外を見ていると、20代半ば前後と思しき女が右前に立った。と、手を挙げタクシーを拾う。俺の車の右前に止まるタクシー。そのとき。

ゴツン

鈍い接触音が聞こえたと同時に、軽いショックが車に走った。

〈ん、何だ!?〉

見ればタクシー後部左側ドアの先端が車の右前輪上方、ちょうどフェンダー部分に当たっている。

〈この野郎!〉

キズを確認すべく、とっさに車外に出る。と、5ミリ程度の大きさとはいえ、確かに被害を受けているのを発見。俺は思わず、タクシーの運転手をにらみつけた。

40才前後か。その運転手は間違いなく俺の目を捉えていた。しかし、そいつは次の瞬間、何事もなかったかのように走り出したのである。

「おら、待てよ。コラ！」

当然、走って後を追った。が、タクシーは20メートルほど先の交差点を左に折れると、そのまま猛スピードで…。あきらめるしかなかった。

このときの最大のミスは、ナンバープレートの番号を確認しなかったことだ。愛車をキズものにされた、という激しい怒りからすっかり気が動転していたのだろう。タクシーのボディカラーが緑色であったこと、後部ガラスに「乗務員募集」のステッカーが貼ってあったということしか、頭に残らなかった。

どうにか気持ちを落ち着かせ、もう一度キズを確認してみる。と、幸いなことに凹凸はない。

被害は小さい。大したことはない。相手のナンバーを確認していない以上、もはやどうにもならないと悟った俺は、無理矢理にでもそう思い込もうとした。

しかし、どうにも気持ちが晴れない。とりあえずタクシー近代化センター（現・タクシーセンター）にクレームを付け、１１０番に通報し、帰り際、新宿警察署の前に立っていた警察官に相談を持ちかけてもみた。

「相手の車のナンバーがわかんないと動きようがないなあ」

三者とも同情こそしてくれるものの、最後に返ってくるのは同じことばだった。

夜。翌日からの勤務に備えて寝床に就いた俺の頭に、あのときの情景がまざまざと蘇ってくる。そして、猛然と怒りを覚えるなか、一つの確信めいた思いが沸き上がってきた。

〈緑色のタクシーといえばあの会社しかない。絶対に許さねえ！〉

車体を緑色に塗ったタクシー会社など都内には何社でもある。が、怒髪天を衝く思いだった当時の俺に、冷静な思考はできなかった。

クレームだけで終わらせるつもりが

翌日朝8時。本駒込の現場事務所で警備服に着替えた後、本郷通り沿いの現場へ。そしていつも使っている、タバコ屋の前に備え付けられた公衆電話から業務連絡を入れた（この電話機は、その後逮捕されるまでメイン機として活躍する）。

が、今日はもう一つ、やらなければならないことがある。俺は備え付けのタウンページでタクシーのページを探し、唯一知っている緑色のタクシーを走らせている会社Xタクシーのフリーダイヤル番号を見つけた。

その横に大書きされた「乗務員募集」の文字。逃げたあの車に貼られていた乗務員募集のステッカーと符合する。このタクシー会社に違いない。俺は思わずプッシュボタンを押した。

「はい、Xタクシーです」

電話に出たのは中年の男だ。

「あのさぁ、昨日オマエんとこの車に当てられたんだけどさ、どうしてくれんだよ」

「お宅様の車がウチのタクシーにぶつけられたということですか」

「だからそう言ってんだろう」

「ナンバーは覚えておいでですか？　場所と時間、それから運転手の特徴なんかを教えていただけますか」

慇懃無礼とはこういうことを言うのだろう。言葉遣いは十分丁寧だが、この事務的な応対はどうだ。第一声で無条件に謝罪してくると期待していたのに。

うまく言葉をつなぎながら謝罪を促しても、詫びを入れる気配はまったくない。

「失礼ですけど、あなた本当にウチの車にぶつけられたの。もしそうなら直接ウチの会社に来て、もう少しくわしく教えてくれる？」

電話を切るころには完全に相手のペースにはめられていた。

〈なめやがって…〉

最初は、クレームを付けて終わらせるつもりでいたのだ。謝罪の一言もよこせば、それでいいと。しかし、相手は謝るどころか、まるでこちらが嘘をついているかのような口調で質問を浴びせてきやがった。しかも挑発的な態度で。俺がXタクシーを敵視するようになったのは、この瞬間だった。

昼間の現場がさほど忙しくなかったのも幸いして、その日（3月4日）以降、俺はXタクシーに対し、1日に30〜40回のイタ電をかけるようになった。

「はい、Xタクシー採用部です」

男が出ると、

「あっ、間違えました」

「何だ、コノヤロー」

「偉そうに道走ってんじゃねえ」

とゴロをまき、女性が出たら卑猥なことばを連発する。

「ちんぽ、ちんぽ、ちんぽぉ〜」

「フェラチオ〜」

これを丁寧に節を付けて歌うのだから、バカもいいところだ。が、俺は正直、有頂天だった。車を傷つけられたことに対する怒りもさることながら、日々のストレスを解消する絶好の対象を見つけたのだ。交通整理をしながら次はああ言ってやろう、こう言ってやろうと考える毎日が楽しくて仕方ない。充実していたといっても過言ではないだろう。

ちなみに、現場は俺1人で、時々、現場監督が見回りに来るだけ。おまけに公衆電話は目の前と、イタ電をかけるには、まさに絶好のロケーションだった。

罵詈雑言では飽きたらず、ピザ屋の出前に害虫駆除

1週間くらいが過ぎたころ、相手の態度に微妙な変化が表れた。それまでは「イタズラ電話は

やめなさい」とか「人の迷惑も考えろ」といった反応がほとんどだったのが、少しずつ余裕のようなものを見せ始めたのだ。

「いつでもかけてきなさい」

「もうどうでもいいから好きにしなさい」

「1回くらいはウチの会社に来てみたらどうなの」

その言いっぷりがどうにも気にかかる。開き直ったか。いや違う。もしかして、すでに警察に相談しているのか…。

俺は半信半疑ながらも、多少警戒するようになった。1回のコールはなるべく30秒以内。むろん、逆探知を避けるためだ。

果たして、Xタクシーはこのころすでに警察に被害届を出す準備を着々と進めていた。〈3月10日15時31分24秒受信。担当・山田太郎〉というようにイタ電データを詳細に記録。俺が口にした台詞もきっちりテープに録音していたのだ（左ページ写真参照）。

しかし、それを知るのは逮捕された後のこと。俺は僅かな危険を感じながらも、まだイケイケ状態だった。

3月も下旬に入ると、相手に罵詈雑言を浴びせるだけでは飽きたらず、次々と秘策を打ち出していく。以下、その主なものを紹介すると…。

〈ポケベルを使った電話番号ランダム配信〉

見知らぬ人のポケベルにXタクシーのフリーダイヤルを打ち込み、電話が殺到するよう仕掛け、その混乱ぶりを楽しむ。

「ひょっとして、いろんな人から電話来てんじゃない？」

「暴力団のポケベルにお宅の番号入れたら、どうなるかな〜？」

〈ピザ屋や弁当屋に出前を頼む〉

「もしもし？ ○○ピザさん？ あのさ、Xタクシーっていうんだけど、シーフードピザのLサイズね、3枚持ってきてくれる？ こっちの番号は0120の…」

返す刀でXタクシーに予告を入れる。

「今からそちらにおいしいピザが行きますから、楽しみにしていてくださいね♡ ぜひ皆さんで召し上がってくださ〜い。あと、ラーメンも頼んでおこうと思うんですけど、味噌とチャーシューとどっちがイイですか？」

〈カギ屋への出張サービス〉

「あのねえ、元年式のクラウンなんだけど、キー

イタ電をかけた日時秒数、内容はすべて記録に取られ、音声はテープに録音されていた。ちなみに4月1日は午前8時17分28秒から午後2時27分16秒までの約6時間に、なんと154回ものイタズラを繰り返している
（刑事訴訟記録より）

NO 79

本数	テープ	受信月日	受信時間	発信地域名	受信者 (株)[redacted]	発信者
	有	4月1日	13時30分35秒	東京	ハイ [redacted]です	(不明)あるか うちの会社にぜひほしいって、あったら電話するけど お前とこの社員がいいって言ったからやっているんだからな 云っておくけど。
1257	有	4月1日	13時31分7秒	東京	[redacted]です	水道屋さん来ますよ〜。
1258	有	4月1日	13時31分51秒	東京	は…[redacted]です	(不明)一人前届くよ〜。
		4月1日	13時33分24秒	東京	もしもし は…[redacted]です	もしもし もしもし もしもし もしもし ーー ーー ーー ーー ーー。
	否	4月1日	13時33分58秒	東京	無言	これから予定を申し上げます。2時に水道屋さんが2軒、ピザ屋さんが2軒 3時に水道屋が3軒、害虫駆除の営業の方が1軒、え〜とんで5日の朝 赤帽 ヤマトがお宅を伺いますので よろしくお願い致します。
		4月1日	13時36分15秒	東京	は…[redacted]です もしもし	無言……。
	有	4月1日	13時36分42秒	東京	は…[redacted]です	無言……。
	有	4月1日	13時57分52秒	東京	(新たに) 無言	無言……。
	否	4月1日	13時58分29秒	東京	もしもし	死神だよ。
1265	有	4月1日	13時59分30秒	東京	無言	鍵屋さん来た〜。鍵屋さん、水道屋さんも来た〜。いるんでしょう〜。こんなもんじゃ云っとくけどすまないよ〜。さあ次は何が起きるかな〜。
1266	有	4月1日	14時0分19秒	東京	無言	今、手元に、(不明) お前とか出張の部けっこう数が取ってますね 100軒も…… お宅の住所を云ったら確実にお宅に来るよ〜。ああダメかな〜。
1267	有	4月1日	14時1分24秒	東京	無言	午前中のおやじは 完璧に俺を怒らせたからな。(午前中忙がしく相手に話しさせないで電話を切った)
1268	有	4月1日	14時1分56秒	東京	もしもし。もしもし。	外道とかわす言葉はない。(46秒)
1269	有	4月1日	14時2分32秒	東京	もしもし もしもし	(プッシュ音)ピー ーー ピー ーー (52秒)
	有		14時3分35秒	東京	もしもし。もしもし	(プッシュ音)ピー 逆探知はごめんだぜ ピーーピーーピーー 終わり
						…にいます。(プッシュ音)ピーーピーーラーメン10人前届くんだったら

をかけたままロックしちゃったのよ。助けて」

〈害虫駆除の依頼〉

「南京虫かノミかダニかわかんないんだけど、何かいるみたいなんだ。どうにかしてよ」

その他、水道屋なら下水の詰まり、運送屋には貨物のピックアップの依頼等々。その度にXタクシーへの電話を忘れなかった。

「えーっと、本日これからの予定を申し上げます。2時に水道屋さんが2軒いらっしゃいます。2時半には弁当屋さんが幕の内を10食持ってきてくださいます。それから4時には運送屋さんが4トントラックで荷物を取りに来てくれます。よろしくお願いします」

まったく、我ながらイヤな野郎である。

確認。ただ今の時間、午後12時56分。逮捕！

4月上旬。周囲に微妙な異変の兆候が見え始めた。

電話をかけている際、時おり背中に感じる視線。目つきが妙に鋭い、普通人とは明らかに違う雰囲気を持ったスーツ姿の男。ふだん挨拶をしたり気楽に言葉を交わしていた、近くのソバ屋の出前持ちにも敬遠されているような気配を感じる。うまく説明できないが、何か実にイヤな雰囲気だ。

ただ、そのせいで嫌がらせを止めようとまでは考えなかった。たかがイタ電程度で警察がまともに動くとは信じられず、ましてや、それら一連の行為はすでに俺の生き甲斐になっていたのだ。

「はい、これから1の音をお聞かせします」

このころになると、電話機のボタンを押し、無機質な音声を30秒聞かせ続けるという愚かなイタズラも始めた。また、前にも増して挑発的な口調を使うようになったのも、その時期の特徴か。

「こっちにはマシンガンやダイナマイトもあるんだからな。電話だけじゃ済まねえぞ！」

「おう、捕まえられるモンなら捕まえてみろよ。俺は大丈夫なんだよ！　早くパクってみろよ。楽しみにしてるぜ！」

形にならない自信があったというか、信じて疑わなかったというか。俺は逮捕が現実になるとは決して考えなかった。しかし、その瞬間は確実に迫っていたのだ。

4月21日木曜。すでに朝の定例となっていたイタ電コールを数本入れた。「バカ野郎」「オマエとこの電話、盗聴されてるぞ」といった内容だったか。

その後、現場作業がひと段落し、昼飯の時間に。俺はその前に1、2発かましておこうと、慣れた手つきでダイヤルをプッシュした。

ダイヤルし終わり、何気なく周囲に視線をやる。と、そば屋のわきにある引き戸の付いた倉庫のようなところから、青いヘルメットをかぶり長靴を履いた、作業着姿の中年男が出てくるのが見えた。自転車に乗ってこっちに向かってくる。見慣れない奴だ。

一瞬目が合う。

〈何だコイツ、うざってえ〉

俺は体の向きを変えながら、電話がつながったことを確認すると、いやがらせのプッシュ音を2～3回鳴らす。

と、そのとき、突然体のバランスを失った。後ろから羽交い締めにされ、とんでもない力で地面に引き倒されたのだ。

〈何だ！　どうなってんだ!?〉

体は倒されたものの、受話器を持った俺の手はがっちりとつかまれ、高くかかげられたまま。どうやら電話を切らせたくないらしい。

作業員の悪ふざけか。それとも俺が何か悪さをして、その仕返しでも受けたのか。何が何だかわからない。

「なんでこんなことするんだ、オマエは！」

男が怒鳴り、そしてこう続けた。

「確認。ただ今の時間、午後12時56分。逮捕！」

そのことばで、俺は初めて自分の身に何が起きているのかを理解した。

捜査員により撮影された“犯行”の様子（刑事訴訟記録より）

「牛込署の△△です。おたくの名前は？」

男が受話器を取り上げ、相手を確認している。口振りから、Xタクシーと確認が取れたようだ。絵に描いたような現行犯逮捕である。

その直後、Xタクシー社内に拍手喝采が鳴り響いた――。そのことを知ったのは、まだずっと後のことである。

被告を懲役1年、執行猶予3年とする

どこからともなくパトカーがやってきた。周囲を野次馬が囲む。

刑事や警官の中に、例の目つきの鋭い男がいた。捜査1課の刑事だという。やっぱりそうだったのか。俺がイタ電をかけているとき、妙に視線を感じたあの男は第一線の捜査員だったのだ。

とりあえず現場事務所に私物を取りに行くことを許された後、パトカー車内で逮捕状を見せられる。容疑は『威力業務妨害』とあった。

「間違いありません」

もはや、俺に抵抗する力は残っていなかった。

とりあえず万世橋警察署の留置場に連行され（管轄の牛込署は当時、工事中だったため万世橋署の預かりボシとなった）、翌日から牛込署での取調べが始まった。

「おまえ、ほらコレ」

担当の刑事から、逮捕の1週間ほど前に撮ったという、警備員服でイタ電をかけまくる間抜けな俺の後ろ姿の写真を見せられる（466ページの写真参照）。もう赤面するしかない。

3日目には検事による聴取が始まり、同時に親が頼んでくれた弁護士も接見に来た。

「別に人殺したりとかの重罪でもないし、単なるイタズラ電話ですから、罰金とか支払えばすぐに出られますよね？」

「う～ん、どうだろうね。何せあなた、電話の回数が回数だから」

3月4日から4月21日までの間、Xタクシーや警察が正式記録として持っているのは1千7百数十回。確かに少なくない。

「それと、Xタクシーの電話番の女性が不眠症で診断書を取って被害届を出しているんだよね」

「え!?」

弁護士の話では、直接の容疑は威力業務妨害だが、下手をすれば傷害にもなり兼ねないと言う。どうやら、俺は自分が考えていた以上に大変なことをしてしまったようだ。もしかして、実刑になるのだろうか…。

しかし、その心配は杞憂に終わる。万世橋署の留置場から東京拘置所の雑居房に移され4日目、なんと保釈が認められたのだ。保釈金は150万円である。

その3週間後、2回目の公判で判決が下った。

「被告を懲役1年、執行猶予3年とする」

正直、ホッとした。が、これですべてが決着したわけではない。Xタクシー側が「社員募集の広告費が無駄になった」「社員募集に多大なる支障が出たため、会社として本来上げるべき利益がまったく上がらなかった」として、慰謝料3千万円を訴えていたのだ。

しかし、これも弁護士の尽力で100万円で示談成立。その他ノイローゼ気味になったという女性に慰謝料10万円、弁護士に成功報酬として約80万円を支払った。

保釈金も併せて、かかった費用はトータルで350万円弱だった。


当て逃げしたタクシーが、Xタクシーの車だったかどうか。これは正直、自信がない。緑色のタクシー＝Xタクシーの車と思い込んでいたが、街を流している緑色のタクシーは他にも掃いて捨てるほどある。

実際、取り調べでもこの点は徹底的に追及され、刑事が緑の車体を使った数社のタクシーの写真を並べ、「おまえの車にぶつかったのはどれだ」と俺に迫った。

答えられなかった。

〈この車かもしれないけど、そっちのようにも思える…〉

結局、当時は頭に血が上っており、冷静な判断ができなかったのだ。Xタクシーには申し訳ないことをした。イタ電はもう二度とやらない、と今は思っている。


（構成・港雄壱郎）

前代未聞の偽造事件
攻略した男

リポート　高井戸健介（仮名　30代）

競馬好きなら、一度は夢想したことがあるに違いない。もし当たり馬券が偽造できたら、瞬時にして大金持ちになれると。絵空事とはわかっていても、毎週のようにオケラ街道を歩かされては、空虚な夢でも見たくなる。まだ時代が昭和だったころの印刷馬券ならまだしも、磁気データが施された現在の馬券は決して偽造できないといわれる。紙幣同様、そこに細工を加えたら、瞬時にシステムが「偽」を見破るものと信じられている。本当にそうなのか。ここで紹介するのは、その難攻不落の城を攻略し、なおかつ時効まで迎えた人物だ。彼の用いた偽造の手口は今もなお露見していないという。平成3年、地方馬券を舞台に起きた前代未聞の偽造馬券事件。その全貌を本人自身が明らかにする。

00年8月号掲載

地方馬券なら通用するに違いない

私がメカにハマり始めたのは小学低学年のころだから、もう20数年以上も前になる。真空管のラジオを作ったり、ゴミ捨て場から拾ってきたテレビを直したり。とにかく機械と名の付くモノなら何でも手を出した。

西日本の田舎の工業高校に上がると、「ラジオライフ」などの無線雑誌も読みながら、無線の送受信やファミコンの改造に明け暮れるようになった。スーパーマリオの画面速度が遅くなったときの感動はいまも忘れられない。

　そんなメカおたくと言ってもいい私の目に、一つの新聞記事が飛び込んできたのは昭和62年秋、地元の小さな電気会社でエンジニアとして働いていたときのことだ。

『馬券偽造の主犯逮捕。中央競馬の被害額は2千万円以上〜』

　競馬は数度付き合いで遊んだ程度の私にも、その事件は衝撃的だった。印刷馬券が廃止後、磁気馬券が導入されてまださほど日が経っていない。なぜ偽造が可能だったのか。対策は完璧なはずではなかったのか。

馬券偽造の主犯逮捕
元電器商、解読、偽造機作り

きっかけになった偽造事件
昭和62年10月2日
朝日新聞より

磁気馬券をデータ

むくむく好奇心が沸き上がった。考えられる可能性は三つ。馬券の磁気データに細工を加えたか、中央競馬の馬券生成パスワードを解読したか、当たり馬券のデータをハズレ馬券にコピーしたか。

何はともあれ、近くの場外馬券場で200枚からのハズレ馬券を拾い、検証してみることにした。裏面にホッカイロの粉とアルコールを振りかけ、肉眼で読めるようになった磁気データを徹底調査。と、おぼろげながらその手口が読めてきた。

最初の方法はまず不可能だ。馬券の磁気データは1枚1枚異なり、同じモノを造るには想像を超える労力が必要だ。

2番目の方法はさらに難しく、何千、何万枚というハズレ馬券の磁気データを解析しなければならない。これも現実的には考えにくい（実際にはこの手口が使われていた）。

残る3番目の方法なら、可能性はある。自動払い戻し機が同じデータの当たり馬券を複数受け付けたのは、おそらくシステム上にバグが発生しているからに違いない。

事件後まもなく、中央競馬（ＪＲＡ）が、それまで1年間だった払い戻し期限を60日に短縮したのは、恐らく1枚目の馬券を換金後、2枚目以降の換金が行われた場合、機械がエラーを出すような応急処置を施したためだろう。もはや、中央競馬で同じマネをしても、その場でお縄となるのがオチだ。

では地方競馬はどうだ。こちらは事件後も払戻期限は1年のまま。つまり、システム変更は行っていないということではないか。

中央も地方も払い戻しシステムは同じ。偽造馬券はまだまだ通用するのではなかろうか。

偽造馬券はあっさり払い戻された

自分でも馬券を偽造してみたい。日に日に思いは強くなっていった。その行為が大犯罪であることは十分承知していたが、好奇心は抑えられない。要は換金さえ行わなければいいのだ。

さて、馬券の磁気データというのは、6本のトラックと、そこに並ぶビットによって成り立っている。早い話、当たり馬券のビットの配列をそっくりそのままコピーすれば「偽造馬券」ができあがるワケだ。

が、ことはさほどに簡単ではない。なにしろ当時は、98シリーズの時代。偽造のためのハードの進歩が追いついていなかった。

それでも私は、秋葉原のジャンク屋で部品を調達（製作費用約10万円ほど）すると、製作日数のべ1カ月をかけて、図Aのような馬券偽造機を造りあげる。

使い方としては、ガラス板の左に当たり馬券、右にあらかじめデータを消しておいたハズレ馬券（磁石でコスするだけ

図A 実際に作製した偽造馬券機の回路図

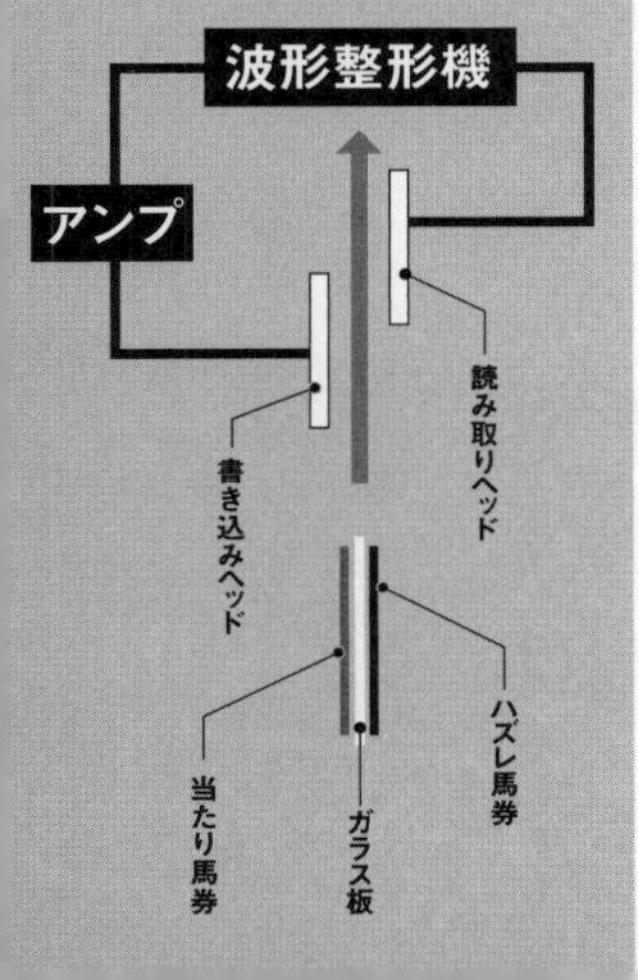

でＯＫ）を張り付け、サッと読み取りヘッドと書き込みヘッドの間を通すだけ。

一見、簡単な造りだが、読み取った電波をアンプで5ボルトまで上げ、その際に起きた電力の乱れを波形整形機で整えたりと、数々の工夫が必要となる。

実験はうまく進まなかった。二つのヘッドの間を通すときや電力増強の際、どうしてもノイズが入り、ビットの本数や場所が食い違ってしまうのだ。

試行錯誤を繰り返すこと3週間、ようやく1枚の偽造馬券が完成した。スタートビットこそないが、馬券の識別には関係ないはずだ。

ここで私に悪魔が囁く。完成品を試さなくていいのか。実際に換金できてこそ、初めて成功と言えるのではないか。

悩んだすえ誘惑に負けた。地元の地方競馬場で換金してみよう。いざというときは……逃げればいいじゃないか。

数日後、私は恐る恐る払い戻し窓口に、偽造馬券を差し出す。心臓が飛び出るほどの緊張だった。

そして結果は…失敗だった。何度やってもモニタ画面に「読み取りエラー」と出てしまうのだ。

「傷でもつきましたかね。馬券の番号を手入力してみましょうか？」

「いや、いいですよ。きっとハズレてますから」

窓口のおばちゃんから馬券を引ったくり、私はその場を足早に立ち去った。ノイズがネックであることは十分認識していたし、解決法もわかっている。

例えば、ホッカイロの粉をかけた当たり馬券を、アルバムの中に挟み、上から紙テープを当て、ビットを1本、1本、鉛筆で正確な位置を書き写し、そのデータをパソコンに入力した後、書き込みヘッドでハズレ馬券に書き写す。これなら読み込みヘッドと書き込みヘッドの間を通さずに済むし、電力増強や波形整形などの必要がないぶん、ノイズも入らない。問題はその作業を可能にするマシンがあるかどうかなのだ。

が、私はついに巡り合う。最初の失敗から半年、書店で立ち読みしていた某無線雑誌に掲載されていた一つのコンピュータ。この特殊装置を使えば、問題はすべて解決するのではなかろうか。

果たして、定価10万円で購入したそのマシンは私の予想通りの働きを示した。実験再開後ほどなく、オリジナルと寸分違わぬ偽造馬券が完成したのである。

しかし、またも悪魔が私に囁くのである。払い戻し機にかけてみない限り判断はできない、と。私は考えた。1枚の当たり馬券のデータをそのまま上書きしてやったらどうだろう。これなら買い目も磁気データも同じ。万が一、読み取りエラーになったとしても、いくらでも言い訳が利く。

自信はあった。が、最初の失敗が脳裏に焼き付き、足の震えが止まらない。もし、バレたら……。

不安は杞憂に終わった。覚悟を決め、窓口に持ち込んだところ、あっさり、まさにあっさり偽造馬券は払い戻された。私はついに馬券の偽造に成功したのだ。

指紋防止用の指サックをはめて

最初に言ったとおり、私の目的はあくまで知的好奇心を満たすこと。偽造馬券で大金を手にしようなどという気はさらさらなく、事実、成功後も一切、偽造に手を出さなかった。

しかし、人間、どこで道を誤るかわからない。3年後の平成3年、上司に連れられていったフーゾクにハマり、手取り20万の給料ではガマンできなくなった。

ふいに偽造馬券のことが頭に浮かぶ。あれからかなり時間がたったが。まだシステムに変更はないようだ。思い切って実践してみようか。

最大の難所、有人窓口のチェックをカワす方法は頭の中にある。例えば、「第1開催、7レース、1―2」とある馬券が、モニターで「第2開催、7レース、1―2」と出ても、なかなか違いはわからない。つまり、次開催でハズレ馬券を購入し、当たり馬券のメと合わせてやればいいのだ（ただし、出費を抑えるため、高配当を1千円ずつ買う）。

3週間後の週末。いよいよ腹を固めた私は、帽子とサングラス、指紋防止用の指サックで偽装し、客でごったがえす地元の地方競馬場を訪れた。

財布の中には、都合10万の資金をかけて作った配当5万円の偽造馬券10枚。配当を5万に抑えたのは、10万円以上の払い戻しは、窓口のチェックが1人から2人に増えるからだ。

第7レースが終わり、客が両替の窓口に列を作るのを待って、後ろについた。両替客が多ければ、おばちゃんのチェックもアマくなる。いざという場合の逃走経路も頭にたたき込んであった。

しだいに自分の番が近づいてきた。5人、4人、3人、2人…。そして最後の1人がほくほく顔で走っていったところで、私は目の前のおばちゃんに偽造馬券を差し出した。

「……」

表の印刷部分をチラリと見た後、彼女は自動払い戻し機の挿入口に馬券を投入した。読み取りエラーは出ない。絶対に出ない…。

数秒後、モニター画面がピカリと光った。

『第3開催3日目。9レース、1-2 1000円、払い戻し金5×××円』

や、やった！ 思わず心の中で快哉を叫んだのも束の間、さらなる不安が私を襲う。開催日の違いに気づかれたら…。

しかし、おばちゃんは何食わぬ顔で配当金を差し出す。全身からスーっと力が抜けていくのがわかった。

当たり馬券は両替屋から買えばいい

自信から確信に変われば、人間も変わる。この際、一儲けしてやろうと、間もなく私は全国各地の地方競馬場に出かけるようになる。地元で続けることの危険と、時間的に融通のきく仕事に就いていたことも大きかった。

こうして始まった全国行脚は、まずそれぞれの競馬場に出かけ、当たり馬券を的中させることから始まる。客の多いメインとその前の3レースを狙えば、いざ金を抜く段になって、売上げより払い戻しの方が多いなんてヘマをやらかすこともない。私は1レース70～100万が限界と読んでいた。

しかし、皆さんも想像のとおり、馬券などそう簡単に的中するものではない。10点ばかり買ったところで、そもそもが高配当狙い、丸1日、ボウズなんてこともしばしばだ。

が、この難問も早々に解決する。競馬場内を徘徊する私設の両替屋。彼らから直接、当たり馬券を買えば、労せずとも的中馬券が入手できるではないか。

「すんませーん、いまのレースの当たり馬券、払い戻し来てる？　あったら売ってくれないかなー。実は友達の馬券ノンだんだけど、当たっちまってさー、持ってかえらないと怒られちまうんだよね」

手数料を5千円も払えば、どいつもこいつもニヤケ顔で馬券を渡してくれた。疑う者は1人もいなかった。

「ネタ」を手に入れたら、すぐさま自宅にトンボ帰り、2、3週間後の次開催でハズレ馬券を仕入れ（これが意外に当たるから世の中はわからない）、偽造馬券を仕上げた後、三度、競馬場を訪れ払い戻すという流れだ。

正直、しんどい仕事ではある。労多くして実入りが月に100万程度では、ワリに合わないと

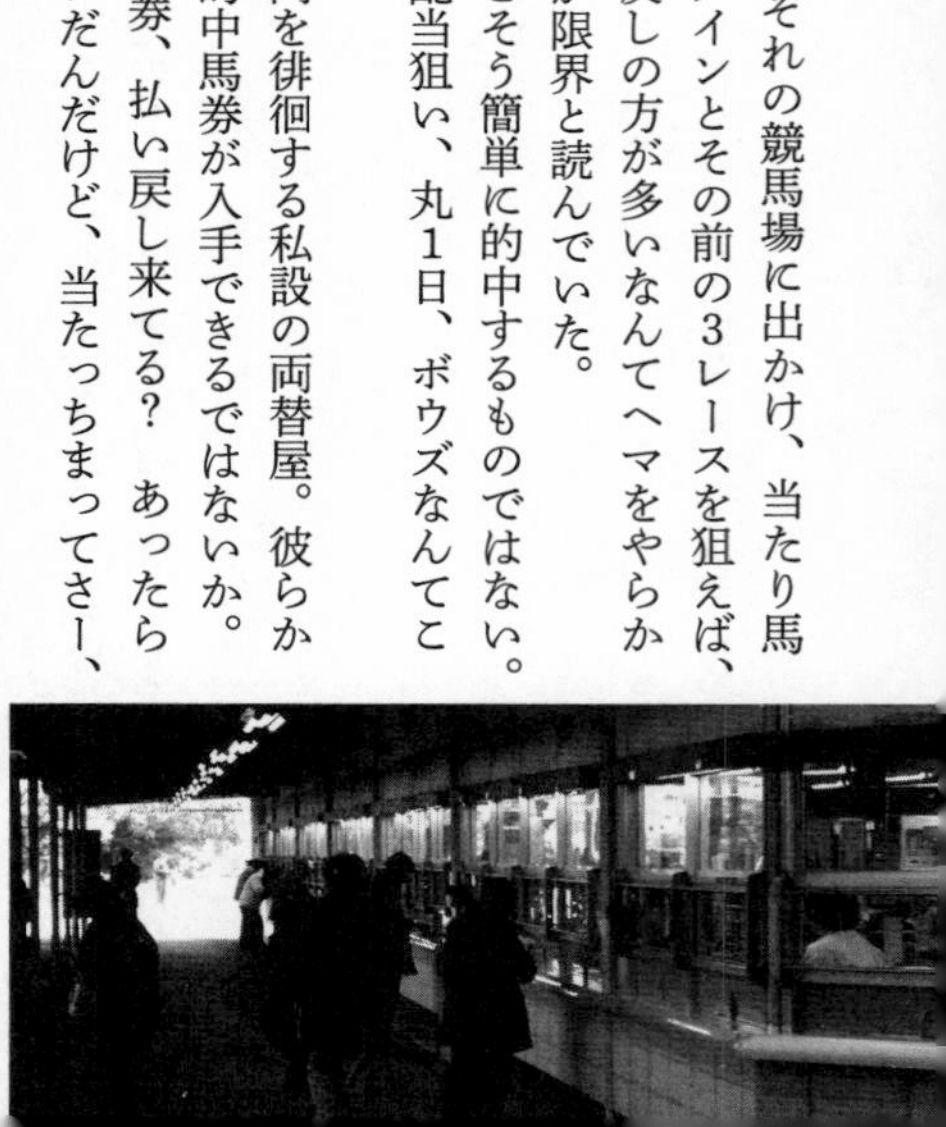

言ってもいい。捕まる恐怖も、依然残ったままだった。

それでもめげずに、東日本の某競馬場を訪れたとき、私は思わぬ事態に出くわす。なんと、馬券の印刷面が感熱紙になっていたのだ。

初めてお目にかかるタイプだが、それならそれで確かめておきたい。

私はオリジナルの当たり馬券と偽造馬券の2枚を用意し、後者から順番に使うことにした。万が一、ICが入っていた場合、引っかかるのは当たり馬券の方。偽造発覚まで時間が稼げると考えた。

例によって窓口の列に並び、偽造馬券を窓口のおばちゃんに渡す。無事通過。胸を撫で下ろしつつ、今度は当たり馬券を別の窓口のおばちゃんへ。そのときだった。

「ブー、ブー」

モニターがピコピコと点滅し、おばちゃんが慌てている。ヤバイ、逃げるしか…ない！

それまで使えた馬券が突然、引っかかったということは、恐らく売り上げ以上に払い戻してしまったからか。こんなミスをするようではもはや限界だ。

競馬場から逃げ帰った私は、すぐに証拠を車に積み込み、海の中へ放り込んだ。これで何も残っていない。私のもとに捜査が及ぶこともないはずだ。

平成14年、私の罪はようやく時効をむかえた。ちなみに、ビタ一文手を付けなかった半年間の払い戻し金800万は、わずか3カ月でキャバクラに消えた。

（構成・編集部）

リポート H（かつてFC2コンテンツマーケットでハメ撮り動画を販売。都内在住の30代）

21年9月号掲載

無修正ハメ撮り動画で3億円稼いだ男

機材はスマホのみ 女はド素人

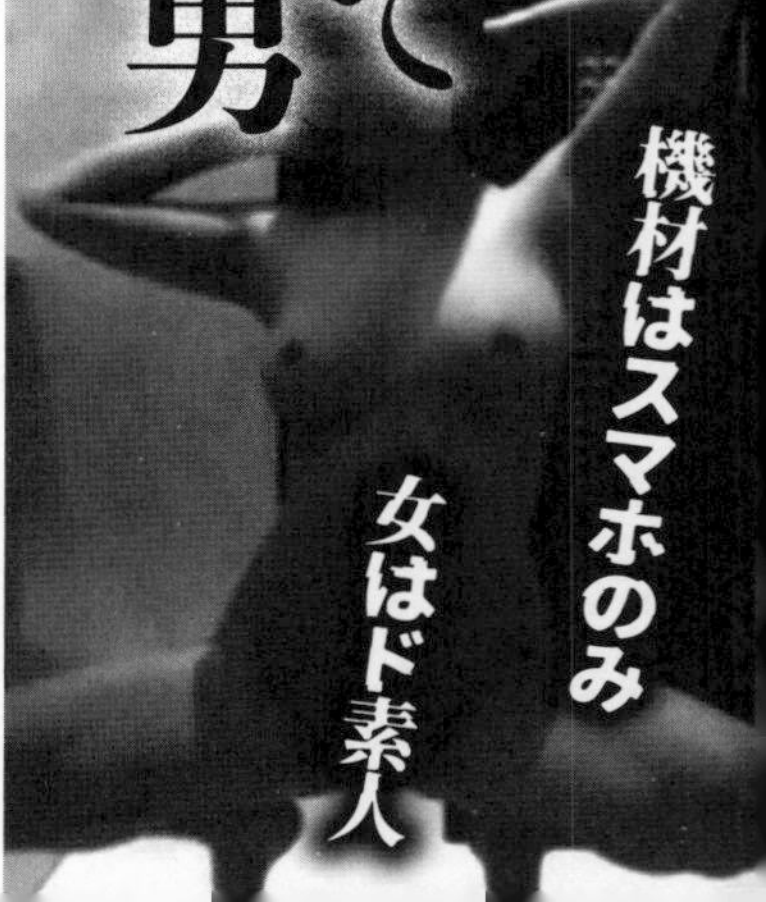

裏モノ読者のみなさん、初めてまして。私はH（頭文字）というアカウントを使い、ＦＣ２コンテンツマーケットで自作のハメ撮り動画を販売、２０２０年の2月に、警視庁に逮捕された男です。容疑はわいせつ電磁的記録等送信頒布。つまり、無修正のエロ動画を販売した罪です。

今回、裏モノに投稿したのは、私の動画販売ビジネスの内容をつまびらかにしたいというのがまず一点。さらに、逮捕時に報道された内容に誤りが多く、そこを訂正したいとの目的もあります。

誤った報道内容。たとえば、動画販売をスタートさせてから3千５００万円の稼ぎがあったことになっていますが、実際はケタが違います。軽く3億円以上の売上げを達成しているのですから。

他にも言いたいことは山ほどあります。さっそく話を始めるとしましょう。

もっともっと稼ぎたい――。

私が都内の私立大学を中退して働き始めたのは、アパレル業界でした。

私は性格的に一つのことに熱中すると、それ以外のことが見えなくなる傾向があるのですが、アパレル業界では、それがいい方向に作用しました。

働いていた洋服屋の売上げアップに貢献しまくっていると、別の会社からスカウトされ、その会社で頑張ったら、また別の会社から誘われるなんてことが、ちょいちょい起きたのです。

いつしか給料も、最初は手取り20万足らずだったのが、気がつけば50万の大台に。

この経験は私に、ある種の感覚を植え付けました。カネを儲けることの楽しさです。

もっともっと稼ぎたい――。

明確な目的を持った私は、アパレル業界で培ったコネを使い、これまでとはまったく別の業界に潜り込むことに。とある競馬予想サイトの運営会社に転職したのです。２０１２年ごろのことです。競馬予想サイトの世界は、サギ業者が多くのさばるうさん臭い業界ですが、私の所属した会社も客とのトラブルが少なからずありました。

ただし、頑張れば頑張ったぶん給料に反映される職場でもあったため、身をけずる思いで働きました。ちなみに、その頃の月収は80万〜３００万程度。20代の若者には破格の待遇です。

しかし、５年後、私は会社を辞めることになります。簡潔に理由をいえば、会社の業績を上げようと頑張りすぎたことが裏目に出て、かえってお偉いさんから煙たがられてしまったのです。

以降、無職生活が続きました。

まさかあの動画が50万に化けるなんて

ぷらぷらとした無職生活での楽しみのひとつは、エロ動画鑑賞でした。特に私のお気に入りはFC2コンテンツマーケット（以下、FC2）で売られている動画。どれもこれも内容がシロート臭く、それだけにAVにはない生々しさが気に入り、以前からいろんな作品を熱心に買い漁っていたのです。

その晩もいつものようにFC2動画をオカズにしていたのですが、少し酒が入っていたからなのか、ふと妙な考えが頭をよぎりました。

（俺の持ってるハメ撮り動画、ちょっと売ってみようかな）

その動画はスマホでセフレを撮った完全プライベートなもの。挿入シーンはもちろんたっぷり登場しますが、じゃれ合う音声が入ってるなどムダな部分も多く、他人が鑑賞することなどまったく意識されていません。

したがって売れるとは少しも期待しておらず、単なる出来心に過ぎなかったのです。ちなみにセフレの顔は、彼女が撮られるのを嫌がったので、もともと映っていません。

すぐにFC2の販売者登録を済ませ、動画の価格を3千500円に設定。動画を無修正状態のままアップして、床に就きました。

そして、驚くべきことが。

翌日の昼過ぎ、何気なくサイトにログインしたところ、昨晩アップロードした動画が売れに売れていたのです。売上げ金額はなんと50万を超えていました。はあ？ マジで!? ウソでしょ!?

私の中で何かがパン！ と弾けた瞬間でした。まさかあの動画がたったの一晩で50万に化けるなんて。内容も女の質も素人レベルのハメ撮り動画が…。

カネ儲けという欲望に火がついた私は、ふたたび動き出す決心を固めたのです。

見た目に難があっても、いくらか需要はある

FC2で本格的にエロ動画を販売するにあたって、大まかな方針はすでに頭の中にありました。

シロート臭さにこだわる。これのみです。

動画に出す女はシロートで、撮影機材もスマホのみ。動画編集も極力やりません。これはむろん、セフレ動画の成功体験を参考にした結果です。

肝心の女集めはどうするか。いろいろと考えた末、パパ活アプリを利用することにしました。

Hの動画はネット中に拡散された

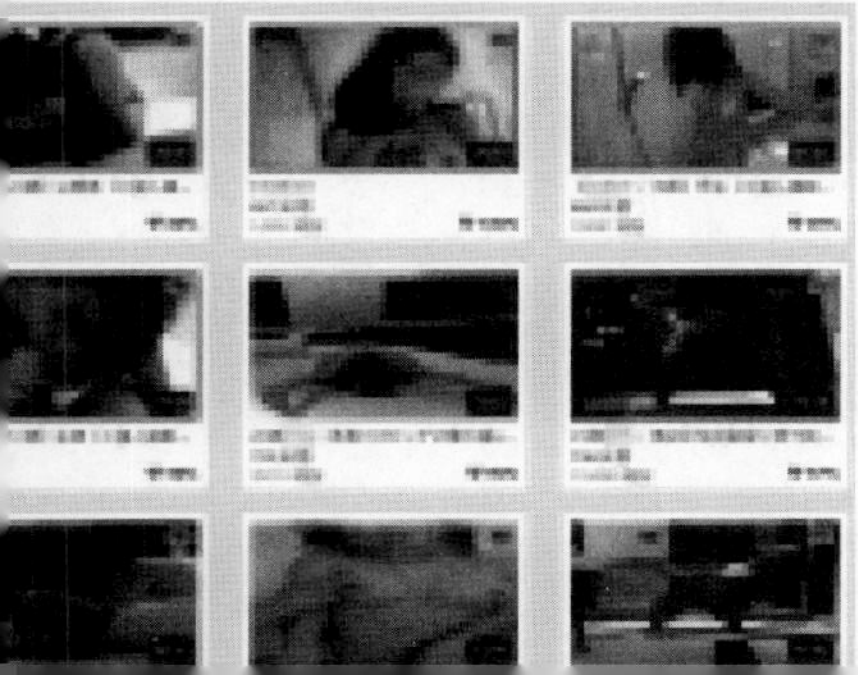

これまで暇つぶしでパパ活女たちを何人も抱いてきた経験上、あの手の、カネに転ぶ女どもがもっとも適してるのでは？　との結論にたどり着いたのです。ペイターズやシュガーダディなど主要アプリを4つほど使い、さっそく次のようなメッセージを送りつけました。

「大人の関係が大丈夫で、金銭に貪欲な方。1人のパパから継続的に支援を受けたい方。このアプリ内ではどのパパよりも高待遇で応援出来ると思います。該当する方のみメッセージを下さい」

500人ほどに送信したところ、「興味があります」と返事があったのは50人ほど。その連中と連絡先を交換したのち、ショートメールでやり取りを続けました。

わざわざ連絡方法を変えた理由は、本題（エロ動画への出演）を切り出した際、アプリの運営側に通報する女がいるかもしれないと思ったから。何事にも用心深い私は、そこまで考えたのです。

動画の出演交渉はストレートに行いました。自分はFC2というサイトでエロ動画の販売をしている、そこにアナタも出てくれないかと尋ねるわけです。販売実績の証明として、例のセフレ動画の売上げ画像も見せました。

提示したギャラは、女に送らせた自撮り画像によって3万〜5万円の幅を持たせました。5万の方はもちろん、ルックスの良いコばかりですが、3万クラスにはブス、デブ、年増なども含みます。見た目に難があっても、素人っぽささえあればいくらか需要はあるだろうと踏んだのです。人の好みは多種多様ですから。この段階でも、大半のコはもちろん及び腰ですが、そこは説得あるのみ。AV撮影とは違い、撮影は短時間で済むとか、顔出しがイヤならそれでも構わない（この場合のギャラは2万円に減額）など、なるべく本人が納得しやすい条件を出しました。

かくして私は、20人ほどの女から動画出演の承諾を勝ち取ったのです。

その場の思いつきで行動してるだけ

記念すべき1発目の撮影日は、すぐに決まりました。相手は24才の保育士。渋谷のラブホで待ち合わせしたのですが、本人と直接対面するのは、このときが初めて。しかも撮影が終われば、その時点で即バイバイしようと決めていました。

こうした直行直帰スタイルは、効率を重視するパパ活女たちに好評で、以後も継続していくことになります。

撮影は何の問題もなく、淡々と進んでいきました。というよりも、撮影プランをいっさい用意しておらず、その場の思いつきで行動してるだけなので、混乱のしようがないのです。とりあえずフェラをさせ、我慢できなくなったからもう正常位でハメちゃおうってな具合なのですから。

繰り返しになりますが、私の目指しているものはあくまでシロート男女のセックス。作為的な構成はかえって邪魔なのです。

撮影に関して、私がこだわったのは、むしろセックス以外の部分でした。絡みの撮影に入る前に、スマホレンズの前でじっくり羞恥ポーズをさせるのです。

四つん這いでケツをこちらに向けた状態のまま、両手でマンコを広げさせたり、ブリッジの体勢をさせてマンコを接写したり。屈辱的なポーズを取ってる女に私がもっともエロさを感じるからなのですが、それだけではなく、FC2で売られている他のエロ動画との差別化を図る目的もありました。羞恥ポーズといえば、Hだよね。そんな購入者の反応を狙ったのです。

手早く済ませるつもりといっても、撮影にはやはり2、3時間ほど必要で、ようやく終わると、彼女はさっさと帰っていきました。あとは動画の編集ですが、素人っぽさを出すため、明らかな不要部分を切ってつなぎ合わせるだけ。もちろんモザイクもかけないので、パソコンがなくてもスマホだけで簡単にできます。楽々で一丁あがり！

月の振り込みが700万円に

以後、私の生活は撮影漬けの日々になりました。ひとり撮り終えると、数時間後にまたひとりといった調子で、日に5人を撮影することさえありました。

なんせパパ活アプリを使えば、次から次へとモデルが見つかるのですから、休む間もないのです。もはやこうなると、次のモデルがやって来るのを待つ時間さえ惜しくなり、その間は、撮り終えた動画を新作としてサイトにアップしていました。

作品が売れるための工夫も当然、やりました。売上げの好調なモデルには単発作品で終わらせず、2度、3度と撮影をお願いするのです。あるいは出演モデルの職業を高校教師や三菱UFJ銀行の受付嬢だと偽ってみたり。

実際の職業は大半が給料の低い保育士やストレス過多の看護師だったりするのですが、男の好みそうな職業に変えてやるだけで、売れ行きがガラッと変わるのです。

設定を偽るといえば、ブスモデルの出演動画に３万の値をつけて売ったこともたびたびありました。通常、私の動画は３千５００円〜５千円ほどで販売しているので３万はチョー破格といっていいでしょう。しかし、ブス動画にこんな説明を添えると、飛ぶように売れるのです。

「２０１８年最大の問題作。この作品の特性上、すぐに削除される可能性があります。この意味がわかる人だけご購入ください」

つまり児童ポルノを匂わせ、マニア心を煽るわけです。

さらにアカウントもひとつ増設しました。

私がエロマッサージ師を演じ、女客をハメる。そんな内容の作品ばかりを販売する専用アカウントで、これ以降、顔出しＮＧのモデルはすべてここに出演させることにしたのです。

そういった努力が功を奏し、ＨアカウントとマッサージアカウントはＦＣ２の販売者ランキングで１位と２位を独占するようになりました。シロート路線は間違っていなかったのです。

ＦＣ２からは月末に１カ月分の売上げが振り込まれてくるのですが、その額もうなぎ登りにア

ＦＣ２からの振り込みは巨額に

ップしていきました。最初のころはせいぜい100万くらいだったのが、いつしか300万に、さらには700万にと数字がどんどん大きくなっていったのです。

まさに夢見心地でした。こんな簡単に大金を稼げるなんて！

穏便に済ませたいのなら10万円払え

私が使っていたモデルには、完全なシロートの他に、AV女優も多くいました。

といってもAV出演は1回かそこらの、シロートに毛の生えた無名女優なのですが、パパ活アプリにはこの手の女も数多く生息しているのです。彼女たちは私にとっては金の卵でした。容姿のレベルが総じて高いため、作品の売上げも好調だからです。

AV女優たちをなるべく長くつなぎとめるため、私は彼女たちのギャラを後払いにしていました。出演作品の売上げ3カ月分の3割を渡すことにすれば（人気度によっては売上げ6カ月分の4割を払う場合も）、支払い日が来るまでまた新たに撮影ができるのです。

しかしAV女優には、変な男が付いていることも。

あれは、2019年1月の、ひどく寒かった日のことでした。

そのときも私は、例によって渋谷のラブホにこもり、AV経験ありというモデルの子と会っていました。プロフ上の歳は20代前半。どこかアカ抜けない感じの、ぽっちゃり女です。

部屋に入ってきたときから、彼女の挙動にはどこか不審なところがありました。撮影の説明をしていても上の空で、やたらとソワソワしているのです。なんか変だな。

撮影の途中、彼女に電話がかかり、部屋から出ていったのですが、ふとイヤな予感がした私は、ドアを開けて廊下に顔を出しました。

そこで目にした光景は、エレベータに向かってダッシュするモデルの後ろ姿。思わずあとを追いかけたものの、間一髪間に合わず、エレベータは階下に降りていきました。くそ！

それとほぼ同じタイミングで私の携帯が着信しました。知らない番号です。

「もしもし？」

「この野郎、てめえ何してくれてんだ、うちの女に手を出しやがってよ！」

いきなりの怒声に面食らいました。は？ ナニ言ってんだこの人。

「とぼけてんじゃねえよ。警察に連れてってやっからよ！」

男の言い分を聞いてるうち、先ほど逃げたモデルの挙動不審な様子が思い出されました。ははあ、これはたぶん、美人局か何かだな。競馬予想サイトで働いてたころ、それなりに不良との付き合いもあった私は、こういう手合いの扱いには慣れています。冷静に言い返してやりました。

「おたく、どこの誰ですか？ なんで俺が警察に連れてかれるの？ そもそもうちの女って言ってるけど、どういう女？ おたくとどういう関係なの？」

「うるせえ、いまホテルにいるんだろ？ とりあえず下まで降りてこいよ！」

電話はそこで切れました。で、言われたとおり、ラブホの外に出てみたのですが、電話の人物はどこにも見当たりません。いったい、なんだったんだ？

ぐったり疲れ果て、家路についた矢先、先ほどの男からふたたび電話が。

「いいか。あの女はな、まだ17才なんだぞ」

聞いた瞬間、ウソつけ！ と思いました。あの女はどう見ても20代オーバーの顔なのです。未成年なんてことはあり得ません。

「こっちはラブホの部屋でガウン着てるおまえの画像も持ってるんだぞ。へえ、おまえの髪型、坊主頭なんだな」

そういえばあの女は首からスマホをぶら下げてました。きっとそのとき盗撮されていたのでしょう。男はSと名乗り、何だかんだ言ってましたが、結局のところ、要求はカネでした。コトを穏便に済ませたいのなら10万円払えと。

「10万がダメなら5万でいいから払ってよ」

しつこい要求に心底うんざりした私は渋々、Sの口座を教えてもらい、希望通り、5万円を振り込みました。これ以上、面倒くさいことに関わりたくなかったのです。

被害を受けたと証言してくれないか

時を同じくして、私の周辺がにわかに不穏な空気に包まれました。

以前、作品に出てもらったモデルの子から、こんな連絡を受けたのです。

「Hさんの作品に出た女の子を探してる人がいて、その人から私に連絡が来たんですよ。Hさんの作品に出たせいで被害を受けたと証言してくれないかって。協力してくれたら3万円払うっていうんですけど…」

同じような連絡を寄こしてきたのは、他にも3人。彼女ら4人にはAV経験があるという共通点がありました。彼女たちに依頼してきたのは、ツイッターに「民間文春」というアカウントを持つ人物らしく（現在アカウントは削除）、パパ活やフーゾク、スカウト関係でトラブルに遭った女の情報を募ってるというのです。

おそらく、集めた情報をもとに加害者を特定、ユスリでもやってるのでしょう。でも、そんな人物がなぜ私をおとしめようと？　なんだか背中がゾワゾワする話ですが、民間文春のツイッターを覗いて仰天しました。ラブホでくつろぐ私の盗撮画像がツイートされていたのです。「この男を知ってる人、情報をください」という文言とともに。

それを見て確信しました。この民間文春というアカウントは、例のS本人のものに違いありません。にしても、いったい何が狙いなのか？

収納ボックスに入った1億円ほどの現金が

2019年12月のことです。起床後に自宅マンションの郵便受けをチェックしにいったところ、突然、10名前後の男たちに取り囲まれました。

「職業安定法違反の疑いで今から家宅捜査するから。これ令状な」

刑事によると、職業安定法には有害業務の募集を禁じる条文があるらしく、私がパパ活アプリでハメ撮りモデルを探していた行為がそれに抵触したというのです。

しかし腑に落ちません。ネット上には私と同様の活動をしている男は山ほどいるのです。なぜ私だけがこんな目に？

のちに報道を見てわかったことですが、この家宅捜査は、性犯罪の被害者をサポートする民間団体が引き起こしたものでした。彼らが、私にダマサれた女たちがいると警察に通報したのです。

その裏で糸を引いていたのはSです。やつがカネで女たちをそそのかし、民間団体に偽証させたに違いありません。

で、ここからは完全に私の憶測ですが、通報を受けた警察が私を調べたところ、FC2で無修正動画の販売者とわかった。これなら簡単に逮捕できるぞと考えたのでしょう。

しかしHというアカウントが私ひとりで運営しているのか、あるいは誰かに名義を貸してるだけで、背後に黒幕がいるのかまではわからない。ならば職業安定法違反の容疑でまず身柄を押さえ、パソコンやスマホを調べてみようとの考えに至ったのではないでしょうか。いわゆる別件逮捕です。

最悪の気分のまま行われた家宅捜査は5時間に及びました。

その際、警察は驚いたはずです。収納ボックスに入った1億円ほどの現金が部屋にぽんと置かれていたのですから。

そう、私は普段からFC2より入金があるたびに口座からカネを下ろし、そのまま自室に保管していたのです。理由は習慣としかいいようがありません。競馬予想サイトで働いていたころ、様々な理由で当局が会社の銀行口座を凍結することがたびたびあり、その対策として口座に入金されたらソク下ろすクセが染み付いてたのです。

家宅捜査が終われば、渋谷署で任意の事情聴取を受けることに。

そこでは、モデル勧誘に関する尋問はいっさいなく、刑事たちは私がFC2で無修正動画を販売してるのかだけを聞いてきます。素直に認めました。動画販売の道具（パソコン1台、スマホ4台）を押収された以上、隠してもしょうがないのです。

ようやく事情聴取が終わったのはその日の夜中でした。ぐったりして署を出ようとする私に、刑事が言い放ちます。

「年明けに逮捕しに行くから大人しく待ってろよ！」

上位ランカーたちから恨みを買ったのでは

それから数日後、Sから連絡がありました。

「Hさん、カネを払ってくださいよ〜。じゃないとあんたの顔画像、伊勢佐木町の風俗案内所に貼りまくっちゃうよ」

ヤツには5万円を振り込み、すでに和解したはず。腹が立ち、「アンタにカネを払う理由がない！」と返答しても、理屈のとおらない文句をごちゃごちゃと口にするばかりです。頭がイカれてるのかもしれません。

その後もSは何度も同じ用件で電話をしてきたのですが、ときどき雑談に応じることもあり、そんなとき、ヤツはこう言ったのです。

「俺は●●とか●●、●●とかとも仲がいいんだよね。てか一緒に仕事してるから」

ここで名前の上がった連中は、FC2の有名販売者で、10年以上もランキング上位を占めている常連です。それによって、これまでの不可解な出来事の理由を見た気がしました。

私はFC2の上位ランカーたちから恨みを買ったのでは？

彼らにしてみれば、長年守ってきたランキング上位の牙城を、ぽっと出のHに崩されたことになります。面白いはずがありません。だから、仲間であるSのようなチンピラをけしかけ、私を潰そうと画策したのでは？　もちろん、これはあくまで私の憶測に過ぎませんが。

やったもん勝ちと言われても

刑事の予告どおり、私がわいせつ電磁的記録等送信頒布の容疑で逮捕されたのは、2020年の年明け、2月のことです。

警察の取り調べは何日も続き、心身ともにクタクタでしたが、弁護士との接見で、事件の報道を読ませてもらったときは怒りで震えました。

『容疑者はマッチングアプリで「お金が好きな方連絡を」と女性らにメッセージを送り、「個人は特定できないようにする」「報酬は折半」と持ちかけていた。しかし、投稿された動画は顔が判別でき、報酬も大半が支払われなかったという』（朝日新聞）

神に誓って言いますが、私は動画の出演モデルをダマしたことなど一度もありません。ギャラも事前に約束どおりの額を払っていたし、顔出しNGの子はマッサージアカウントに出演させていたのはすでにお伝えしたとおりです。

現に私の逮捕容疑は無修正の動画販売だけで、名誉毀損や詐欺などの罪には問われていないのですから。

警察署で40日、拘置所で9日間、身柄を拘束された私は、裁判所で執行猶予の判決を受けました。さらに200万円の罰金刑も課せられたのですが、私にとってはハナクソほどの額です。ソッコーで収めてやりました。

疑問に思う人もいると思います。FC2で稼いだカネは国に没収されないのかと。

答えは没収されず。日本では、窃盗、詐欺、横領など経済的な被害者を生む犯罪でない限り、容疑者の財産は安泰なのです。たとえ違法な無修正動画の販売で荒稼ぎしたカネでも例外ではありません。

考えてみれば、おかしな話ではあります。自作の無修正動画を販売すれば、3億円という巨万の富を稼ぐことができ、背負うリスクは一度の逮捕だけ、しかも前科がなければ、ほぼ確実に執行猶予がもらえるのです。これじゃ、やったもん勝ちと言われてもしょうがない。

もっとも、違法行為は絶対にやっちゃダメですけどね！

（構成・編集部）

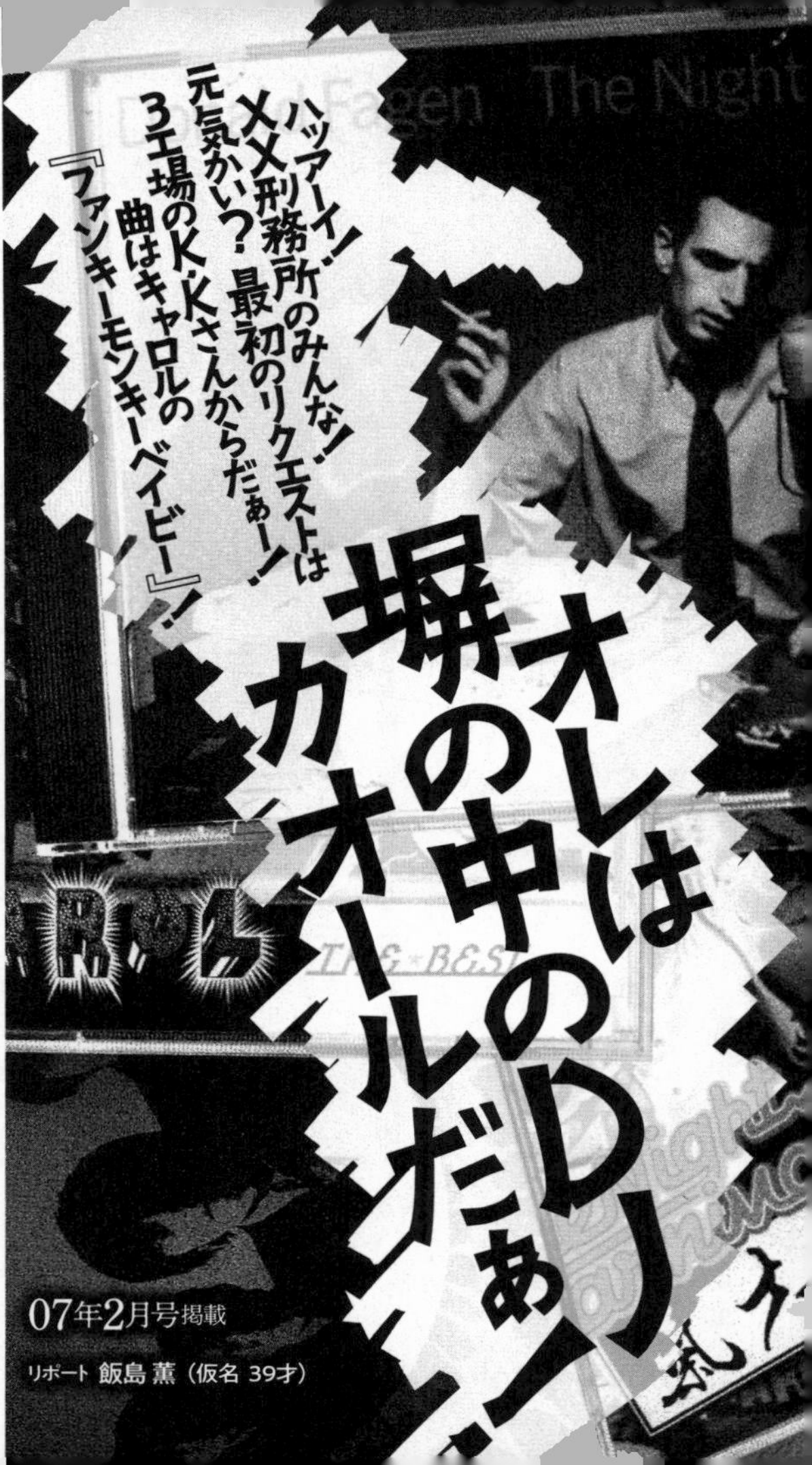

ハッアーイ！××刑務所のみんな！
元気かい？ 最初のリクエストは
3工場のK.Kさんからだぁー！
曲はキャロルの
『ファンキーモンキーベイビー』！

オレは塀の中のDJ カオールだぁー！

07年2月号掲載

リポート 飯島 薫（仮名 39才）

1988年、『グッド・モーニング・イン・ベトナム』という反戦映画が公開された。ベトナム戦争時、1人の米軍兵士がサイゴン（現ホーチミン）に赴任、軍が運営するラジオ局のDJとなり、戦場で戦う仲間たちの士気高揚のため、音楽やメッセージを流すという実話である。

映画は、主役ロビン・ウィリアムズの熱演で高い評価を受けたが、実は、彼が扮した役柄と同じような仕事が我が国にも存在する。むろん、舞台は戦場ではない。刑務所である。

現在、関東の某刑務所に収監中の飯島薫氏（仮名、39歳）は、平成15年からの3年間、塀の中でDJを務めた人物だ。囚人からリクエスト曲とメッセージを募集、ラジオ番組よろしく、館内放送でオンエアするのだ。こうしたシステムが監獄の中に存在することを、ムショから裏モノ編集部に届いた飯島氏本人からの手紙で、我々は初めて知った。

40数枚にも及ぶ便箋に書かれていた、塀の中のDJをしての暮らし。そこには、我々がイメージする刑務所とはまったく違う世界があった。

＊本稿は刑務所の検閲を通過しており、刑務官が不適切と判断した箇所は、事前に削除されているために、内容に不明確な部分が存在することをご了承いただきたい。

同せい中の女子高生が浮気しやがった

始まりは1985年、18歳のときだ。

弁護士である父親と、高名なピアニストである母親の反対を押し切り、オレは1人、建築会社を興した。なぜ建築会社なのか、どう会社を作ったのかは、本題とは関係ないので割愛する。が、言えるのは、その当時、単なる金持ちのボンボンでいることに納得できない自分がいたという事実だ。今にして思えば、若気のいたりでしかない。

案の定、会社はすぐに倒産した。安易な発想で始めた社長業など、オレに務まるわけがない。しかし、元来が意地っぱりな性格。おめおめと家に戻る気にもならず、その後オレは、日銭を稼ぎながら、全国あちこちを放浪することと相成る。

17歳の女子高生、真知子（仮名）と出会ったのは、横浜の寿町でホームレス同然の生活をしていた平成11年、32歳のときだ。互いに惹かれあい、ごく自然に同棲が始まった。

時を同じくして、広域暴力団のI会に出入りするようになり、仕事も徐々に入り出した。好きだった空手の道場に通い始めたのもこの頃だ。

毎日が、仕事と空手で過ぎていく。ろくに彼女の相手をしてやれなかった。で、考えた。真知子を同じ道場に通わせたら、練習の間だけでも一緒にいられるのではないか、と。

「…というわけなんだけど、どうかな、一緒にやらないか？」

「いいよ。空手なんて、なんか楽しそうだし」

彼女の答えに、オレは大いに満足した。これが間違いの始まりなどとも知らずに。

道場に通い始めると、真知子はめきめきと腕前を上げ、後には、某流派の女子全日本チャンピオンとして、格闘雑誌を騒がせるまでになる。

まったくもって驚き以外の何物でもないが、本当に驚いたのは別のことだ。なんと真知子、同じ道場の師範であるTと懇ろの関係になった挙句、オレの部屋から現金100万円を持ち出したのだ。

　フザけやがって！

　怒りに燃えた俺は、家にあった拳銃型ライターを片手に、単身、空手道場に乗り込んだ。

「Tはどこじゃ！　おお！　出てこんかい！」

　このとき自分がどんな行動を取ったのかは、正直よく覚えていない。気がつけば、コテンパンにやられ、道場から放り出されていた。

　警察に訴え出るわけにもいかず、仲間を使って報復するのもみっともない。結局、泣き寝入りするしかないのか…。あまりの悔しさに、オレは涙も出なかった。

銃刀法違反の容疑で逮捕状が出ている

「ゴラァ、飯島ぁ、出て来いやぁ〜」

　失恋の痛手も癒えた平成12年8月16日早朝、自宅マンションのドアが突然、激しく叩かれた。

　何事かと窓の外を見て、ぶったまげた。なんとボディビルダーのようなヤツらが20人ほど集結しているではないか。ど、どういうことだよ!?

　シカトを決め込んでいると、まもなくエンジンのような音が聞こえてきた。どうやらチェーンソーで、ドアをぶった切ろうとしているようだ。止めてくれー！　慌ててドアを開けた瞬間、男たちがドカドカと土足で上がり込んできた。中年の男が白い紙をチラつかせながら宣う。

「飯島薫だな。銃刀法違反の容疑で逮捕状が出ているから」

神奈川県警伊勢崎署の連中だった。ボディービルダーに見えたのは、全員、防弾チョッキを着ていたからだ。

でも、銃刀法違反って何だ？ どっからそんな話が出てきたんだ？ ここにはオモチャの拳銃しかねーつーの！ 声高に叫んだところで、オレに安堵できる理由はない。どころか、極めてヤバイ状況。実は、このとき部屋に、伝言ダイヤルで知り合った少女たちが2名（後で有名私立に通う高校1年と知った）、全裸で寝ていたのだ。しかも、その横には前夜みんなで楽しんだシャブと注射器がそのまんま置いてある。まさに最悪。果たして、何年ブチ込まれることやら…。

申し開きをする間もなく、オレたち3人は伊勢崎署に連行され、そのまま尋問にかかった。

「シャブの出所は？」

「（ウルトラマンのまねをしながら）も〜く〜ひ〜けん！」

「…貴様、警察官を愚弄するのか」

「アッカンベー」

おちょくるにもほどがあるが、ひとたび覚悟を決めれば、怖いものなどない。シャブを打ったのは、オレ1人ということにして、せめて彼女たちだけでも助けてやろうと考えた。

が、警察は甘くはない。彼女たちから尿を取り出せば一巻の終わり。きっちり覚醒剤反応が出た。

「で、どっちがシャブを薦めたんだ？」

「そりゃ、オレに決まってるじゃないですか」

「本当か？　あのコたちは自分たちが頼んで、無理に打ってもらったと言ってるぞ」

「え？」

一瞬、わけがわからなかった。もしや、彼女らは彼女らでオレを庇っているのか？　事実は、その通りなんだが。

結局、少年課の刑事に頼み込み、オレが無理に薦めたことにしてもらった。おかげで、覚醒剤の他人使用で追起訴。他にもなんだかんだと余罪をつけられ、最終的に懲役８年の実刑判決に。ま、模範囚なら６年程度で出てこれるだろう。

図書係になれるなら応募してみるか

平成13年12月10日、関東の某刑務所に収監された。殺人、強姦などの凶悪犯から、交通事犯などの一般犯まで、計２４００名ほどが収容される監獄だ。囚人は基本的にみな初犯、いわゆるA刑である。

本人から編集部に届いた手紙は計四十数枚にも及んだ

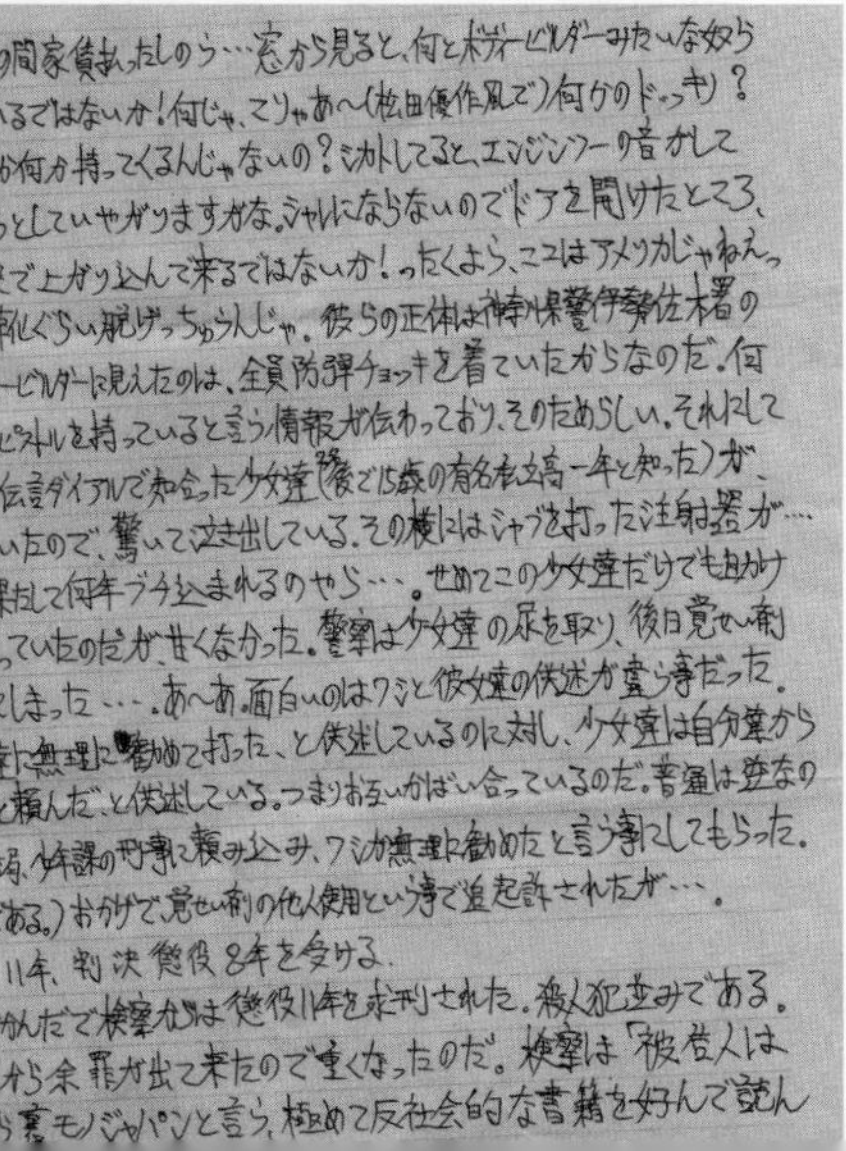
かしいのう、この間家賃払ったしのう…窓から見ると、何とボディービルダーみたいな奴ら
20人ぐらいいるではないか！何じゃ、こりゃあ〜（松田優作風で）何かのドッキリ？
まかプラカードか何か持ってくるんじゃないの？シカトしてると、エンジンソーの音がして
アを開けようとしていやがりますがな。シャレにならないのでドアを開けたところ、
カドカと土足で上がり込んで来るではないか！ったくよう、ここはアメリカじゃねえっ
つうんだョ、靴ぐらい脱げっちゅうんじゃ。彼らの正体は神奈川県警伊勢佐木署の
者達で、ボディービルダーに見えたのは、全員防弾チョッキを着ていたからなのだ。何
故かワシがピストルを持っていると言う情報が伝わっており、そのためらしい。それにして
も、部屋には伝言ダイアルで知合った少女達（後で15歳の有名私立高一年と知った）が、
全裸で寝ていたので、驚いて泣き出している。その横にはシャブを打った注射器が…。
ああ最悪。果たして何年ブチ込まれるのやら…。せめてこの少女達だけでも助け
なきゃ、と思っていたのだが甘くなかった。警察は少女達の尿を取り、後日覚せい剤
反応が出てしまった…。あ〜あ。面白いのはワシと彼女達の供述が違う事だった。
ワシは彼女達に無理に勧めて打った、と供述しているのに対し、少女達は自分達から
打ってくれと頼んだ、と供述している。つまりお互いかばい合っているのだ。普通は逆なの
だが…。結局、少年課の刑事に頼み込み、ワシが無理に勧めたと言う事にしてもらった。
（真実は逆である。）おかげで、覚せい剤の他人使用という事で追起訴されたが…。
③求刑 11年、判決 懲役 8年を受ける。
結局何だかんだで検察からは懲役11年を求刑された。殺人犯並みである。
後から後から余罪が出て来たので重くなったのだ。検察は「被告人は
昔から裏モノジャパンと言う、極めて反社会的な書籍を好んで読ん

ムショの暮らしについては、裏モノ読者ならご存じの方も少なくないだろうが、オレが入った当初は正直、地獄だった。イジメもあれば、鬼軍曹のような刑務官もいる。ヤクザの部屋住み経験がなかったら、耐えられなかったに違いない。

そんな生活に転機が訪れたのは平成15年4月20日のこと。木工場で桐のタンスを作っていたところ、オヤジ（担当刑務官のこと）が受刑者を一同に集め、こう言った。

「整列。皆、よく聞け。今度、当刑務所では月に1回、皆からリクエストを募り、DJ放送を開始することになった。これに当たり皆のハガキを読んだり、音楽を流すDJを募集することになった。我こそはと思う者は応募するように。以上！」

味気のない牢獄生活に潤いを持たせようとする計らいだろうか。DJ募集とは、なかなかこのムショもやるではないか。応募条件は二つ。一つが行状、普段の生活が良好な者、もう一つが過去に懲罰などの反則がないこと。また、DJになれば、現在の持ち場から図書係に転業できるそうだ。昼休み、受刑者たちがこの話題でピーチクパーチクと騒ぐ中、オレは急速にDJ応募に傾いていった。

《図書に転業できるなら、チャレンジしてみっか》

現在、就いている木工場は粉塵がハンパなく、工事用のマスクをしてないと、肺がんにもなりかねない。対し、図書は政治家や弁護士などが就くウルトラスーパーグレートベリーナイスな工場。DJには何の興味もないが、仕事がラクになれば、それに越したことはない。

決意を固め挑んだ試験は、シャレにならないほど難しかった。オーディション形式で、大勢の職員の前で発声テスト、発音テスト、原稿の読み方のチェック（噛まずにきちんと読めるか）が行われた上に、性格テストも実施。しかも、倍率は30倍だ。通るワケがない。

が、世の中、信じられないことが起きるもんだ。5月10日、本部棟の調査室に呼び出され、金バッヂを付けた刑務官（後に「首席」と言う幹部だとわかる）から言い渡されたのだ。

「飯島だな！　気を付け！　番号、氏名を述べよ！」

「ハッ、●●●番、飯島薫であります！」

この時点では、まだ何のために呼び出されたのかわかっていなかった。

「ヨシ！　今から君に言い渡しをする！　決定。本日より●●●番、飯島薫をＤＪ係に任命する。以上！」

時間にしてわずか30秒。あっという間の出来事である。唖然として、ことばもなかった。なんでオレが？　後から聞いた話では、親しくしていたオヤジが強力にプッシュしてくれたらしいが、いずれにせよこれで図書係に配属決定。感謝感激雨あられ！

リクエスト曲はTSUTAYAから

では、ここで改めて刑務所におけるＤＪ放送について説明しよう。

放送は毎月１回、夕方５時30分〜６時までの30分。リクエストは、受刑者が４００字詰めの所定の用紙（Ａ４サイズ。１人１枚厳守）に、思い思いの曲とメッセージを記入。翌日、刑務官が回収、担当刑務官→処遇部門→教育首席→所長の順でチェックを受けた後、オレの元に回る。と、書けば、実に厳しい審査がありそうだが、さにあらず。軍歌だろうが洋楽だろうが、リクエスト曲がハネられることは滅多になく、刑務官が近くのＴＳＵＴＡＹＡでレンタルしてきてくれる（制服の上にジャンバーを着て、カムフラージュするらしい）。

一方、オレは、受刑者のメッセージをわかりやすいように起承転結に組み上げ、放送時に読み上げる原稿を作成（大抵の受刑者に文章力の難アリ）。再度、前記した各部署の審査に回し、問題無しと判断されれば、いよいよ収録となる。

放送で流してはいけないＮＧワードについても触れておこう。

▽犯罪に関する話題。後に、調子に乗り「ＤＪは女に刺されたことがある」と言って、幹部職員から大目玉を食らった。
▽うつ病や精神病受刑者もいるので、そのような人たちを愚弄するような表現。
▽特定の固有名詞。リクエスト者もイニシャルで呼ばれる。
▽不正な連絡。例えば、オレの知合い等に「元気か～？」と呼びかけるのは厳禁。
▽著しく下品な表現。いわゆる下ネタ等など…。

もっとも、ＤＪ放送はライブではなく録音。現実に、ＮＧワードが放送されることはない。

ちなみに、ＤＪの仕事は音楽＆ハガキを読むだけではなく、所内の放送全般に及ぶ。例えば、出寮時は毎朝、こんな原稿を読む。

『皆さん、おはようございます。今月は作業安全強化月です。本日も、無事故目指して頑張りましょう。まず、安全とは…』

当然ながら、これまたテープ録音である。

司会は私、DJ・カオール

「私は放送担当の○○だ。以後、よろしく」

DJ初日。番組の打ち合わせのため、担当刑務官と初めて対面した。某俳優ソックリの超イケメンである。さぞかしモテるんだろうなあ。

「よろしくお願いします」

「あ〜、飯島な、私と飯島は刑務官と受刑者だが、放送室では個人対個人の関係でいようや、な？ 気楽に行こうぜ」

オレをリラックスさせるためのことばに違いない。いいオヤジである。

さて、打ち合わせではまず、30分間の番組に、何曲、入れるかが問題となった。1曲フルコーラスで3〜5分くらい。俺のMCも入れると…。

「先生、5〜6曲で大丈夫ですかねぇ？」

「ん？ おお、飯島の好きなようにやってみろ」

「…はぁ」

どうやら企画から構成、効果音を入れるタイミングまで、全て自分1人で考えねばならないらしい。試行錯誤の末、オープニング曲を『バックトゥザフューチャー』のテーマ、番組名は『サンセットウェーブ』。DJ名は自分の名前をもじり『カオール』と決定した。

準備が整ったところで、原稿を片手に放送室へ。若干、緊張気味である。

『はい。はじめまして。今回から始まりましたDJ番組、サンセットウェーブです。司会は私、DJ・カオール。さて、最初のリクエストはT・Kさんで〜』

向かいの部屋でミキサーを操るオヤジに、身振り手振りで指示を出す。声にエコーをかけ、曲をフェードイン&アウト。時には、拍手や笑い声等の効果音も入れてもらう。

しかし、これが難しい。ストップウォッチで時間を計りつつ、曲と曲の合間にナレーションを入れるのだが、どうしても時間が合わない。おまけに原稿もカミカミ。何度も録り直し、納得がいく番組ができるまで結局3日もかかってしまった。

では、DJと勝負だ！　ジャーン、ケーン、ポン！

最初の放送は、房舎で聞いた。やはり声が緊張してるし、普段のしゃべり方じゃない。果たして、みんなはどんな風に聞いてくれたのか？　楽しんでくれたのか？　これまでの雑居房ならすぐにでも話が聞けるのだが、図書係は独居房（囚人の個人情報に触れるため）。反応がさっぱりわからない。…そうだ、放送委員会で聞いたらどうだ？　実はこの刑務所は、各工場の代表（30工場）が集まり、このビデオが見たい、あの番組が見たいなどと、テレビの権利を皆の話し合いで決めていた。委員会の議長は他ならぬ、このオレだ。意見を募るのも自分の裁量でできる。

評判は散々だった。もっと時間を長く、もっとトークを面白く、もっと演歌を、ユーロビートを流せ…。どうやら皆さん、ここが刑務所だということを忘れてらっしゃる。

が、乗りかかった手前、満足してもらわないと、オレとしても気がすまない。そこで、まずは流す曲を6曲に絞り、演歌からユーロビート、アニソンまで、なるべくバラエティに富ませることにした。またオープニングテーマを軽快な氣志團の『ワンナイトカーニバル』に変更。ナレーションもノリの良さを前面に押し出すことにした。

『ハッアーイ！　××刑務所の者！　元気かい？　サンセットウェーブの始まりだよ〜うっひょ〜！』

『さあ、最初のリクエストは3工場のK・Kさんからだぁ〜。曲はキャロルのファンキー・モンキー・ベイビー！』

『DJさん、聞いてください！僕はカロリーメイトを盗んで懲役150年の刑です！　こんなかわいそうな僕にサザンのツナミをかけてください！　OK〜、フォ〜！』

ここまで軽薄な感じのDJでも、ダメ出しはなかった（唯一、アドリブで担当刑務官のことをしゃべったときは怒られた）。実に懐の深い刑務所である。

「いやあ、面白かったよ〜」

「この前の放送はよかったな」

受刑者の反応に気分も上々。調子に乗り、オレは放送終了間際に呼びかけた。

『では、DJと勝負だ！ ジャーン、ケーン、ポン！ DJはグーでしたあー。ではさようなら〜』

完全にサザエさんのパクリだが、《リスナー参加》が大好評を博し、ある雑居で賭け事に使われたほどだ。もちろん、全員、懲罰を受けたのは言うまでもないが。

マーシーに贈った『ランナウェイ』

半年後、サンセットウェーブは、1回に300枚近いリクエストが集まる人気番組になっていた。が、一方で、決して好意的とは言えない反応も少なくなかった。

例えば、用紙のリクエスト曲は空白で、メッセージ欄に辛辣な言葉が書かれている。

『DJのトークはつまらない、古臭い。もっとセンス良くトークしろ！』

リスナーの意見として、謙虚に受け止めはするが、オレも人の子。一生懸命頑張ってるだけに、ひどく傷ついた。

イヤガラセの類もある。下駄箱の靴に釘を入れられたり、『DJは受刑者の財産である私本やエロ本を盗み読みしている。DJの部屋を探せ』との怪文書が出回ったり。他の工場や運動場に出た際、「なぜ、オレのリクエストをかけなかったのか？」とケンカを売られたこともある。オヤジにチンコロするのも嫌なので、ただひたすら耐えるしかなかった。

そんなある日、ちょっとした事件がおきた。有名芸能人の犯罪者が、入所してきたのである。

「ＤＪ、ＤＪ、あれマーシーだよ！」

同囚の男が、新人が入る教育訓練工場（教訓）の方を指さしながら言う。図書は、教訓と同じ工場内にあるので、新人が入るとすぐにわかるのだが、最初、オレはどいつが、マーシーこと田代まさしなのか判別できなかった。

もしかして、この目の前にいる太ったさえないおっさんがそうなのか？　両手はブルブルと震えており、視線もうつろである。シャブの影響か、廃人同様である。

新聞で社会福祉の仕事をしていたと書いてあったが、あれは《被社会福祉》、つまりされる方だったのではないかと思ってしまう変わり様。本当にシャブは恐ろしい…。オレ自身、シャブのキャリアは半年ぐらいだが、それでも歯はボロボロである。

この後、マーシーから直接、聞いた話では、彼は20代の頃からシャブを使用していたと言う。てことは、あの冴えたギャグはクスリのおかげだったのか。当時、ゲラゲラと笑っていた身としては、なんとも複雑な気分だ。

その後、養護工場（体の不自由な受刑者がいるところ）に配属となった彼に、オレは再起を願い、ＤＪ放送時『ランナウェイ』を流した。ささやかなエールは、マーシーに届いたのだろうか。

ぬれ衣を着せられ、放送中止に！

かなり楽しげなムショ暮らしに思える方もいるだろう。が、ＤＪの仕事は相当にキツイ。通常の図書業務に加え、ＤＪの原稿は夜、監房で書かねばならない。３６５日休み無し。そのうち、ノイローゼ気味となり、睡眠薬の投与まで受けたほどだ。

その代わりと言っては何だが、木工工場で毎月もらっていた約３千円の作業賞与金（現在は作業報奨金という）が、１万2千円になった。それに見合う働きは十分していたつもりだ。

いや、とにもかくにも、オレはＤＪという仕事に魅了されていたのだ。自分がかけた音楽、話すことばによって、受刑者が泣き、笑い、時には人生をも変える。ムショにいながらにして、こんな立場に就けるなど、ザラにできる経験じゃない。

しかし、そんなＤＪ放送も、終わる日がやって来る。きっかけは実につまらないことだった。開始から3年が過ぎたある日、運動場で、教訓のＫという男が突然、オレの胸ぐらを摑み、言う。

「僕のココアを盗っただろう、うわぁ～ん」

何のことかさっぱりわからず、よくよく話を聞けば、昼食時に、同じ教訓のＤという男が『ＤＪの命令だから』と、Ｋのココアを盗ったらしい。むろん、オレはそんな命令を出した覚えはない。後からわかるのだが、このＫとＤは普段から仲が悪く、いつもＫはＤから《じゃり上げ》（飯を取られること）されていたらしい。

早い話が、Ｄがオレに罪をなすりつけたわけだ。あの野郎!!

詳細は省くが、この騒動が元で、オレは懲罰5日間を食らった挙句、図書係から他の工場へ移動、ＤＪ放送も中止となってしまった。

むろん、納得いくわけもなく、オレは、大胆にも検察庁にＫを刑事告訴した。受刑者が受刑者を告訴するなど前代未聞。だが、オレは本気だった。

結果は、証拠不十分であえなく不起訴。それでも怒りが収まらず、次に民事訴訟を起こす。と、今度は刑務所がオレの出廷を許さない。くそー!!

悩んだ挙げ句、最後の頼みの綱、弁護士である実の父親に、代理人としての出廷を依頼した。が、裁判官は、取り付く島がなかったらしい。刑務所の問題を裁判に持ち込むとはケシカラン。そもそも息子を説得出来ないのは、親として弁護士として失格だ、云々。

親父、恥をかかせて申し訳なかった…。


06年11月現在、オレは100名からの工場の班長の身である。やはり何かと目立つらしく、先日の運動会では応援団長も務めた。

にしても、受刑者がこんな楽しい生活を送っていると知ったら、殺人被害者の遺族や犯罪被害者はどう思うだろう。そもそも更正とは何ぞや？　なんてことを考えてしまう今日この頃なのである。


（構成・編集部）

鉄人文庫

増補改訂版
「裏モノJAPAN」ベストセレクション
欲望追究の24年史 1998〜2022

2022年2月15日　第1刷発行

編　者　裏モノJAPAN編集部［編］
発行人　稲村　貴
編集人　平林和史
発行所　株式会社 鉄人社
〒162-0801 東京都新宿区山吹町332
オフィス87ビル3F
TEL 03-3528-9801　FAX 03-3528-9802
http://tetsujinsya.co.jp/
デザイン　鈴木　恵（細工場）
印刷・製本　新灯印刷株式会社

ISBN978-4-86537-230-4　C0176　©tetsujinsya 2022

本書は、『「裏モノJAPAN」ベストセレクション 欲望追究の20年史 1998〜2018』
（2018年1月、小社刊）に記事を追加し再編集したものです。

本書へのご意見、お問い合わせは、
直接、小社にお寄せくださいますようお願いいたします。